Magic
Pill

매직필

Magic Pill
매직필

기적의 비만 치료제와
살찌지 않는 인간의 탄생

요한 하리 지음 | 이지연 옮김

어크로스

'기적의 비만 치료제 발견'이라는 헤드라인은
'헤드라인'이라는 단어만큼이나 오래되었다.

그런데 내가 전 세계 비만 전문가와 얘기를 나눠보니,
'이번만큼은' 정말로 다르다고 했다.

차례

Magic Pill

Magic Pill

프롤로그

우리가 평생 기다려왔던 순간

2022년 겨울이었다. 전 세계를 강타한 코로나 위기도 마침내 잦아들고, 2년 만에 어느 파티에 참석하게 되었다. 나는 쭈뼛쭈뼛 눈치가 보였다. 전 세계에서 격리와 거리두기가 실시되는 동안 체중이 10킬로그램이나 불어났던 것이다. 우리가 팬데믹을 이길 수 있었던 게 백신 덕분이라고 말하는 사람도 있지만 내 경우에는 순전히 배달 음식 덕분이었다. 그날 파티의 주최자는 아카데미상을 받기도 했던 어느 배우였다. 물론 할리우드 스타들이 우리처럼 마구잡이로 퍼지기야 했을까마는, 그래도 다들 조금씩은 군살이 붙어서 왔겠지?

슬금슬금 주변을 돌아보던 나는 당황하고 말았다. 살찐 사람이 아무도 없었다. 아니, 그 정도가 아니었다. 다들 뼈만 남아 있었다. 광대가 툭 튀어나오고 배는 쑥 들어가 있었다. 배우들만 그런 게 아니었다. 중년의 방송국 경영진도, 배우들의 배우자나 자녀도, 심지어 소속사 직원들까지, 다들 내가 못 본 몇 년 사이에 몸 위에다 카메라 필터 기능이라도 씌운 것처럼 더 날씬하고 날카롭고 또렷해져 있었다.

오랜 친구를 발견한 나는 부끄러운 마음에 다 기어들어가는 목소리로, 격리 기간에 다들 집에서 필라테스를 받은 모양이라고 했다. 친구는 웃음을 터뜨렸다. 그렇지만 내가 따라 웃지 않는 것을 눈치챈 친구는 멀뚱한 표정으로 나를 쳐다보았다. "필라테스 아닌 거…… 알지?" 이번에는 내가 멀뚱하니 무슨 소리냐는 표정을 지었다. 친구가 말했다. "진짜로 모르는 거야?"

친구는 휴대전화를 꺼내 사진 하나를 보여주었다.

어둠 속에서 나는 그 사진을 유심히 들여다보았다. 주위에서는 온통 비쩍 마른 손님들이 조심스레 카나페(크래커 위에 달걀, 치즈 등을 올린 전채 요리 – 옮긴이)도 마다한 채 뼈가 툭 튀어나온 엉덩이를 흔들어대고 있었다.

사진 속에는 기다란 하늘색 플라스틱 통에 조그마한 바늘이 튀어나와 있었다.

나중에 든 생각이지만, 어쩌면 나는 그 순간을 평생토록 기다려왔는지도 모른다.

2009년 크리스마스이브였다.[1] 오후에 나는 런던 동부에 위치한 우리 동네 KFC 매장을 찾았다. 늘 시키던 대로 메뉴를 주문했다. (기름 덩어리와 연골이 양동이만 한 통에 담겨 나오는 메뉴다. 창피해서 차마 여기에 메뉴를 일일이 밝히지는 못하겠다.) 카운터에 서 있던 직원이 이렇게 말했다. "하리 씨! 저희가 드릴 게 있어요." 직원은 닭을 튀기는 곳 뒤로 잠시 사라졌다가 그날 출근한 직원들을 모조리 데리고 나타났다. 그리고 다 함께 나에게 거대한 크리스마스카드를 건넸다. 카드를 열어보았다. "저희 매장 1등 고객님께"라고 적힌 카드에는 직원 한 사람 한 사람이 나만을 위해 남긴 메시지가 적혀 있었다.

심장이 철렁 내려앉았다. 심지어 거기는 내가 가장 자주 찾는 치킨집도 아니었다.

이것 역시 나중에 든 생각이지만, 나는 우리 문화가 이 순간을 2000년 이상 기다려오지 않았나 싶다.

섭식 장애 전문가 힐데 브루흐Hilde Bruch에게 고대 그리스인의 믿음에 관한 이야기를 들었다. 그리스인은 원래 날씬함을 유지시켜주는 약이 있는데 어느 순간 조제법이 사라졌다고 믿었다. 그때부터 인류는 이 꿈의 약을 찾기 위해 부단히 노력해왔다. 인체의 신비를 해독해 늘어난 체중을 되돌릴 방법을 찾았던 것이다. '기적의 비만 치료제 발견'이라는 헤드라인은 '헤드라인'이라는 단어만큼이나 오래되었다.

그런데 내가 전 세계 비만 전문가와 얘기를 나눠보니, '이번만큼은' 정말로 다르다고 했다. 이 약은 정말로 다르다고. 엄정한 여러 과학 연구 결과, 차세대 비만 치료제가 나온 것이 확실하다. 이 약은 작용 기전이 완전히 다르며, 투약자는 체중의 5~24퍼센트가 빠진다. 킹스칼리지런던의 유전역학 교수 팀 스펙터Tim Spector는 이렇게 말했다. "(고도 비만 환자에게) 이 약은 오랫동안 찾아 헤맨 성배와 같습니다." 케임브리지대학교에서 비만을 연구하는 클레망스 블루에Clemence Blouet 박사는 이렇게 말했다. "안전한 비만 치료제가 나온 건 처음이에요." 이제 핵심 비밀은 풀렸으니, 더 효과적이고 좋은 약을 만드는 방법은 "말도 안 될 만큼 빠르게" 나타날 것이고 "매일 새로운 발견이 이뤄지고 있다"고 했다. 바클레이스은행의 냉철한 애널리스트 에밀리 필드Emily Field는 신약의 잠재적 가치를 소개하는 보고서에서 이들 신약이 사회에 미칠 파급력은 스마트폰의 발명에 맞먹을 거라고 했다.

과학계의 흥분은 대중에게도 전달됐다. 한 설문조사에 따르면 미국인의 47퍼센트는 기꺼이 돈을 주고 이들 신약을 구매하겠다고 했다. 런던퀸메리대학교 심혈관학 교수 그레이엄 맥그리거 Graham McGregor는 "(영국의 경우) 10년 후에는 인구의 20~30퍼센트가 비만 치료제를 투약 중일 것이라는 점에 이견이 없다"고 했다. 금융 애널리스트 중에는 10년 안에 이 분야 글로벌 시장 규모가 2000억 달러에 이를 거라고 보는 사람들도 있다.[2] 그 결과 신약 오젬픽Ozempic을 만드는 덴마크 기업 노보 노디스크Novo Nordisk는 단숨에 유럽에서 시가총액이 가장 큰 회사가 됐다.

오젬픽과 그 후속 약들은 피임약 및 프로작Prozac(우울증 치료제)과 함께 우리 시대를 규정하는 상징적인 약이 될 것으로 보인다.

우리는 어쩌다 이렇게 됐을까

그날 그 파티장에서처럼 내가 강렬하면서도 모순되는 감정을 즉각적으로 느낀 적은 없었다.

스마트폰으로 이들 신약에 관한 기초 정보를 쭉 훑어보니, 내게 꼭 필요하다는 걸 단박에 알 수 있었다. 형편없는 식단과 비만 때문에 죽는 사람이 정확히 몇 명이냐에 대해서는 다양한 추산이 있다. 미국의 경우 믿을 만한 추산 중에 가장 낮은 수치를 보면, 질 낮은 식사와 비만으로 매년 11만 2000명이 목숨을 잃는다.[3] 해마다 살인과 자살, 총기 사고로 죽는 사람보다 2배 이상 많은 수치다. 수치를 가장 높게 보는 사람은 하버드대학교 영양학과 외래교수 제럴드 맨드Jerold Mande다.[4] 맨드는 미국 내 모든 식품에 붙어 있는 영양분석표를 설계한 것으로 유명하다. 그는 '식생활이 원인이 된 병'으로 매년 67만 8000명이 죽는다고 경고한다. 맨드는 내게 "(식생활이 원인인 질병이) 모든 사망 원인 중 압도적"이라고 했다.

그렇다면 이제야말로 우리가 그동안 맺어온 나쁜 음식과 관계를 청산하고 혁신을 꾀할 기회였다. 지금까지 우리가 시도한 다른 방법은 효과가 없었다. 우리는 다들 수십 년간 굶다시피 살았다. 그런데도 살을 빼고 1년 뒤에도 그 체중을 유지하는 사람은 (그나마 가장 긍정적인 연구 결과를 보았을 때) 고작 20퍼센트에 불과하다.[5] 의사들은 비만이 원인의 일부인 질병과 합병증이 200여 가지나 된다고 말한다. 식생활이 우리를 죽음으로 내몰고 있다는 것이다. 우리는 근엄하게 고개를 끄덕이고는 KFC 앱을 켠다. 나날이 더 중독성 강한 정크 푸드를 만들어내는 막강한 식품업체들에 맞서 싸워야 한다고 주장하는 사람도 많다. 그러나 미셸

오바마처럼 인기 있고 카리스마 넘치는 인물의 호소조차 큰 반향을 불러일으키지는 못했다.

신종 비만 치료제를 옹호하는 사람들은 자욱한 절망의 안개가 마침내 걷히고 있다고 말한다. 비만은 생물학적인 문제인데, 마침내 생물학적 해결책이 발견됐다고 말이다. 일부 연구 결과에 따르면 비만은 나이 들었을 때 사망 위험을 2배나 높인다고 한다.[6] 이제는 그 치명적 구속으로부터 해방될 것이다. 전 세계 주요 보건 기구들이 한결같이 경고하는 당뇨와 치매, 암 발병률을 획기적으로 낮출 수 있을 것이다. 수백만 명이 새 삶을 살 기회를 얻을 것이다.

정말 설득력 있는 주장들이었다. 확신에 찬 목소리였다. 그런데도 나는 왜 그렇게 마음이 놓이지 않았을까?

커다란 몇 가지 의문점이 즉각 떠올랐기 때문이다.

내 부모님이 10대였던 1960년에는 비만인 사람이 거의 없었다고 한다. 부모님이 다니던 학교에는 비만 아동이 전혀 없었고 주위에서 성인 비만 환자를 찾아보기도 힘들었다고 한다. 나는 평생 두 나라에서 살았는데, 현재 영국의 경우 성인 비만율은 26퍼센트를 찍었고 미국은 42.5퍼센트에 이른다. 이런 변화, 즉 인류 역사에서 예기치 못한 변화가 일어난 것은 우리가 다 같이 무슨 질병에 걸렸기 때문이 아니다. 우리 몸이 무언가 잘못된 것도 아니다. 이는 모두 우리 사회가 무언가 단단히 잘못되었기 때문이다. 식품 공급 시스템이 형체도 알아볼 수 없을 만큼 바뀌었다. 우리는 과거에는 존재하지도 않았던 음식들을 먹고 있다. 식품업계가 설계해놓은, 우리가 쩝쩝거림을 멈출 수 없도록 중독성을 극대화시킨 비율로 설탕과 소금과 탄수화물을 잔뜩 넣은 음식을 먹고 있다. 또 우리가 건설해놓은 도시는 걷거나 자전거를 타는 게 불가능한 경우가 많다. 그러면서 스트레스는 이전보다 훨씬 크다 보니 마음을 달래줄 '위안 음식comfort food'을 더 많이 찾게 된다.

이렇게 보면 오젬픽과 그 후속 신약들은 광기의 시대를 대변한다. 우리는 스스로를 독살할 식품 시스템을 만들어놓고 그 질 낮은 식품들로부터 멀어지기 위해 또 다른 잠재적 독극물을 내 몸에 주사하기로 결심한다. 이제는 모든 음식을 멀리하게 만들 잠재적 독극물 말이다.

처음에 우리는 이 약들에 대해 놀랄 만큼 아는 게 없었다. 이 신약들을 비만 치료 용도로 사용했을 때 장기적으로 어떤 영향이 나타날지 전혀 알지 못했다. 몇 년이 지나도 비만 환자에게 계속 효과가 있을지 어떨지도 몰랐다. 그리고 섬뜩하게도 비만 치료제 개발에 일조한 과학자들조차 그게 왜 효과가 있는지, 정확히 어떤 작용을 하는지 아직 확실히 알지 못한다는 사실을 나는 나중에야 알게 되었다.

걱정거리는 또 있었다. 그즈음 우리 문화는 마침내 자기 몸에 벌주는 일을 그만두고 있는 그대로 내 몸을 받아들이는 법을 배우기 시작한 듯했다. 서구 문화가 만들어낸 편협한 미의 기준을 벗어난 몸을 가진 사람들까지도 말이다. 그런데 새롭게 나타난 이 신종 비만 치료제가 그 모든 긍정적인 문화적 변화를 과거로 되돌려버리는 건 아닐까? 오젬픽과 그 경쟁자 마운자로Mounjaro의 물결에 '자기 몸 긍정주의'가 떠내려가 버리는 것은 아닐까?

설상가상으로 이들 신약이 섭식 장애가 있는 사람들의 손에 들어가면 어떻게 될까? 안 그래도 쫄쫄 굶기로 작정한 사람들에게 식욕을 싹 가시게 해주는 유례없이 강력한 도구까지 손에 쥐여주면 대체 무슨 일이 일어날까?

혈관 속에 신종 비만 치료제가 흐르는 사람들이 내 주위를 오가고 있었다. 불확실성에 가득 찬 내 마음은 그들에 대한 응원과 회의 사이에서 널을 뛰었다. 체중을 확실히 빼고 그대로 유지시켜주는 이런 약을 정말로 우리가 먹기 시작한다면 개인의 삶과 건강 그리고 우리 사회는 어떻게 될까? 정말로 이들 약이 구원자가 되어줄까? 그동안 식품업계가 우리를 어떻게 망쳐놓았는지 따져 묻는 일은 그만두어도 되는 걸까? 이제 더 이상 내 몸을 있는 그대로 받아들이지 않아도 되는 걸까?

내게는 이 모든 걸 함께 의논하고 싶은 사람이 있었다. 이 책을 쓰게 된 것도 바로 그녀 때문이다.

이후에 벌어진 일을 설명하기 전에 해나에 관한 이야기를 좀 할까 한다.[7]

내 친구의 심장이 멈춘 날

열아홉 살 때 나는 영국 해안의 쇠락한 도시 스카버러에서 열린 '전국 학생극 페스티벌'에 참가했다. 해마다 열리는 이 페스티벌은 연극을 무대에 올려본 적이 있는 영국 학생이라면 누구나 참가 신청을 할 수 있었다. 연극 전문가들이 직접 와서 평가를 했고, 우수작은 바닷가에서 공연할 기회를 얻었다. 전국 각지에서 모인 학생들이 그렇게 경쟁하는 모습을 에이전트들도 보러 왔고 운이 좋으면 상을 받을 수도 있었다. 그해에는 내 친구 몇 명이 본선에 진출해서 나도 동행하게 되었다. 덕분에 나는 며칠 만에 20여 편의 연극을 관람했다. 그중에는 기발한 작품도 있고 허접한 것도 있었지만 그중 최악의 작품이 (이상한 방식으로) 내 인생을 바꿔놓았다.

어느 오후 나는 〈애틀랜티카Atlantica〉라는 연극을 보러 갔다.[8] 아주 특이하면서도 충격적인 문제에 맞닥뜨린 과학자 집단의 이야기를 다룬 사실극이었다. 전 세계 고래가 해안의 모래 위에 몸을 던져 서서히 죽어가고 있는데, 아무도 이유를 몰랐다. 마치 거대한 고래들이 자살을 하는 것 같았다. 해양 오염이 너무 심해서 탈출을 감행하는 건가? 고래의 뇌에 뭔가 문제가 생겼나? 이게 무슨 일이지? 과학자들은 미스터리를 풀기 위해 직접 배를 타고 바다로 나가 야생의 고래를 관찰해보기로 했다. 그런데 바다에서 충격적인 일이 벌어졌다. 고래들이 과학자들의 배를 공격하기 시작한 것이다. 고래들은 배를 두 동강 내려고 했다. 도망치려고 안간힘을 쓰던 중에 어느 과학자가 소리쳤다. "맙소사! 우리 바로 옆에 향유고래가 있어!"

반대쪽을 보던 다른 과학자가 외쳤다. "데이비드, 혹시 고래가

(극적인 효과를 위해 잠시 쉬었다가) '사악할' 수도 있나요?" 극이 이렇게 심각하게 전개되자 내 주위의 객석에 있던 관객들은 마치 마법에 빠진 것처럼 앞으로 몸이 끌려 나갔다. 나와 또 다른 한 사람만 '빼고' 말이다. 그 한 사람이란 어둠 속에서 내 옆에 앉아 있던 여자였다. 여자는 웃음을 참느라 몸을 들썩이고 있었다. 나는 여자를 보지 않으려고 안간힘을 썼다. 혹시라도 내 입에서 뭔가 소리가 삐져나올까 봐 걱정되었던 것이다. 다른 관객들은 점점 더 깊이 연극에 빠져들고 여자와 나는 점점 더 심하게 몸이 흔들렸다. "이 고래들이 우리를 다 죽이고 말 거야!" 과학자 하나가 소리쳤다.

그때 반전이 일어났다. 과학자들이 고래가 집단으로 해안에 올라오는 이유를 알아냈던 것이다. 알고 보니 고래들은 한동안 인류를 관찰하고 있었다. 그런데 인간들이 '노는 법'을 잊어버린 듯했다. 그래서 고래들은 인간을 바다로 불러내려고 해안에 올라왔던 것이다. 다시 한번 즐겁게 뛰노는 법을 알려주고 싶어서. 이렇게 설명을 마친 대장 과학자가 말했다. "해결책은 하나뿐이야."

다른 과학자들이 놀라서 말했다. "안 돼요. 그러시면 안 돼요."

"어쩔 수 없네. 내가 고래가 되는 수밖에." 무대 뒤에서 웅장한 음악이 흘러나오고 대장 과학자는 물속으로 뛰어들었다. 그의 모습이 고래로 변했다. 막이 내리고 박수가 쏟아졌다.

어둠 속에서 웃음을 참느라 몸을 흔들던 여자는 얼른 객석을 빠져나와 모퉁이를 돌아나갔다. 나도 그 뒤를 따랐다. 우리는 서

로 한마디 말도 나누지 않고, 눈물이 날 때까지 웃어젖혔다. 여자
가 큰소리로 말했다. "고래가…… 사악할 수도 있나요?" 내가 맞
받았다. "내가 고래가 되어야겠어." 나는 말 그대로 웃다가 바닥
에 쓰러졌다.

그날 밤 해나와 나는 스카버러에 있는 패스트푸드점을 일주
했다. 제일 먼저 피시앤칩스(흰 살 생선 튀김에 감자튀김을 곁들인 요
리 – 옮긴이) 가게에 들렀다. 다음에는 케밥집으로, 그다음에는 프
라이드치킨 가게로 옮겼다. 거기서 나는 처음으로 해나를 제대
로 보았다. 해나는 칙칙한 갈색 머리에 먹성이 대단했다. 말을 할
때는 뮤지컬처럼 억양이 실렸는데, 마치 세상을 언제나 좀 더 재
미있는 곳으로 만들려는 사람 같았다. 당시 나는 과체중이었고
해나는 스스로를 "맛깔나게 거대하다"라고 표현하곤 했다.

우리는 금세 둘만의 장난거리를 만들어냈다. 근처에서 제일
지저분한 싸구려 식당에 들어가서 마치 거기가 미슐랭 스타를
받은 맛집이라도 되는 것처럼 품평을 했다. 해나는 기름이 줄줄
흐르는 케밥 한 조각을 집어 들고 이렇게 말했다. "흠, 기분 좋은
어뮤즈 부시amuse-bouche(식전에 제공되는 소량의 음식 – 옮긴이)군요.
과감하면서도 맛난 뒷맛을 남기네요." 우리는 무슨 감식가처럼
기름을 맛보고 소믈리에처럼 빅맥 소스를 판정했다. 우리는 둘
만의 미슐랭 스타 시스템도 만들어냈다. 차이가 있다면 미슐랭
맨(흰색 타이어를 사람 모양으로 쌓아놓은 미슐랭의 마스코트 – 옮긴이)
처럼 생긴 뚱뚱이 둘이서 직접 별을 매기고 부상으로는 우리 배
둘레에 점점 더 큰 타이어가 쌓인다는 점이었다. 케밥을 세 접시

째 먹으면서 해나는 유명한 자살 사건들과 관련된 이야기를 즉석에서 지어냈다. 알고 보니 주인공들이 고래였다는 게 놀라운 반전이었다. 소크라테스라는 이름의 고래는 재판에서 비만 판정을 받으니, 음독을 택했다.[9] 실비아 플라스라는 고래는 오븐에 머리를 들이박아 죽었다(실비아 플라스는 가스를 틀어놓고 오븐 위에서 죽었다 – 옮긴이). 버지니아 울프라는 고래는 물이 뿜어져 나오는 구멍에 돌멩이를 채우고 육지로 뛰어들어 죽었다(버지니아 울프는 코트 주머니에 커다란 돌멩이를 넣고 강에 뛰어들어 죽었다 – 옮긴이).

해나를 점점 알아가면서 어쩌다 해나가 그처럼 신랄하고 어두운 유머 감각을 장착하게 됐는지 힌트를 얻을 수 있었다. 해나의 할머니는 유대인으로 1930년대에 아슬아슬하게 독일을 탈출한 분이었고 해나는 런던 북부에 있는 홀로코스트 생존자 센터에서 자원봉사를 했다. 그러니까 오랫동안 해나가 가까이했던 사람들은 대부분 강제 수용소에서 살아남은 사람들이었다. 나도 해나의 소개로 그 생존자 중 한 명인 트루드 레비와 친구가 되었다. 트루드는 스물한 번째 생일에 '죽음의 행렬'에 세워져 그대로 기절했었다고 한다. 해나는 유럽에서 가장 끔찍한 역사를 가진 유대인과 아일랜드인이 유럽 최고의 유머 감각을 자랑하는 것은 결코 우연이 아니라고 했다. 살려면 웃어야 한다. 버티려면 농담이라도 해야 한다. 해나가 영웅으로 생각하는 인물 중에 코미디언 조앤 리버스가 있었다. 자살한 남편의 상을 치르고 처음 오른 무대에서 리버스의 첫 마디는 이랬다. "제 남편이 자살을 했습니다. 제 잘못이죠. 남편과 잠자리를 할 때 제 머리에 씌워진 그 종이봉투를 벗으면 안 되었는데 말이죠."

한동안 해나와 나는 에든버러 페스티벌을 찾곤 했다. 에든버러 페스티벌에서는 매년 수만 명의 예술가가 에든버러의 중세풍 거리로 쏟아져 나와 수백만 명의 관광객 앞에서 공연을 펼친다. 말하자면 문화의 화산 폭발 같은 행사다. 중심가인 로열마일을 따라 걸으면 사방에서 사람들이 제각각 공연을 펼친다. 저글링 하는 사람, 춤추는 사람, 유인물을 나눠주는 사람도 있다. 〈애틀랜티카〉의 기억이 생생한 우리는 일부러 최악일 것 같은 연극들을 골라서 죄다 보고 다녔다. 〈그레이엄, 세계에서 가장 빠른 시각장애인〉. 앞을 못 보는 단거리 선수에 관한 뮤지컬인가? 우리는 육중한 몸을 이끌고 열심히 그곳으로 달려갔다. 오후에는 매번 로열마일에 있는 '필링 스테이션'이라는 식당에서 밀크셰이크를 마셨다. 해나는 쉽게 사람들의 마음을 끌고 그들과 친해질 수 있었다. 극도로 솔직한 동시에 극도로 상스러운 게 해나의 매력이었다. 해나의 농담은 대부분 너무나 원색적이어서 차마 여기에 쓸 수가 없다. 한번은 필링 스테이션의 웨이트리스가 해나의 음란한 농담에 자지러질 듯이 웃어대다가 바나나 밀크셰이크 한 통을 나한테 들이부은 적도 있다.

어느 날 저녁 미국에서 온 배우가 내가 한 번도 들어보지 못한 장소에 관한 얘기를 들려주었다. 그는 라스베이거스에 가면 '하트 어택 그릴Heart Attack Grill(심장마비 식당)'이라는 곳이 있다고 했다. 식당 입구에 거대한 가축용 저울이 놓여 있는데 만약 몸무게가 160킬로그램을 초과하면 모든 음식이 공짜라고 했다. 식당에 들어서면 먼저 각서에 서명해야 한다. "이곳의 음식을 먹고 심장마비를 일으키더라도 모든 책임은 전적으로 고객에게 있다"는 내용이다. 그런 다음 병원용 가운으로 갈아입고 자리에 앉으면 간호사 복장의 웨이트리스가 음식을 가져다준다. 어마어마한 양의 음식을 조금이라도 남기면 거대한 주걱으로 엉덩이를 맞아야 한다. 우리는 언젠가 꼭 그곳을 방문해서 바나나 밀크셰이크로 우리의 우정을 기념하는 건배를 나누자고 약속했다.

해나는 사람이 많은 곳에서 남자들에게 깜짝 놀랄 만큼 솔직하고 성적인 얘기를 건네는 것을 좋아했다. 그러고는 사람들의 얼굴에 떠오르는 그 충격의 표정을 즐겼다. 해나는 자신의 체중이나 몸매를 결코 부끄러워하지 않겠다고 결심한 것처럼 보였다. 자신을 있는 그대로 받아들여 달라고 세상에 요구하는 듯했다. 해나의 목소리는 너무나 부드럽고 감미로워서 종종 해나가 들려주는 이야기와 엇박자를 냈다. 언젠가 해나는 이런 말도 했다. 사람들이 자신의 목소리를 들으면서 마치 아동용 TV 프로그램 진행자가 살인마 찰스 맨슨이 남긴 말을 읽어주는 듯한 느낌을 받으면 좋겠다고.

이처럼 기쁨과 장난기가 넘치는 영혼이었음에도 해나는 갑자기 겁에 질린 모습을 드러내곤 했다. 가끔은 공황발작을 일으켰는데, 도무지 이유를 알 수 없었다. 해나는 대중교통을 아주 싫어했다. 그리고 아주 고용량의 우울증 치료제를 복용했다. 해나는 금세 정치가 아주 어둡게 변질되어 지금까지 우리가 살아온 안정적인 세상이 환영에 불과했음이 밝혀질 수 있다고 확신했다.

사실 세상은 거대한 납골당이기 때문에 우리가 거기에 잡아먹히지 않으려면 최선을 다해 즐거운 일들을 만들어내야 한다고. (2005년 7월 7일 런던 지하철에서 테러가 발생하자 해나는 즉각 내게 문자 메시지를 보냈다. "내가 왜 맨날 택시만 고집하는지 알겠지?") 해나는 1980년대와 1990년대 영국에서 자란 사람에게 어울리는 수준이 아니라 그녀가 자원봉사를 했던 홀로코스트 생존자들에게나 적합할 법한 수준의 공포를 안고 살았다. 언제든 도망갈 준비가 된 사람처럼 신경을 바짝 세웠다.

해나가 왜 그렇게 많이 먹는지에 대해서는 한번도 서로 이야기를 나눈 적이 없다. 우리는 그저 징그러울 만큼 그걸 가지고 서로 놀렸을 뿐이다. 해나는 자신의 몸무게를 걱정하는 말을 한번도 내뱉은 적이 없었다. 한번은 둘이서 다큐멘터리를 보고 있었다. 너무 뚱뚱해서 밖으로 나올 수가 없어 집을 뜯어내고 병원으로 이송한 사람에 관한 이야기였다. 그때 해나는 이렇게 말했다. "내 인생에 새 목표가 생겼네."

티격태격 같은 농담과 강박을 주고받는 게 우리만의 우정이었다. 둘 다 스티븐 손드하임Stephen Sondheim의 뮤지컬을 좋아했다. 특히 가장 난해한 〈메릴리 위 롤 얼롱Merrily We Roll Along〉이 최애 작품이라는 게 우리의 자랑이었다. 〈메릴리 위 롤 얼롱〉은 세 친구의 이야기다. 주인공들은 지치고 냉소적이고 술에 찌든 40대. 그런데 장면이 펼쳐질수록 세월을 거슬러 올라가더니 결국은 젊고 순진하고 낙천적인, 이제 막 인생을 시작하는 청년들의 모습이 나온다. 이때 나오는 노래가 〈올드 프렌즈Old Friends〉다. 아무리 다투더라도 오래된 친구들은 언제나 당신 곁에 있으며 북극성처럼 삶의 방향을 알려준다는 내용이다. 나는 그걸 해나와 내 노래라고 생각했다.

그러다가 무언가가 변했다. 해나를 만날 때마다 나는 내가 아는 사람 중에 이렇게 똑똑한 사람이 있었나 하는 생각을 새삼 하곤 했다. 해나는 아무것도 아닌 데서 기발한 아이디어를 끊임없이 생각해냈다. 예를 들어, 미국이 아프가니스탄을 침공한 날에 해나는 저녁 식탁 위에서 레이먼드 챈들러 스타일의 소설 한 편을 뚝딱 써냈다. 카불에 침투한 미국 비밀요원에 관한 이야기였다. 아직도 그 첫 줄이 기억난다. "여자는 부르카(머리부터 발목까지 뒤집어쓰는 이슬람 여성의 의복 – 옮긴이)는 단단하게, 도덕관념은 느슨하게 준비했다." 나는 해나에게 모두 적어두라고 했다. 그녀의 기발함을 글로 남기라고. 그즈음 나는 저널리스트로 조금씩 성공하고 있었다. 하지만 해나는 불안해하면서 대부분의 시간을 집에서 보내고 아무 일도 하지 않았다. 내가 보기에 해나는 숨어 살기로 작정한 듯했다. 나는 더 많은 걸 할 수 있다고 해나를 다그쳤다. 하지만 내가 다그치면 다그칠수록 해나는 더 움츠러들었다. 우리는 싸우기 시작했다. 그녀의 잠재력이 너무나 크다고 생각했기 때문에 나는 채근을 멈추지 않았다. 지금 생각해보면 아마도 해나는 내가 그녀를 재단하고 비난하는 줄 알았을 것이다.

싸움이 길어지면서 나는 점점 지쳐갔다. 해나에게서 천재적인 면모를 볼 때마다 이 무슨 낭비인가 싶었다. 아니, 이런 재능을 왜 나와 몇몇 친구만 알아야 해? 왜 허공 속으로 날려버려야 해?

그러던 어느 때쯤부터 우리는 서로를 조금씩 밀어냈다. 내가 해나를 마지막으로 보았던 것은 2008년 어느 저녁이었다. 우리는 내 아파트에서 큰 파티를 열고 버락 오바마 대통령의 당선을 함께 축하했다. 그걸 마지막으로 우리 사이는 더더욱 멀어졌지만, 그래도 나는 우리가 언젠가는 서로 다시 만나게 될 거라고 늘 확신하고 있었다. 그렇게 많은 농담을 나누었기에 우리 사이의 유대감은 결코 깨질 수 없다고 믿었다. 종종 어디서 재미난 얘기를 들으면 해나에게 전화해서 들려줘야겠다고 생각하곤 했다. 해나는 어디선가 한 손에 밀크셰이크를 들고 택시를 부르며 마구 웃고 있겠지. 해나는 늘 웃고 있었다.

그러던 어느 아침, 정확히는 2021년 초에 전화 한 통을 받았다. 해나의 가족이 페이스북에 부고를 띄웠다는 소식이었다. 이후 며칠간 나는 해나와 계속 연락하던 친구들에게 전화를 걸었다. 친구들은 아는 대로 이야기를 들려주었다. 몇 년 전에 해나는 허리 통증이 심해져서 아편계 진통제를 먹기 시작했다고 한다. 해나는 중독되었고 끊어내기가 너무 힘들었지만 어찌어찌 결국 진통제를 끊었다고 한다. 그런데 이어서 제2형 당뇨병이 발병했다. 그리고 암에 걸렸다. 아편계 진통제를 다시 먹었다가는 중독이 재발할 것을 걱정한 해나는 그 힘든 치료를 그냥 고통 속에서 받았다고 한다. 몸은 많이 상했지만 해나는 결국 암을 이겨냈다. 그러고 나서 코로나에 걸렸다. 몸이 더 약해졌지만 이번에도 살아남았다. 그러던 어느 날 저녁 해나는 식사를 하다가 캑캑거리더니 심장마비가 왔다.

삶에서 그렇게 많은 기쁨을 찾아냈던 사람이 고작 40대 중반에 죽었다는 게 나는 도무지 믿기지가 않았다. 나는 해나가 했던 농담들을 머릿속으로 계속 떠올려보며 최대한 많이 받아 썼다. 마치 그것들이 사라져버릴까 두려운 사람처럼 말이다. 병에 걸렸을 때도 해나가 내게 연락하지 않았다는 게 나는 주체할 수 없이 슬펐다. 해나는 내가 자신을 비난할 거라고 생각했던 게 틀림없다. 아니면 내가 아예 나타나지도 않을 거라고 생각했거나.

우리가 나눈 농담의 주된 내용은 "이 영양가 없는 음식이 너무너무 좋다", "왕창 먹어치우자" 뭐, 그런 거였다. 지금 생각해보니 욕지기가 일 것만 같다. 몸무게가 얼마든 간에 누군가가 캑캑거리다가 갑자기 심장이 멎는 것은 있을 수 없는 일이다. 그렇지만 해나의 죽음은 비만이 원인일 가능성이 아주 커 보였다. 해나는 이런저런 병으로 몸이 약해져 있었고, 비만인 사람은 암에 걸릴 확률이 다른 사람보다 높으며, 똑같이 코로나에 걸려도 더 많이 아프고, 스트레스 상황에서 심장이 멈출 가능성도 더 크다. 볼이 미어터지도록 음식을 밀어 넣고 강박적으로 먹어대던 해나의 습관도 그날 밤 그녀가 캑캑거리는 데 영향을 주었을 것이다.

나는 기억을 되살려 적은 해나의 농담들을 바라보며 다시 한 번 웃고 싶었지만, 모래알이 들어간 것처럼 입안이 까칠했다.

얼마 뒤에 나는 다른 책의 사전 조사 작업을 위해 라스베이거스를 방문했다. 나는 해나와의 약속을 지키기로 마음먹고 '하트어택 그릴'을 찾았다. 바나나 밀크셰이크를 앞에 놓고 우리의 우정에 건배를 들 작정이었다. 입구 옆에 서 있으려니 사람들이 가축용 저울에 올라가는 게 보였다. 그들은 제발 몸무게가 160킬로그램이 넘어서 공짜로 음식을 먹기를 바랐다. 간호사 복장의 웨이트리스가 무시무시한 양의 튀김을 다 먹어치우지 못한 손님의 엉덩이를 때리는 모습도 보였다. 사람들은 거대한 크기의 햄버거와 양동이 사이즈의 밀크셰이크와 접시만 한 크기의 어니언링을 꿀꺽꿀꺽 잘도 삼켰다.

차마 들어갈 수가 없었다. 결국 농담거리는 우리 자신이었다는 생각이 들었다.

복용해보기로 결심하다

이오시프 스탈린이 이런 말을 했다고 한다. "한 사람의 죽음은 비극이지만 수백만의 죽음은 숫자에 불과하다." 전 세계 주요 과학 기구가 비만 때문에 해마다 수많은 사람이 죽고 있다고 경고한 것은 이미 내가 10대 때부터였던 것으로 기억한다. 하지만 20, 30대일 때는 그 말이 추상적으로 들렸던 것 같다. 해나가 떠나고 세상에는 커다란 구멍이 하나 생겼다. 앞으로 내 인생에서 다시는 그 누구도 해나처럼 나를 대책 없이 아이같이 자지러지게 웃게 만들지는 못할 것이다.

해나의 죽음은 내게도 경고 신호가 되었어야 마땅했다. 어릴 때 나는 정크 푸드와 가공식품밖에 먹지 않았다. 그러나 체중이 늘기 시작한 것은 항우울제를 복용하기 시작한 10대 후반부터다. 그때부터 내 몸무게는 요요 놀이를 했다. 살짝 저체중 수준까지 내려갔다가 심각한 비만 상태까지 올라가기를 반복했고 허리둘레는 30인치부터 40인치까지 오르내렸다.

코로나 사태가 끝나갈 때쯤 내 몸무게는 어느새 위험 수위에 가까워져 있었다. 키 173센티미터에 몸무게 92킬로그램. 30이 넘어가는 체질량지수BMI도 문제였지만, 다른 수치들은 더 안 좋았다. 체육관에서 내 체지방률을 목격한 트레이너는 움찔했다. 32퍼센트였다. "제가 만약 샌드위치였다면 먹고 싶지 않으시겠죠?" 내가 억지로 웃어 보이며 말했다. 나중에 인터넷을 찾아보니, 동물의 왕국에서 가장 뚱뚱한 포유류인 고래의 체지방률이 35퍼센트였다.

나는 이 상태가 안전하지 않다는 걸 알고 있었다. 할아버지가 지금의 내 나이인 마흔넷에 심장마비로 돌아가셨기 때문이다. 삼촌은 60대에 심장마비로 돌아가셨다. 아버지는 당뇨가 있었고 70대 초반에 심장 우회술을 받았다. 설상가상으로 나의 체지방은 건강에 가장 해로운 위치에 자리하고 있었다. 뉴올리언스에 있는 툴레인대학교 의과대학의 비만 전문가 쇼너 레비Shauna Levy 박사에 따르면 "체지방이 몸에 골고루 퍼져 있다면 팔다리는 가늘고 배만 볼록 나오는 '복부 비만형'보다는 건강에 덜 해롭다. 복부 비만 환자들은 당뇨병과 고혈압에 걸릴 가능성이 높다." 그러나 나는 삶을 사랑한다. 삶을 최대한 많이 즐기고 싶다. 오래오래 살고 싶다. (이 말에 해나가 뭐라고 대꾸했을지 귀에 들리는 듯하다.

"네가 정말로 빅맥 소스보다 삶을 더 사랑한다고 생각해?")

전에도 나는 여러 번 내 체중에 대한 경고 신호를 받았지만 제대로 정신을 차리지는 못했다. 가끔은 깜짝 놀라서 정크 푸드를 줄이고 운동을 늘리기도 했다. 그 결과 꽤나 극적인 효과를 볼 때도 있었다. 심지어 몇 년간 체질량지수 차트의 하단에 위치해본 적도 있었다. 그때는 마치 잃어버린 대륙 아틀란티스가 바다 밑에서 올라오듯 내 광대가 윤곽을 드러냈었다. 그러나 늘 어느 정도 시간이 지나면 나는 원래 모습으로 되돌아갔고 슬럼프에 빠지면서 수치심을 느꼈다. 해나에 비하면 나는 비만이라 말할 수도 없는 수준이었지만 심혈관계 질환에 걸릴 유전적 위험성은 내가 해나보다 컸을 것이라 생각한다.

오젬픽은 미심쩍은 게 한두 가지가 아니었음에도 나는 궁금했다. 혹시나 이 약이 내가 처한 건강상의 위험을 몇 가지 제거해줄 수 있을까? 알고 보니 내 지인 중에도 이미 오젬픽을 투약 중인 사람들이 있었다. 남자들은 투약 사실을 꽤 순순히 인정했다. 여자들은 간헐적 단식이니, 근사한 스파니 하는 것들에 관한 이야기를 한참 늘어놓다가 마지막에야 오젬픽을 투약 중이라고 기어들어가는 목소리로 인정했다. 그들이 살이 빠진 것은 내 눈에도 보였고 그들의 담당 의사도 모든 핵심 건강 지표가 극적으로 개선되었다고 말한다고 한다.

나는 의심스러웠다. 내 체중도, 이들 신약도, 내 미래도. 그러나 해나 생각이 자꾸만 났다. 나는 밤잠을 이루지 못하고 휴대전화로 해나의 번호를 눌러보곤 했다. 우리는 휴대전화가 널리 보급되기 직전에 친구가 되었기 때문에 해나의 전화번호는 내가 마지막으로 외우고 있는 번호였다. 나는 해나에게 하고 싶은 말을 모두 떠올려보았다. 내가 들었던 농담들, 들려주고 싶은 회한들. 그렇지만 끝내 '통화' 버튼을 누르지는 못했다. 그녀는 이제 세상에 없었다.

그러다가 별안간 결심이 섰다. 이 약을 한번 써봐야겠다고. 갑작스러운 결정이었다. 나중에 생각해보니 그때는 미처 다 깨닫지 못했던 어떤 충동이 내 결정의 원동력이었다. 나는 동네 병원을 찾았다. 의사는 내게 몇 가지 간단한 질문을 하고, 건성으로 몇 가지를 측정해본 후 오젬픽을 처방해주겠다고 했다. 며칠 후 택배가 도착했다. 안에는 하얀색 꾸러미가 들어 있었다. 나는 너무 긴장되어서 혼자 꾸러미를 열어볼 수 없었다. 그래서 다음 날 친구의 파티 장소에 가져가서 단체로 꾸러미를 열어보았다. 파란색 펜 하나와 아주 작은 흰색 바늘 같은 것들이 들어 있었다. 나는 주사라면 질색이다. 겁이 많아서 혈액 검사를 할 때도 고개를 돌리고 속으로 노래를 불러야 한다. 하지만 이 바늘은 크기가 아주 작았다. 일주일에 한 번 그 미니 바늘을 펜 끝에 돌려 끼우고 배에 찌른 다음 펜 끝을 누르면 된다. 그러면 혈류 속으로 약이 들어간다.

살에다 바늘을 찔렀는데 별 느낌이 없었다. 그냥 벌레에 물리는 정도였다. 약물을 주사할 때도 펜에서 나는 딸깍딸깍 소리가 전부였다. 처음으로 오젬픽이 내 몸속을 흐르기 시작했다.

나는 죽음 근처까지 다녀왔다는 사람을 몇몇 알고 있다. 그들은 정말로 인생이 주마등처럼 눈앞에 스쳐 지나갔다고 말한다. 그 순간의 내가 바로 그랬다. 내 경우에는 나의 '음식 인생'이 스쳐 지나갔다. 어릴 때부터 내가 먹어온 온갖 음식이 눈앞에 떠올랐다. 다섯 살 때 우걱우걱 먹곤 했던 노란색 바나나와 버섯 모양의 설탕 과자가 눈앞에 보였다. 소금과 식초가 뿌려진 칩스틱도 생각났다. 1980년대에 유행했던 끈적끈적한 일종의 포테이토칩이었다. 샌더스 대령(KFC의 창업자)이 꿈에 그려보았을 것보다 더 많은 KFC가 내 머릿속에 떠올랐다.

내가 전 세계를 누비며 찾았던 수백 군데의 맥도널드 지점이 생각났다. 그 매장들은 세계 어디를 가든 내가 조용한 곳에 숨어들고 싶을 때 찾는 인조 자궁 같은 곳이었다. 전 세계에서 가장 고도가 낮은 곳에 위치한 맥도널드 지점은 이스라엘 사해에 있었다. 러시아 최초의 맥도널드 지점에도 갔었다. 서구 세계의 자유를 상징하는 것 같았던 그 매장은 내가 다녀가고 얼마 지나지 않아 우크라이나 침공 때문에 문을 닫았다. 내가 가장 좋아하는 맥도널드 지점도 떠올랐다. 라스베이거스 중심가의 룩소르 호텔 근처에 위치한 매장이었는데, 거기 손님은 죄다 길 잃은 관광객이거나 도시 지하 터널에서 먹고 자는 노숙자들이었다. 가장 무서웠던 맥도널드 지점은 엘살바도르에서 만났다. 입구에 경비원이 거대한 마체테(정글에서 나뭇가지를 벨 때나 무기 등으로 사용하는 날이 넓고 무거운 칼-옮긴이)를 들고 서 있었다. 왜 그걸 들고 있냐고 물었더니 정부에서 기관총을 수거해가서 그렇다고 했다. 전세계에는 3만 8000개의 맥도널드 지점이 있다. 나는 그 모든 지점이 눈앞에 그려졌다가 서서히 희미해지는 기분이었다.

나는 자리에서 일어나 바늘로 찔렀던 부위를 문질렀다. 아무 느낌도 들지 않았다.

역사의 기괴한 한순간 같았다. 인구의 거의 절반이 더는 음식을 먹고 싶지 않도록 이 약을 맞고 싶어질 거라니. 그런 생각이 들었다. '내가 어쩌다 이렇게 됐을까?' 더 중요한 질문은 이것이었다. '우리가 어쩌다 이렇게 됐을까?'

마법의 약을 둘러싼 복잡한 진실을 찾아서

신종 비만 치료제가 우리 모두에게 어떤 의미가 될지 알아보기 위해 나는 전 세계를 돌았다. 100명이 넘는 전문가를 인터뷰했고 이 문제의 영향을 받고 있는 다른 사람들도 만났다. 이들 신약을 개발하는 데 핵심 역할을 했던 과학자들뿐만 아니라 이들 신약을 가장 크게 비판하는 사람들과도 만났다. 신약의 과학적 원리를 쫓다 보니, 예상치 못했던 이상한 곳에 이르기도 했다. 나는 10대들이 트램펄린을 뛰고 있는 아일랜드의 스타디움을 방문했다. 미니애폴리스에서 만났던 식단 관리 전문가는 내가 시나몬 빵을 먹는 모습을 빤히 쳐다보았다. 도쿄에서는 맹독성 생선을 요리하는 식당을 찾았다.

그렇게 알게 된 내용은 단순하지 않다. 무작정 이들 신약을 옹호하거나 비난하는 책을 찾는다면 잘못 골랐다. 이 문제를 들여다볼수록 비만에 관한 논쟁은 너무나도 광범위하고 복잡하다는 사실을 알게 될 것이다. 음식이나 다이어트와 관련해 우리는 간단한 해결책을 갈망하지만 사실 이는 곳곳에 물음표가 뜨는 복잡한 주제다. 이 여정을 시작할 때 내 마음은 의문으로 가득했다. 그런데 여정을 끝낼 때는 훨씬 더 많은 걸 알게 되었음에도 여전히 확신은 없고 마음은 양쪽으로 갈라져 있었다. 그러나 이게 장점이기를 바란다. 내가 좋아하는 작가인 그레이엄 그린은 이렇게 말했다. "확신하지 못할 때 우리는 살아 있음을 느낀다." 이 책을 쓰면서 나는 유독 살아 있는 기분이었다. 사실 이들 신약에는 어마어마한 잠재적 이점과 잠재적 위험이 공존한다. 이 책을 읽는 모든 독자가 이에 대해 서로 다른 평가를 내릴 것이다. 이 복잡한 진실을 헤쳐 나갈 방법을 우리가 다 함께 찾을 수 있기를 바랄 뿐이다.

그렇게만 된다면 이들 신약이 비만과 관련된 가장 오래된 몇몇 논쟁의 프레임을 바꾼다는 사실을, 어쩌면 해결할지도 모른다는 사실을 알 수 있을 것이다. 지난 40년간 우리는 왜 이렇게 몸무게가 늘어났을까? 체중 증가의 진짜 원인은 무엇일까? 살을 빼는 게 단지 의지의 문제일까? 우리는 우리 몸을 어떻게 바라보아야 할까?

우선 몇 가지 알아둘 것이 있다. 첫째, 나는 과학자가 아니다. 나는 케임브리지대학교에서 엄격한 사회과학 교육을 받은 저널리스트다. 내가 인터뷰했던 사람들이 전문가이지, 내가 전문가는 아니다. 둘째, 신약에 관해서는 우리가 아직 모르는 내용이 매우 많다. 심지어 우리가 아는 것들도 아직 논쟁이 뜨겁다. 기본적 사항에 관해서조차 과학자들의 의견이 불일치한다. 이는 수백만 명을 대상으로 수행되고 있는 집단 실험이며, 나도 그 기니피그 중 하나다. 이 책의 곳곳에서 우리가 지금 알 수 있는 사항과 그걸 아는 이유 그리고 과학자들의 의견이 갈리는 부분을 지적할 것이다. 그리고 서로 다른 여러 관점을 각각 존중하면서 호의적으로 요약해볼 것이다.

셋째, 오젬픽을 비롯한 여러 비만 치료제에 관한 논의가 더욱 복잡해질 수밖에 없는 이유는 그런 논의가 이뤄지고 있는 바로 이 시점에 과체중이나 비만인 사람들에 대한 '낙인 효과'를 어떻게 제거할지에 대한 논의도 함께 이뤄지고 있기 때문이다. 워낙 민감한 주제라서 심지어 '과체중'이나 '비만'이라는 단어만 써도 화를 내는 사람들이 있다. 그동안 잔인한 소리를 수없이 들으며 살아왔던 사람들을 화나게 하고 싶은 마음은 전혀 없다. 나는 '자기 몸 긍정주의body positivity'를 주장하는 사람들에게 굉장히 공감한다. 그리고 중요한 몇몇 지점에서 그들이 옳다고 생각한다. 과학적 증거를 봐도 우리가 마땅히 귀를 기울여야 할 주장이다. 그렇지만 아무리 생각해봐도 저 단어 자체를 쓰지 말아야 한다고는 생각되지 않는다. 세계 최고 의료 기구인 세계보건기구WHO는 과체중이나 비만을 '건강에 위험이 되는 비정상적 또는 과도한 지방 축적'이라고 정의한다. 이는 현실이다. 일정 수준 이상으로 체중이 증가하면 건강을 해칠 수 있다는 증거는 차고 넘친다. 이들 증거는 흡연이 폐암을 유발한다는 증거만큼이나 확실하다.

그렇기 때문에 전 세계 주요 의료 기관이 한목소리로 지금의 비만 사태가 매우 위험하다고 일제히 경고하는 것이다.

이 단어들을 포기한다면 현실의 중요한 한 측면을 제대로 묘사할 수 없다. 그렇게 되면 일시적으로 마음은 좀 편할지 몰라도 결국에는 누구에게도 도움이 되지 않는다. 뒤에서 다시 이야기하겠지만, 우리는 과체중인 사람들을 향한 불쾌한 낙인에 반대하면서도 동시에 비만이 무엇이고 왜 해결책이 필요한지 (애정과 연민을 갖고) 설명할 수 있다.

이 책을 준비하는 내내 해나와 내가 좋아했던 뮤지컬 〈메릴리 위 롤 얼롱〉이 자꾸만 생각났다. 이 뮤지컬의 플롯을 다시 한번 생각해봤다. 처음에 중년의 지친 세 친구가 등장하고, 장마다 시간이 거꾸로 흘러 주인공들은 더 젊고 건강해진다. 아주 낙관적인 시나리오대로라면 이게 바로 이들 신약이 제안하는 내용이다. 시계를 거꾸로 되돌리는 것, 해나 같은 사람도 건강할 기회를 가질 수 있는 세상 말이다.

그러나 알고 보니 과거에도 이런 일은 여러 번 있었다. 새로 나온 다이어트 약이 '마법의 약'으로 각광받다가 신약이 비만 그 자체보다 더 치명적인 것으로 밝혀지면서 선반에서 사라진 사례들이 있었다.

만약 신종 비만 치료제를 '마법의 약'이라고 부른다면 세 가지 의미로 해석할 수 있다. 첫째, 비만의 해결책이 될 수 있다는 뜻일 수 있다. 기적처럼 빠르고 간단한 해결책 말이다. 둘째는 의도치 않은 환영으로 드러날 가능성이 있다는 뜻일 수 있다. 더 가까이 들여다보았더니 겉보기와 다르다는 식으로 말이다. 제약사의 주장대로 늘 효과가 있지는 않을 수도 있고 첫눈에 보이지 않는 단점이 있을 수도 있다. 세 번째 의미는 이런 것이다. 아마 마법에 관한 가장 유명한 이야기 중 하나는 디즈니 만화 〈판타지아 Fantasia〉일 것이다. 마법처럼 아직 알려지지 않은 힘을 세상에 풀어놓을 경우 그 힘은 금세 통제를 벗어나 처음에는 상상조차 못했던 결과를 초래할 수도 있다는 내용의 우화다.

그래서 나는 오젬픽이 처음 내 혈관 속을 돌아다니기 시작했을 때 알아야겠다고 생각했다. '이건 정확히 어떤 종류의 마법일까?'

1장

배고픔이
사라지는 약

역사상 가장 성공적인
비만 치료제의 등장

이해가 되지 않았다. 원하던 걸 얻었는데,

건강도 좋아지고 자존감도 올라갔는데,

대체 왜 나는 상반된 감정을 동시에 느꼈던 걸까?

눈을 뜨는 순간 뭔가 잘못됐다는 느낌이 들었다. 알람시계를 탁 때려서 조용히 시켜놓고, 그대로 5분 동안 가만히 누워 있었다. '뭐가 잘못됐지?' 오젬픽 투약을 시작하고 이틀째였다. 아주 약간 메스꺼운 느낌이 났지만 심각한 정도는 아니었다. 평소 같았으면 아무렇지 않게 일상을 시작했을 것이다. '그러면 메스꺼움 때문은 아니고.' 문제의 정체를 깨닫는 데 시간이 좀 걸렸다. 원래는 잠을 깨면 미친 듯이 배가 고파야 했다. 그런데 그날 아침은 배가 고프지 않았다. 식욕이 사라지고 없었다.

침대에서 일어난 나는 별 생각 없이 아침마다 늘 하던 대로 했다. 아파트를 나와 브라질계 사장님인 '타티아나'가 운영하는 동네 카페에 갔던 것이다. 내 주문은 늘 똑같았다. "치킨 마요네즈 샌드위치요." 자리에 앉아 신문을 읽고 있으니 음식이 나왔다. 나는 눈앞의 샌드위치를 쳐다보았다. 나무토막을 보는 기분이었다. 한입을 먹었다. 맛은 괜찮았다. 평소와 똑같았다. 서너 번 더 베어 물고 나니, 배가 불렀다. 거의 그대로인 샌드위치를 접시에 남겨둔 채 나는 자리에서 일어났다. 서둘러 밖으로 나오는데 타티아나가 뒤에서 소리쳤다. "어디 아프세요?"

나는 사무실로 가서 세 시간 동안 글을 썼다. 평소 같으면 정오가 되기 전에 이미 뭔가 달달한 것으로 간식을 좀 먹고, 1시쯤에는 길 아래 튀르키예 식당으로 점심을 먹으러 갔을 것이다. 그런데 2시가 되어도 배가 고프지 않았다. 이번에도 나는 하던 대로 했다. 식당으로 가서 늘 시키던 메뉴를 시켰다. 지중해식 양고기 요리 라지 사이즈에 밥과 빵을 곁들였다. 3분의 1쯤 먹었다. 처음으로 이 메뉴가 믿기지 않을 만큼 짜게 느껴졌다. 마치 바닷물을 마시는 기분이었다.

나는 글을 좀 더 쓰고 저녁 7시에 사무실을 나섰다. 런던에서 내가 가장 좋아하는 동네인 캠던 시장으로 가서 친구를 만났다. 우리는 죽 늘어선 음식 가판대들 사이로 세계 각지의 음식을 구경하며 걸었다. 평소 같았으면 나는 벌써 세 군데는 멈춰서 입안에 음식을 쑤셔 넣었을 것이다. 그런데 그날 저녁은 배가 고프지 않았다. 몇 입도 채 먹을 수가 없었다. 집에 돌아갔더니 너무 지쳐서 생각지도 못하게 저녁 9시부터 잠이 들어버렸다.

그렇게 첫 주가 지났다. 마치 식욕이라는 나의 창에 덧문이 내려져서 손톱만 한 빛밖에 통과하지 못하는 모양이었다. 평소보다 배고프다는 느낌이 80퍼센트 이상 줄었다. 약간의 메스꺼움은 지속적으로 나타났다 사라졌다. 버스나 차를 타면 심한 멀미가 느껴졌다. 뭔가를 먹으면 깜짝 놀랄 만큼 빨리 배가 불렀다.

애써 설명을 해보자면, 이런 느낌이다. 명절에 차려진 음식을 몽땅 다 먹어치웠는데, 누군가가 새로 나타나 "이제 식사해야지?"라고 물어보는 기분. 오젬픽 때문에 음식을 역겨워하게 됐다고 말하는 사람도 있다. 내 경우에는 음식을 정말 소량밖에 먹지 못하게 됐다.

닷새째 되던 날 친구가 영화를 보러 왔다. 우리는 배달 앱을 켜서 찜해놓은 식당들을 죽 훑어봤다. 내가 늘 시켜먹던 음식들이었다. 그런데 이제는 그것들을 하나도 먹을 수 있을 것 같지가 않았다. 결국 친구는 케밥을 시키고 나는 채소 수프 한 그릇을 먹었다. 엿새째에는 내 대자代子(가톨릭에서 대부나 대모의 후견을 받는 아이 – 옮긴이)들과 외출을 했는데 아이들이 맥도널드에 가고 싶어 했다. 해피밀 세트를 하나씩 시켜주고 나는 아무것도 시키지 않았더니, 대자 중 하나가 의심에 찬 목소리로 물었다. "아저씨는 누구예요? 우리 삼촌을 어떻게 한 거예요?"

나는 내 몸에서 벌어지고 있는 일을 제대로 알고 싶었다. 그걸 가장 잘 알려줄 수 있는 사람은 오젬픽 같은 신종 비만 치료제가 개발되도록 핵심적인 내용을 발견한 과학자들이라는 생각이 들었다. 그래서 그 사람들과 비만 치료 분야에서 활동 중인 다른 핵심 과학자들을 찾아내 인터뷰하기 시작했다. 그러나 이 책에 실린 인터뷰 내용을 읽을 때는 이들 대부분이 신종 비만 치료제로 이득을 보고 있는 여러 제약회사에서 자금 지원을 받았다는 점을 반드시 염두에 두어야 한다.

과학자들은 이 엄청난 효과의 근원이 GLP-1이라는 보잘것없는 호르몬을 조작한 결과라고 알려주었다. GLP-1은 우리의 장과 뇌에 존재한다. GLP-1이 무엇인지 이해하려면 GLP-1이 발견된 과정을 살펴보는 게 도움이 될 것이다.

살 빼는 호르몬 GLP-1의 발견

1984년이었다. 28세인 호리호리한 몸매의 캐나다 연구원이 매사추세츠 종합병원의 연구실에 들어섰다. 연구원은 본능적으로 불편함을 느꼈다. 대니얼 드러커Daniel Drucker는 이곳의 거대한 빌딩 한 곳에서 일하기로 되어 있었다. '번쩍번쩍한 최첨단 시설이 갖춰져 있겠지?' 그러나 도착해보니 이보다 더 낡고 추레할 수 없었다. 의자에 앉으면 머리 위의 지붕에 둥지를 튼 비둘기들이 끊임없이 구구거리면서 아무 실험이라도 해보라고, 똥을 갈겨서 오염시켜버리겠다고 위협했다.

드러커는 애초에 자신이 이 연구소까지 올 수 있었던 데에는 몇 번이나 작은 운명의 장난이 작용했음을 알고 있었다.

폴란드에서 태어난 드러커의 어머니는 나치를 피해 정신없이 도망쳤다. 그녀가 유대인 거주 구역을 벗어난 바로 다음 날 어머니와 여동생은 총살을 당했다. 드러커의 어머니는 남의 집 다락에 숨어 하루하루를 살아남았다. 일가친척이 모두 살해되었다는 말을 듣고 캐나다로 피신한 이후에도 어머니는 가족을 찾는 일을 멈추지 않았다. 어머니는 드러커에게 이렇게 말하곤 했다. "내

가족이 살해당하는 걸 봤다는 사람이 잘못 본 것이면 어떡하니? 어딘가 살아남아 아직도 나를 찾고 있으면?"

드러커는 갑상선 전문가가 되었다. 그러니 연구소장이 드러커에게 이곳에는 갑상선 관련 업무가 없으니 다른 프로젝트를 맡아야 한다고 했을 때 실망이 이만저만이 아니었다. 모든 인체는 세포로 구성된다. 1970년대에 과학자들은 세포 내부에서 벌어지는 일을 알아낼 새로운 도구를 찾아냈다. 그래서 그걸로 수많은 세포를 연구 중이었는데, 드러커는 췌장에서 만들어지는 '글루카곤 유전자'를 연구하는 프로젝트에 배정되었다. 글루카곤 유전자의 심층 구조에 대해서는 알려진 바가 거의 없었다. "자네가 좀 알아내봐." 소장이 말했다.

딱히 흥미로운 프로젝트는 아니었지만 일은 일이었다. 드러커는 연구를 시작했다. 쉽지 않았다. 드러커는 내게 이렇게 말했다. "(임상 의학에 관해서라면) 저는 아주 유능한 연구원이었어요. 하지만 이 연구소에 가보니 제가 할 수 있는 게 아무것도 없더라고요. 그런 종류의 연구는 한 번도 해본 적이 없었거든요. 고난의 시작이었죠." 실험이 성공해서 이 세포의 기능을 알게 되었을 때 드러커는 안도감을 느꼈다고 한다. '내가 이 둔한 손으로 뭔가 해냈구나.' 다행히 비둘기도 결과물 위에 똥을 싸지 않았다.

글루카곤 유전자 내부에서 벌어지는 일을 조사하다가 구체적인 의문이 하나 생겼다. 드러커는 글루카곤 유전자가 여러 요소로 구성되어 있다는 걸 알았다. 기다란 사슬 같은 구조였다. 그중 마지막에 발견된, 전체 유전자 코드의 작은 한 토막이 바로

GLP-1이었다. 드러커의 팀원들은 GLP-1이 스스로는 아무 일도 하지 않는 비활성 또는 불필요한 코드인지, 아니면 독립적인 연구의 가치가 있는 부분인지 알고 싶었다. 수많은 실험 끝에 드러커는 GLP-1이 따로 떼어낼 수 있는 유전자 코드임을 발견했다.

이게 가능하다는 사실을 알고 나니, 이런 의문이 들었다. GLP-1은 실제로 무슨 일을 할까? 드러커는 GLP-1을 실험 접시에 담아 해당 신체 부위에서 발견되는 수많은 화학물질과 어떤 상호작용을 일으키는지 살펴보기로 했다.

그러던 어느 오후였다. 드러커는 새로운 시도를 하나 했다. 나중에 그는 내게 이때가 바로 '결정적 깨달음'을 얻은 순간이었다고 말했다. 드러커의 경력 전체와 수백만 명의 인생을 바꿔놓은 순간이었다.

드러커가 인슐린을 생산하는 세포에 GLP-1을 섞어두었더니 놀라운 일이 벌어졌다. GLP-1이 인슐린 생성을 자극했던 것이다! 보잘것없는 이 장 호르몬이 다른 호르몬의 생성을 촉진할 수 있었다. 몸이 혈당 수치를 조절해 생명을 유지하는 데 필수적인 바로 그 호르몬 말이다.

드러커는 즉각 당뇨병을 떠올렸다. 당뇨병은 몸이 인슐린을 충분히 생산하지 못해 건강상의 온갖 재앙을 불러일으키는 질병이다. 그런데 눈앞의 실험 접시에서 GLP-1이 "인슐린을 더 많이 만들어내고" 있었다. 당뇨병 치료에도 사용할 수 있을까? 팀원이었던 스베틀라나 모이소프Svetlana Mojsov는 다른 연구진과 함께

GLP-1을 실험쥐의 췌장에 주입했다.[1] 거기서도 인슐린 생성이 늘어났다. 이 말은 곧 GLP-1이 실험 접시에서만 효과를 내는 게 아니라 살아 있는 생물에게서도 효과를 낸다는 뜻이다. 비슷한 시기에 코펜하겐의 어느 연구팀은 GLP-1을 돼지의 췌장에 주입했다.[2] 똑같은 효과가 나타났다.

그렇지만 이를 당뇨병 환자에게 적용하기까지는 기나긴 여정이 남아 있었다. 기상천외한 국면의 전환이 몇 번 더 일어나야 했다.

드러커가 있던 곳에서 4800킬로미터 떨어진 런던 서부의 해머스미스병원Hammersmith Hospital에 존 와일딩John Wilding이라는 젊은 의사가 있었다. 1990년대 초 어느 날 와일딩은 응급실에서 급한 연락을 받았다. 환자가 병원에 실려 온 과정부터 예사롭지 않으니 내려와서 꼭 좀 봐달라는 요청이었다. 구급요원들이 환자의 집에 도착해보니, 환자의 비만 정도가 너무 심해서 방 문조차 빠져나올 수 없었다. 다른 방법이 없었던 구급요원들은 소방서에 연락해 창문을 부수고 크레인으로 환자를 끌어냈다.

와일딩은 이 환자에게 '고도 비만 저환기 증후군'이라는 진단을 내렸다. 종종 체중이 극단적으로 불어난 경우 숨을 너무 천천히 쉬는 바람에 체내에 산소가 충분히 공급되지 않아서 생기는 장애였다. 안정을 되찾은 환자는 와일딩에게 식욕이 도저히 멈추지 않는다고 말했다. 무슨 짓을 해도 도저히 먹는 것을 그만둘 수 없다고 했다. 환자는 와일딩의 눈앞에서 샌드위치를 하나씩 하나씩 먹어치우고 있었다. 얼마 지나지 않아 이 환자는 중증 폐색전증으로 사망했다.

와일딩은 이 병원의 연구원이기도 해서 GLP-1의 초창기 연구 성과를 면밀히 주시하고 있었다. 대니얼 드러커가 이 호르몬을 분리해 그처럼 놀라운 효과를 볼 수 있다는 사실을 확인하자 과학자들은 또 다른 의문점을 탐구하기 시작했다. GLP-1은 대체 인체의 어느 곳에서 언제 만들어지는 걸까?

그리고 중요한 발견이 있었다.

음식을 먹고 나면 장에서 GLP-1 수치가 급증한다. 과학자들은 혹시나 이게 '그만 먹으라'고 알려주는 자연적 신호가 아닐까 의심했다. '충분히 먹었어. 배불러.'

그래서 와일딩은 이렇게 생각해보았다. 만약 무언가를 먹었을 때 GLP-1이 분비되는 거라면 혹시 인위적으로 GLP-1을 늘려서 식욕을 감소시킬 수는 없을까? 와일딩이 GLP-1을 실험쥐에게 주사해보았더니[3] 예상대로 쥐의 식욕에 극적인 변화가 있었다. "정말 강력한 효과였어요." 와일딩은 말했다. GLP-1이 인슐린과 혈당에만 영향을 미치는 게 아니라는 초창기 증거였다. GLP-1은 포만감 증진, 즉 배가 부르다는 '느낌'에도 영향을 주는 듯했다.

그래서 과학자들은 생각했다. 암울한 죽음을 맞았던 와일딩의 환자와 같은 사람들을 GLP-1으로 도와줄 수는 없을까?

연구소는 더 많은 조사를 진행했다. 아주 작은 바늘을 사용해서 GLP-1을 사람들의 장에 직접 주사해보았다. 놀랍게도 효과가 있었다. 사람들은 포만감을 더 많이 느꼈고 음식을 더 적게 먹었다.

그런데 문제가 하나 있었다. 장에서 GLP-1 수치가 치솟았다가 금세 흔적도 없이 사라져버렸던 것이다. 몇 분 만에 몸 안에서 깡그리 사라져버렸다. 사람들이 음식을 덜 먹게 하려면 GLP-1을 하루에 세 번씩 주사해야 했고, 그마저도 아주 잠깐 식욕을 눌러줄 뿐이었다. 아주 감질나면서도 실망스러운 결과였다. 실험을 통해 GLP-1이 인간의 식욕에도 효과가 있다는 사실은 증명되었지만, 아주 잠깐 배고픔을 살짝 줄이기 위해 하루 세 번씩 주사를 맞을 사람은 없었다. 과학자들의 발견은 현실 세계에서 별 쓸모가 없을 듯했다.

이들 실험 이후 잠재적 비만 치료책으로서 GLP-1에 대한 관심은 시들해졌다. 대신 새롭게 발견된 다른 여러 장 호르몬에 대한 연구가 늘어났다. 과학자들은 그쪽이 더 유용할지 모르겠다고 생각했다. 이걸 끝으로 GLP-1 연구는 결국 무용지물이 되었던 수많은 과학 연구 분야 중 하나가 되는 듯했다.

게임 체인저

돌파구는 전혀 뜻밖의 곳에서 터졌다.

드러커 팀이 GLP-1의 유전자 코드에 대한 논문을 발표한 후 뉴욕주 브롱크스의 존 엥John Eng이라는 생화학자가 이상한 점을 하나 발견했다.[4] GLP-1의 유전자 코드가 존 엥이 미국의 치명적 도마뱀 독에서 발견한 화학물질과 거의 동일했던 것이다.

힐러몬스터Gilamonster라는 이 도마뱀은 애리조나주나 뉴멕시코 주의 사막을 느릿느릿 돌아다니는데, 다 자라면 길이가 60센티 미터 정도 된다. 만약 용기가 있어서 이놈을 한 마리 잡아 독을 추출해낸다면 GLP-1과 똑같은 물질을 얻을 수 있다. 다만 중요 한 지점에서 한 가지 차이가 있다. 천연 GLP-1은 인체에서 수 분 만에 분해되어버리지만, 이 도마뱀의 독은 더 강력할 뿐만 아니 라 수 시간 동안 지속된다는 점이다. 그러니 도마뱀 독을 인체에 주사해보면 알 수 있을 것이다. GLP-1 수치가 자연적인 상태에 서보다 오랫동안 높은 상태로 유지될 경우 어떤 일이 벌어지는 지 말이다.

존 엥의 연구에 관해 읽은 대니얼 드러커(아직도 앞서의 발견을 이용해 당뇨병 환자들을 도울 방법을 애타게 찾고 있었다)는 어서 이 도 마뱀을 손에 넣어 실험을 해봐야겠다고 생각했다. 그러나 말처 럼 쉽지 않은 일이었다. 이들 도마뱀은 치명적인 독을 가지고 있 어서 거래가 엄격히 규제되었던 것이다. 드러커는 도마뱀이 사 는 지역의 전화번호부에서 미심쩍지만 '도마뱀 딜러'라는 사람 들을 찾아냈다. 하지만 생각해보니 이 딜러들은 드러커가 대학 에서 도마뱀을 연구하는 데 필요한 적법한 서류를 작성해줄 수 없을 것 같았다. 결국 드러커는 서부의 어느 동물원에 도마뱀을 한 마리 팔라고 설득했다. 드러커는 내게 이렇게 말했다. "기분이 좀 묘했어요. 동물원장에게 계속해서 '제가 이 동물을 안락사시 킬 거라는 사실, 아시죠?'라는 말만 되풀이했죠. 순진하게도 저 는 동물원이 야생동물을 보호하는 곳인 줄 알았거든요. 하지만 동물원장은 그냥 이렇게 말하더라고요. '250달러요.'" 드러커의 동료가 동물원까지 날아가서 그 불쌍한 도마뱀을 받아 가방에 넣은 다음 비행기 객실 머리 위의 짐칸에 싣고 왔다. 연구실에서 도마뱀을 처음 본 드러커는 너무나 아름다운 모습에 넋을 잃었다고 한다.

사막에 사는 이 작은 동물의 도움으로 전 세계 과학자들은 GLP-1의 효과가 지속될 경우 어떤 일이 벌어지는지 알아낼 수 있었다. GLP-1의 판박이 물질이 체내에 오래 머물수록 인체는 더 많은 인슐린을 만들어냈다. 그러자 제약회사들이 작업에 착수했다. 도마뱀 독을 비롯한 여러 방법을 동원해 GLP-1 유사체가 포함된 약을 만들었던 것이다. 이 약은 2005년 당뇨병 환자들에게 사용이 허가되었고 금세 세계 전역에서 사용되기 시작했다. 효과가 있었다. 신약은 당뇨병 환자의 혈당을 훨씬 더 잘 조절했을 뿐만 아니라 환자들의 다른 문제점들도 크게 줄여주었다. "믿기지 않을 만큼 흥분되는 일이었습니다." 드러커가 말했다. 과학자들은 방법을 개선해 GLP-1 유사 물질이 인체에 더욱더 오래 머물게 만들었다. 진짜 GLP-1처럼 수 분간만 혹은 도마뱀의 독처럼 몇 시간만 체내에 머무는 게 아니라 이 새로운 작용제(유사 물질)는 몸속에서 일주일을 버틴 후 분해되었다.

그리고 얼마 지나지 않아 사람들은 또 하나의 특이점을 눈치챘다. 이 약을 처방받은 당뇨병 환자들이 엄청난 체중 감량 효과를 보는 경우가 많다는 것이었다. 아무도 환자들에게 음식을 줄이라고 말하지 않았다. 환자들이 생활습관을 대거 바꾼 것 같지도 않았다. 그런데도 살이 쑥쑥 빠졌다. 해머스미스병원의 존 와일딩 팀은 또 다른 의문을 품었다. 이 약을 당뇨병 환자가 아닌 비만 환자에게 주어도 살이 빠질까? 연구팀은 덴마크 기업 노보노디스크에서 자금 지원을 받아 연구에 착수했다.

연구팀은 즉각 큰 장애물을 만났다. 이 약을 주면 처음에는 고약한 부작용을 경험하는 경우가 많았다. 가장 흔한 부작용은 메스꺼움이있다. 종종 아주 심한 정도의 메스꺼움을 느꼈다. 그렇다면 용량을 천천히 조금씩 늘려가야 한다는 뜻이었다. 연구팀은 시험 대상자들을 상대로 장장 16주에 걸쳐 용량을 서서히 올려서 목표량 2.4밀리그램에 도달하게 했다. "시험에 참가한 사람중에는 25~30킬로그램까지 체중을 감량하는 경우도 있었어요. 임상 시험에서는 처음 보는 일이었죠. 너무나 놀라웠습니다. 정말로 기뻤고요." 와일딩의 말이다.

2022년 어느 날 노보 노디스크의 경영진은 이 분야에서 활동 중인 과학자들을 코펜하겐의 본사로 불러 모았다. 비만 환자들에게 세마글루타이드를 처방한 대규모 임상 시험 결과를 공식 발표[5]하기 위해서였다. 임상 시험은 68주간 진행되었다. 세마글루타이드를 처방받은 환자들은 평균 자기 체중의 15퍼센트가 빠진 반면, 위약을 처방받은 환자들은 평균 2.4퍼센트가 빠지는 데 그쳤다.

역사상 가장 성공적인 비만 치료제가 탄생했다는 의미였다.

"다들 입이 떡 벌어졌지요. '엄청나다'는 표정들이었어요. 실제로 엄청났지요." 후기 임상 시험을 담당했던 로버트 쿠슈너Robert

Kushner의 말이다. 마치 어느 게임 쇼에서 잭팟이 터진 순간 같았다.

쿠슈너는 말했다. "'게임 체인저game-changer'라는 단어가 즉각 떠올랐어요."

장밋빛 전망

많은 사실이 밝혀지고 있었다. 여러 가지 장 호르몬은 우리 몸에게 이제 그만 먹으라고 알려주는 자연스러운 신호다. 이런 호르몬의 유사체를 만들어서 몸속에 넣어주고 일주일 동안 머물게 할 수 있다면 음식을 훨씬 덜 먹게 된다는 걸 과학자들은 증명했다. 그리고 이 약은 단지 환자의 몸만 바꾸는 게 아니었다. 이 약은 환자의 생각까지 바꿔놓는 듯했다.

쿠슈너에 따르면 이전에 임상 시험에 참여한 사람들은 음식에 집착하는 경우가 많았다. 그런데 이 신약을 먹고 나면 이렇게 이야기했다. "제가 그처럼 갈망하고 좋아했던 것들인데 더 이상 음식에 관심이 가지 않아요. 이전처럼 음식이 생각나지 않아요."

뒤에서 보겠지만, 환자들의 생각이 바뀐 것이 얼마나 중요한 일인지는 나중에야 밝혀진다.

몇몇 임상 시험은 또 다른 문제를 탐구했다. 이 약을 사용하고 싶은 사람들에게는 엄청나게 중요한 문제였다. '이 약을 끊으면 어떻게 될까?'

약을 끊으면 대개 줄었던 체중의 3분의 2가 1년 안에 다시 쪘다.[6] 노보 노디스크의 대변인은 내게 이렇게 설명했다. "(임상 시험) 결과, 위고비Wegovy 치료를 중단하면 체중이 다시 늘어날 가능성이 높습니다. 노보 노디스크가 자문을 구했던 임상 전문가들은 비만을 만성 질환으로 보고 있습니다. 당뇨병이나 고혈압 같은 만성 질환처럼 관리가 필요한 것이죠."

이 약이 효과가 있으려면 영원히 투약을 계속해야 한다는 뜻이다. 한 번 맞고 나면 치료가 되는 말라리아 치료제와는 다르다. 콜레스테롤 수치를 낮추기 위해 복용하는 스타틴statin이나 혈압약처럼 효과를 유지하기 위해서는 투약을 멈추어서는 안 된다.

다시 말해 이 약은 휴일 하루의 일탈이 아니라 평생을 약속하는 결혼 같은 것이다.

코펜하겐 미팅 이후 대니얼 드러커(1984년 비둘기가 날아다니는 실험실에서 GLP-1을 처음으로 알아냈던 바로 그 캐나다 과학자)는 이렇게 썼다. "수천 명의 과학자가 40년을 매달린 끝에 제2형 당뇨병과 심혈관계 질환을 가진 사람들 그리고 이제는 비만인 사람들까지도 새로운 선택지를 갖게 됐다." 노보 노디스크는 현재 두 가지 형태의 세마글루타이드를 제조 판매하고 있다. 당뇨병 환자들에게는 오젬픽을, 비만 환자들에게는 위고비를 판매한다. 같은 약이지만 목적이 달라서 위고비가 더 높은 용량으로 처방이 가능하다.

드러커는 종종 사람들이 자신에게 다가와 이들 신약에 관해 묻는다고 했다. 얼마 전에 치과에 갔을 때는 치위생사가 오젬픽에 관한 질문을 쏟아냈다고 한다. 드러커는 입안에 금속이 가득해서 제대로 말조차 할 수 없었지만 말이다. "이제는 가족 모임에 가는 것도 망설여져요. 꼼짝 못 하고 이야기를 들어줘야 하니까요." 늘 대식가였던 골프 클럽 친구가 어느 날 느닷없이 그에게 피자를 권해서 놀라기도 했다고 한다. 20년간 한 번도 음식을 권한 적이 없던 친구였다. 그 친구는 골프 친구들을 돌아보며 말했다. "난 드러커의 약을 복용하고 있어. 이제는 그냥 배가 안 고프더라고!"

과학자들은 이제 겨우 시작일 뿐이라고 생각한다. 지난 몇 년간 또 다른 제약회사 일라이 릴리Eli Lilly의 연구진은 마운자로라는 약을 실험하고 있었다. 마운자로는 GLP-1뿐만 아니라 GIP라고 알려진 또 다른 장 호르몬까지 자극한다. 놀랍게도 임상 시험에서 이 약을 사용한 환자들은 평균적으로 체중의 21퍼센트가 빠졌다.[7] 이 회사는 '트리플 G'라는 약도 개발 중이다. 이 약은 GLP-1과 GIP 그리고 세 번째 호르몬까지 자극한다. 그리고 아직 초기 단계이지만 체중을 24.2퍼센트까지 감량해주는 것으로 보인다.[8] 이 신약들의 임상 시험에 참여했던 로버트 쿠슈너는 내게 이렇게 말했다. "우리가 마침내 보물 상자를 찾아낸 것 같아요. 체중을 좌우하는 물질인 장 호르몬 말이에요." 그 결과 현재 개발 중인 비만 치료제만도 70종이 넘는다.

드러커는 조만간 주사를 놓을 필요가 없어질 거라고 했다. "몇 년만 지나면 하루 한 번 알약으로 비슷하게 강력한 효과를 낼 수 있을 거예요. 지금 맞는 주사는 한 달에 수백 달러, 미국의 경우는 수천 달러가 들어요. 하지만 알약으로 바꾸면 하루에 1, 2달러면 될 거예요." 드러커가 내게 이 말을 하고 겨우 몇 달 후에 중요 논문이 두 편이나 발표됐다.[9] 리벨서스Rybelsus라는 이름이 붙은 세마글루타이드 알약이 주사만큼이나 효과가 있다고 말이다. 이 약들의 개발에 핵심 역할을 했던 과학자 카렐 르 루Carel Le Roux는 말했다. "아기의 발달은 기는 것에서부터 시작하죠. 한참을 기어다니다가 벌떡 일어나서 걷게 됩니다. 우리가 바로 그 변곡점에 와 있습니다. 앞으로 3년간 믿기지 않을 만큼의 발전이 있을 겁니다. 아주 기대가 되네요."

신약이 전 세계에서 사용되면서 금융사 애널리스트들은 글로벌 경제에 어떤 영향이 있을지 연구하기 시작했다. 바클레이스 은행 측은 투자자들에게 패스트푸드나 간식 시장을 멀리하라고 충고했다. 도넛회사 크리스피 크림Krispy Kreme의 주가는 이미 하락하고 있고, 애널리스트들은 오젬픽의 인기 상승을 그 직접적 원인으로 꼽고 있다. 네슬레Nestlé의 CEO 마크 슈나이더도 비슷한 말을 했다. "식품과 간식 관련 분야가 가장 큰 영향을 받을 것이다. 당연히 냉동식품, 제과, 아이스크림도 어느 정도 영향이 있을 것이다." 모건 스탠리는 신약을 사용하는 사람들은 술을 덜 마시기 때문에 향후 2년간 미국 주류 시장이 35억 달러 정도의 타격을 받을 것이라고 계산했다.

신약은 예상치 못한 경제 부문에까지 영향을 미치고 있다. 예를 들면 고관절과 무릎관절 수술 기기를 판매하는 기업들의 가치가 추락하고 있다. 비만으로 가장 큰 손상을 입는 신체 부위가 바로 고관절과 무릎이기 때문이다. 제프리스 파이낸셜Jefferies

Financial의 한 애널리스트는 항공사들이 매년 수백만 달러를 아끼게 될 거라고 했다. 탑승객들이 날씬하면 비행기 연료가 덜 들기 때문이다. 심지어 보석상들도 사업상의 변화를 느끼고 있다. 살이 빠지면서 손가락이 얇아진 사람들이 결혼반지를 수선하러 오기 때문이다.

왜 나는 마냥 행복할 수 없었을까

내가 오젬픽을 사용한 첫 6개월 동안 친구인 대니얼이 임신 중이었다. 임신 주수가 늘어나면서 대니얼은 우리가 상반된 궤적을 그리고 있는 것 같다고 말하곤 했다. 대니얼의 배는 불러오고 내 배는 쪼그라들었다. 나는 9.5킬로그램이 빠졌다. 체질량지수 그래프로 표현하면 나는 비만(주황색)에서 과체중(노란색) 중간 지점까지 옮겨갔다. 몇 달 후 나는 7킬로그램이 더 빠졌고 결국 정상 체중(마음이 편해지는 녹색)의 끄트머리에 도착했다. 체지방률은 32퍼센트에서 22퍼센트로 떨어졌다. 내 인생을 통틀어 가장 빠르고 극적인 체중 감소였다.

몸이 가벼워지고 발걸음이 빨라졌다. 자신감도 올라와서 나는 길을 걸을 때 약간 뽐내며 걷게 됐다. 사람들이 눈치를 채기 시작했다. "우와, 살 빠지셨네요." 길에서 아는 사람들을 만나면 그런 소리를 들었다. 대자 중에 하나는 이렇게 말했다. "요한 삼촌, 삼촌한테 목이 있는 줄 몰랐어요!" 석 달째 접어들었을 때는 이웃

집 정원사가 묘한 눈빛을 보내며 내게 전화번호를 물어봤다(저자는 공개적인 동성애자다 - 옮긴이).

나는 이게 바로 내가 원했던 것임을 깨달았다. 짜릿했다(특히나 정원사의 일이 그랬다). 처음에는 주로 건강을 위해 이 약을 쓰는 거라 스스로에게 말했었다. 하지만 이제 보니 내 경우에는 더 잘생겨 보이고 싶은 욕망이 줄곧 커다란 동력이었다. 이 약을 개발한 과학자들을 인터뷰할 때 나는 정말 고마움을 느꼈다. 과학자들이 개발 과정을 들려줄 때 나는 한 손을 내 배에 가져다대며 이 약의 효과를 말 그대로 온몸으로 느꼈다. 런던의 한 카페에서 GLP-1 개발에 참여한 한 과학자와 이야기를 나눌 때였다. 그녀는 이 약이 혁명적인 결과를 가져올 거라고 했다. 나는 우리 옆을 지나가는 행인들을 지켜보았다. 그들 다수가 과체중이나 비만이었다. 하지만 그들은 아마 오젬픽 같은 신종 비만 치료제에 관해 들어보지 못했을 것이다. 나는 생각했다. '지금 무슨 일이 벌어지려는지 당신들은 모르고 있어. 이 약이 당신들을 어떻게 바꿔줄지 전혀 모르지?'

그러나 동시에 나는 불안하고 불편한 기분이 들 때가 많았다. 아직까지는 다른 사람들에게 오젬픽을 추천하고 싶지 않았다.

사실 나는 걱정이 깊어지고 긴장이 됐다. 이해가 되지 않았다. 원하던 걸 얻었는데, 건강도 좋아지고 자존감도 올라갔는데, 대체 왜 나는 상반된 감정을 동시에 느꼈던 걸까?

처음에는 약의 부작용인 줄 알았다. 그런데 너무 끈질겼다. 처음에는 대수롭지 않았던 메스꺼움이 아무 때나 밀려와서 마치 망망대해에서 폭풍을 만난 듯한 기분이 들곤 했다. 오젬픽이나 위고비를 처방받으면 처음에는 0.25밀리그램으로 시작해서 한 달 뒤에는 0.5밀리그램으로 늘리고, 다시 한 달 뒤에야 1밀리그램을 투약하게 된다(이후 더 높은 용량까지 가는 사람들도 있다).

용량을 늘릴 때마다 적어도 일주일은 메스꺼움이 한층 심해졌다. 한번은 저녁에 취리히 공항의 화분 옆에서 헛구역질을 하고 있는데, 지나가던 스위스 여자가 한심하다는 듯이 나를 쳐다보았다. 숙취에 시달리는 사람인 줄 알았던 모양이다. 메스꺼움은 간헐적이어서 대부분은 잘 느끼지도 못했지만 한번씩 그렇게 밀려올 때면 끔찍했다. 그것 말고도 이상한 부작용이 있었다. 종종 나는 밤에 잠을 이루지 못했다. 멈추지 않는 트림 때문이었다. 심할 때는 신물이 올라오면서 토할 것 같았다. 없던 변비도 생겼다.

하지만 내 경우 가장 암울한 부작용은 따로 있었다. 이런 약을 쓰면 안정 시에도 심박수가 올라가는 경우가 많다.[10] 내 경우에는 앉아서 책을 읽거나 침대에 누워 있어도 심장 뛰는 게 느껴졌다. 그러면 내 마음은 이 증상을 '불안'으로 잘못 해석해서 올라간 심박수만큼 거꾸로 불안해지기 시작한다. 이를 막기 위해 카페인을 줄여보았지만 문제는 완전히 해결되지 않았다. 용량을 올릴 때면 어김없이 적어도 일주일은 불안했고 이후에도 예전에 비해 쉽게 마음이 불안해졌다.

게다가 용량을 올리고 처음 일주일 동안은 늦은 오후나 초저녁쯤에 늘 약간의 어지럼증이 들었다. 의사에게 물어보았더니 칼로리 섭취가 크게 줄면 흔히 있는 일이라고 했다. 몸이 평소처

럼 연료를 공급받지 못하니, 저장고가 비어버린다는 것이다. 익
숙해진 뒤에도 이 느낌이 완전히 가시지는 않았다.

이들 신약 사용자의 5~10퍼센트는 부작용이 너무 심해서 사
용을 포기한다.[11] 나는 버몬트주 출신인 서니 노턴이라는 여성
과 얘기를 나눈 적이 있다. 키가 147센티미터인 노턴은 몸무게가
86킬로그램을 찍자 체중이 걷잡을 수 없이 늘고 있는 것을 깨달
았다. 그래서 2018년 절박한 마음에 GLP-1 작용제의 초기 버전
인(매일 주사를 맞아야 했다) 삭센다Saxenda를 찾아냈다. 첫 두 달 동
안 그녀는 13킬로그램 이상을 뺐다. 하지만 그녀는 이렇게 말했
다. "계속 아팠어요. 위경련에 구토까지." 또한 그녀는 "이상한 냄
새가 나는" 트림을 멈출 수가 없고 "입안에 언제나 금속 맛"이 났
다고 했다.

직장에서도 노턴은 위경련으로 바닥을 떼굴떼굴 굴렀고, 제대
로 걸을 수가 없어 동료가 집까지 차로 데려다주어야 했다. "누
가 내 안에서 속을 막 쑤셔 파고 쥐어짜는 느낌이었어요." 한번도
겪어본 적이 없는 그 느낌을 노턴은 이렇게 표현했다. "마치 외
계인이 배 속에 들어가서 내 몸에 무슨 짓인가를 하고 있는 것 같
았어요. 배 속에 사는 무언가가 모든 걸 찢어발겨 없애버린 후에
내 몸의 에너지를 다 빼내는 듯한 기분이었어요." 그럼에도 장장
8개월이나 노턴이 견딜 수 있었던 것은 체중 감소가 너무나 극적
이었기 때문이다. "그렇게 아팠던 적이 없어요. 1부터 10까지의
척도로 치면 그때의 통증은 50이었죠. 끔찍했어요. 주위 사람들
이 다들 물었어요. '이걸 꼭 계속해야 돼?'" 어느 날 노턴이 실수

로 용량의 2배를 주사하는 일이 벌어졌다. "이틀 뒤에 수업이 있었는데, 너무 아파서 일어날 수도 없었어요. 온몸이 땀에 젖고 구역질이 났죠. 욕조에 들어갔어요. 정신을 차릴 수가 없을 지경이었어요. 엄마에게 전화를 걸어서 응급실에 가야 할 것 같다고 했죠. 약 때문에 너무 아프다고요."

그리고 얼마 지나지 않아 노턴은 이렇게 결심했다. "자연스러운 삶을 살아야겠어." 노턴은 남은 약을 몽땅 내다버렸다. 약을 끊은 사람이 대부분 그렇듯이 노턴도 거의 원래 체중으로 돌아갔다. 하지만 외계인도 그녀를 떠난 듯했다.

노턴에 비하면 내 경우는 훨씬 덜 심각했지만, 그래도 왜 이런 부작용이 생기는지 알고 싶었다. 이들 신약 개발에 핵심 역할을 했던 과학자 카렐 르 루가 자세히 설명해주었다. 그는 약에는 두 종류가 있다고 했다. '효과가 없는 약'과 '부작용이 있는 약.' GLP-1을 투약하면 변비에 걸리는 이유는 장운동이 느려지고 장이 더 천천히 비워지기 때문이다. 음식과 노폐물이 몸속에 더 오래 머물다 보니 빠져나오기가 더 어려워진다. 마찬가지로 트림을 하는 이유는 "위의 아래쪽에 있는 밸브가 이전처럼 빨리 열리지 않기 때문"이다. "공기가 어디로든 빠져야 하는데, 소장으로 내려가지 못하기에 트림을 하게 되는 것"이다. 메스꺼움을 느끼는 이유는 이 약이 극도의 포만감, 즉 배가 불러서 더는 못 먹겠다는 느낌을 만들어내기 때문이다. 인간의 뇌는 극도의 포만감과 멀미를 잘 구분하지 못해서 두 신호를 쉽게 혼동한다. 그래서 이 약을 사용하지 않는 사람이라고 해도 정말로 많이 먹고 나면 흔히 약간의 메스꺼움을 느끼게 된다.

그러나 카렐 르 루에 따르면 임상 시험에서 대부분의 사람은 이런 부작용이 금방 지나갔다고 한다. 몸이 익숙해지면서 부정적인 측면들은 사라지거나 최소한 참을 만한 수준으로 약해졌다(현재 제약회사들은 메스꺼움을 줄이기 위해 아밀린이라는 호르몬을 추가하는 방식으로 약을 개선하고 있다. 이 책을 쓰는 현재 임상 시험이 진행 중이다).

그러나 내가 느끼는 상반된 두 가지 감정이 내가 겪고 있는 부작용만으로 온전히 설명되지는 않는 듯했다. 다른 무언가가 있는 것 같았다. 하지만 그게 뭔지 알아내는 데는 시간이 걸렸다. 용량을 늘릴 때마다 부작용은 심해졌지만 대부분은 그러다가 다시 완화되었다. 그래서 내가 꿋꿋이 이겨내기만 한다면 결국에는 거의 느끼지 못할 정도로 사라지리라 확신했다. 그런데 왜 나는 마냥 행복할 수 없었던 걸까? 더없이 기쁜 순간들이 분명히 있었음에도 왜 종종 이 약을 투약하는 게 그렇게나 걱정되었을까? 행운의 선물(인류가 수세기 동안 꿈꿔왔던 '손쉬운 다이어트')을 받았다고 느끼면서도 왜 트집을 잡으려고 했을까?

답이 보이기 시작한 것은 내가 이야기의 출발점으로 거슬러 가봐야겠다고 결심했을 때였다. 나는 이렇게 물어보았다. '애초에 내가 왜 뚱뚱해졌지?' 더 중요한 질문은 이것이었다. 우리는, 우리 문화는 짧은 기간에 왜 이렇게 엄청나게 뚱뚱해졌을까?

2장

우리가 그동안
먹어온 것들

사람들은 언제부터
이렇게 뚱뚱해졌을까

공장에 들어간 블라이드먼은

우리가 먹는 음식이 생산되는 곳이

실제로는 전혀 주방처럼 생기지 않았다는 사실을 발견했다.

나는 1979년생이다. 그즈음 사상 유례없던 일이 인류에게 일어나기 시작했다. 인류가 존재한 내내 비만한 사람들은 언제나 조금씩 있었다. 우리가 이를 아는 이유는 그들이 시시때때로 역사에 등장하기 때문이다. 고대의 조각상이나 16세기의 그림, 찰스 디킨스의 소설 같은 곳에서 말이다. 그들은 소수에 불과했다. 그중 일부는 극도로 부유한 엘리트 계층이었다. 예를 들어 11세기 영국 왕 정복자 윌리엄은 살이 너무 많이 쪄서 사후에 시신을 돌무덤에 안치하려고 했더니 시신이 터져버렸다. 다른 비만인 사람들도 극도로 희귀한 유전 질환이 있었던 게 거의 확실하다. 그리고 이런 유전 질환은 지금도 존재한다. 어떤 사람들은 렙틴 호르몬을 만들 수 없어서 늘 광적인 허기를 느낀다. 또 프레더윌리 증후군을 앓는 사람들은 핵심 염색체에 빠진 유전물질이 있어서 말 그대로 먹는 것을 멈출 수 없다. 이렇게 비만인 사람들은 어디서나 비정상으로 여겨졌다. 왜냐하면 그만큼 희귀했기 때문이다.

미국 국립보건원NIH 소속 과학자들에 따르면 1970년대 후반부터 이게 바뀌기 시작했다고 한다.[1] 비만은 20세기가 출발할 때부터 조금씩 증가했을 가능성이 크다.[2] 그러다 갑자기 급발진했다. 내가 태어난 해부터 스물한 살이 된 해까지[3] 미국의 비만율은 2배가 됐다. 15퍼센트에서 무려 30.9퍼센트로 뛴 것이다. 특히 고도 비만의 증가율이 충격적이라서[4] 내 스물한 번째 생일과 마흔한 번째 생일 사이에 거의 2배가 됐다. 미국 성인의 평균 체중은 1960년대에 비해 10킬로그램 증가했고[5] 미국인의 70퍼센트 이상이 과체중 또는 비만이다.[6] 영국도 비슷한 패턴을 따라가고 있다.[7] 1980년대에는 남성의 6퍼센트만이 비만이었지만 2018년에는 27퍼센트가 비만이다.

이런 현상은 지역을 가리지 않고 거의 모든 곳에서 일어나고 있다. 한 가지 중대한 변화가 생겼기 때문이다. 이에 대해서는 잠시 후에 이야기하겠다. 세계보건기구에 따르면 1975년 이후 전세계 비만율은 거의 3배가 되었다고 한다.[8] 인류 30만 년 역사에서 처음 있는 일이다. 즉 우리의 생김새와 움직임이 달라졌고 다른 질병, 더 많은 질병에 걸리게 됐다는 뜻이다.

미국의 모든 식품에 붙어 있는 영양분석표를 설계한 하버드대학교 교수 제럴드 맨드는 이렇게 말했다. "1970년대 혹은 1980년대 이후 우리의 유전자 구성에 무슨 변화가 생긴 게 아닙니다. 우리의 의지력이 크게 바뀐 것도 아니고요. 그런데도 갑자기 사람들은 급속히 살이 찌기 시작했어요." 타임머신을 타고 아주 조금만 과거로 거슬러 올라가서 우리 조상들을 현재로 데려온다면 그들이 가장 충격받을 부분은 스마트폰도 자동차도 아닌, 달라진 우리의 생김새일 것이다. 오랫동안 몸무게를 잴 때마다 나는 뭔가를 잘못한 기분이었다. 그러나 알고 보니 나는 그냥 이 시대의 전형적인 산물이었다.

그래서 알고 싶어졌다. 우리에게 대체 무슨 일이 일어난 거야? 문제를 해결하려면 언제나 출발점으로 돌아가는 게 도움이 된다. 애초에 오젬픽이 필요해진 원인이 무엇일까? 혹시 덜 위험하고 덜 비싼 방법으로 문제를 해결할 수는 없을까?

실제로는 충격적일 만큼 빠르게 일어난 변화였지만 우리로서는 변변히 저항도 한번 못 해보고 받아들일 만큼 느리게 일어난 변화이기도 했다. 우리는 다 함께 슬금슬금 뚱뚱해졌다. 당신도 아마 나처럼 스스로를 탓했을 것이다. '내가 무절제한 탓이야. 내 의지가 부족해.' 우리는 이것저것 다이어트를 시도했고 운동 수업에 참여했다. 하지만 대체로 우리는 내키지 않는데도 받아들이게 됐다. 마치 자연스러운 일인 듯이. 아니면 피할 수 없는 일인 듯이.

그러나 이러한 변화가 모진 도전을 받았던 곳이 적어도 한 곳은 있었다. 바로 우리 집이었다. 이 변화는 우리 집에서 엄청난 싸움을 일으켰다. 어찌 보면 대세를 거스르려는 격렬한 시도였던 셈이다. 내 어린 시절의 이야기는 여러모로 이상한 부분이 많지만 그럼에도 우리 모두를 바꿔놓은 힘이 무엇인지를 들여다볼 수 있는 축소판일지도 모른다.

아버지의 음식, 어머니의 음식

내 부모님은 두 분 모두 20대 초반이던 1967년 런던 웨스트엔드 카너비가 인근의 나이트클럽에서 춤을 추다가 만났다. 두 분다 가출 청소년 출신이었다.

어머니는 스코틀랜드의 눅눅한 다세대주택에서 자랐다. 원래는 어머니도 그 시대 노농자계급 여성의 뻔하디뻔한 삶을 살아갈 예정이었다. 결혼하고는 반쯤 노예 상태로 등골 휘게 일하고 유일한 위안이라고는 천연덕스러운 유머와 탄수화물 폭탄뿐인 그런 삶을 말이다. 그런데 느닷없이 약혼자가 파혼을 하면서 어머니는 이때야말로 그 시골을 벗어나 런던으로 도망칠 기회라고 판단했다.

아버지는 스위스 알프스 산자락의 농가에서 자랐다. 내 조부모님은 깨어 있는 모든 시간을 농사짓고 가축 치는 데 보냈다. 아버지는 5남매였는데 어린아이도 다섯 살만 되면 으레 농장에 나가 일을 해야 했다. 아버지는 돼지 밥을 주는 것 말고도 인생에 뭔가가 더 있을 거라 생각했다. 그래서 히치하이킹으로 유럽을 횡단해 런던까지 왔다. 이곳에서 파티가 한창이라는 소리를 들었던 것이다.

두 분이 처음 만난 날 아버지는 할 줄 아는 영어가 열 단어도 되지 않았다. 어머니는 프랑스어도 독일어도 전혀 하지 못했다. 지금까지도 어머니는 종종 하소연을 한다. "네 아버지 말을 알아듣지 못했을 때는 멋있어 보였어." 어머니의 표현에 따르면 두 분은 "하룻밤을 여러 번" 함께 보냈다고 한다. 나는 그 표현이 말이 안 된다고 어머니에게 설명하려 했지만 소용없었다. 어머니는 임신을 했고 두 분은 결혼을 해야 한다고 생각했다. 두 분은 혼인 신고서에 서명할 때부터 이미 싸우기 시작했다. 어머니는 결혼 전의 성을 그대로 썼다. "바보 같으니라고!" 아버지가 소리를 버럭 질렀다. "더 이상 당신 성은 그게 아니야! 이제 내 성을 따라 써야지!" "무슨 개소리야!" 어머니가 되받았다. 이후 죽 두 분은 서로에게 소리를 질러댔다. 아버지가 영어를 배우고 어머니가 아버지의 말을 알아듣기 시작하면서 싸움은 훨씬 더 악화됐다.

아버지는 요리사였고 두 분은 함께 전 세계를 돌아다녔다. 아버지는 받아주는 곳이면 아무 주방에서나 일했다. 아버지는 런던, 베를린, 로잔, 댈러스, 알렉산드리아, 테헤란, 요하네스버그, 그리고 내가 태어날 즈음에는 글래스고에 있는 호텔에서 요리를 했다. 아버지가 미국 올버니 호텔의 요리사로 있을 때 나의 첫 사진이 신문에 실렸다. 주방장 모자를 쓴 아버지가 돌 무렵의 나를 안고 음식을 떠먹여주면서 미소 짓는 사진이었다. 내 기억에 내가 뭘 먹는데 아버지가 미소를 지었던 건 그때가 처음이자 마지막이다.

음식 문화로 따졌을 때 부모님은 정반대 지역 출신이었다. 아버지의 조상들이 수백 년간 대를 이어 살았던 알프스의 작은 마을 칸더슈테크는 주민들이 직접 키우고 잡은 것을 먹는 곳이었다. 채소를 직접 심고 가축도 직접 길렀다. 모든 음식을 그날 직접 수확하거나 잡아서 준비한 재료로 만들었으니 그 이상 신선할 수가 없었다. 1930년대의 어느 연구 자료를 보면 칸더슈테크 사람들은 호주 원주민 아보리진과 더불어 전 세계에서 가장 건강한 음식 문화를 갖고 있었다.

스코틀랜드 노동계급의 음식 문화는 완전히 달랐다. 고된 노동에 파김치가 된 우리 조상은 글로벌 트렌드를 앞서 나갔다. 튀겨서 소금을 뿌린 탄수화물 덩어리를 전 세계에서 가장 먼저 먹기 시작했다. 그들은 배부른 음식이 필요했다. 그것도 많이. 오래 보관할 수 있는 값싼 음식이 필요했다. 그러려면 대량으로 조리해야 했고 신선하게 먹기는 힘들었다. 딥프라이드마스바Deep-Fried Mars bar(마스사의 초콜릿바에 밀가루 반죽을 입혀서 튀긴 음식 – 옮긴이)의 본고장이 선진국 중에서 비만율이 두 번째로 높다는(자체 보건국의 조사 결과다) 사실은 결코 우연이 아니다.

내가 태어난 해부터 서구 세계의 식단이 갑자기 바뀌었다. 그전에는 내 아버지가 자란 곳과 같은 식생활을 했는데, 이후에는 내 어머니가 자란 곳의 식단을 빼닮게 됐다. 대부분의 사람이 더는 신선한 식재료를 구매해서 요리하는 방식으로 한 끼를 준비하지 않았다. 대신에 미리 가공되어 포장되어 나오는 식품을 구매하기 시작했다. 이 가공식품은 중요한 모든 지점에서 이전의 음식들과는 아주 달랐다.

이 변화가 내 어머니와 외할머니에게는 일종의 '해방'이었다. 어머니의 건강이 악화되면서 우리와 함께 살게 되었던 외할머니는 열세 살 때부터 힘든 노동(화장실 청소, 바닥 청소)에 지친 분이었다. 외할머니에게는 전자레인지가 생겼던 날이 인생에서 손에 꼽을 만큼 행복했던 날이었다. "아무것도 안 해도 음식이 되다니!" 반가운 '땡' 소리를 기다릴 때 할머니가 기쁨의 박수를 치며 자주 했던 말이다. 외할머니와 어머니는 공장에서 만들어진 이 새로운 식품을 내게 먹이면서 두 분에게나 내게나 이게 정말로 고마운 선물이라고 믿었다. 그때 그 음식들의 맛을 떠올릴 때면 나는 지금도 그리움에 눈가가 촉촉해질 지경이다. '핀더스 크리스피 팬케이크Findus Crispy Pancakes'는 가공 소고기를 빵으로 감싼 것처럼 생긴 냉동식품이었다. 튀김 브랜드인 '마이크로칩스Micro-Chips'는 단 2분만 데우면 됐다. 분홍색 가루인 '에인절 딜라이트Angel Delight'는 우유에 타기만 하면 달콤한 디저트를 완성해주었다.

아버지는 화를 내면서 이 음식들을 역겨워했다. 종일 요리를 하다가 집에 돌아온 아버지는 자신의 눈에 음식 같지도 않은 것들을 아들이 먹고 있는 모습에 고함을 지르곤 했다. "채소를 하나도 안 먹으면 애가 죽는다고!" 부모님은 서로 소리를 질렀다. 어머니는 아이가 음식을 즐길 수 있어야 한다고 했고, 아버지는 음식과 즐기는 것은 무관하다면서 '당신은 애한테 독을 먹이고 있다'고 주장했다. 아버지는 어린 내가 알아들을 수 있게 자신의 걱정을 소통하지 못했다. 그저 창피를 주는 것 말고는 방법을 모르셨다. 아버지가 자란 스위스에서는 아이들을 '설득'하지 않았다. 그냥 겁을 주거나 위협하거나, 필요하면 체벌도 했다. 스위스의 농장에서는 잔인한 방식으로 아이들을 강하게 키웠다. 한 예로 아버지가 어릴 때 키우던 고양이가 새끼를 낳았다. 아버지는 할아버지가 양동이에 물을 받아 새끼 고양이를 한 마리씩 빠뜨려

죽이는 모습을 강제로 지켜봐야 했다. 우리 집에서는 아버지가 신선한 음식을 만들었을 때 내가 먹지 않겠다고, 에인절 딜라이트를 더 달라고 하면 아버지가 나를 꼼짝 못 하게 앉혀놓고 강제로 입을 벌려서 샐러드 이파리를 쑤셔 넣었다.

스스로도 혹독한 유년기를 보냈던 아버지는 아이들을 그렇게 대하는 것 말고는 방법을 몰랐다. 그러나 아버지의 방식은 내가 살고 있던 세상과 충돌했다. 내가 아는 모든 사람이 내가 먹는 것과 똑같은 걸 먹고 있었다. '그런데 아버지는 왜 반대하는 거야?' TV를 켜면 가공식품이 끝내준다는 광고가 나왔다. '우리 아빠는 왜 저래?' 학교에 가면 급식도 똑같이 기름지고 탄수화물이 가득한 튀긴 음식들이었다. '저런 음식이 정말로 나쁘다면 학교에서 우리한테 줄 리가 있어?' 아버지가 만들어준 신선한 음식들이 내게는 그저 설명 불가능한 폭행으로밖에 경험되지 않았다.

이때쯤 우리 가족은 런던 북부의 교외에 살고 있었다. 집 주위에 처음으로 패스트푸드 매장이 줄줄이 들어서기 시작했다. 어디를 가나 맥도널드와 KFC, 윔피바Wimpy bar가 생기고 있었다. 내가 두 살 때 치킨 맥너겟이 발명됐다. 나는 KFC나 맥도널드에 가서 치킨 맥너겟을 사주기 전에는 절대로 저녁을 먹지 않겠다고 하면 아버지가 아주 괴로워한다는 사실을 알게 됐다. 우리는 그렇게 기싸움을 했다. 종종 항복한 아버지는 내가 닭다리 튀김을 뜯는 모습을 지켜보며 이렇게 물었다. "넌 대체 왜 그러는 거니?" 아버지가 이길 때도 있었다. 그러면 나는 굶어야 했고 밤늦게야 할머니가 몰래 챙겨주는 전자레인지용 음식을 먹을 수 있었다.

할머니는 이렇게 속삭였다. "아빠한테는 말하면 안 돼."

아버지는 새로운 음식 문화를 도무지 이해하지 못했다. 아버지가 어릴 때는 아무도 간식을 먹지 않았다. 나는 두세 시간마다 간식을 먹으려고 했다. 아버지가 자랄 때는 자신이 먹는 모든 음식이 어디서 난 것인지 알 수 있었다. 아버지는 내가 전기나 옷이 어디서 만들어지는지 궁금해하지 않는 것처럼 음식의 출처도 궁금해하지 않는 것을 신기하게 여겼다. 칸더슈테크에서는 식사 시간에조차 음식을 많이 먹으려 하면 탐욕스러운 것으로 여겨졌다. 새로운 음식 문화에서는 음식을 얼마든지 입에 구겨 넣어도 됐다. 아버지는 내가 음식을 먹는 속도에 기겁해서 천천히 먹으라고 소리를 질렀다. 빈곤 속에서 자란 외할머니와 어머니는 내가 그렇게 먹는 걸 대수롭지 않게 여겼다. 먹을 수 있을 때 먹는 게 당연하지 않은가? 누가 음식을 거절할까? 굳이 힘들게 음식을 준비하고 싶은 사람이 대체 어디 있을까?

아버지는 매일 자신의 동의도 없이 건강한 음식 문화에서 잘못된 음식 문화로 내던져지는 기분이었고, 그래서 매일 격분했다. 나는 우주항공 시대에 억지로 공룡 날고기를 먹으려는 석기 시대 아버지와 사는 기분이었다. 한번은 아버지가 집에 돼지 코를 가져와서 억지로 먹이려는 바람에 나와 여동생이 울고불고했던 적도 있다.

그러나 아버지는 일하느라 집에 늘 안 계셨기 때문에 나는 내가 좋아하는 음식을 원 없이 입에 쑤셔 넣을 수 있었다. 소금과 식초가 들어간 칩스틱의 일종인 치지 윗싯츠Cheesy Wotsits, 코코팝스Coco Pops나 라이스 크리스피Rice Krispies 같은 시리얼, 마시멜로에 초코를 입힌 스노볼snowball, 미니롤 같은 것들이었다. 아픈 어머니와 경멸에 찬 아버지가 두 분 다 자주 화를 내니 나는 스트레스가 아주 높은 환경에 놓여 있었고, 저런 음식들은 내게 큰 위안을 주었다. 나는 이들 음식을 자제해야 한다는 인식조차 없었다.

내가 특히 좋아하는 신체적인 느낌이 하나 있었다. '배가 터질 것같이 먹는 것.' 이건 식습관 중에서도 아주 특이한 형태다. 배가 부른데도 일부러 먹고 먹고 또 먹어야 이 상태가 된다. 그러면 배 속이 늘어나면서 위가 터질 것 같고 목구멍까지 음식이 올라올 것만 같다. 그제야 나는 마음이 조금 편안해졌다. 이건 맛을 음미하는 것과는 정반대의 행동이다. 음식 그 자체나 음식의 풍미에는 전혀 관심이 없다. 그냥 계속 쑤셔 넣는 것이다. 남들도 다 이런 식으로 먹는 건 아니라는 사실을 의식하는 경우는 아주 가끔이었다. 한번은 장사꾼 기질을 가진 친구가 학교에 케이크를 가져와서 쉬는 시간에 잘라 팔았다. 나는 케이크를 한 조각, 한 조각 계속 샀고 그 친구는 내게 좀 천천히 먹으라고, 그러다가 탈난다고 했었다. 그때 나는 그게 무슨 말인지 몰랐다. 학교가 끝나면 나는 집으로 가는 길에 매일 맥도널드에 들러 포식을 했다. 그러고 나면 집에 가서 할머니와 소파에 드러누워 호주산 드라마를 보며 간식을 흡입했다.

가끔은 할머니와 어머니가 모두 집을 비우는 날이 있었다. 그럴 때면 아버지는 내가 먹어야 한다고 여겼던 신선한 음식만 차려주었고 나는 먹기를 거부하고 쫄쫄 굶었다.

나는 내가 우리 문화에 따라 잘 살고 있고 아버지는 이 문화를 벗어나 있다고 확신했다. 소련이 붕괴하고 마지막 지도자였던 미하일 고르바초프가 피자헛 광고에 나왔다. 한때는 지구의 4분의 1을 덮었던 공산 제국을 호령하던 사람이 기름이 줄줄 흐르는 가공 치즈를 광고했다. 나는 그게 우리 생활 방식의 승리를 상징한다고 자랑스레 생각했다.

정말 이상한 일이지만, 그렇게 먹어대도 나는 뚱뚱해지지 않았다. 10대 후반까지는 말이다. 나는 그저 얼굴이 동그랗고 볼이 빵빵한 소년일 뿐이었다. 나는 그런 게 내 건강과 관련 있을 거라고는 한 번도 생각하지 못했다. 실은, 누가 물어보았다면 나는 건강을 아주 잘 챙기고 있다고 말했을 것이다. 아침마다 엄마와 함께 다이어트 콜라를 마시고 있다고 말이다. 나는 멀티비타민을 한 움큼씩 먹으면서 그게 다른 모든 걸 마법처럼 상쇄해주리라 믿었다.

어쩌면 이런 얘기가 누군가에게는 극단적인 사례처럼 들릴지도 모르겠다. 또 실제로 그런 부분이 있는 것도 사실이다. 하지만 우리 집이 특이했던 건 두 가지뿐이다. 첫째는 내가 남들보다 조금 더 빠르고 심하게 정크 푸드, 가공식품이라는 새 문화에 빠져들었다는 것이고, 둘째는 방식에 문제는 있었지만 그걸 멈춰보려고 애쓰던 어른이 한 명 있었다는 점이다. 내 아버지는 지난 30만 년간 지구상 거의 모든 인류가 경험했던 음식 문화 쪽으로 나를 다시 끌고 가려 했었다.

이 쓰레기 같은 음식은 다 어디서 왔을까

나는 시기적으로 인류의 식생활 혁명의 한가운데에서 태어났기 때문에 그게 얼마나 심각한 변화인지를 알지 못했다. 내가 먹는 음식이 아버지나 할아버지 또는 우리 조상이 먹던 음식과 얼마나 다른지 느낌이 없었다. 아버지는 내게 계속 이렇게 물었다. "이 쓰레기 같은 음식이 어디서 왔을 것 같니?"

아버지의 질문에 대한 답이야말로 이들 음식이 우리에게 어떤 영향을 미치는지 보여주는 핵심 힌트였다. 아버지가 물어보았을 때는 사실 관심도 없었지만, 만약 정말로 내가 그 질문에 대한 답을 생각해봤다면 아마 머릿속으로 다음과 같은 그림을 쉽게 떠올렸을 것이다. '어딘가에 있는 아주 크고 시끌벅적한 주방에서 이 음식들을 만든 다음 우리 동네 슈퍼마켓까지 가져왔겠지.' '집에서 만든'과 '공장에서 준비한'의 차이는 그저 규모에 있다고 확신했을 것이다. 아버지는 작은 주방에서 음식을 만들고 나는 큰 주방에서 만든 음식을 먹고…… 차이는 그것뿐이라고 생각했을 것이다. 그런데 10년 전쯤 저널리스트 조애나 블라이드먼Joanna Blythman이 식품 공장 몇 곳에 잠입하는 데 성공했다. 당시는 서구 세계 전역, 도시 변두리의 이름 없는 공업단지에 식품 공장들이 속속 생겨나던 때였다. 블라이드먼은 우리가 먹는 음식이 실제로 어떻게 만들어지는지 직접 보고 싶었다. 그녀가 발견한 내용은 블라이드먼의 역작《이것도 삼켜봐Swallow This》에 잘 나와 있다. 이 책을 보면 내 추측이 얼마나 틀렸는지도 잘 알 수 있다.

공장에 들어간 블라이드먼은 우리가 먹는 음식이 생산되는 곳이 실제로는 전혀 주방처럼 생기지 않았다는 사실을 발견했다. 그곳은 자동차 공장이나 정유 공장 혹은 제임스 본드 영화 말미에 나오는 미사일 발사대를 연상시켰다. 정체를 알 수 없는 어마어마한 양의 화학물질이 기계에서 쏟아져 나와 금속관을 지난 다음 거대한 통으로 들어갔다. 이들 공장의 책임자는 '요리'라는 단어를 일절 쓰지 않았다. 그들은 본인이 하는 일을 식품 '제조'라고 불렀고 블라이드먼이 보기에도 '제조'가 맞았다. 모든 게 낱낱이 찢어발겨져서 부품으로(혹은 부품의 '모사품'으로) 바뀐 다음 식품으로 재조립됐다. 우리 상상과는 달라도 너무 달랐다. 예컨대 딸기맛 밀크셰이크라면 사람들은 중간 어디쯤에서인가 딸기를 갈아 가공하는 과정이 있을 거라고 상상할 것이다. 그러나 전형적인 딸기맛 밀크셰이크의 경우 50여 가지의 화학물질로 딸기향을 만들어낸다. 그 50가지 물질 중에 '딸기'는 없다.

제조업체들이 이렇게 하는 주된 이유는 한 가지다. '신선한 음식은 너무 빨리 상한다.' 이들 공장에서 준비한 음식은 슈퍼마켓 선반 위에서 몇 주, 몇 달 혹은 몇 년을 버텨야 한다. 그러려면 내용물을 극단적으로 바꿀 수밖에 없다. 음식에 설탕과 지방을 잔뜩 넣으면 박테리아가 덜 자란다. 소금을 넣으면 썩지 않고 선반에서 더 오래 버틸 수 있다. 그렇기 때문에 현재 우리가 먹는 식품에는 이 세 가지, 즉 설탕, 지방, 소금이 상상도 못 할 만큼 많이 들어 있다.

해결해야 할 문제는 또 있다. 음식을 대량으로 값싸게 만들려면 식재료를 화학 성분으로 낱낱이 분해해서 대량으로 싣고 온다음 우리가 생각하는 음식과 비슷한 모습으로 재조립해야 한다. 가짜 카레, 토마토 치즈 피자의 모사품 같은 것들은 이렇게수십 혹은 수백 가지의 화학물질로 만들어진다. 그런데 이렇게만든 음식은 언뜻 음식처럼 보이지 않는다. 음식 같은 맛이 나지도 않는다. 블라이드먼은 이렇게 설명했다. "중요한 사실은 식품을 공업적으로 생산하기 위해서는 극단적인 온도와 각종 스트레스를 견뎌내야 하는데, 그 과정에서 식재료가 엄청나게 손상된다는 점이다. 식재료 본래의 질감이나 풍미, 향이 되돌릴 수 없을만큼 손상된다." 이렇게 만들어진 음식은 신선해 보이기는커녕먹을 수 있을 것 같지도 않은 모습이다. 따라서 본래의 음식처럼보이려면 반드시 수많은 색소를 첨가해야 한다. 한 예로 "파스타소스에 빨간색을 약간 첨가하면 실제보다 토마토가 더 많이 들어간 것처럼 보인다." 이렇게 공업적인 생산 과정을 거치고 나면음식에 금속 맛이나 쓴맛이 생기기 쉽다. 따라서 거기에는 "향료,광택제, 방부제, 응고 방지제, 용해제, 보존제, 착색제, 각종 산酸,유화제, 이형제, 산화 방지제, 증점제, 표백제, 감미료, 혼탁 방지제 등 6000가지의 식품 첨가물을 들이부어야 한다." "실제로는아니지만, 그럴 듯한 맛을 만들어내는 게 우리 일"이라고 어느 식품 과학자는 말했다.

가장 흔히 사용되는 인공 향료는 바닐린이다. 바닐린은 석유화학제품이나 목재 펄프, 톱밥 같은 것들을 이용해서 화학적으로 만들어낸 가짜 바닐라다. 버터 맛이 나는 식품은 버터가 아닌

0.02퍼센트의 '버터 추출물'에 수많은 첨가제를 추가해서 만든다. 이 모든 것을 섞고 있는 공장을 돌아다니면서 블라이드먼은 "우리가 아는 '음식' 비슷한 것은 거의 찾아보기 힘들다"는 느낌을 받았다.

식품 공장들을 둘러본 뒤에 블라이드먼은 외부인에게는 공개되지 않는, 식품업계의 대형 박람회에 잠입했다. '식재료Food Ingredients'라는 이름의 행사였는데, 식품 공장을 소유한 기업들이 원재료 공급자들을 만나는 자리였다. 블라이드먼은 한 부스에서 직원들이 설명하는 소리를 들었다. 그들은 자신들이 파는 화학물질은 식품에만 들어가는 게 아니라 용도가 아주 다양하다고 자랑했다. 해당 화학물질은 과자, 빵, 육류뿐만 아니라 '파리약 분무기, 방향제, 욕실 방수제, 데오도런트, 컴퓨터 케이스, 긁힘 방지 자동차 코팅제, 페인트, 접착제' 등에 사용할 수 있다고 했다. 블라이드먼은 육류가 슈퍼마켓 선반에 오랫동안 진열되려면 물을 잔뜩 넣어줘야 하고, 그 물은 '육류용 접착제'(이름만큼이나 역겨운 물질이다)를 섞어줘야만 증발하지 않고 오랫동안 남아 있는다는 사실을 알게 됐다. 또 어떤 육류는 수산화암모늄 가스를 잔뜩 주입해서 박테리아를 죽인 '핑크 슬라임pink slime(어느 식품회사 경영진이 붙인 이름이다)'으로 만들었다. 다진 소고기 제품 중에는 핑크 슬라임의 함량이 15퍼센트나 되는 것도 있다. 비슷한 제품으로 '미트 슬러리meat slurry'라는 것도 있다. 액화 닭고기에 유화제를 섞은 미트 슬러리는 값싼 치킨 너겟의 재료다.

작가 마이클 폴런Michael Pollan은 이렇게 생산된 제품에 '프랑켄

푸드Frankenfood' 혹은 '식품 유사 물질food-like substances'이라는 이름을 붙였다. 블라이드먼은 이렇게 썼다. "그 결과 만들어진 피자, 카레, 치즈케이크에는 신선한 피자나 카레, 치즈케이크의 희미한 기억만이 담겨 있을 뿐이다. 미리 가공되어 요리의 노동을 덜어주는 이들 재료는 절대로 신선할 수가 없다. 그리고 장기간 보관되는 동안 처음의 광택마저 사라진다."

그러나 이들 식품에 잔뜩 들어가는 식품 첨가물은 다른 의미에서 '맛있다'는 느낌을 만들어내고 내 미각은 바로 그 맛을 좇도록 단련되어 있었다. 식품업계에서 일하는 과학자들은 일명 '블리스 포인트bliss-point'라는 걸 만드는 방법을 면밀히 연구해왔다. 블리스 포인트란 이 식품들을 먹을 때 설탕으로 인해 기분이 급작스럽게 좋아지는 순간, 입안에 행복감이 차오르는 순간, 아주 기분 좋은 뒷맛이 남는 순간을 말한다. 이 모든 게 화학물질을 때려 넣은 결과다. 가공식품업체들은 오랜 세월에 걸쳐 바삭함과 부드러움의 완벽한 조합, 설탕과 초콜릿의 완벽한 조합, 혀에서 터지는 맛의 완벽한 조합까지 찾아냈다.

가공식품이 공업적으로 만들어지는 과정과 그 영향을 연구하는 사람들을 인터뷰하면서 나는 길을 잃은 기분이었다. 그들의 말을 들어보면, 나는 평생 자연식품이 아닌 화학물질 덩어리를 먹어온 셈이었다. 자연 상태에서는 볼 수도 없고 우리 조상들은 알지도 못했던 그런 성분이 잔뜩 들어 있는 식품 말이다.

이 말은 곧 어린 시절 내가 그토록 좋아했던 음식들은 어찌 보면 전혀 음식이 아니었다는 뜻이었다.

나는 닻이 끊긴 기분이었다. 방향을 잃은 느낌이었다. 내가 가장 사랑했고 가장 오래된 친구가 알고 보니 그동안 내내 잔인한 범죄자였음을 알게 된 기분이었다.

치즈케이크 놀이동산

가공식품을 연구한 과학자들이 공통적으로 하는 말이 있다. 공업적으로 만든 이 신종 식품이 우리에게 끼치는 영향은 옛날 음식과 아주 다르다는 것이다. 또 오젬픽을 비롯한 비만 치료제에 관해 고민하는 동안 내가 알게 된 사실도 하나 있다. 이를 이해하려면 실험 하나를 살펴보는 게 도움이 될 듯하다.

2000년에 폴 케니Paul Kenny라는 젊은 과학자가 신경과학 연구를 계속하기 위해 아일랜드 더블린에서 미국 샌디에이고로 옮겨왔다. 케니가 금세 알아챈 사실이 하나 있었다. 미국인은 대체로 아일랜드인과는 식습관이 달랐다. 미국인은 아일랜드인보다 먹는 양이 많았는데, 특히 설탕과 지방을 많이 먹었다. 처음에 케니는 당황했으나 금세 동화되었고 결국 2년 만에 14킬로그램이 쪘다. 그는 이렇게 말했다. "아, 하느님, 이게 대체 무슨 일인가요?'라고 생각했죠."

케니는 결국 뉴욕에 있는 마운트시나이 아이칸 의과대학의 신경과학과장이 됐다. 그런데 이 과정에서 궁금해진 것이 있었다. '미국인의 이런 식습관이 뇌에도 영향을 줄까? 이런 식으로 (지방과 설탕이 많이 들어간 가공식품을 다량) 먹기 시작하면 멈추기가 더 힘들까?' 이를 확인해보려고 케니는 실험을 하나 설계했다.[9]

케니의 연구팀은 먼저 따로 준비한 쥐 사료만 먹이면서 실험 쥐들을 키웠다. 케니는 말했다. "건강하고 균형 잡힌 먹이였어요." 말하자면 내 아버지가 어린 시절 먹던 것을 실험용으로 만든 것이었다. 쥐들은 배부르게 먹고 나면 본능이 발동해서 더는 먹지 않았다. 쥐들은 비만이 되지 않았다.

그다음에 케니는 쥐들에게 미국식 식단을 주기로 했다. 케니는 치즈케이크, 스니커스, 베이컨 튀김을 샀다. 그리고 쥐들을 두 무리로 나누었다. 첫 번째 무리에게는 하루에 한 시간씩 미국식 정크 푸드를 마음껏 먹게 했다. 두 번째 무리에게는 같은 음식을 거의 하루 종일 먹을 수 있게 했다. 동시에 두 무리 모두 원한다면 건강한 쥐 사료도 얼마든지 먹을 수 있게 했다.

이 실험의 공간을 '치즈케이크 놀이동산'이라고 부르기로 하자. 쥐들이 우리처럼 먹는 곳이다. 케니가 지켜보았더니, 쥐들은 치즈케이크와 스니커스, 베이컨의 냄새를 맡아보고 이내 먹기 시작했다. 먹고 또 먹었다.

치즈케이크를 한 시간밖에 먹을 수 없는 쥐들은 치즈케이크를 넣어주자마자 거기에 '머리를 처박고 반대편 끝까지' 다 먹어치웠다. 케니는 말했다. "쥐의 머리가 치즈케이크로 번들번들했어요. 포식을 하고는 치즈케이크 범벅이 되어서 나타나더라고요." 언제든 치즈케이크를 먹을 수 있는 쥐들은 치즈케이크를 더 많이 먹었다. 하지만 먹는 방식이 달랐다. 이 쥐들은 치즈케이크를 조금 먹고 잠깐 놔뒀다가, 다시 돌아와서 조금 더 먹었다. 설탕과 지방을 자주자주 채워줬다.

양쪽 다 미국식 식단을 먹는 순간 옛날에 먹던 건강한 사료에는 흥미를 상실했다. 쥐들은 사료를 외면했고 따분하게 여겼다. 하루 한 시간 치즈케이크를 먹게 된 쥐들은 칼로리의 3분의 1만을 사료로 섭취했다. 종일 치즈케이크를 먹을 수 있는 쥐들은 칼로리의 단 5퍼센트만을 일반 사료에서 얻었다.

케니는 말했다. "순식간에 살이 아주 많이 찌더군요." 6주 만에 쥐들은 비만율이 치솟았고 건강에 문제가 생겼다. "고렙틴혈증에 고혈당증이 됐어요. 죄다 이런 비만 표지를 보였어요." 케니는 쥐들이 새로운 먹이로 갈아타는 속도에 깜짝 놀랐다. "정말, 정말 빠르게 먹어치우더라고요. 완전히 달라 보였어요. 며칠 만에 완전히 다른 동물이 됐어요. 생리적으로도 정말, 정말 빠르게 완전히 바뀌었고요. 아주 놀라웠어요. 충격적이었죠." 쥐들은 건강하지 못한 여러 메뉴 중에서도 특히 치즈케이크에 환장했다. 케니는 '치즈케이크에 대체 뭐가 있는 걸까?' 생각해보았다. "순수 기름을 제외하면 치즈케이크야말로 우리가 찾을 수 있는 가장 에너지 집약적인 음식이에요. 사실상 설탕을 기름에 절여놓은 것과 마찬가지거든요. 지방과 설탕의 환상적인 조합이죠. 어찌 보면 음식의 '끝판왕'이라고 할 수 있어요."

그렇게 해서 몇 달 동안 쥐들이 극도로 뚱뚱해지고 가공식품에 익숙해지고 나서 케니는 잔인한 조치를 취했다. 가공식품을 죄다 치워버린 것이다. 케니는 갑자기 정크 푸드 공급을 중단했고 쥐들에게는 사료만 남았다. 불과 얼마 전까지 평생 먹어왔던 영양가 있고 건강한 사료였다.

케니는 무슨 일이 벌어질지 꽤나 확신하고 있었다. 쥐들은 분명 이전보다 사료를 더 많이 먹을 것이다. 정크 푸드가 쥐들의 식욕과 음식에 대한 갈망을 키웠음이 증명될 것이다. 물론 우려스러운 결과이기도 했다.

그러나 실제로 일어난 일은 그와는 달랐다. 더 극단적인 일이 벌어졌다. 좋아하던 정크 푸드가 없어지자 쥐들은 거의 아무것도 먹으려 하지 않았다. 케니가 보기에 쥐들은 어리둥절해하면서 분노한 것 같았다. "쥐들은 다른 음식을 먹느니 굶기로 작정했어요. 사료를 거부하더라고요. 사료를 끔찍해하는 것 같았어요."

쥐들은 진짜 음식이 무엇인지를 그사이 잊어버린 듯했다. 더이상 사료를 먹이로 생각하지 않는 듯했다. "체중이 엄청나게 빠지더군요. 쥐들은 말 그대로 그냥 굶고 있었어요." 케니의 설명이다. 쥐들은 "먹지 않으면 죽을 것이고 다른 선택이 없는" 지점에 도달해서야 마지못해 영양가 풍부한 사료로 돌아갔다. 그제야 옛날에 먹던 사료를 조금씩 먹었다.

요약하자면 미국식 식단에 노출되기 전까지 쥐들은 음식량을 자연히 조절할 능력이 있었기에 음식이 넘쳐났음에도 결코 비만이 되지 않았다. 그러나 미국식 식단(설탕과 지방 함량이 높고 고도로 가공된 음식)에 한 번 노출된 뒤에는 강박이 생겼고 이전보다 훨씬 더 많이 먹게 되었다. 쥐들은 어마어마하게 살이 쪘고 병이 생겼다. 그리고 미국식 식단을 한 번 맛본 뒤로는 죽을 만큼 굶기 전에는 이전에 먹던 음식을 먹으려 하지 않았다.

케니의 이야기를 들으면서 옛날 생각이 났다. 어머니와 할머니가 자리를 비우면 아버지는 나를 위해 샐러드를 준비해주셨지만 나는 울면서 내 방에 들어가 쫄쫄 굶는 쪽을 택했다.

가공식품이 쥐에게 무슨 짓을 하는지 케니가 발견한 내용은 또 있다.

케니는 다시 한번 실험을 설계했는데 이번에는 반전이 있었다. 그는 케이지를 두 개 준비했다. 하나에는 평범한 사료를 넣어주고 다른 하나에는 치즈케이크를 주었다. 그러면서 케이지 바닥에 함정을 설치해서 먹이를 먹을 때 가끔 끔찍한 전기 충격을 가했다. 충격을 가할 때는 노란색 불빛을 함께 보여주었다. 오래지 않아 쥐들은 노란색 불빛과 전기 충격을 서로 연결 짓게 됐고 노란불을 몹시 겁냈다.

그러던 어느 날 케니는 먹이를 주면서 노란불을 보여주었다. 다만 전기 충격은 가하지 않았다. 실제로 감전시키지는 않고 겁만 주어서 무슨 일이 일어나는지 지켜본 것이다. 사료만 먹던 쥐들은 기겁을 하고 도망갔다. 음식을 먹는 기쁨보다 전기 충격의 고통이 더 크게 느껴졌던 것이다. 그러나 치즈케이크를 먹던 쥐들은 자리를 뜨지 않고 먹이를 계속 먹었다. 케니는 설명했다. "두려워하도록 훈련된 경고를 무시하고 있었어요." 쥐들은 설탕과 지방을 맛보고 싶어 했고, 전기 충격에 대한 두려움도 쥐들을 막을 수 없었다. 케니는 이렇게 결론 내렸다. '이런 음식에 한동안 노출되면 그 음식에 대한 욕망이 너무 커져서 온갖 부정적 결

과도 무시하게 된다.'

그동안 쥐를 이용한 이런 실험이 여러 차례 실시되었다. 그때마다 과학자들은 비슷한 결과를 얻었다. 예를 들어 쥐는 보통 탁 트인 공간에 나오는 것을 싫어해서 늘 경계선이나 벽에 붙어 있으려고 한다. 그런데 후르츠링 시리얼을 먹인 쥐는[10] 후르츠링을 발견할 때마다 잽싸게 트인 공간으로 뛰어나와서 먹으려고 한다. 또 다른 예로 뉴저지 의과대학의 배리 레빈Barry Levin 교수는 유전적으로 비만이 잘되지 않는, 즉 우리 식으로 말하면 원래부터 말라깽이인 쥐 품종을 만들어냈다.[11] 그런데 이 쥐들도 고지방 고설탕 음식을 먹였더니 다른 쥐와 똑같이 비만이 됐다.

실험을 끝낸 케니는 다시는 치즈케이크를 먹을 수 없었다. 케니는 고개를 절레절레 흔들며 말했다. "쥐들이 그렇게 환장하는 걸 보고 나니 못 먹겠더라고요."

내가 그런 식으로 먹는 것에 분노하던 아버지도 세월이 지나면서 서서히 포기했다. 아버지는 요리사를 그만두고 버스 기사가 되었다. 아버지는 질 나쁜 음식을 먹기 시작했고 체중이 많이 늘더니, 결국 70대 초반에는 심장 수술을 받아야 했다.

나는 호스를 잔뜩 끼고 침대에 누워 있던 아버지를 떠올리며 생각했다. '치즈케이크 놀이동산에 저항하기는 쉽지 않아.'

3장

포만감의
죽음과 부활

초가공식품과 비만 치료제의
수상한 관계

우리는 문제를 해결하려고 시도해보는 대신

그냥 약을 먹는다.

"이게 정말 '인류'라는 종이 발전하는 길일까요?"

공장에서 각종 원료를 조합해 만든 초가공식품이 많은 사람에게 실험쥐가 경험한 것과 같은 광기를 불러일으킨다는 사실은 명백하다. 던킨도너츠는 이제 매일 지구를 두 바퀴 돌 수 있을 만큼의 도넛을 팔고 있고 로널드 맥도널드Ronald McDonald(맥도널드의 마스코트인 광대 캐릭터 – 옮긴이)는 전 세계에서 두 번째로 많은 사람이 알아보는(산타클로스 다음이다) 인물이 됐다. 십자가가 교회의 상징임을 아는 사람보다 노란색 M자가 맥도널드의 상징임을 아는 사람이 더 많다. 라스베이거스에는 거대한 자유의 여신상 모사품이 있다. 그러나 그 아래에는 "자유를 갈망하는 가련한 이들을 나에게 보내다오"라고 적혀 있지 않다. 패스트푸드 체인 데니스Denny's의 할인 쿠폰을 나눠주는 사람들이 서성이고 있을 뿐이다. 그 옆을 지날 때마다 나는 생각한다. '그래, 저게 진짜 21세기 우리 문화의 상징이지. 우리는 자유를 원해서 여기 오는 게 아냐. 먹으러 오는 거지.'

하버드대학교 영양학과 외래교수인 제럴드 맨드는 내게 이렇게 말했다. "우리가 먹는 음식에 문제가 있는 겁니다. 계속 먹으라고 말하는 음식을 설계해놓은 거예요. 원래는 우리 몸이 알아서 그만 먹으라고 해야 하는데 말이죠." 우리 중에 비만 치료제가 필요하다고 느끼는 사람이 너무나 많은 이유가 바로 이것이다.

그렇다면 왜 가공식품은 우리의 식욕을 정신 못 차리게 하는 걸까? 1995년에야 어렴풋이 그 답이 보이기 시작했다.[1] 호주 시드니대학교 소속으로 의사이자 연구원인 수재나 홀트Susanna Holt는 이런 의문을 품었다. '배부르다고 느끼게 하는 음식은 무엇이고, 더 많이 먹고 싶게 만드는 음식은 무엇일까?' 홀트는 사람들에게 38가지 음식을 똑같이 240칼로리씩 나눠주고는 얼마나 포만감을 느끼는지, 그리고 그 포만감에 이르기까지 걸리는 시간은 얼마인지 추적했다. 빠르게 포만감을 느끼게 해주는 음식은 한 종류였다. '자연식품.' 내 아버지가 어릴 때 먹던 음식 말이다. 스테이크, 감자, 신선한 과일, 생선 등은 먹고 나면 충분히 먹었다는 느낌에 그만 먹고 싶어졌다. 스펙트럼의 반대편에는 전혀 다른 종류의 음식이 있었다. 포만감이 오래 못 가는 음식은 바로 가공식품이었다. 내가 어릴 때 먹던 음식 말이다. 비스킷, 포장되어 나오는 시리얼, 케이크, 각종 맛이 첨가된 요구르트, 크루아상 등이었다. 이런 것들은 먹으면 먹을수록 더 먹고 싶어졌다.

과거에 우리 식단을 지배했던 음식은 포만감을 주었다. 반면에 현재 우리 식단을 지배하는 음식은 위에 구멍이 난 것 같은 느낌을 준다. 치즈케이크 놀이동산 실험을 진행했던 폴 케니는 이런 음식을 만나면 "우리 몸이 언제 포만감을 느끼고 언제 음식에 물리는지 제대로 된 피드백을 주기 어렵다"고 했다.

이는 정말로 중요한 개념이다. 우리 식단의 변화와 관련해서 내가 인터뷰했던 거의 모든 사람이 이 개념을 언급했다. 더 이상 먹고 싶지 않다는 느낌, 즉 포만감은 일상생활에서 많이 쓰는 단어는 아니지만 두 가지 상황에서 계속 등장했다. 첫째는 공장에서 찍어내는 식품의 원리를 설명할 때였다. 알고 보니 가공식품은 포만감을 손상시키도록 설계되어 있었다. 둘째는 신종 비만 치료제의 원리를 설명할 때였다. 왜냐하면 신종 비만 치료제는 포만감을 높이도록 설계되었기 때문이다. 나는 뒤늦게야 둘 사이의 관계를 추적하게 됐다.

'물린다'는 느낌이 들지 않아서 음식을 더 먹게 되고 이런 행동이 지속되면 살이 찐다. 각종 연구 결과를 읽고 전문가들을 인터뷰하면서 가공식품이 포만감을 훼손하는 방법이 '일곱 가지'나 된다는 사실을 알게 됐다. 이를 설명해주었던 사람은 킹스칼리지런던의 유전역학 교수인 팀 스펙터였다. 스펙터는 일란성쌍둥이 수천 쌍을 조사하다가 이와 관련된 힌트를 얻었다고 한다. 그는 쌍둥이 중에서 한쪽은 살이 찌는데 다른 한쪽은 살이 찌지 않는 이유를 알아보려고 했다. 그러면 많은 사람이 살이 찌는 이유도 알아낼 수 있을 것이기 때문이다. 인터뷰를 하려고 그의 사무실을 방문했더니 일란성쌍둥이 수십 쌍이 사진 속에서 나를 내려다보며 미소 짓고 있었다. 살짝 무시무시한 느낌이 들었다. 나는 사진과 눈을 마주치지 않으려고 애썼다. 그러는 동안 스펙터는 내가 평생 그처럼 허기졌던 이유를 몇 가지 설명해주었다. 내 아버지나 할아버지 그리고 증조할아버지는 겪지 않았던 바로 그 허기짐 말이다.

도둑맞은 포만감

초가공식품(극도로 가공된 식품)이 포만감을 훼손하는 첫 번째 방법은 이상하리만치 단순하다. '덜 씹기 때문'이다. 스펙터는 설명했다. "(가공식품은) 보통 아주 부드러워요. 말하자면 성인용 이유식 같은 거죠." 거의 씹지 않아도 되기 때문에 "초가공식품을 먹는 데 걸리는 시간은 진짜 음식을 먹을 때보다 훨씬 짧다." 우리가 음식을 먹으면 몸은 음식이 들어온다는 사실을 서서히 인식하고 충분히 먹었다는 신호를 보낸다. 음식을 제대로 씹는다면 시간이 꽤 많이 걸리고 제때 이 신호가 작동해서 포만감을 느끼게 된다. 그러나 씹을 필요가 없으면, 다시 말해 너무나 편안하게 모든 음식이 식도로 쑥 내려가게 되면 그만 먹으라는 신호를 받지 못하게 되고 결국은 너무 많이 먹게 된다. 스펙터는 '씹기'가 과식에 제동을 거는 브레이크 역할을 해준다고 했다.[2] 그동안 가공식품은 바로 이 브레이크를 망가뜨려왔다.

그의 설명을 듣다가 문득 떠오르는 일이 있었다. 취재를 하러 다니면서 나는 종종 장거리 운전을 한다. 몇 년 전에 나는 '프루트 스퀴즈Fruit Squeeze'라는 제품에 사로잡힌 적이 있었다. 대부분의 편의점에서 파는 이 제품은 연두색 팩 안에 여섯 개 정도의 사과가 갈린 채로 들어 있어서 그냥 죽 짜서 먹으면 됐다. 나는 통사과를 한 입씩 베어서 먹을 때는 절대 한 번에 두 개 이상 먹지 않는다. 그런데 프루트 스퀴즈는 사과가 반쯤 액상화되어서 죽 짜면 되는 튜브에 들어 있다 보니, 사과 12개를 한번에 입 안에 털어 넣을 수 있었다. 마치 포뮬라 원 대회 우승자가 샴페인을 들이붓듯이 말이다. 식품 가공 과정 때문에 현재 우리가 먹는 음식은 대부분 사과가 아니라 프루트 스퀴즈 같은 형태다.

포만감을 훼손시키는 두 번째 방법은 설탕과 지방, 탄수화물의 강력한 조합이다. 가공식품에 흔히 포함되어 있는 이 조합은 우리 안의 무언가 원시적인 부분을 작동시키는 것으로 보인다. 우리는 다른 음식에 대해서는 그러지 않으면서 유독 가공식품에는 환장을 한다. 케임브리지대학교의 비만 연구원인 자일스 여 Giles Yeo 박사는 짚이는 게 있다고 했다. 지금까지 그가 알아낸 바로는 자연식품 중에서 "탄수화물과 지방이 처음부터 완벽한 하나로 섞여 있는" 음식은 단 하나뿐이다. 바로 '모유'다. 모유는 대부분의 사람이 가장 처음 먹는 음식이기도 하다. 모유는 마음을 진정시켜준다. 인류는 젖을 떼고 나면 이 독특한 설탕-지방 조합을 먹을 수 없었다. 적어도 지금까지는. 그래서 우리는 이 조합을 만나면 마치 엄마 젖을 만난 아기처럼 배가 부를 때까지 핥아대는 것이다.

세 번째 방법으로 가공식품은 우리의 에너지 수준에 영향을 주는 것처럼 보인다. 음식을 섭취하면 몸은 그걸 혈당(몸의 주된 에너지원)으로 분해하고 온몸으로 보내서 하루 종일 힘을 낼 수 있게 한다. 혈당 수치가 떨어지면 에너지가 고갈되고 다시 음식을 먹고 싶다는 신호를 받게 된다. 내 아버지가 어릴 때 먹던 음식은 에너지를 천천히, 그러나 꾸준히 내게 했다. 그래서 그런 음식은 하루에 두세 번 정도, 식사 시간쯤에만 혈당이 떨어지게 했고 그때만 배가 고팠다. 그러나 내가 어릴 때 먹던 것과 같은 음식을 먹으면 완전히 다른 일이 벌어진다. 대부분의 사람은 프링글스(감자칩) 한 통을 흡입하고 30분 정도 배가 부르다가 이내 허기가 져서 음식을 더 먹어야 했던 경험이 있을 것이다. 프링글스가 급작스럽게 높여준 에너지와 혈당은 금방 떨어지기 때문에 순식간에 배가 다시 고파지는 것이다. 스펙터는 "이렇게 짧은 피크타임을 자주 가지게 되면 계속해서 식욕이 자극될 가능성이 높다"고 했다. 이제 우리가 먹는 것들 중에는 프링글스를 닮은 것이 많다. 그래서 영양학자 데일 피녹Dale Pinnock이 '에너지 급상승과 급추락의 롤러코스터'라고 부르는 상태가 된다. 종일 에너지 수준이 오락가락하면서 훨씬 더 배가 고파지는 셈이다.

네 번째로 가공식품에는 우리에게 정말로 필요한 두 가지가 결핍되어 있다. 바로 단백질과 섬유질이다. 시드니대학교 영양생태학 교수 데이비드 로벤하이머David Raubenheimer는 단백질과 섬유질 결핍의 영향을 조사해왔다. 단백질은 근육을 키우고 튼튼한 뼈를 유지하기 위해 누구에게나 필요한 복합분자다. 로벤하이머는 (요즘 대부분의 사람들처럼) 단백질 함량이 낮은 가공식품을 먹는 게 과식을 유발하는 어떤 심층적 이유가 있는지 궁금했다. 혹시 허기에도 두 가지 이상의 종류가 있는 것은 아닐까? 칼로리가 에너지를 주기 때문에 우리는 자연스럽게 허기를 느끼게 된다는 사실은 잘 알려져 있다. 그런데 몸이 제대로 기능하기 위해서는 단백질이 필요하다는 사실도 우리 몸은 알고 있다. 그래서 로벤하이머는 이렇게 질문해보았다. '만약 우리가 칼로리가 부족할 때만이 아니라 단백질이 필요할 때도 허기를 느낀다면 둘 다 충분히 섭취하기 전까지는 허기가 채워지지 않는 것이 아닐까?' 그렇다면 가공식품이 가득한 환경에서는 문제가 생길 수 있다. 긴 테이블이 하나 있다고 상상해보자. 왼쪽에는 내 아버지가 어린 시절 먹던 것과 같은 고단백 식사가 놓여 있고, 오른쪽에는 내가 어린 시절 먹던 것과 같은 저단백 식사가 놓여 있다. 동일한 양의 단백질을 섭취하려면 오른쪽 식사의 양이 훨씬 더 많아야 한다. 훨씬 더 많이 먹어야 한다.

로벤하이머는 자신의 가정을 확인하기 위해 소규모이지만 아주 영리한 실험을 하나 설계했다.[3] 그는 사람들을 두 집단으로 나누어 한쪽에는 고단백 식단을, 다른 한쪽에는 저단백 식단을 제공했다. 그리고 양쪽 모두에게 원하는 만큼 먹어도 좋다고 했다. 그런 다음 각 집단이 얼마나 먹는지를 관찰해보았다. 그 결과 두 집단 모두 같은 양의 단백질을 섭취했다. 다만 가공식품을 먹은 쪽은 이를 위해 35퍼센트의 칼로리를 더 섭취해야 했다.[4] 가공식품을 먹을 때는 '필요한 단백질을 섭취하기 위해' 더 많은 양을 먹어야 했던 것이다.

섬유질은 우리가 온전히 소화시킬 수 없는 일종의 탄수화물이다. 따라서 섬유질을 먹으면 음식이 몸을 통과하는 데 시간이 더 걸리고 전체 소화 과정도 느려진다. 로벤하이머의 설명에 따르면 이것 역시 '씹기'처럼 먹는 과정에 '브레이크'로 작용한다. 식단에 섬유질이 많이 포함되지 않으면 금세 배가 고파져서 더 많은 음식을 먹게 된다. 대개 가공식품에는 섬유질이 적게 들어 있다.

다섯 번째 방법은 음료수다. 오늘날 우리가 마시는 다수의 음료수에는 우리를 더 배고프게 하는 화학물질이 들어 있다.[5] 내가 이 점을 제대로 이해하기 시작한 것은 탄산음료의 원리를 공부하면서였다. 내가 태어난 이후 우리가 마시는 탄산음료의 양은 대략 3배가 됐다. 고체 형태보다는 액체 형태가 다량의 칼로리 섭취에 용이하다. 2000칼로리를 섭취하기 위해 설탕이 들어 있는 음료를 마시는 것이 쉬울지, 커다란 스테이크와 튀김을 먹는 것이 쉬울지 한번 생각해보라. 탄산음료 섭취의 급증은 칼로리 섭취의 급증을 가져왔다. 어린아이가 하루 한 잔 음료수를 더 마실 경우 비만이 될 확률은 60퍼센트 증가한다.[6]

그래도 나는 비웃었다. 수많은 비만의 원인 중에 이것만큼은 내가 현명하게 피해왔다고 생각했기 때문이다. 앞서 말했듯이 나는 설탕이 들어간 탄산음료는 마시지 않는다. '제로 칼로리'라고 적힌 다이어트 음료만 마신다. 이 부분만큼은 깨끗했다.

그런데 이상한 점이 있다. 상반된 결론도 있고 연구의 질이 최고가 아닌 경우도 종종 있지만 일부 엄밀하게 진행된 연구는 다이어트 음료도 심각한 체중 증가를 불러올 수 있음을 암시하기 때문이다. 인디애나주에 있는 퍼듀대학교 심리학과 교수 수전 스위더스Susan Swithers의 실험을 예로 들어보자. 스위더스는 실험쥐를 둘로 나눠서 각각 설탕과 인공감미료를 주었다. 그 결과 인공감미료를 먹은 쥐의 체중이 '더 많이' 늘었다.[7] 스위더스는 인공감미료가 쥐들에게 '대사 교란'을 일으킨 것 같다고 했다. 처음에 이 연구 결과를 읽었을 때는 사실일 리가 없다고 생각했다. 제로 칼로리 음료가 어떻게 고칼로리의 설탕 음료보다 더 살이 찌게 한단 말인가?

스펙터는 자기 몸으로 실험을 시작했다. 자신의 몸에 혈당 모니터기를 설치하고 가장 흔한 감미료를 탄 물을 마셔보았다. 기업들은 이런 종류의 화학물질을 '비활성'이라고 광고한다. 우리 몸에 아무런 영향을 미치지 않고 그대로 빠져나간다는 뜻이다. 마치 시골에서 깨끗한 자연을 보고 나서 아무것도 건드리지 않고 그대로 돌아오는 훌륭한 관광객처럼 말이다. 그러나 혈당 모니터기를 들여다보던 스펙터는 소스라치게 놀랐다.[8] 혈당이 30퍼센트 이상 치솟았던 것이다. 그는 말했다. "비활성이 아닌 게 분명합니다. 뭔가 작용하는 거예요." 2022년 이스라엘의 한 연구팀은 120명의 사람을 여러 그룹으로 나눴다.[9] 그리고 2주 동안 하루에 두 번씩 네 종류의 인공감미료 또는 설탕을 주었다. 인공감미료의 영향은 충격적이었다. 그중 두 종류는 혈당을 상승시켰고 네 종류 모두 장 박테리아를 마치 고혈당일 때처럼 바꿔놓았다.

대체 어떻게 된 일일까? 스펙터는 이들 화학물질이 뇌에 영향을 주기 때문은 아닐까 의심하고 있다. 달콤한 것을 마시면 몸은 설탕을 통해 에너지가 들어올 거라고 기대한다. 진화 과정에서 모든 조건이 우리 몸을 그렇게 만들었다. 그런데 에너지가 들어오지 않으면 뇌는 '속았다'는 것을 알아차린다. 그래서 더 배고프게 만드는 것으로 대응한다. 그래야 기대하던 그 에너지가 들어올 것이기 때문이다. 우리는 "갑자기 케이크가 먹고 싶어진다." 비만 연구의 신기원을 이룬 실험 이후 스위더스는 인공감미료가 비만 위기의 큰 원인 중 하나일 수 있다고 믿게 되었다.[10]

여섯 번째 요인은 나도 이해하기까지 시간이 좀 걸렸던 내용이다. 가공식품은 전례 없는 일을 하나 저질렀다. 바로 식품의 근본적인 질과 '향'을 분리한 일이다. 영양학자 제럴드 맨드가 이 부분을 찬찬히 설명해주었다. 수십만 년간 진화를 거치면서 인간에게는 '영양학적 지혜'가 생겼다. 과거 우리 조상들은 혹시 먹을 수 있을지도 모를 무언가를 만나면 잘 발달된 본능의 도움을 받아 판단을 내렸다. '이걸 먹어, 말아?' 예를 들어 무언가가 달콤하고 부드럽다면 신선한 과일일 확률이 높았다. 그렇다면 몸에 좋은 것이니 먹어야 한다. "사람의 코와 입에는 수십만 개의 '수용기'가 있습니다. 말하자면 바코드 리더 비슷한 것이지요." 맨드는 설명했다. "그 덕분에 우리는 무언가를 먹을 때마다 그 안에 뭐가 들어 있는지 알 수 있어요. 영양학적으로 현명한 판단을 내리게 되는 거죠. 비타민C나 비타민D가 부족하면 그걸 포함한 음식을 찾아서 먹지요." 그런데 가공식품은 이걸 모두 엉망으로 만들어놓았다. "(공장에서 제조된 식품은) 음식과 향이 별개이기 때문에 향이 더 이상 아무런 정보도 주지 않아요." 이제는 달콤하다는 게 신선한 과일이라는 의미가 아니다. 이제 달콤하다는 것은 마시멜로나 전자레인지용 라사냐 혹은 3000칼로리짜리 바나나 밀크셰이크를 뜻할 수도 있다. 과일을 먹으라고 알려주던 시스템이 이제는 후르츠링 시리얼을 먹으라고 말한다.

이 말은 곧 우리의 본능(그처럼 오랫동안 우리를 현명하게 이끌어주었던 본능)이 망가진 GPS처럼 되었다는 뜻이다. 이전에는 집으로 가는 길을 알려주었는데, 이제는 절벽으로 뛰어내리라고 안내한다. 이전에는 안전한 쪽으로 이끌어주던 본능이(지금도 자연식품이 가득한 환경에서는 이 본능이 작동한다) 이제는 병에 걸리게 하고 있다.

일곱 번째로 가공식품은 장 기능에 이상을 일으켜서 포만감을 훼손하는 것처럼 보인다. 이 분야 연구의 선봉에 있는 스펙터는 이렇게 설명했다. 장 아래쪽에는 뇌만큼이나 중요한 부분이 있다. 바로 장내 마이크로바이옴gut microbiome, 즉 장내 미생물이다. "결장結腸에, 그 컴컴한 곳에 수백조 개의 장내 미생물이 살고 있어요." 이것들은 우리가 먹은 음식을 분해하고 우리가 제대로 기능하는 데 반드시 필요한 각종 화학물질을 분비한다. "(이것들은) 면역체계와 노화 방지, 신진대사, 에너지 조절, 소화, 영양분 섭취에 굉장히 중요합니다. 장내 마이크로바이옴 없이는 살 수 없어요. 장내 마이크로바이옴이 건강할수록 몸도 건강합니다." 건강한 장내 마이크로바이옴은 다양성에서 비롯된다. 장 속에 건강한 세균이 다양하게 살수록 장내 마이크로바이옴은 잘 기능한다.

그런데 우리 장에 아주 이상한 일이 벌어졌다. 지금 우리 장내 마이크로바이옴은 우리 조상들에 비해 다양성이 엄청나게 떨어진다. 실은 마이크로바이옴의 다양성을 평균 "40퍼센트 정도 상실한 상태"[11]라고 스펙터는 말했다. 왜 그럴까? 장이 제대로 작동하기 위해서는 다양한 유형의 음식을 많이 먹어야 한다. 일주일에 대략 30가지 정도의 채소를 먹어주는 게 이상적이다. 그러나 가공식품과 정크 푸드는 극히 적은 요소로 구성되어 있다. "가공식품의 80퍼센트는 단 네 가지 요소로 구성됩니다.[12] 옥수수, 밀, 콩, 육류예요." 스펙터의 설명이다. 그의 연구에 따르면 가공식품을 먹기 시작하고 며칠만 지나도 장 건강이 급속히 바뀌기 시작한다.

다양성이 부족한 장은 마치 살충제를 뿌린 정원처럼 병에 걸린다. 수십 년간 이 분야 연구를 선도해온 스펙터는 우리가 "정크 푸드와 인공감미료, 설탕"으로 장내 미생물을 "독살"하고 있다는 생각을 갖게 됐다. 그 결과 장 기능에 이상이 생기면서 건강한 장을 가졌을 때처럼 식욕이나 에너지를 조절하지 못하게 되었다는 것이다. "비만이라는 유행병은 이게 원인일 가능성이 큽니다."

이 모든 요인이 합쳐진 결과는 충격적이다. 가공식품을 먹으면 유사한 비가공식품을 먹었을 때보다 하루 평균 500칼로리를 더 섭취하게 된다.[13] 매일 빅맥 하나를 더 먹는 것과 같다. 이게 평생 이어진다고 한번 상상해보라. 사실 나는 상상할 필요도 없었다. 아장아장 걸어 다닐 때부터 이런 요인들이 내게 영향을 주었다는 사실을 알고 나니 황당한 기분이었다. 우리가 음식을 먹는 이유는 적어도 부분적으로는 배고픔을 누그러뜨리기 위해서가 아닌가? 그런데 나는 그 긴 세월 동안 배고픔을 '키우는' 쪽으로 음식을 먹어온 것이다. 마치 갈증을 달래려고 바닷물을 들이켠 사람처럼 말이다.

문득 우리가 점점 더 뚱뚱해지는 동안 벌어진 또 다른 일이 생각났다. 지난 50년간 축산업계는 가축을 최대한 크고 뚱뚱하게 만드는 데 뛰어난 능력을 발휘해왔다. 축산업계가 가축의 덩치를 키운 데는 몇 가지 이유가 있다. 가축의 덩치가 커지면 뼈에 고기가 더 많이 붙는다. 마른 소보다는 뚱뚱한 소에서 더 많은 축산물을 얻을 수 있다. 축산업계의 비용 중에서 큰 부분을 차지하는 게 바로 축사 유지비다. 가축을 원하는 무게까지 빨리 키울수록 축사 유지비는 줄어든다. 축산업계는 그동안 믿기지 않을 만큼 효율적으로 가축들을 살찌워왔다. 30년 전에는 공장식 양계장에서 닭을 도축 무게까지 키우는 데 12주가 걸렸다.[14] 지금은 5, 6주밖에 걸리지 않는다. 오늘날 육용계는 내가 태어나던 해의 육용계에 비해 지방이 3배나 많다.[15] 지금 공장식으로 키우는 칠면조들은 가슴에 살이 너무 많아서 제대로 서 있지도 못한다.[16]

축산업계는 대체 어떻게 이렇게 하는 걸까? 가축의 움직임을 제한하는 것도 한 방법이었다. 수많은 가축이 축사 안에서 몸을 제대로 틀지도 못한다. 그러나 더 효과적이었던 방법은 사료를 완전히 바꾼 것이다. 소에게 자연스러운 진화 과정에 걸맞은 자연식품, 즉 풀을 먹인다면 도축 무게까지 도달하는 데 지금보다

1년은 더 걸린다. 하지만 요즘 소들은 완전히 다른 걸 먹고 자란다. 곡류와 화학물질, 호르몬, 항생제로 구성된 초가공 신종 사료를 먹는 것이다. 이 가짜 사료가 가축들의 입맛에 잘 맞지 않기 때문에 축산 기업은 흔히 인위적인 단맛을 추가한다. 그중 가장 많이 쓰이는 것은 젤로Jell-O(젤리 브랜드) 파우더, 특히 딸기-바나나맛이다. 가공 사료에 단맛을 추가하면 양의 경우 금세 무게가 30퍼센트는 늘어난다.[17]

어떤 가축을 살찌우고 싶다면 옛날 먹이 대신 극도로 가공해서 인위적으로 달게 만든 유사 식품을 주면 된다. 다시 말해 대형 축산 기업이 가축들에게 저지르는 짓은 가공식품업계가 우리와 우리 자녀에게 매일 저지르는 짓과 정확히 일치한다.

팀 스펙터의 사무실을 나오면서 나를 내려다보고 있는 쌍둥이들의 사진을 마지막으로 다시 한번 보았다. 이런 여러 요인 때문에 우리가 '벗어날 수 없는 비만의 구렁텅이' 속에서 살고 있다던 스펙터의 경고를 떠올려보았다. 그는 초가공식품이 만약에 약이었다면 진작에 시장에서 퇴출되었을 거라고 했다. 일반인이 사용하기에는 너무나 위험한 것으로 여겨졌을 것이기 때문이다.

의약 산업이 우릴 구해줄 거야

이 책을 집필하기 위해 처음 몇 달간 여러 사람을 인터뷰할 때는 내가 완전히 다른 두 가지 주제를 다루고 있다고 생각했다. 내가 대화를 나눈 사람들은 음식이 우리에게 미치는 영향을 조사하는 과학자들과 신종 비만 치료제를 연구하는 과학자들이었다. 나는 두 가지를 별개로 생각했다. 그런데 매번 똑같은 단어가 튀어나왔다. 바로 '포만감'이라는 단어였다. 그때부터는 두 주제가 별개가 아니라 꼬여 있는 두 가닥의 끈처럼 보이기 시작했다.

신종 비만 치료제 개발에 참여한 과학자 카렐 르 루는 그 분야 사람들이 종종 GLP-1을 비롯해 장에서 나오는 화학물질을 '포만감 호르몬'이라고 부른다고 했다. 신종 비만 치료제가 환자들에게 되찾아주는 게 바로 포만감인 것처럼 보이기 때문이다. GLP-1 발견에 핵심적인 역할을 했던 대니얼 드러커는 "옛날의 그 포만감을 다시는 느끼지 못할 거라고 포기했던" 사람이 많았다고 했다. 이 신약들이 포만감을 되찾아주기 전까지는 말이다.

이제는 이 연관성이 명백해지기 시작했다. 우리는 지난 40년간 철저하게 포만감을 훼손시키는 음식을 먹어왔다. 그리고 이제는 포만감을 되찾아줄 약을 원한다. 하나가 다른 하나를 낳았다. 식품 공급 측면이 그렇게 크게 바뀌지 않았더라면 비만 치료제 시장은 극소수의 사람에게만 수요가 한정되었을 것이다.

이런 사실을 깨닫고 나니, 오젬픽을 시작하기로 한 내 결정이 우스꽝스럽게 느껴졌다. 필라델피아 드렉셀대학교의 임상심리학과 교수 마이클 로Michael Lowe는 지난 40년간 배고픔에 관한 연구를 선도해왔다. 내가 만난 마이클 로는 70대의 나이에도 활력이 넘쳤다. 그는 우리가 먹는 음식을 다각도로 연구했던 지난 세월을 되짚으면서 내가 연결점을 찾도록 도와주었다. 그는 말했다. "(신종 비만 치료제들은) 인위적 문제에 대한 인위적 해결책이에요. 비만이 인위적인 문제인 이유는 지금 우리가 자연 속에는 존재하지 않는, 에너지가 고도로 농축된 식품을 먹고 있기 때문이에요. 수렵채집 시대에는 사실상 존재하지 않았던 음식을 먹고 있죠. 그러고 나서는 인위적인 해결책을 생각해냈어요. 인위적으로 훼손된 포만감을 인위적으로 만든 약으로 고치는 거지요."

마이클 로는 어딘가 잘못되었다고 말한다. "사회에 어떤 문제가 생길 때마다 환경이 원인임을 다들 인정하면서도 점점 더 그걸 의학적으로 해결하려는 것 같아요." 그러면 애초에 문제를 유발했던 원인은 잊히기 마련이다. "구덩이에 빠진 걸 알았다면 최소한 더 이상 땅은 파지 말아야죠. 그런데 우리는 계속 발밑을 파고 있어요." 모든 식품 기업은 여전히, 아니 심지어 더 저항하기 힘든 식품으로 우리를 뚱뚱하게 만들 방법을 찾아다니고 있다. "약은 당연히 환경을 바꾸지 못해요." 식품업계는 우리 아이들이 최대한 어릴 때부터 최고로 뚱뚱하게 만들 방법을 찾는다. 그러면 우리는 세월이 한참 지난 후에야 문제를 해결하려고 허둥댄다. 그것도 사회를 바꾸는 대신 내 장 속을 바꾸는 방법으로 말이다.

유해한 식품 시스템이 유발한 문제는 식품 시스템을 바꾸는 방법으로 대응해야 한다는 게 마이클 로의 생각이다. 한 개인이 해결하기에는 너무나 어려운 일이지만 우리가 다 같이 결심한다면 사회적 차원에서는 해결할 수 있다(실제로 이렇게 해낸 곳들이 있다는 사실을 나중에 알게 됐다. 뒤에서 설명할 것이다). 마이클 로는 이게 가능한 일이라고 주장한다. 그러나 "서구 사회의 각 정부는 대부분 포기한 거나 마찬가지예요. 그래서 걱정이에요. 우리는 기적 같은 의학의 시대에 살고 있잖아요. 온갖 질병을 다 치료할 수 있죠. 그런데 대체 어디에 선을 그어야 하는 걸까요? '제멋대로 살자. 의약 산업이 우릴 구해줄 거야.' 지금 우리가 바로 그렇게 살고 있어요. 우리 문화 전체가 '예방'이라는 개념 자체를 포기해버린 것 같아서 걱정이에요." 사전에 예방할 수 있는 것도 우리는 굳이 위험 부담을 떠안아가며 빠른 해결책을 택한다.

"제 마음 한쪽에서는 네가 지금 바라는 게 뭔지 잘 생각해보라고 해요. 비만이라는 유행병에 정말 이런 식으로 대처해도 될까요? 점점 더 비싼 값을 치르면서 죽을 때까지 계속 치료를 받아야 할 텐데 정말 괜찮을까요?"

마이클 로는 한숨을 쉬었다. "어쩌면 제가 시대에 뒤처진 것일지도 몰라요. 제가 어릴 때나 통하던 가치관을 그대로 들이미는 것일 수도 있죠. 하지만 스스로 바뀌려는 노력조차 하지 않고 그냥 주어지는 대로 미래를 받아들이는 건 좀 아니잖아요. 사회도 식당도 식품 기업도 아이들도 말이에요. 지금 우리는 시도조차 해보지 않고 있어요." 우리는 문제를 해결하려고 시도해보는 대신 그냥 약을 먹는다. "이게 정말 '인류'라는 종이 발전하는 길일까요?" 신종 비만 치료제를 보면 마이클 로는 이런 생각이 든다고 한다. "이건 인생이 던지는 문제에 어린아이처럼 대처하는 거예요. 문제의 원인은 내버려두고…… (중략) 바라는 대로 모두 이뤄지는 마법의 나라 같은 거죠." 이렇게 하지 않으려면 근본적인 문제를 실제로 해결해야 한다. "그래야 50년 후에 인구의 80퍼센트가 비만 치료제에 의존하는 일이 없을 거예요."

내가 차마 입 밖에 내지 못한 두려움을 마이클 로가 또박또박 들려주었다. 오랫동안 비만을 연구해온 다른 사람들도 비슷한 경고를 했다. 소아과 의사 로버트 러스티그Robert Lustig는 벌써 수십 년째 우리가 먹는 음식이 우리를 죽이고 있다고 경고하고 있다. 그는 〈가디언Guardian〉과의 인터뷰에서 신종 비만 치료제는 반창고 같은 거라고 했다. "반창고예요. 그냥 살 빼는 약을 주는 건 눈 가리고 아웅 하는 거지요." 해답은 식품 공급망을 바꾸는 것이라고 러스티그는 주장한다. 비만 위기 해결을 위한 영국 정부의 조사 활동을 이끌고 있는 헨리 딤블비Henry Dimbleby는 영국이 "약으로 문제를 해결하지 못할 것"이라고 경고했다. 딤블비는 약에 의존하는 접근법은 "무모하다"면서 일본의 선례를 따라야 한다고 했다. 일본은 아주 다른 방식으로 비만율을 억제하고 있고 그 내용은 뒤에서 다시 다룰 것이다.

나는 아무리 어려운 문제라도 움찔하지 말고 정면으로 부딪혀야 한다고 생각한다. 내가 이미 여러 책에도 썼듯이 우울증이나 불안, 각종 중독과 같은 사회적 위기가 닥쳤을 때 우리는 피상적 해결책에 만족할 것이 아니라 기저에 있는 심리적, 사회적 원인을 해결하는 데 주력해야 한다. 나는 오젬픽을 사용하는 게 내 가치관을 배신하는 일이라는 느낌이 들기 시작했다.

오젬픽 주사를 놓을 때마다 사기꾼이 된 기분이었다.

그러다가 내가 생각을 고쳐먹게 만든 사건이 일어났다.

고통 없는 다이어트는 반칙이다?

7년 전에 내 친구 한 명(여기서는 '주디'라고 부르겠다)이 유방암으로 죽음 직전까지 갔었다. 친구가 몇 차례나 화학 치료를 받고, 머리칼이 다 빠지고, 양쪽 유방을 절제하고, (다행히도) 건강을 회복하는 지난한 과정을 나는 곁에서 함께했다. 그렇게 만날 때면 주디는 오히려 내 건강을 걱정하는 말을 자주 했다. "너는 가족력(심장 질환)도 있으니까 절대, 절대 살이 찌면 안 돼." 주디는 내가 점점 살이 찌는 과정을 쭉 지켜보았기 때문에 내가 병에 걸리거나 조기 사망할 위험이 높아지고 있다는 사실을 잘 알고 있었다. 주디는 건강한 조리법들을 알려주겠다고 했고, 춤이나 재미난 운동을 좀 배워보라고도 했다. 나는 고맙다고 하면서도 주디의 조언을 모두 무시했다. 내가 오젬픽을 사용하기 시작하자 주디는 더할 나위 없이 기뻐했다.

어느 날 저녁 나는 오젬픽을 중단할까 싶다는 얘기를 하려고 주디를 찾아갔다. 오젬픽은 문제에 대한 근본적 해결책이 아니었다. 오젬픽은 기저에 있는 원인을 다루고 있지 않았다. 내가 과체중인 것은 훨씬 더 큰 여러 요인이 작용하기 때문이고 바로 그 요인들을 상대하는 것으로 문제를 해결해야 했다.

주디는 깜짝 놀라서 이렇게 말했다. "영국에서 여자 일곱 명 중 한 명이 유방암에 걸린다[18]는 건 뭔가 문제가 있다는 뜻이야. 굳이 200년 전을 들먹이지 않더라도 20년 전만 해도, 아니 10년 전만 해도 이렇지 않았어.[19] 일본은 지금도 이렇지 않고. 이 나라는 사회적으로 분명히 뭔가 잘못되어 있어. 그것도 심각하게. 하지만 요한, 내가 유방암에 걸렸을 때 네가 이렇게 말하지는 않았잖아. '너는 이미 암 때문에 끔찍한 상태야. 그런데 저 사람들은 네 목숨을 구해보겠다고 네 몸에 화학물질을 잔뜩 집어넣겠다는 거야? 암에 걸리게 만든 더 근본적인 사회적 문제를 해결해야지! 그 문제와 싸우자고.' 오히려 너는 내게 이렇게 말했잖아. '너 이 치료 받아야 해. 이 끔찍한 상황에서 지금 당장 네가 할 수 있는 것 중에는 이게 최선이야.' 봐봐, 요한. 나도 여자 일곱 명 중에 한 명이 유방암에 걸리는 나라에서 살고 싶지 않아. 원인을 찾아 해결해야 한다고 생각해. 그런데 아직은 문제가 해결되지 않았어. 나는 이 나라에 살고 있고 암에 걸렸잖아. 그래서 살기 위해 내가 해야 할 일을 했어."

주디는 물론 내 과체중이 그녀의 암만큼 긴급한 위기는 아니라고 했다. 그렇지만 언제든지 그렇게 바뀔 수도 있다고 했다. "네가 뭔가 조치를 취하지 않는 이상 네 체중은 계속 불어나기만 할 거야. 내 생각에는 지금 나이에 네가 과도한 몸무게를 줄일 수만 있다면 이제부터는 건강한 음식을 먹으며 건강한 삶을 살 수 있을 거라고 봐. 그러지 않으면 분명히 수명이 줄어들 거야. 나는 네가 정말 오래 살아줬으면 좋겠거든."

주디와 이야기를 나누면서도 나는 마이클 로를 비롯해 여러 사람이 말했던 우려가 계속 생각났다. 주디는 그들의 우려에 전적으로 동의한다고 했다. 이 문제는 환경이 원인이고, 우리는 그 환경적 원인을 해결해야 한다면서 말이다. 우리 모두가 이에 맞서야 하고, 이것은 반드시 필요한 일이다. 그렇다고 해서 당장 시급한 치료책을 쓰지 말아야 한다는 것은 아니다. "집에 불이 났을 때 말은 할 수 있지. '불에 잘 타지 않는 소재로 집을 지었더라면 좋았을 텐데', '스프링클러를 더 좋은 걸 썼으면 좋았을 텐데'라고 말이야. 모두 좋은 생각이야. 하지만 당장은 집이 불타고 있잖아. 소방서에 전화를 걸어서 집에 물부터 끼얹어야지." 주디는 아들이 다니는 학교에 비만 아동이 정말 많다고 했다. "지금의 위기가 그 수준이야. 사태가 이 지경인데 어떻게 사람들이 놀라 자빠지지 않고 경각심조차 제대로 갖지 않는지 이해가 안 돼. 당장 집에 물부터 끼얹어야 해."

주디는 내가 스스로에게 정직해져야 한다고 했다. 만약 내가 오젬픽을 끊는다면 빠진 살이 모두 다시 붙을 것이고 아마도 남은 40대와 50대에도 계속 살이 찌기만 해서 병에 걸릴 것이다. "내가 아는 사람들 중에서 네가 가장 자제력이 강해. 목표를 정확히 설정하고 추구하잖아. 중요한 일에 노력을 집중시켜서 결과도 내고. 그런데 이 문제만큼은, 네 식단을 바꾸는 것만큼은 성공하지 못하고 있어. 유일하게 이 문제만 말이야. 노력은 할 만큼 해봤잖아. 가끔은 너도 살이 빠졌었어. 나도 봤잖아. 그러니까 네 의지가 부족한 것은 아냐. 그냥 우리가 만든 세상에서는 살 빼는 게 제일 어려운 일이 되어버린 거지. 솔직히 이놈의 사회에서는 쓰레기 같은 음식을 끊느니 차라리 헤로인을 끊는 게 더 쉬울 거야. 적어도 헤로인은 끊고 나면 사방에 헤로인이 널려 있지는 않잖아." 주디는 손쉬운 비만 치료제인 오젬픽을 포기하는 것은

"위험한 길을 선택"하는 거라고 했다. "세상에 완벽한 건 없어. 다만 지금 상황이 거의 재앙에 가까울 만큼 불완전하니까, 내 생각에는 오젬픽이 그나마 더 나은 버전의 불완전인 것 같아."

나는 주디의 논리를 몇 주일 동안이나 곰곰이 생각해보았지만 선뜻 결론이 나지 않았다. 그러다가 제프 파커와 대화를 나눈 뒤에 주디의 이야기를 달리 생각해보게 됐다. 제프는 66세의 은퇴한 조명 디자이너였다. 샌프란시스코에 사는 제프는 2년 전만 해도 체중 102킬로그램의 비만이었다. "몸이 너무 무거워서 절뚝거렸어요." 제프는 걸으려고 하면 끔찍할 정도로 다리에 통증이 와서 보행이 어려웠다고 한다. "안 해본 게 없어요. 식단 조절도 해보고 칼로리도 제한하고……. 눔Noom을 비롯한 이런저런 앱도 써보고, 칼로리 계산도 하고, 다이어트 일기도 썼죠." 그러나 장기간 효과가 있는 방법은 없었고 과체중이 건강에 미친 영향은 끔찍했다. 의사는 제프의 심장, 간, 혈압에 큰 문제가 생겼다고 했다. 제프는 통풍에 걸렸고 심각한 심장 질환에 직면했다. 매일 약을 한 주먹씩 먹어야 했다.

그러던 어느 날 친구 멜이 자신은 마운자로라는 비만 치료제를 사용 중이라고 알려주었다. 용량을 늘려가는 중이라면서 5밀리그램짜리 약이 몇 개 남았으니 제프도 한번 써보라고 했다. 제프는 말했다. "첫 달에 9킬로그램이 빠졌어요. 곧바로 선순환이 시작되더라고요." 제프는 다시 걸어 다닐 수 있게 됐고 조금씩 운동도 시작했다. 제프는 내게 하루만 9킬로그램짜리 사료나 쌀가마 같은 것을 지고 다녀보라고 했다. 그러다가 그 짐을 내려놓아보라고. 그때 느낄 해방감이 바로 그가 지금 느끼는 기분이라고 했다. "어깨에 짊어지고 다니던 짐을 내려놓는 거예요. 더 이상 절뚝거릴 필요가 없죠. 즐거움을 주는 활동도 할 수 있게 되고요." 놀랄 만큼 빠르게 살이 빠지면서 제프는 반려견과 함께 골든게이트브리지로 산책도 다니게 됐다. 감사한 마음으로 일광욕을 즐기게 됐다.

제프는 마운자로를 제대로 공급받게 됐고 나와 대화를 나눌 때는 총 23킬로그램이 빠진 상태였다. 테스트 결과를 본 의사도 놀랐다고 한다. "혈압약을 반으로 줄였어요. 통풍약도 콜레스테롤 약도 반으로 줄였고요. 세상에나! 그리고 아마 이 약들을 여기서 한 번 더 반으로 줄이게 될 거래요. 이놈의 대사증후군이 해결되고 있는 거지요. 저를 괴롭히던 병들이 체중 감소와 함께 거의 다 해결되고 있는 거예요. 기적같이 말이죠." 제프는 각종 만성 통증이 사라졌다. 언덕투성이인 샌프란시스코에서 다시 자전거를 타고 다니게 됐다. "이제야 은퇴 생활을 즐길 수 있게 되었어요."

나는 사람들에게 약부터 줄 것이 아니라 더 근본적인 환경 요인들을 해결해야 하지 않느냐고 제프에게 말했다. 제프는 미소를 지으며 말했다. "그것도 훌륭한 목표라고 생각해요. 행운을 빌게요. 필요하다면 저도 돕고 싶어요. 그런데 내 삶은 하나뿐이잖아요. 나는 이미 예순여섯이고 지금 당장 인생을 즐기고 싶거든요. 식품 공급 시스템을 갈아엎자는 데는 전적으로 찬성이에요. 모든 식품에서 설탕을 빼자는 주장에도 완전히 동감이고요. 설탕이 안 들어가는 데가 없으니까. 하지만 오늘 당장 살아야 하잖아요. 모든 사람이 자기 집 앞마당에서 케일을 키울 수 있는 미래의 유토피아가 아니라 지금을 살아야 하니까. 당장의 건강과 즐거움을 최대화해야죠. 삶은 유한하니까요."

나는 반박할 말이 없었다. GLP-1을 처음으로 발견한 대니얼 드러커도 내게 이렇게 말했다. "전 세계적인 비만 사태를 반전시키고 지금의 비만 상황을 1960년대나 1970년대 수준으로 되돌려줄 마법의 해결책을 찾으면 좋겠죠. 하지만 그때까지는 임시방편을 써서라도 건강을 개선해야죠." 오젬픽을 처방하고 있는 비만 전문가 쇼너 레비는 대놓고 이렇게 말했다. "정부에 이야기하세요. 우리가 먹는 모든 음식을 이렇게 통제 불능 수준으로 불량하게 만들어놓은 사람들한테 이야기하세요. 그런데 그런 게 모두 다 바뀌기 전까지는 우리가 인간이 만든 문제를 해결하지 말아야 할까요?" 레비는 말도 안 된다면서 손사래를 쳤다.

이 문제를 계속 더 고민하면서 나는 스스로에게 물어보았다. '당뇨병 환자들이 혈당 조절을 위해 오젬픽을 쓰는 것에도 반대하는 거야? 아니지. 그런데 당뇨도 환경적 요인이 작용하잖아? 제2형 당뇨의 유발 요인은 비만과 동일하지 않아? 맞아. 분명히 그렇다고 이야기하지. 그렇다면 당뇨병 환자들이 환경적 요인으로 생긴 문제를 오젬픽으로 치료하는 것에는 동의하면서 왜 비만 환자들이 같은 문제에 오젬픽을 쓰는 것에는 내켜 하지 않는 거야?'

나는 불편하지만 이렇게 자문하지 않을 수 없었다. '혹시 네가 신종 비만 치료제에 대해 반발심이 드는 게 은연중에 비만 환자들은 건강할 자격이 없다고 생각하기 때문이니?'

나는 내 마음속 더 깊은 곳을 들여다볼 수밖에 없었다. 정말로 솔직하게 이야기한다면 내 마음속에는 이 약들을 사용하는 게 '얄팍한 속임수'라는 생각이 자리 잡고 있었다. '살을 빼고 싶다면 열심히 노력해야 해. 식단을 조절하고 운동을 해야지. 일주일에 한 번씩 주사를 맞는 건 너무 쉬운 방법이야.' 나는 조금 창피한 기분이 들었다.

이런 생각을 하는 것이 나만은 아닐 것이다. 유명인들이 소셜 미디어에 살 빠진 사진을 올리면 오젬픽을 사용한 것 아니냐는 비난이 즉각 따라붙는다. '속임수'를 썼다는 것이다. 배우 레벨 윌슨Rebel Wilson의 감량을 도운 것으로 알려진 할리우드의 개인 트레이너 조노 카스타노는 약이 "게으르고 노력하지 않는" 신호처럼 받아들여졌다고 말했다.

사람들이 '뚱뚱함'을 어떻게 생각하도록 배웠는지 그 역사에 관한 글을 읽고 나서야 나는 내가 왜 이런 식으로 생각하게 됐는지 이해할 수 있었다. 드물기는 했지만 과거에도 뚱뚱한 사람은 있었다. 그리고 이는 자연에 대한 모욕으로 여겨졌다. 6세기에 교황 그레고리 1세는 처음으로 7대 죄악에 관해 자세히 설명했는데 그중 하나가 바로 '탐식'이었다. 그레고리 1세는 과식을 죄악이라 했고 죄를 저질렀으면 벌을 받아야만 구원받을 수 있다고 했다. 서양 문화에서는 비만이 탐욕의 신호라는 믿음이 아주 깊이 자리하고 있기 때문에 그로 인해 고통받는 것은 당연하고 꼭 필요한 일이었다. 누군가가 체중을 뺐을 때 우리가 칭찬을 하는 유일한 경우는 '고통'을 수반했을 때다. 극단적인 운동 프로그램이나 극단적 칼로리 제한 같은 것을 통해서 말이다. 그렇게 고통을 감내했다면 우리도 당신을 용서할 수 있다. 하지만 그런 고통이나 땀 없이 갑자기 날씬해졌다면? 우리는 분노한다.

나는 나도 모르는 사이에 이런 생각을 받아들이고 있었다. 나는 뚱뚱한 게 창피했고 무의식적으로 내가 벌을 받아 마땅하다고 생각했다. 오젬픽은 그런 벌을 건너뛰고 감옥을 탈출하는 조커 카드 같은 것이었다. 그런데 이런 생각을 입 밖에 내서 제대로 한번 따져보니 의문이 생기기 시작했다.

이 문제를 더 깊이 생각하게 해준 에세이가 있다. 아일랜드의 저널리스트 테리 프론Terry Prone의 글이었다.[20] 프론에 따르면 200년 전에도 유사한 논란이 있었다고 한다. 마취제가 처음 알려졌을 때 수많은 의사가 출산하는 여성에게 진통제를 투여하지 않으려 했다. 고통이 출산 과정의 중요한 일부라면서 말이다. 예수는 십자가에서 고통받았고 여성은 출산 중에 고통을 받아야 한다는 식으로 말이다. 고통은 숭고한 것이었다(내 생각에는 여성혐오주의와 청교도주의도 영향을 끼친 것 같다. 출산하는 여성은 섹스를 했다는 뜻이니 그 벌로 고통을 받아야 한다는 것이었다). 고통 없이 아이를 낳는 것은 자연의 법칙을 거스르는 속임수로 여겨졌다. 이런 생각이 바뀌는 데는 아주 오랜 시간이 걸렸다. 결정적인 순간은 빅토리아 여왕이 출산 중에 마취제를 사용했다고 밝혔을 때였다. 오늘날에는 여성이 의학의 도움을 받아 출산의 고통을 줄인다고 해서 '속임수'를 썼다고 비난할 사람은 거의 없다. 만약에 내가 출산하는 여성은 당연히 고통을 받아야 한다고 말한다면 다들 나를 미친 사람이나 여성 혐오주의자라고 생각할 것이다.

　그래서 나는 자문해보았다. 비만 치료에는 왜 고통이 수반되어야 할까? 나는 정말로 제프가 당연히 고통받아야 한다고 생각하는 걸까? 죽은 내 친구 해나도? 성인기 대부분을 비만 상태로 보내면서 무릎이 망가지고 치매에 걸렸던 내 할머니도? 나는 그들이 죄를 지었기에 마땅히 벌을 받아야 한다고 생각하는 걸까? 아니면 이제는 6세기에 어느 교황이 했던 이야기에서 좀 벗어날 때가 됐을까?

　신종 비만 치료제 개발에 핵심적 역할을 했던 과학자 존 와일딩은 말했다. "살을 그렇게 힘든 방법으로 빼야 할 이유가 있을까요? 그건 그냥 벌주는 것 아닌가요?" 와일딩은 우리가 이런 미친 생각을 극복해야 한다고 했다. "살 빼는 걸 더 쉽게 만들어줘야 해요. 그래야 건강이 좋아집니다."

　확신도 없고 불안했지만 나는 모순되는 여러 감정을 감당하면서 이 약에 계속 기회를 줘보기로 했다.

4장

위험한 몸

비만이 바꿔놓은 몸,
단숨에 되돌릴 수 있다면

비만은 온갖 지표에 어마어마하게 큰 해악을 끼치고
이들 신약이 하는 주된 일은 하나다.
'비만'을 줄이는 것 말이다.

고도로 가공된 식품들이 그동안 우리의 몸과 마음을 바꿔놓았다. 단기적으로는 신종 비만 치료제가 우리 몸과 마음을 돌려놓을 몇 안 되는 선택지 중 하나인 듯하다. 그러나 이들 신약에는 나름의 온갖 리스크가 수반될 것이 분명하다. 따라서 이 문제를 온전히 검토하려면 상충하는 두 위험을 서로 비교해 경중을 따져보는 수밖에 없었다. 과연 비만의 위험성이 오젬픽 같은 신약의 위험성보다 더 클까?

사실 나는 과체중이 내 건강에 무슨 짓을 하고 있는지 별로 알고 싶지 않았다. 몇 가지 이유가 있었다. 첫째, 내가 사랑하는 사람들 중에는 과체중이나 비만이 많다. 그런데 그들이 지금 이 순간에도 강력한 위험에 노출되어 있다는 얘기를 듣는다면 무서울 것 같았다. 둘째, 어릴 때 내가 먹던 음식들은 내게 큰 위안과 기쁨을 주었다. 포근한 담요처럼 나를 위로해줬던 것들이 실제로는 독약이었다는 말을 굳이 듣고 싶지 않았다. 셋째, 밖에 나가보면 과체중인 사람들에게 지독히도 잔인한 사람들이 많다. 그들은 비만의 위험성에 대한 과학적 근거를 무기 삼아 과체중인 사람들을 공격한다. '컨선 트롤링concern-trolling', 즉 걱정을 핑계 삼아 실제로는 창피를 주거나 놀리는 것이다. 여기에 비만의 위험성에 대한 과학적 근거를 열거하는 것이 의도치 않게도 그들에게 탄알을 공급하는 일이 될까 걱정이 됐다.

그렇지만 결국에는 진실을 탐구하는 것이 진실로부터 숨는 것보다는 중요했다. 우리는 누구나 때로는 불쾌한 진실에 직면해야 한다는 사실을 알고 있다. 지불할 방법이 없는 청구서를 숨겨버리고 싶을 수도 있고 나쁜 소식을 전할지도 모를 의사의 전화를 받고 싶지 않을 수도 있다. 그래도 우리가 봉투를 뜯어보고 전화를 받는 이유는, 그러지 않을 경우 나중에 문제가 더 악화될 수도 있다는 걸 알기 때문이다.

그래서 나는 과체중이나 비만이 인체에 미치는 영향에 관해 수많은 전문가를 인터뷰하고 과학적 연구 결과도 상세히 읽어보았다. 충격적이게도 몇 가지 주요 문제에 대해서는 이미 과학계가 매우 광범위한 의견 일치를 보고 있었다. 이 장에서 자주 인용할 영국의 유명한 의사 맥스 펨버턴Max Pemberton은 내게 이렇게 말했다. "장기적으로 과체중이나 비만이 여러 가지 방식으로 건강에 중대한 영향을 끼친다는 사실은 이미 과학적으로 증명되어 있습니다. 이 점에 대해서는 과학계 내에 전혀 이견이 없어요. 건강을 위해 여러분이 할 수 있는 최선의 일은 건강한 체중을 유지하는 겁니다."

이렇게 일치된 과학계의 의견을 반박하려고 하는 사회운동가들도 몇몇 있다. 그들은 비만이 해롭다는 생각은 기득권 의료계와 비만에 대해 깊은 선입견을 가진 사람들이 광고하는 허상일 뿐이라고 주장한다. 이 장에서는 과학자들의 이야기를 먼저 살펴보고 그에 대한 사회운동가들의 반응은 다음 장에서 다룬다. 나는 열린 마음으로 양쪽의 이야기를 모두 들었다.

과체중은 어떻게 우리 건강을 망쳐놓았나

과체중이 건강에 미치는 악영향 중 가장 흔한 것은 당뇨병이다. 솔직히 말하자면 나는 이 문제를 깊이 생각해보지도 않고 늘 당뇨병은 별 문제가 아니라고 여겼었다. 혹시 당뇨병 진단을 받더라도 인슐린 주사만 맞으면 정상이 되지 않나? 인슐린만 안전하게 규칙적으로 공급된다면 당뇨병 환자도 정상인처럼 살 수 있지 않나?

펨버턴은 많은 사람이 그렇게 생각한다고 했다. 그러면서 수많은 당뇨 환자를 치료했던 의사로서 알려주자면, 그런 생각은 대참사를 낳을 수도 있는 착각이라고 했다. 펨버턴은 당뇨병의 원리를 자세히 설명해주었다. 우리 몸의 췌장에서 생성되는 호르몬인 인슐린은 매우 중요한 일을 한다. 인슐린은 인체의 주요 에너지원인 글루코스가 세포에 들어갈 수 있게 도와준다. 태어날 때부터 인슐린 생성에 문제가 있는 사람은 제1형 당뇨병을 앓는다. 그 외 많은 사람은 과체중이 되는 과정에서 몸이 인슐린을 제대로 처리하지 못하게 되면서 제2형 당뇨병에 걸린다. 제2형 당뇨병에 걸리면 글루코스가 세포에 들어가지 못해 인체의 핵심 부분이 필요한 에너지를 공급받지 못하게 된다. 그러면 눈, 심장, 신장, 신경이 위험해진다. 영국 최고의 혈압 전문가 중 한 명인 그레이엄 맥그리거는 이렇게 말했다. "(많은 사람이) 제2형 당뇨병이 자신의 몸에 어떤 영향을 미칠 수 있는지 제대로 모르고 있습니다." 제2형 당뇨병은 영국인들이 시력을 상실하는 주요 원인이다. 미국에서는 매년 12만 명 이상이 제2형 당뇨병 때문에 다리를 절단한다.[1]

펨버턴은 아무리 치료를 잘하더라도 당뇨병이 건강에 미치는 악영향이 너무나 심각하기 때문에 자신은 당뇨병에 걸리느니 차라리 HIV 양성 판정을 받는 쪽을 택하겠다고 했다. 충격적으로 들리겠지만 객관적 사실을 잘 살펴보라고 했다. "순전히 의학적인 관점에서 드린 말씀이에요. 현재 (치료를 받는) HIV 환자는 정상인과 수명이 같습니다. 당뇨병 환자는 어떨까요? 평균 수명이 15년은 줄어들어요."[2] 젊었을 때 당뇨병에 걸리면 그렇다는 얘기다. 수명만 크게 단축되는 게 아니다. 흔히 상당히 오랫동안 끔찍한 합병증을 안고 살아갈 위험이 크게 높아진다. "당뇨병 말년에는 중증 장애가 될 위험도 크게 증가합니다. 시력을 상실할 수도 있어요. 신부전이 생길 수도 있고요. 모두 당뇨 합병증이에요. 다리를 절단해야 할 수도 있습니다. 뇌졸중으로 반신불수가 될 수도 있고요. 혈관성 치매에 걸릴 수도 있습니다. 당뇨병에 걸리면 죽기 전에도 이미 많은 일을 겪게 돼요."

비만인 남성은 정상인 남성보다 당뇨병에 걸릴 확률이 6배 높고[3] 비만인 여성은 정상인 여성보다 12배 높다. 어느 연구에서 제2형 당뇨병 환자 230만 명을 살펴본 결과 체질량과 당뇨병 사이에는 "강력한 양의 상관관계"가 있었다.[4] 체질량이 증가하면 당뇨병 위험도 증가한다는 얘기다. 18세 때 체질량지수가 35를 넘는다면, 살면서 당뇨병 환자가 될 확률이 70퍼센트가 넘는다.[5]

이 길에 들어서는 방법은 충격적일 만큼 쉽다. 어느 과학자 팀이 간단한 실험을 했다. 건강한 남자 여섯 명에게[6] 하루 종일 침대에 누워서 6000칼로리를 먹게 했더니 48시간 만에 인슐린 저항성이 생겼다고 한다. 인슐린 저항성은 당뇨병으로 가는 첫 단계다. 인슐린 저항성은 현재 매우 흔하다. 미국인의 경우 3분의 1이 전당뇨 상태다.[7] 어느 정도의 인슐린 저항성이 생겨서 혈당 수치가 통제를 벗어났다는 뜻이다. 미국 인구의 12~14퍼센트 정도는 이미 당뇨병이 발병한 상태다.

체중이 늘었을 때 그다음으로 흔한 증상은 통증의 증가다. 과체중은 허리, 무릎, 고관절을 혹사시킨다. 내가 가장 살이 쪘던 시기는 20대 후반으로 95킬로그램이었는데 찌르는 듯한 허리 통증으로 밤에 잠을 못 잤었다. 살이 찌면 찔수록 통증 때문에 삶을 온전히 누리기가 힘들어진다. 몇 년 전에 그랜드캐니언을 방문한 적이 있다. 라스베이거스에서 미니버스를 타고 일곱 시간을 가야 했다. 미니버스에는 아주 웃기고 매력적인 아홉 살 소년이 함께 타고 있었다. 소년은 학교에서 배운 그랜드캐니언에 대한 지식이 넘쳐났다. 그런데 이 소년은 고도 비만이기도 했다. 버스가 목적지에 도착하자 기사가 우리를 내려주었다. 우리는 둘레길을 1.6킬로미터 정도 걸은 다음 저 아래에서 다시 기사와 만나기로 했다. 그 길을 반쯤 걸었을까. 영특한 그 소년은 온몸이 땀에 젖어 숨을 헐떡이더니 발이 너무 아파서 도저히 더는 걸을 수가 없다고 했다. 소년은 더는 경외에 찬 눈으로 그랜드캐니언을 바라보지 않았다. 소년은 거의 울기 직전이었다. 역시나 숨을 헐떡이고 있던 소년의 부모는 창피와 수치심을 느끼는 듯했다. 그들은 결국 버스 기사를 다시 불렀고, 기사는 최대한 가까이까지 와서 그들을 버스에 태워 갔다.

이렇게 과도한 체중은 나이가 들면 단순한 일상생활만 해도 무릎과 고관절을 손상시킨다. "무게만으로도 팔다리에 부담이 돼요." 펨버턴이 말했다. 다리에 실리는 무게가 늘어나면 연골이 마모된다. 따라서 과체중 남성은 무릎이나 고관절 수술을 받아야 할 가능성이 176퍼센트 증가하며[8] 비만일 경우는 320퍼센트 증가한다.

과체중의 주요 악영향 중 하나는 심장이 위험해진다는 점이다. 나로서는 절실히 와닿는 문제였다. 할아버지가 내 나이 때 심장 질환으로 돌아가셨기 때문이다. 펨버턴에 따르면 과체중이 심장에 영향을 주는 방법은 여러 가지다. "심장이 펌프질해서 혈액이 온몸을 돌지요. 그런데 심장 자체도 근육이에요. 심장에도 혈액 공급이 필요하다는 얘기죠. 그런데 비만은 심장에 혈액을 공급하는 혈관을 좁아지게 합니다. 그렇게 시간이 지나면 심장에 충분한 혈액이 공급되지 못할 수 있어요. 그러면 협심증이 생기죠. 산소 공급이 충분하지 못해서 경련 같은 게 일어나는 겁니다. 그런데 이와는 별개로 체중이 늘면 혈압이 높아져요. 그러면 이게 또 심장에 영향을 줍니다. 혈관에 플라크가 형성되어서 죽상경화증에 걸릴 위험이 증가하지요. 이는 심장마비를 유발할 수 있습니다." 체질량지수가 5씩 증가할 때마다 심부전 위험은 41퍼센트 증가한다. 비만율이 높아지면서 심장 질환도 증가 추세다. 1999년과 2020년 사이에 미국의 심장 질환 사망자 중에서 의사가 비만을 원인으로 지목한 경우는 3배 늘었다.[9]

펨버턴과 나는 뇌졸중이나 암처럼 우리 모두가 가장 두려워하는 질병들을 하나씩 짚어나갔다. 펨버턴은 여러 과학적 증거에 따르면 체중이 증가할 경우 이들 질병에 걸릴 위험이 어마어마하게 높아진다고 했다. 200만 명 이상을 대상으로 실시한 어느 메타 연구에 따르면 "정상 체중인 사람에 비해 과체중이나 비만인 사람은 허혈성 뇌졸중에 걸릴 확률이 각각 22퍼센트와 64퍼센트 높았다."[10] 그레이엄 맥그리거는 이렇게 말했다. "의사들이 걱정하는 것은 하나입니다. 뇌졸중에서 목숨은 건졌을지 몰라도 사지가 마비되는 거예요. 남은 평생 말을 못 하게 될 수도 있습니다. 5년 혹은 10년을 더 살 수도 있지만, 다른 사람의 도움에 전적으로 의존해야 해요. 그런 악몽이 또 없죠."

펨버턴은 "비만이 암과 밀접히 연관되어 있다는 사실을 많은 사람이 모른다"고 했다. 그러나 실제로 4~8퍼센트의 암은 비만이 원인이고,[11] 미국과 영국에서 발암 원인 중 2위를 차지한 것이 바로 비만이다. 어느 대규모 메타 연구에서는 비만이 무려 11종의 암과 관련된다는 "강력한 증거"가 발견됐다.[12] 영국 최고의 암 퇴치 자선단체인 캔서리서치UKCancer Research UK는 이렇게 설명한다.[13] "과체중이 되면 정상 체중일 때보다 암에 걸릴 확률이 높아집니다. 과체중이라고 해서 반드시 암에 걸린다는 뜻은 아닙니다. 그러나 과체중의 정도가 심하고 과체중으로 지낸 기간이 길수록 암에 걸릴 위험도 높아집니다. 몸의 과도한 지방은 가만히 있지 않습니다. 지방은 적극적으로 활동하고 몸의 다른 부분에도 신호를 보냅니다. 이 신호들이 체내 세포들에게 더 자주 세포 분열을 하라고 명령할 수도 있고, 그렇다면 암으로 이어질 수 있습니다." 설상가상으로 과체중은 염증을 유발할 수 있다. 염증이 있으면 세포는 더욱더 빠르게 분열한다.

나는 '염증'이 체중 증가에 수반되는 수많은 해악을 이해하는 데 중요한 개념임을 알게 됐다. 케임브리지대학교의 비만 연구원인 자일스 여는 몸에 손상이 생기면 언제나 그 자리에 염증이 생긴다고 설명했다. 예컨대 손가락을 베이면 한동안 붓고 염증이 생긴다. 이는 중요한 치유 과정이다. 염증은 어딘가에 문제가 생겼다고 몸에 알려주는 경고 신호다. 이 신호를 받은 몸은 손상된 부위에 비상 자원을 보내 치료함으로써 건강을 회복한다. 손상 부위가 다 나으면 염증은 사라진다. 그런데 비만이 이 과정을 망쳐놓는 것 같다고 자일스 여는 말했다. 이유는 간단하다. 체중이 증가하면 지방 세포가 팽창한다. 그런데 지방 세포가 증가하는 데는 한계가 있다. "지방 세포가 팽창 한도에 도달하기 시작하면 몸은 그렇게 늘어난 곳을 손상으로 인식합니다." 뭔가가 잘못되었다는 걸 알기 때문에 신체는 그 부위에 대량으로 염증을 일으킨다. 하지만 비만일 경우에는 팽창이 사라지지 않기 때문에 염증도 사라지지 않는다. 이렇게 되면 신체의 치유 과정이 엉망이 되고 더 이상 면역 시스템이 몸의 손상을 제대로 수리하지 못하게 된다. 원래는 손상을 치유해야 할 과정이 도리어 몸을 손상시키기 시작한다. 소방대가 불길로 변해버리는 것이다. 이는 비만 환자들이 암 발병률의 증가 등 여러 위험에 직면하는 이유 중 하나다.

과체중과 비만의 부정적 영향이 끝도 없다는 사실을 알게 되면서 나는 살짝 멍해졌다. 천식, 수면 무호흡증(수면 중에 제대로 호흡을 못 해서 잠을 깨도 언제나 피곤을 느끼는 병), 관절염, 신장 질환, 난임, 담석증, 혈전증 그리고 치매(나는 이게 가장 두려웠다)에 걸릴 확률까지 높아졌다.

반면에 몇 안 되긴 하지만 과체중이나 비만에 따르는 건강상의 이점도 있기는 하다. 예컨대 과체중이나 비만인 사람은 정상이나 저체중인 사람에 비해 뼈가 부러지거나 골다공증에 걸릴 위험이 줄어든다. 그 많은 무게를 달고 돌아다니는 것도 일종의 운동이어서 뼈가 더 튼튼해지기 때문이다. 그러나 비교적 사소한 이런 이점에 비해 과체중의 위험이 더 크고 중요하다는 게 과학계의 일치된 의견이다. 미국 국립암연구소National Cancer Institute에서 50만 명의 미국인을 10년간 추적한 대규모 연구에 따르면 과체중일 경우 이유가 무엇이든 향후 10년 내에 사망할 위험이

20~40퍼센트 증가한다고 한다. 비만이라면 200~300퍼센트 증가한다.

이 무시무시한 결과를 발견한 과학자들과 이야기를 나누다 보니, 충격적이게도 그들 중 다수가 부모님이 일찍 돌아가셨다고 했다. 그들이 지금 전 세계에 경고하려고 노력 중인 바로 그 질환으로 돌아가신 경우도 많았다. 그레이엄 맥그리거의 아버지는 50대에 심장마비로 돌아가셨다. 팀 스펙터의 아버지는 고작 57세의 나이에 심장 질환으로 돌아가셨다. 이 과학자들이 선입견에 휘둘리는 사람들이 아닌 것만은 분명했다. 이들의 연구 동기는 '사랑'이었다. 고통을 미리 막고 싶은 열망이었다.

150만의 삶을 바꿀 약

이런 증거를 찬찬히 보면 신종 비만 치료제의 필요성이 더욱 명백해진다. 최고의 비교 집단은 아마도 비만 대사 수술을 받은 사람들일 것이다. 그들은 모두 비만 환자였으나 수술 후에 평균 27.5퍼센트의 체중이 빠졌다. 이 수치는 최첨단 비만 치료제의 임상 시험에서 나온 결과보다 살짝 높은 수준이다. 나는 이 사람들이 그렇게 극적인 감량 이후에 건강상 어떤 변화를 경험했는지 알고 싶었다.

결과는 놀라웠다.[14] 그들 가운데 당뇨병이 있었던 사람의 75퍼센트는 당뇨병이 완전히 사라졌다. 고혈압이었던 사람의 60퍼센트는 고혈압이 사라졌다. 신체 통증도 크게 줄어들었다. 한 연구에 따르면 허리 통증이 있었던 사람의 3분의 2가 허리 통증이 완전히 사라졌다. 그러나 가장 놀라운 결과를 낸 것은 목숨을 위협하는 질병을 앓던 사람들이었다. 1만 5000명 이상 연구한 결과 비만 대사 수술 이후 당뇨병으로 사망할 확률은 92퍼센트 급감했고, 암으로 사망할 확률은 60퍼센트, 관상동맥성 심장 질환으로 사망할 확률은 56퍼센트 감소했다. 이런 영향이 얼마나 극적이었던지, 고도 비만이었던 사람들의 경우 '이유가 무엇이든' 수술을 받고 7년 이내에 사망할 확률이 40퍼센트 감소했다.

　비만 대사 수술은 부정적 측면도 많은 과격한 치료법이다. 내부 장기를 크게 제거해야 하고 1000명 가운데 한 명 정도는 수술 중에 혹은 후에 합병증으로 사망한다. 수술 이후 위가 작아지기 때문에 한정된 용량 이상으로 먹으려고 들면 큰 불편을 느끼게 된다. 많지는 않지만 무시할 수 없는 소수의 환자는 심각한 심리적 문제를 겪기도 한다. 이에 대해서는 나중에 다시 다룰 것이다. 신종 비만 치료제에 대해서도 비슷한 경고가 제기될 수 있기 때문이다. 나는 이런 수술에 찬성하거나 반대하려는 게 아니다. 다만 비만 대사 수술을 받은 사람들이 전반적으로 건강상 매우 큰 이점을 누렸다는 점은 중요한 한 가지 사실을 증명한다. 비만을 되돌릴 수만 있다면 이 장에서 이야기한 건강상의 위해도 대부분 되돌릴 수 있다는 사실 말이다. 이 말은 곧 당뇨, 암, 치매에 걸릴 위험은 물론 사망 확률도 남보다 훨씬 높은 상태로 평생을 보낼 필요가 없다는 뜻이다.

과학자들은 신종 비만 치료제를 사용하는 사람들에게서도 비슷한 건강상의 효과를 발견했다. 2023년 8월 우리는 위고비(오젬픽과 같은 약이지만 당뇨가 아닌 비만 환자용으로 판매한다) 사용이 중기적으로 건강에 미치는 영향에 관한 첫 대규모 연구 결과[15]를 받아보았다. 제약회사 노보 노디스크의 연구진은 체질량지수가 27을 초과하는 45세 이상 성인 1만 7000명을 5년간 관찰했다. 대조군에게는 위약을 주고 실험군에게는 진짜 약을 주어 건강상의 변화를 추적했다. 연구가 끝날 때까지 진짜 약을 받았던 사람은 심장마비에 걸릴 확률이 20퍼센트 낮았고 뇌졸중에 걸릴 확률도 20퍼센트 낮았다. 그들은 혈압이 낮아졌고 염증이 감소했으며 혈중 지질 균형이 개선되었다. 이외에도 신장 질환을 포함한 28개 지표의 수치가 개선되었다.

그런데 주의할 점이 있다. 이 결과는 제약회사의 자체 연구 결과로서 아직 동료 심사를 거쳐 학술지에 발표되지는 않았다. 하지만 학술지 발표를 염두에 둔 진지한 학자들의 연구 결과임을 고려하면 아주 놀라운 발견이라고 할 수 있다. 우리가 신종 비만 치료제를 통해 과체중 또는 비만인 환자의 심장마비나 뇌졸중을 다섯 번에 한 번은 예방할 수 있다[16]는 의미이기 때문이다. 그렇게 된다면 미국에서만 10년간 150만 명의 목숨을 구할 수 있을 것이다.

이게 바로 위고비의 효과다. 위고비는 개인의 비만을 평균 10~15퍼센트 줄여준다. 만약 이들 신약의 차세대 버전이 나와서 비만을 30퍼센트까지 줄여준다면 또 무엇이 가능해질까?

내가 이런 연구 결과에 대해 이야기하자 한 친구가 말했다. "우와, 대단한 약이구나. 무슨 마법 같아." 나는 이 약이 28가지 효과를 몽땅 만들어내는 게 아니라고 했다. 비만은 온갖 지표에 어마어마하게 큰 해악을 끼치고 이들 신약이 하는 주된 일은 하나다. '비만'을 줄이는 것 말이다. 그래서 이 약이 믿기지 않을 만큼 다양한 효과를 가진 것처럼 보이는 것이다.

신종 비만 치료제에 대한 수많은 의구심에도 나는 이제 그만 이 사실을 인정해야 했다. 조사를 시작한 이래 처음으로 나는 진정한 의미의 짜릿함을 느꼈다. 이 약은 심장 질환 가족력을 가진 내 목숨을 구해줄 수도 있었다. 나는 비만의 부정적 영향을 받은, 내가 아는 모든 사람을 떠올려보았다. 46세에 사망한 내 친구 해나, 무릎 통증 때문에 아래층으로 내려오지 못하고 하루 종일 집에만 갇혀 지내는 내 지인. 그들에게는 이미 늦은 일이다. 하지만 이 약이 비만으로 고통 받는 다른 사람들의 삶을 바꿔줄 수 있을까? 그토록 보고 싶었던 그랜드캐니언에 도착해서도 몇 분 이상 걸을 수 없었던 그 소년을 구해줄 수 있을까?

이제 나는 신종 비만 치료제의 이점을 분명히 알게 되었다. 하지만 이는 양팔저울의 한쪽에 불과했다. 이제 반대편을 조사할 차례였다. '위험 요소는 무엇일까? 과연 아무런 대가 없이 정말로 그처럼 큰 이점을 누릴 수 있을까? 살을 빼는 게 정말로 그렇게 쉬울까?'

5장

독이 든 성배

기적의 다이어트 약,
그 신화와 현실

쇼너 레비는 말했다.

"신종 비만 치료제의 장기적 부작용에 대해서는

아직 모릅니다. 그러나 비만의 장기적 부작용에 대해서는

확실히 알고 있지요."

20세기에 출현한 패턴이 하나 있다. 과학자들이 기적의 비만 치료제가 새로 나왔다고 발표한다. 사람들은 그 약을 사용하기 시작하고 정말로 효과가 나타난다. 살이 빠진다. 점점 더 많은 사람이 그 약을 사용한다. 그러다가 약에서 치명적 결함이 발견된다. 약은 시장에서 퇴출된다. 한 10년쯤 사람들은 다이어트 약에 환멸을 느낀다. 그러다가 또 다른 기적의 약이 등장한다. 같은 과정이 처음부터 다시 한번 반복된다. 상황이 이렇다 보니 나는 납작해진 내 배를 쓰다듬다가도 의문이 들었다. '이번에도 또 옛날 이야기가 반복되는 거 아냐?'

현대적인 다이어트 약의 신화는 언제 어디서 시작되었을까? 1차 세계대전 중에 프랑스의 어느 공장에서 기이한 일이 벌어졌다. 노란 가루 형태의 디니트로페놀로 탄약을 만들던 사람들의 살이 쑥쑥 빠졌던 것이다. 이 가루가 피부로 흡수되고 기도로도 들어오면서 입맛이 뚝 떨어진 게 원인이었다. 미국 스탠퍼드대학교 연구팀이 이 이야기를 전해 듣고는 이 가루를 비만 치료제로 쓸 수 있을지를 탐구했다. 알약 형태로 이 가루를 먹은 사람들은 배고픔을 전혀 느끼지 않으면서 손쉽게 일주일에 0.9킬로그램을 뺐다. 연구팀은 살이 빠지는 원리를 곧 밝혀냈다. 이 가루를 먹으면 신진대사가 30~50퍼센트 빨라졌다.

당시 제약회사들은 이 기회를 놓치지 않았다. "살을 빼는 새롭고 안전한 방법" 혹은 "항비만 요법"이라면서 이 화학물질을 레두솔Redusol이라는 이름으로 시판했다. 약은 널리 인기를 끌었다. 당시는 지금보다 비만율이 훨씬 낮았는데도 말이다. 1934년에는 10만 명이 이 약을 쓰고 있었다. 그러나 곧 사람들은 이 약의 부작용을 눈치채기 시작했다. 적은 양을 사용할 때는 땀을 많이 흘리거나 미각을 상실하는 경우가 많았다. 중간 정도의 양을 사용하면 백내장에 걸리거나 실명하는 경우가 자주 있었다. 이 약은 체온을 높이는 효과가 있었기 때문에(어쨌거나 '폭약'이었다) 고용량으로 사용할 경우 말 그대로 몸 안에서부터 '익어버릴' 수 있었다. 경악스러운 사실이었다. 역사학자 힐렐 슈바르츠Hillel Schwartz는 설명했다. "(고용량 사용자는) 고미산화탄소혈증hyperpyremia이라는 치명적 병에 걸릴 수 있다. 신체가 비정상적인 고열에 시달리는 병이다. 말 그대로 몸이 타버리는 것이다." 1938년 레두솔은 판매가 금지됐다. 이후 오랫동안 레두솔은 강력한 살충제로 사용됐다. 살아 있는 것은 무엇이든 가차 없이 죽여버렸기 때문이다.

몇 년 후 또 다른 획기적 발견이 등장했다. 2차 세계대전 도중 미국 군인들은 암페타민을 자주 지급받았다. 적의 전함이 접근하는 것을 레이더로 감시하는 것처럼, 중요하지만 지루한 업무를 담당한 군인들의 각성 상태를 유지하기 위해서였다. 이 군인들도 체중이 많이 빠졌다. 전후에 이 알약은 특히 여성을 타깃으로 한 과체중 치료제로 시판됐다. 이 약은 두 가지 이점이 있다면서 '어머니들의 도우미'로 알려졌다. 첫째, 식욕을 극적으로 낮춰주고, 둘째, 에너지를 엄청나게 높여주어 미친 듯이 활동할 수 있게 했다. 암페타민이 얼마나 인기 있었던지, 1952년에는 비만 치료용으로만 29억 개가 제조되었을 정도였다. 1970년 여름에는 미국에서 발행된 전체 처방전의 8퍼센트가 암페타민 처방이었다.

그러나 오랫동안 다량의 암페타민을 사용할 경우 '내성'이 생긴다. 과거에 이 약을 처방해본 적이 있는 로버트 쿠슈너는 말했다. "더 이상 약이 잘 듣지 않는다는 말을 자주 들었어요. 아는 사람 중에 암페타민 중독자가 있다면 알겠지만 똑같은 효과를 보려면 사용량을 점점 더 늘려야 합니다. 이 경우도 마찬가지일 거예요." 말하자면 몸이 약에 적응해버린다. 즉 암페타민을 사용할 경우 처음 6~10주 동안에는 체중이 많이 빠지지만 그다음에는 선택에 직면하게 된다는 뜻이다. 지금의 용량을 유지하면서 체중이 원래대로 돌아가는 것을 지켜보든지, 아니면 용량을 늘리든지. 이내 사람들은 암페타민의 사용량을 늘리면 문제가 생긴다는 사실을 발견했다. 용량을 늘릴수록 편집증이나 불안, 정신병을 경험하거나 심장이 손상될 확률이 훨씬 더 커졌다.[1] 1970년대 초 '팻 프라이드Fat Pride' 운동(낙인과 차별에 맞서기 위해 뚱뚱한 사람들이 단결했다)이 처음 일어났던 것도 암페타민 투약의 위험성을 경고하기 위해서였다. 그들이 옳았다. 수많은 사람이 중독되거나 미쳐버리자 암페타민 계열의 비만 치료제는 사용이 엄격히 제한됐다.

미국에서는 아직도 소수의 사람이 비만 치료용으로 암페타민을 처방받을 수 있다. 어쩔 수 없이 이 약을 처방하고 있는 쇼너 레비는 말했다. "대부분의 환자가 처음에는 체중이 빠지지만 장기적으로는 그 체중을 유지할 수 없습니다." 암페타민은 심장을 빠르게 뛰게 하고 기분을 불안하게 한다. "혈압이 오르고 머리가 아파서 잠을 자지 못하는 사람도 있어요." 암페타민의 유일한 이점이라면 "가격이 상당히 싸기 때문에" 의료보험이 없는 사람도 "현금을 주고 살 수 있다"는 것이다. 레비는 금전적인 이유 때문에 "그 환자들에게는 암페타민밖에 선택의 여지가 없다"는 사실을 안다면서도 "환자를 직접 앞에 두면 이게 과연 좋은 선택인가라는 생각이 든다"고 했다.

1970년대에는 암페타민을 대신해서 괴상한 대체 요법들이 인기를 끌기 시작했다. 그중에 '잠자는 숲속의 공주 다이어트'라는 것이 있었다. 이 방법은 말도 안 될 만큼 간단한 아이디어에 기초하고 있었다. '무의식 상태에서는 먹을 수가 없다.' 사람들은 하루 20시간씩 의식을 잃게 하는 수면제를 먹고 심지어 일부러 코마 상태에 빠지기까지 했다. 그 결과 수많은 사람이 수면제에 중독되었으나 지속 가능한 비만 치료법은 아니었다.

가장 끔찍한 '치료법'은 아마도 '턱 동여매기'였을 것이다. 치과 의사가 아래위 치열에 금속 브래킷을 부착하고 철사로 동여매서 입이 아주 조금만 벌어지게 하는 방법이었다. 이렇게 하면 더 이상 입에 음식을 쑤셔 넣을 수가 없기에 어쩔 수 없이 적게 먹을 거라고 본 것이다. 하지만 이렇게 하면 말을 하거나 양치를 하기도 힘들었고, 액상 음식이 아니면 먹기도 어려웠다. 그리고 이렇게 턱을 동여맨 상태에서 구토를 하게 되면 자칫 질식해 죽을 수도 있다는 사실이 밝혀졌다. 그런데도 이후 몇 년간이나 일부 의사들은 이 시술을 계속했다. 그러나 6개월 뒤에 턱 동여매기 '치료'가 끝나고 나면 체중은 어김없이 다시 늘었고 끔찍한 트라우마만 남았다.

짧은 성공과 긴 실패의 역사

그다음으로 다이어트 약에 큰 '돌파구'가 마련된 것은 1990년대 '펜펜fen-phen'이 발표되면서였다. 펜펜의 핵심은 오랫동안 알고 있던 두 가지 화학물질을 결합한 것이었다. 과학자들은 '플렉스플루라민flexfluramine'이라는 식욕 억제제를 오랫동안 알고 있었다. 이 약을 투여하면 배고픔은 덜 느끼게 되지만 너무 졸리다는 단점이 있었다. 그래서 그 자체로는 많이 사용되지 않았다. 그런데 이걸 펜터민phentermine과 결합해 보기로 마음먹은 과학자가 있었다. 그는 이렇게 되면 양쪽으로 이익일 거라고 생각했다. 식욕 억제제가 일으키는 졸음을 암페타민이 상쇄할 뿐만 아니라 암페타민 자체로도 식욕 억제 효과가 있을 거라고 말이다. 120명의 비만 환자에게 이 약을 투여해본 결과는 믿기지 않을 만큼 성공적이었다. 사람들은 평균 14킬로그램이 빠졌다.

이 소규모 연구를 바탕으로 해당 약을 만든 제약사는 비만을 해결해줄 약이 발견되었다고 발표했고 언론도 이 과대 광고에 동조했다. 시사주간지 〈타임〉은 "새로운 기적의 약인가?"라는 제목의 커버 기사를 실었고 이 약은 폭발적 인기를 얻었다. 1995년에는 미국에서만 1800만 건의 펜펜 처방전이 발행됐다. 제약회사들은 "부작용이 전혀 없다. 어지럼증이 생기거나 입 안이 약간 마를 수는 있다. 약간 졸릴 수도 있다"고 했다.

펜펜은 굉장한 효과를 냈고 미국 전역에서 많은 사람이 엄청나게 체중을 감량했다. 펜펜을 투약한 많은 사람이 자신을 평생 노예로 만들었던 과식으로부터 마침내 해방된 기분을 느꼈다. 옵테크비만연구센터Obtech Obesity Research Center의 센터장인 리처드 애트킨슨Richard Atkinson은 당시를 이렇게 설명했다. "비만 환자를 치료해본 사람이라면 누구나 펜펜을 처방하고 나서 이런 얘기를 들었어요. '선생님, 제 인생에서 처음으로 정상이 된 것 같아요.'" 환자들은 이렇게 말했다. 자신이 의지력을 발휘해서 도넛을 참은 게 아니라고. 평생 처음으로 도넛이 먹고 싶지 않았다고.

메리 린넨은 펜펜을 투약한 전형적인 경우였다.[2] 탐사 저널리스트 앨리샤 먼디Alicia Mundy의 책 《진실 생략Dispensing with Truth》에 메리의 이야기가 실려 있다. 메리는 매사추세츠주에 사는 20대 후반의 여성이었다. 그녀는 약혼을 하자마자 결혼식을 위해

11킬로그램 감량을 결심했고, 의사는 펜펜을 처방해줬다. 11일 후 메리는 부모와 함께 언덕을 오르다가 갑자기 이렇게 말했다. "숨을 쉴 수가 없어요. 기절할 것 같아요." 모든 사람이 일시적 문제이거나 몸살 같은 거라고 생각했다. 그러나 아픈 증상은 사라지지 않았고 23일 후 병원을 찾았더니 의사는 투약 중단을 지시했다. 그러나 이후에도 끔찍한 증상은 사라지지 않았다. 메리는 계단만 올라가도 지쳐 쓰러질 것 같았고 심한 가슴 통증이 한 차례씩 찾아왔다. 결국 메리는 원발성폐고혈압 진단을 받았다. 폐에 있는 혈관이 좁아져서 폐에 엄청난 압력이 쌓이는 병이었다. 메리는 평생 산소 호흡기를 달고 살아야 하며, 자녀를 가질 수 없다는 이야기를 들었다.

메리는 약혼자였던 톰에게 굳이 약속대로 결혼할 필요가 없다고 말했다. 하지만 톰은 결혼반지를 사주는 것으로 대답을 대신했다.

그리고 얼마 지나지 않아 메리는 결혼식 하객 명단을 살펴보다가 이렇게 말했다. "뭔가 잘못됐어. 숨을 쉴 수가 없어." 앰뷸런스에서 메리는 죽을까 봐 겁이 난다면서 톰에게 자신을 살려달라고 애원했다. 그리고 몇 시간 후 사망했다.

나중에 밝혀진 결과, 펜펜은 두 가지 심각한 건강상의 문제를 일으켰다. 펜펜을 투약한 사람은 원발성폐고혈압이 생길 위험이 30배가량 증가하고, 투약자의 3분의 1정도는 여러 가지 심장 질환이 생겼다. 이 사실을 세상에 공개한 것은 제약회사도 정부 당국도 아니었다. 펜펜을 처방해준 환자 다수에게 심장 질환이 발병하는 것을 알아챈 노스다코타주 파고시의 평범한 의사들이 안전성 문제를 제기하며 조사를 요청한 덕분이었다.

이처럼 위험한 약이 어떻게 시판될 수 있었을까? 조사 결과, 제약회사도 정부 당국도 그동안 충분히 위험성을 인지할 수 있었음이 드러났다. 앨리샤 먼디가 고발한 것처럼, 한 제약회사가 고용했던 컨설턴트는 일찌감치 위험 요소로서 "심장판막증을 콕 집어 이야기"했고 다른 제약회사도 내부 보고서에 이렇게 적었다. "아는 대로 이야기하면…… 의사들은 원발성폐고혈압의 위험성에 주목하게 될 것이다. 매출과 이익에 영향이 있을 것이다." 또 다른 내부 이메일에서 어느 관리자는 이렇게 썼다. "무슨 폐질환을 겁내는 뚱보들한테 보상금을 주느라 개고생할 날이 올 거라고 보면 되나?"

마지막으로 미국 식품의약국FDA에서 이 약을 처음 심사할 당시에는 소위원회에서 5대 3으로 거부 의견이 더 많았다는 사실이 밝혀졌다. 수사 결과 바로 이 안전성 문제 때문이었다고 〈뉴욕타임스〉가 보도했다. 식품의약국 내부 보고서에는 "폐고혈압과 관련된 심각한 우려"가 있다고 쓰여 있었다. 그러나 소위원회가 시판을 거부하기로 표결한 이후 위원 한 명이 다른 위원들에게 이렇게 호소했다고 한다. 비만이 건강에 끼치는 해악이 너무 크니 이 약을 승인해야 한다고 말이다. 이 위원의 화려한 언변에 마음이 움직인 나머지 위원들이 결국 시판 승인에 표를 던졌다.

이 약들에 책임이 있는 제약회사나 의사들은 결국 심각한 위해를 입은 수천 명에게 120억 달러 이상을 보상해야 했다. 당시까지 제약업계 역사상 최대 규모의 보상금 합의였다.

이런 내용을 모두 알고 나서 나는 생각했다. '10년쯤 후에 신종 비만 치료제에 대해서도 이와 비슷한 이야기를 하게 될 확률은 얼마나 될까?'

이번만은 다르다?

저때와 지금은 근본적으로 다르다. 나중에 밝혀졌듯이 펜펜은 고작 하나의 소규모 연구를 바탕으로 무모할 만큼 급하게 출시된 제품이었다. 반면에 지금의 신종 비만 치료제들은 엄격한 시험 과정을 거쳐서 전 세계에서 가장 유명한 제약회사들이 만들고 있다. 또한 신종 비만 치료제는 완전히 다른 메커니즘으로 작동하고, 이 메커니즘은 이미 수십 번의 임상 시험을 통해 증명되었다.

그러나 최악의 시나리오를 생각한다면 신종 비만 치료제의 경우도 여전히 펜펜 사태에서 무언가를 배울 수 있을지 모른다. 모든 의약품이 그렇듯이 장기적인 위험성은 내재한다. 출시되는 대부분의 약이 단기적인 안전성만을 시험하기 때문이다. 펜펜의 경우 상당한 체중 감량을 통해 얻을 수 있는 건강상의 이익도 분명히 있었지만 그보다는 사람들이 거의 예상하지 못했던 중장기적 해악이 더 컸다. 신종 비만 치료제의 효과에 대한 장기적 연구 결과가 없기 때문에 다음과 같은 질문은 당연히 해볼 만하다.

'혹시나 심각한 해악의 조짐일지도 모를 여러 신호를 미리 엿볼 방법은 없을까?'

이 딜레마는 신종 비만 치료제에만 해당하는 것이 아니고 제약회사의 잘못도 아니다. 이는 신약이 출시될 때 으레 일어나는 일이다. 제약회사들은 기존 규칙과 규제에 맞는 행동을 한다. 보통의 신약은 서서히 보급되기 때문에 많은 사람이 사용하기 전에 의사나 보건 당국이 중기적 위험성을 확인할 수 있다. 그러나 다이어트 신약의 경우 펜펜이 그랬듯이 단번에 많은 사람이 우르르 몰려가 그 약을 사용할 수 있다. 그만큼 사람들은 너무나 간절하게 살을 빼고 싶기 때문이다. 무언가 효과 있는 게 발견되는 순간 엄청난 수의 사람이 그 약을 원하게 된다. 아주 짧은 시간 안에 신약 사용자가 0명에서 수십만, 심지어 수백만 명으로 증가할 수 있다. 그렇다면 의사나 보건 당국이 평소와 같은 방법으로 장기적 위험성을 찾아냈을 때쯤에는 이미 많은 사람이 부정적 영향에 노출된 이후가 된다.

내가 대화를 나눴던 많은 과학자가 신종 비만 치료제는 안전하다고 널리 자신할 만한 이유가 하나 있다고 했다. 당뇨병 환자들이 이 약을 이미 오랫동안 사용해왔지만 예상치 못한 부작용이 아직 없었다는 것이다. GLP-1을 발견한 대니얼 드러커는 2023년 4월 내게 이렇게 말했다. "말 그대로 수백만 명이 이들 신약에 노출된 지가 벌써 18년째거든요." GLP-1 작용제는 당뇨병 치료제로 먼저 허가를 받았기 때문이다. "누가 어떤 약을 얼마나 사용하고 그 결과는 어땠는지 각국이 보유하고 있는 데이터베이스를 보더라도 안전성에 문제가 될 만한 신호는 전혀 없어요. 전혀요." 즉 잘 알려진 부작용 외에는 이 약을 사용한 환자가 병에 걸리는 것을 목격한 의사가 없었다는 뜻이다.

드러커는 주의할 점이 있다고 덧붙였다. 이 사람들은 이 약을 당뇨병 약으로 투약했던 것이지 비만 치료제로 사용했던 게 아니다. 따라서 "제2형 당뇨병을 앓고 있지 않으면서 살을 빼는 사람들에 대해서도 동일한 데이터베이스를 갖고 있는 것은 아닙니다." 이 약이 당뇨병 환자에게 미쳤던 영향과 비만 환자에게 미치는 영향은 서로 다를 수 있다. "과학자로서 지금의 증거에는 빈틈이 있음을 인정해야 해요." 그러나 드러커는 이들 신약에 알려지지 않은 심각한 부작용이 있었다면 이미 이 약을 투여 중인 대규모 당뇨병 인구를 통해 드러났을 거라고 꽤 자신 있게 말했다. 내가 이야기를 나눈 대부분의 과학자도 같은 생각이었다. 이들 신약은 집중적이고 엄격한 시험을 통과하고 벌써 오랫동안 비슷한 인구 집단에게 사용되고 있다. 그래서 많은 사람이 이들 신약에 자신감을 갖는다.

그러나 일부 과학자와 의사는 그 이야기가 옳을 가능성이 크긴 하지만 그래도 고민할 이유가 있다고 말한다. 맥스 펨버턴은 당뇨병 환자들이 오랫동안 이 약을 투약해왔다는 것만으로는 그렇게 마음이 놓이지 않는다고 했다. 이유는 한 가지다. "그들은 이미 건강하지 못한 사람들이었어요." 실제로 그들은 퇴행성 질환을 앓고 있었고 시간이 지나면서 상태가 더욱 나빠졌다. 따라서 오젬픽이 당뇨병 환자들에게 어떤 부작용을 일으키고 있다고 해도 의사들은 놓치기 쉬웠다. 많은 당뇨병 환자가 그렇듯이 그들도 그냥 건강이 전반적으로 악화되고 있다고 생각할 것이기 때문이다. 예컨대 오젬픽이 우울증에 걸릴 확률을 높인다고 한번 상상해보자. 이런 영향은 무시되기 쉬웠다. 왜냐하면 "만성 질환자들은 그렇지 않아도 이미 우울증에 걸리기 쉽기 때문"이다.

갑상선암부터 췌장염까지 12가지 잠재적 위험들

나는 서서히 나타나는 증거들에 관해 공부하다가 이 신종 비만 치료제들과 연관 지을 수 있는 잠재적 위험 요소가 12가지나 있음을 알게 됐다(열 가지는 이 장에서 이야기하고, 두 가지는 나중에 다룬다).

처음 두 가지는 다른 것들에 비하면 아주 하찮은 것임에도 곤란을 겪는 사람들이 있다. 이들 신약을 투약할 경우 워낙 빠르게 살이 빠질 수도 있다 보니, 얼굴과 엉덩이가 푹 꺼지고 처질 수 있다. 이른바 '오젬픽 얼굴' 또는 '오젬픽 엉덩이'다. 얼굴 살이 빠진 사람들이 늘어나면서 얼굴에 필러를 넣는 사례도 폭증하고 있다. 이는 신체적 위험 요소는 아니고 그저 심미적인 부분일 뿐이다. 솔직히 나는 이 문제를 한 번도 걱정해본 적이 없다. 나는 워낙에 통통하고 둥근 얼굴을 타고나서 마주치는 아기마다 나를 보면 빵긋빵긋 웃을 정도다. 아마도 나를 '왕아기' 정도로 생각하는 듯하다. 내 얼굴이 푹 꺼져 보이려면 아주 한참 살이 빠져야 한다. 하지만 일부 사람들에게는 이렇게 얼굴 살이 빠지는 것이 속상한 일일 수 있다.

세 번째 위험 요소는 훨씬 더 심각하다. 내가 드러커로부터 신약에 위험 신호는 없다는 말을 듣고 몇 달이 지난 후에 한 가지 문제가 제기됐다. 유럽의약품청European Medicines Agency(유럽연합의 규제 당국이다)은 모든 GLP-1 작용제에 대해 '갑상선암 안전성 경고'를 발령했다. 이들 신약이 갑상선암을 유발할 수도 있는지 모니터링을 시작했다는 뜻이다. 경고를 발령한 이유는 프랑스에서 장 뤽 파일리에Jean-Luc Faillie가 발표한 연구 결과 때문이다. 몽펠리에대학병원의 약리학과 교수인 장 뤽 파일리에는 프랑스의약국 French Medicine Agency에서 진행 중인 신종 비만 치료제의 전국약물 감시조사National Pharmacovigilance Survey 책임자다. 파일리에는 GLP-1 작용제를 쥐에게 투여했을 경우[3] "갑상선암에 걸릴 위험이 증가한다"고 했다. 또 인간은 "갑상선 조직에 GLP-1 수용체가 있다"고 알려져 있기 때문에 GLP-1을 조작하면 갑상선에 문제가 생기는 것은 충분히 가능한 일이다.

그래서 파일리에 교수팀은 이 문제를 더 깊이 파헤쳐볼 필요가 있다고 판단했다. 프랑스는 전 세계에서 가장 큰 의료 데이터베이스를 구축해놓은 국가 중 하나다. 그래서 조사팀은 2006~2018년에 1~3년간 이 신약을 투여했던 모든 제2형 당뇨병 환자의 데이터를 분석했다. 그리고 그 내용을 이 신약을 투여하지 않았던 당뇨병 환자 표본과 비교했다. 깜짝 놀랄 만한 결과가 발견됐다.[4] 파일리에는 단호하게 말했다. "갑상선암에 걸릴 위험이 50~75퍼센트 높아집니다."

그러나 파일리에는 데이터를 오해하면 안 된다고 강조했다. 신약을 투약할 경우 갑상선암에 걸릴 확률이 50~75퍼센트라는 뜻이 아니다. 신약을 투약하지 않았을 때에 비해 50~75퍼센트 정도 위험이 증가한다는 뜻이다. 어쨌든 이렇게 확률이 올라간다는 것은 결코 간과할 일이 아닌 듯했다. 이 연구와 관련해 위험성이 낮다는 언급이 계속 나왔다. 나는 파일리에에게 내게는 이 수치가 결코 낮아 보이지 않는다고 했다. 그러자 그는 말했다. "맞아요. 낮지 않죠. 일반적으로 어떤 확률이 50퍼센트가 상승한다면 심상치 않은 일이에요." 그런데도 왜 위험성이 낮다는 말이 타당한지 파일리에가 설명했다. "갑상선암에 걸릴 확률 자체가 아주 낮거든요. 흔히 걸리는 암이 아니에요." (평생 한 번이라도 갑상선암에 걸리는 사람은 인구의 1.2퍼센트이고 생존율은 84퍼센트다.) "그러니까 확률이 50퍼센트 올라간다고 해도 여전히 발병률은 낮습니다." 그러나 파일리에는 이렇게 덧붙였다. "신약을 쓰는 사람이 수백만 명이라는 사실을 감안하면 이 약 탓에 갑상선암에 걸리는 경우도 일부 있을 거예요."

미국 식품의약국은 갑상선암 가족력이 있는 환자는 이들 신약을 쓰지 말라고 권고한다. 파일리에는 유럽 당국도 동일한 권고를 해야 한다고 주장한다. 유럽의약품청은 파일리에 연구팀이 제출한 증거를 몇 달간 검토한 끝에 인간의 경우 현재까지 나온 한정된 증거만으로는 GLP-1 작용제와 갑상선암 사이의 "인과관계를 증명할 수 없다"고 결론 내렸다. 그러면서 관련 기업들에게 제품을 개선할 때 이 데이터를 모니터링해달라고 촉구했다. 파일리에는 어떤 의료행위든 위험 요소와 이점을 잘 비교해봐야 한다고 했다. 그러면서 갑상선암에 걸릴 위험성을 명확히 설명해서 환자가 완전한 정보를 가지고 선택할 수 있게 해야 한다고 했다. 파일리에는 당뇨병 환자나 고도 비만자에게는 위험성보다 이점이 더 크다고 말했다. "그렇지만 살짝 과체중인 사람이 미적인 측면 때문에" 이런 위험을 무릅쓰고 "신약을 투약할" 가치는 없다고 했다.

네 번째 위험 요소는 췌장과 관련된 내용이다. 췌장은 소화효소를 분비해서 음식의 소화를 도와주는 기관이다. GLP-1 작용제는 소화효소를 생산하는 췌장 세포에 영향을 주어 이상을 일으킬 수 있다. 나는 사우스캐롤라이나주 머틀비치 출신의 50대 여성 미셸 스테지액과 이야기를 나누었다. 미셸은 오젬픽 투약을 시작하면서 담당 의사에게 혹시 위험 요소가 있는지 물어봤다. 의사는 다른 위험성은 없고 췌장염의 가능성이 아주 약간 있다[5]고 답했다. 췌장염이란 췌장에 위험할 만큼 염증이 생기는 질환이다. 미셸은 웃음을 터뜨리고는 이렇게 말했다. "아, 그러면 처방을 받을게요." 미셸은 오젬픽을 6주간 투약하고 결과에 매우 만족했다. 그리고 딸을 방문하기 위해 피츠버그로 날아갔다.

미셸은 새벽 3시에 잠을 깼다. "죽는 줄 알았어요. 살면서 그렇게 심한 고통은 처음이었어요." 미셸은 가슴 아래쪽으로 타는 듯한 통증이 지나가는 것을 느꼈다. 왼쪽 옆구리 전체를 지나 등까지 통증이 이어졌다. "즉시 태아처럼 웅크리고 눕게 되더라고요.

말이 나오지 않았어요. 실컷 구토를 하고는 설사까지 엄청나게 했죠." 사위가 구급차를 불렀다. 미셸은 병원에 도착해서도 "배에 손도 댈 수 없었어요. 담요만 스쳐도 아파 죽을 것 같더라고요"라고 했다. 의사는 진통제 펜타닐을 주사하면서 뭐가 잘못되었는지 파악하려고 했다. 처음에 의사는 장이 꼬였나 의심했지만 검사 결과 전혀 다른 게 발견됐다. 췌장에 심각한 문제가 있었다. 의사는 미셸에게 술을 많이 마시는지 물었다. 미셸은 아니라고 했다. 의사는 담석증을 앓은 적이 있는지 물었다. 미셸은 또 아니라고 했다. 그제야 의사는 혹시 오젬픽을 투약 중인지 물었다.

미셸은 약을 끊은 지 한 달 만에 완전히 회복됐다. 그러나 미셸은 통증에 관해 이야기하면서 자신이 몇 번의 출산을 했지만 이정도로 아픈 적은 없었다고 했다. 의사들은 흔히 췌장염의 고통을 칼에 찔리는 것에 비유한다. 미셸은 자신이 즉각 치료를 받지 못했다면 죽었을 거라고 확신했다. 미셸은 오젬픽을 투약하는 사람들이 이 사실을 알아야 한다고 말했다. "오젬픽은 췌장염을 유발할 수 있어요. 그것도 아주 빠르게요. 절대로 우습게 볼 일이 아니에요."

캐나다 브리티시컬럼비아대학교 연구팀은 2006~2020년에 세마글루타이드(오젬픽과 위고비)를 투여한 사람들의 건강 정보를 분석했다.[6] 그 결과 이들 약을 투약한 사람은 췌장염에 걸릴 확률이 9배 높다는 사실이 드러났다. 그래봤자 여전히 '드문' 경우였지만 위험성이 상당히 증가한 셈이었다. 영국 국립보건원 NHS에 따르면 췌장염 환자 다섯 명 중 네 명은 장기적 문제 없이 치료 가능하다. 하지만 그 외 사람들에게는 심각한 문제가 발생할 수 있고 극단적인 경우에는 장기 부전이나 사망에 이를 수도 있다.

다섯 번째 위험 요소는 '위 마비'다. 위 마비는 소화기관이 느려져서 위에 있는 음식물을 소장으로 내려 보내는 것이 어려운 이상 증상이다. 극단적인 경우 위가 완전히 멈춰서 음식물이 위에 갇힌 채 썩어갈 수 있다. 앞서 보았던 캐나다 연구팀은 신종 비만 치료제가 위 마비의 위험을 3.67배 높인다는 사실을 발견했다. 마찬가지로 장 폐색의 위험도 4.22배 증가한다. 루이지애나주 출신의 44세 여성은 이 위험성에 대해 충분한 경고를 받지 못한 채 오젬픽과 마운자로를 차례로 투약한 뒤에 위 마비 증상으로 고생하고 심한 구토로 치아까지 빠졌다면서 노보 노디스크와 일라이 릴리를 고소했다. 이 여성의 변호인단은 비슷한 사례를 400건 정도 조사 중이라고 했다. 브리 핸드라는 또 다른 여성(소송은 하지 않았다)은 CBS 뉴스에 나와[7] 오젬픽을 투여하는 동안 위 마비 증상이 생겼다고 말했다. "위 통증이 너무 심해서 구토가 멈추지 않았어요. 뭘 마시고 나면 겨우 5분, 10분 만에 게워냈어요." 관련 기업들은 소송으로 열심히 다투는 중이다.

여섯 번째 위험 요소는 근육량과 관련된 내용이다. 우리는 몸의 근육량이 적정 수준이어야 몸을 마음대로 움직이고 기본적인 신체 기능을 할 수 있다. 그런데 (다이어트, 질병, 운동 등 무슨 이유로든) 체중이 빠지면 대개 근육량도 함께 줄어든다. 펜실베이니아 주립대학교의 신경정신약리학연구소장 히스 슈미트Heath Schmidt

는 말했다. "이런 약을 사용하면 지방만 빠지는 것이 아닙니다. 일부 사람들은 근육도 20~30퍼센트 줄어들어요. 이게 장기적으로는 문제가 될 수 있습니다." 슈미트는 걱정스러운 표정이었다. "근육량은 절대로 줄지 않는 게 좋은데 이런 방식의 감량에서는 근육 감소가 불가피해 보입니다."

근육이 너무 빠지면 나이 들었을 때 심각한 문제가 될 수 있다. 누구나 나이 들면 약간은 근육량이 줄어든다. 30세 이후에는 매년 8퍼센트 정도 근육량이 감소하기 시작하고 60세가 넘으면 이 속도가 더 빨라진다. 근육량이 너무 줄어들면 신체적으로 약해지고 활동성도 떨어진다. 더 쉽게 넘어지고, 또 넘어졌을 때 뼈가 부러지거나 금이 갈 확률도 높아진다. 65세 이상인 사람들에게는 낙상이 사고사의 가장 큰 원인이다. 따라서 더 많이 넘어진다는 말은 더 많이 죽는다는 뜻이다. '근육감소증'에 걸리기도 쉽다. 이렇게 되면 근육량이 너무 적어져서 몸이 약해지고 다치기 쉬우며, 계단 오르기 같은 평범한 일상 활동도 수행하기 힘들어진다. 현재 노년층의 25퍼센트가 이 병의 영향을 받고 있다. 이미 날씬한 사람이 이 약을 먹고 더 마른 몸이 된다면 특히 위험하다. 애초에 잃을 근육량이 더 적기 때문이다.

이들 약을 투약할 때 근육 운동으로 근육량을 유지한다면 이 위험성을 어느 정도 상쇄할 수 있다. 그래서 나도 일주일에 두 번씩 트레이너를 찾아가고 웨이트 운동도 (딱할 정도로 가벼운 무게이긴 하지만) 강도를 높였다. 오젬픽 투약을 시작하고 6개월 후에도 근육량이 꾸준히 유지되는 것을 보면서 안심이 됐다. 하지만 나는 40대다. 내가 70대였다면 근육량을 유지하기는 더 힘들었을 것이다. 만약 노년층이 이들 신약의 투여를 고려하고 있다면 근육감소증의 위험성을 면밀히 따져본 후에 그럴 만한 가치가 있는지 판단해야 할 것이다. 젊은 층이라면 지금은 건강상의 이점이 크지만 나중에는 어떤 대가를 치르게 될 수도 있음을 알아야 할 것이다.

다행히도 제약회사들은 이 점을 우려하는 것처럼 보인다. 마운자로를 생산하는 일라이 릴리는 세마글루타이드를 처방할 때 근손실을 예방해주는 약을 함께 처방하는 방법을 시험 중이다.

일곱 번째 위험 요소는 영양실조다. 내가 오젬픽을 투약한 이후 내 친척 한 명도 비만 치료제를 투약하기 시작했다. 몇 달 뒤에 나는 이 친척이 정말 걱정됐다. 그녀는 먹는 양이 너무 적은데다 피곤하고 아파 보일 때가 많았다. 그녀의 자녀들도 나도 그녀에게 뭘 좀 먹어야 한다고 자주 이야기하곤 했다. 신종 비만 치료제는 특히 고용량을 사용할 경우 식욕을 너무 억제해서 필수 영양소 섭취까지 막을 수 있다. 영양실조가 생기면 항상 피곤하고 무기력하며 우울해지기 쉽다. 집중하기 어렵고, 병에 걸리기 쉬우며, 혹시 다칠 경우 회복에도 더 오랜 시간이 걸린다. 신종 비만 치료제가 이런 효과를 가져오리라는 것은 충분히 예상 가능한 일이었다. 비만 대사 수술 이후 영양실조에 걸리는 것은 꽤 흔한 일이며, 수술 환자의 절반은 평생 영양 보충제를 먹어야 한다. 이는 경고가 필요한 부분이다. 일부 의사들은 신종 비만 치료제를 처방할 때 일정 칼로리 이상은 반드시 섭취해야 한다면서 특정 식단을 함께 '처방'하기도 한다. 환자가 먹는 양을 급격히 줄이지 않게 하기 위해서다.

여덟 번째와 아홉 번째 위험 요소는 약 자체가 아닌 약의 수요 탓에 생기는 문제다. 내가 오젬픽 투약을 시작하기 얼마 전쯤 신종 비만 치료제에 대한 전 세계적인 수요가 폭증할 것이 분명해 보였다. 제약회사들은 수요를 맞추려고 굉장히 노력했지만 수요만큼 생산 규모를 늘리려면 몇 년이 걸릴 것이 분명해졌다. 그 결과 모든 사람이 사용하기에는 약이 부족해질 것으로 보였다. 현명한 사회라면 영국이 코로나 백신에 그랬던 것처럼 필요에 맞게 양을 배급했을 것이다. 당시 우리는 노년층과 취약층에게 가장 먼저 백신을 투여하고 젊은 층처럼 위험이 적은 사람들에게는 가장 나중에 백신을 배급했다. 신종 비만 치료제의 경우에도 우리는 당뇨병 환자와 고도 비만 환자들을 앞줄에 세우고 나 같은 사람들은 뒷줄에 세웠어야 마땅했다. 하지만 그런 조치는 없었다. 그러다 보니 쟁탈전이 벌어졌고 그사이 가장 필요한 사람들이 약을 구하지 못하는 사태가 벌어졌다.

자미 잘릴은 내가 좋아하는 밴드인 펄프Pulp에 소속된 41세의 뮤지션이다. 2023년 봄 나와 이야기를 나눌 당시 그는 상당히 괴로워 보였다. 제2형 당뇨병을 앓던 그는 몇 년 전부터 오젬픽을 사용하면서 혈당 수치는 안정되고 에너지 수준은 올라갔다. 그는 "건강이 좋아진 느낌"이 들었다고 한다. 이제는 매일 인슐린을 맞는 힘들고 불쾌한 과정을 피할 수 있었다. 너무나 기뻤다. 그런데 어느 날 동네 약국에 갔더니 곧 오젬픽이 동날지도 모르겠다고 했다. 그제야 자미는 '사람들이 오젬픽을 금방 살을 빼주는 마법의 주사로 생각해 너도나도 투약 중'이라는 사실을 알게 됐다. 사람들이 왜 그런 목적으로 오젬픽을 원하는지는 이해할 수 있었다. 하지만 그런 사람들은 더 간절하게 이 약이 필요한 사람들 뒤에서 기다려야 마땅했다. 지금의 상황은 "당뇨병 환자의 약을 뺏어가고 있는 것"이다. 자미는 흥분했다. "(당뇨병 환자의 경우) 몇 주만 혈당 수치가 올라가도 기대 수명이 줄어들어요. 그러니 실제로 그들은 우리 같은 사람들을 죽이고 있는 거예요."

나는 자미에게 나도 '그들' 중 한 명이라고 말할 용기가 나지 않았다. 나는 우리 집 냉장고에 쌓아둔 오젬픽 펜을 내가 구매하지 않았더라면 나처럼 살을 빼고 싶은 다른 사람이 사갔을 거라고 속으로 변명했다. 시장 상황을 보면 아마도 그게 사실일 것이다. 아주 좁게 본다면 말이다. 오젬픽을 더 필요로 하는 당뇨병 환자들 앞에서 나 같은 사람들이 자신의 필요를 앞세우지 않았더라면 자미 같은 사람들이 고통에 직면하지는 않았을 것이다. 나는 심장 질환 가족력이 있고 이 약이 심장 관련 사고를 20퍼센트 낮춰준다고 자미에게 말할 수도 있었다. 그럼에도 나는 이 약이 자미에게 더 중요하다는 사실을 알고 있었다. 부끄러웠다.

그다음 위험 요소는 오젬픽을 구하지 못한 많은 사람이 짝퉁 약을 구매한다는 점이다. 마치 가짜 루이비통 가방처럼 말이다. 짝퉁 약은 미용실이나 마사지숍 혹은 온라인을 통해 들어왔다. 샌프란시스코에 사는 제프 파커는 마운자로를 투약하면서 체중이 엄청나게 감량되고 건강이 크게 개선되는 효과를 보았다. 그는 처음에는 정식 제품을 구매했다. 그러나 일주일에 350달러나 하는 약값을 보험사에서 지급하지 않겠다고 하자 모험을 해보기로 했다. 제프는 인터넷 포럼에서 만난 사람들과 함께 중국 공장에서 만든 브랜드 없는 약을 일주일치에 50달러를 주고 구매했다. 그러자 결정 형태의 가루와 물약이 함께 왔다. 둘을 주사기에 넣고 섞어서 사용해야 했다. 소포가 새로 올 때마다 포럼 사람 중 한 명이 미국의 실험실에 비용을 지불하고 테스트(300달러가 든다)를 의뢰한다고 한다. 오염되지 않은 약이 맞는지 확인하기 위해서다. 제프는 당연히 걱정된다고 했다. "미국 식품의약국의 승인을 받지 못한 실험실에서 나오는 것은 뭐든 다 걱정이 되죠." 그렇지만 제프는 중국산 짝퉁을 쓰든지, 아니면 계속 비만으로 살면서 그에 따른 온갖 해악을 겪든지 둘 중 하나밖에 선택지가 없다는 생각이다.

이 약의 개발에 핵심 역할을 했던 로버트 쿠슈너는 기절할 일이라고 말한다. 그의 환자들 중에도 짝퉁 약을 투약하는 사람들이 있다. "그 안에 뭐가 들었는지 알 수가 없어요. 환자에게 한심하다는 느낌을 주지 않으려면 정말 이를 악물고 참으면서 말해야 해요. '그 안에 뭐가 들었는지 아세요? 용량은요?' 제가 물으면 환자들은 '몰라요, 몰라요'라고 해요. 그러면 저는 생각하죠. '너무 멍청한 것 아닌가? 몸에다 뭔가를 주사하는데 그게 뭔지를 모른다니.'" 나는 쿠슈너에게 뭐가 어떻게 위험한지 물었다. "그 안에 뭐가 들었는지 몰라요. 위험의 정체조차 모른다는 게 바로 위험한 거라고요. 정품이 아니니까요." 쿠슈너는 가내 수공업처럼 만든 오젬픽은 말 그대로 뭐든 될 수 있다고 했다. 2023년 10월 오스트리아에서는 몇몇 사람이 짝퉁 판매점에서 파는 약을 오젬픽이라고 믿고 구매했다가 갑자기 발작을 일으켰다. 병원에서는 이 사람들이 투약하던 것은 완전히 다른 종류의 약이었다고 밝혔다.

루이지애나주에서 오젬픽을 처방하고 있는 쇼너 레비는 내게 이렇게 말했다. 신종 비만 치료제의 짝퉁을 구매한다면 '혹시나 안전하기를' 비는 수밖에 없을 거라고 말이다. "'혹시나'에 목숨을 걸고 싶으세요?"

열 번째 위험 요소는 처음에는 다소 모호해 보일지 모른다. 유명한 이야기가 하나 있다. 911 테러 직후 미국의 국방부장관 도널드 럼스펠드는 미국이 직면한 위험을 몇 가지 종류로 나누었다. "먼저 '알려진 아는 것들'이 있습니다. 정체가 잘 알려져 있는 위험이죠. 다음은 '알려진 모르는 것들'입니다. 우리가 아직 파악하지 못했음을 잘 알고 있는 위험입니다. 문제는 '알려지지 않은 모르는 것들'이에요. 우리가 파악해야 한다는 사실조차 모르고 있는 위험들 말입니다." 신종 비만 치료제의 경우에도 이미 '알려진 모르는 것들'이 있다. 갑상선암, 근육 손실, 영양실조처럼 위험의 정확한 크기를 모르는 위험 요소들이다. 그러나 '알려지지 않은 모르는 것들'도 있다. 지금처럼 수천만 명이 동시에 어떤 약을 사용하기 시작하면 예상할 수 없는 일이 일어날 수도 있다. 그레그 스탠우드Gregg Stanwood는 플로리다주립대학교 의과대학의 발달신경병리학자이자 신경과학자다. 그는 수년간 GLP-1 작용제를 연구해왔다. 그는 신종 비만 치료제를 전반적으로 긍정적으로 본다. 실은 자신도 투약을 시작할까 고민 중이다. 하지만 걱정되는 부분도 있다고 했다. 그는 중단기적으로 이들 신약에 아주 크고 심각한 부작용이 있었다면 "지금쯤 우리가 알고 있을 것"이라고 꽤나 확신했다. 수많은 당뇨병 환자가 사용 중이기 때문이다. 하지만 "단계적으로 서서히 진행되어 발현에 시간이 오래 걸리는 부작용"이 있다면 우리가 현재는 물론 앞으로도 상당 기간 모를 수 있다고 했다.

스탠우드는 비유를 하나 들었다. "분명하게 말해두지만, 뭐, 이 약들이 꼭 이런 식으로 작동할 거라는 얘기는 아닙니다." 다만 설명의 편의를 위해 비유를 든다고 했다. "항정신병 약물이 처음 도입된 건 1950년대입니다. 이후 오랫동안 사용되었지요. 비교적 안전하게 말이에요." 그렇지만 오랜 시간이 흐르는 동안 한 가지 문제가 나타났다. 처음에는 아무도 예상하지 못했던 문제였다. 항정신병 약물을 수십 년간 복용한 사람은 노년층이 되었을 때 "꼭 알츠하이머병까지는 아니더라도 적어도 치매에 걸릴 위험이 크게 증가해요. 또한 낙상으로 고관절이 부러질 확률도 크게 늘고요. 하지만 이런 사실을 알기까지는 수십 년이 걸렸어요. 장기간 항정신병 약물을 복용하면서 나이 든 사람들이 많이 필요했으니까요." 항정신병 약물도 상당히 오랫동안 비교적 안전해 보였다. 한참 후에 이런 부작용이 드러날 때까지는.

나는 잠재적 위험 요소에 대한 이 모든 우려를 신종 비만 치료제를 만드는 기업들에 제시하고 그들의 얘기를 들어보려 했다.

오젬픽과 위고비를 만드는 노보 노디스크는 상세한 답변을 보내왔다. 노보 노디스크는 이들 신약이 의사 또는 보건 전문가의 처방을 받아야만 사용할 수 있고, 의료 권고에 따라 전문가의 감독하에서만 사용되어야 한다고 했다. 노보 노디스크는 환자의 안전을 매우 중시하며 "당사의 의약품 안전성을 지속적으로 모니터링한다"고 강조했다. 노보 노디스크는 대니얼 드러커가 지적했던 내용을 똑같이 이야기했다. 이들 신약이 광범위한 임상 시험을 거쳐서 15년 이상 당뇨병 치료에, 8년간 비만 치료에 사용되었다고 했다. 이들 신약은 "환자들의 누적 사용 기간을 합치면 1200만 년 이상"이라고 했다.

노보 노디스크는 내가 문의한 몇몇 위험 요소에 대해서는 구체적 언급을 거절했다. 일부 투약자들이 보고하는 '음식을 먹는 즐거움의 상실', '영양실조 위험' 등에 관한 문의였다.

그 외 몇몇 우려 사항에 대해서는 답변을 주었다. 갑상선암의 경우 GLP-1 작용제와의 관련성을 입증할 증거가 없다고 했던 유럽의약품청의 의견을 강조했다(그러나 노보 노디스크가 미국에서 판매하는 약의 설명문에는 갑상선암 병력이 있는 사람은 사용하지 말라고 되어 있다). 공식적으로 보고된 부작용인 췌장염에 대해서는 자사 약의 경우 부작용의 강도가 심하지 않고 지속 기간도 짧다고 했다. 노보 노디스크는 '안심되는' 연구 결과로 내 시선을 돌리려 했다. 세마글루타이드를 사용하는 사람들을 39개월 이상 조사했지만 위약을 사용한 대조군에 비해 췌장염 발병률이 조금도 증가하지 않았다는 것이다. 근육량과 관련해서는 임상 시험에서 조사한 내용은 아니라고 하면서도 연구 결과를 하나 알려주었다. 140명이 참가한 소규모 연구의 참가자들은 근육량도 줄어들었지만 지방이 더 많이 빠졌다고 했다. 그러면서 노보 노디스크는 어떤 종류이든 부작용을 겪는 사람은 의사와 상담해야 한다고 했다.

마운자로를 만드는 일라이 릴리는 내가 제시한 모든 우려 사항에 대해 언급하기를 거부했다.

불확실성 앞에서 우리는 누구나 결단을 내려야 한다. 쇼너 레비는 말했다. "신종 비만 치료제의 장기적 부작용에 대해서는 아직 모릅니다. 그러나 비만의 장기적 부작용에 대해서는 확실히 알고 있지요." 어떤 위험을 감수할 것인지는 여러분이 선택해야 한다. 그러나 이 딜레마 앞에서 나는 이런 의문이 들었다. 세 번째 선택지도 있지 않을까?

6장

그냥 적게 먹고 운동하지 그래

이건 의지력의 문제가 아니다

언젠가는 더 건강하게 먹고 운동해서

체중을 감량하고 유지할 수 있을 거라는 생각은

내가 10대부터 그려온 미래의 일부였다.

신종 비만 치료제의 잠재적 위험 요소와 계속 비만으로 살 경우의 위험성을 비교해보는 내내 나는 이런 질문을 하는 것부터가 내가 바보라는 증거가 아닌가 하는 생각을 떨칠 수 없었다. 명백히 더 나은 해결책이 있고 나는 그걸 선택할 수 있기 때문이었다. 어느 날 친구와 저녁을 먹고 있었다. 친구는 치킨 슈니첼(커틀릿 종류)을 입에 퍼 넣다가 이렇게 말했다. "이해가 안 가. 왜 정상적으로 살을 빼지 않는 거야? 식단이랑 운동을 하면 되잖아?"

늘 마음 한 쪽에서 내가 고민하고 있던 질문을 친구가 대신 물어주었다. 이렇게 잠재적인 위험성을 가진 약을 왜 사용하려는 거야? 그냥 의지력을 좀 발휘하면 되잖아?

우리가 점점 더 뚱뚱해진 지난 40여 년간 우리는 살 빼는 방법에는 세 가지가 있다고 들었다. 두 가지는 명시적으로 제시된 방법이고 나머지 하나는 묵시적으로 주어졌다. 앞의 두 가지는 운동과 식단이고 다른 하나는 '낙인'이다. 살 빼는 방법은 단순하다

고 했다. '적게 먹고 더 많이 움직여라. 그러지 못했을 때는 죄책감을 느껴라.'

나는 10대 후반부터 줄곧 대략 1년에 한 번 정도는 이 각본을 그대로 따라보려고 부단히 애를 썼다. 익숙한 패턴이 있었다. 먼저 나는 특정 유형의 음식, 예컨대 탄수화물 같은 것을 몽땅 치웠다. 그리고 적게 먹고 운동량을 늘렸다. 효과가 있었다. 그러면 살이 빠졌다. 그러다가 성난 허기짐이 되돌아왔다. 이전보다 더 강력해진 허기짐. 나는 지쳤고 무너졌고 창피했다. 다음번에는 더 강한 의지력을 발휘하리라 결심했다.

완벽한 다이어트에 대한 욕망은 지난 세월 나를 종종 엉뚱한 길로 꾀어내곤 했다. 스물여섯 살 때 친구 한 명이 오스트리아에 있는 단식원에서 돌아왔다. 친구는 건강해 보였고 얼굴에서 빛이 났다. 친구는 클라겐푸르트 인근에 있는 마이어 클리닉Mayr Clinic이 '장 청소 요법'에 특화되어 있다고 설명했다. 거기서 일주일만 지내면 그동안 건강하지 못한 음식을 갈망하게 만들었던, 체내에 쌓인 독소가 제거될 거라고 했다. 나는 그곳에 가보기로 했다.

입구에서 나를 맞아준 여자는 19세기 오스트리아 농부들의 의상을 공들여 흉내 낸 옷을 입고 있었다. 그리고 마치 연출된 듯한 밝은 미소를 짓고 있었다. 나를 안으로 안내하면서 그녀는 이렇게 말했다. "90세를 일기로 돌아가실 때까지 마이어 박사님은 믿기지 않을 만큼 총명하고 활발한 정신 활동을 하셨어요. 장 건강에 관해 선구적인 이론을 그려놓으셨죠. 자신의 이론이 이렇게 널리 퍼진 것을 보셨다면 얼마나 행복하셨을까요! 하리 님이 여기 오신 걸 봤다면 또 얼마나 기뻐하셨을까요!"그녀가 가리킨 곳에는 마이어 박사의 초상이 근엄한 표정으로 우리를 내려다보고 있었다.

여자는 나를 식당으로 데려갔다. 거기서 그릇 바닥에 깔린 듯 담겨 있는 약간의 수프와 묵은 빵 한 조각을 받았다. "글쎄, 첫 주에는 이게 마지막 식사라네요!" 내 옆에 있던 여자가 자조적인 웃음을 띠며 말했다.

내가 말했다. "저기요, 그런데 빵이 왜 이렇게 딱딱한가요?" 안내자가 답했다. "좋은 질문이에요. 씹는 법을 알려드리기 위해서예요. 서양 사람들은 씹는 법을 몰라요. 마이어 박사님이 이 점을 보여주셨죠. 오늘날 대부분의 사람은 음식을 고작 한두 번 씹고 삼켜버려요. 그러면 음식이 딱딱한 채로 장으로 들어가게 되죠. 장에 스트레스를 줘요. 이곳에서 여러분은 음식을 입에 넣고 마흔 번씩 씹는 법을 배울 거예요." 마흔 번이라고? "맞아요. 입안에서 음식이 완전히 죽이 될 때까지 절대로 삼키지 마세요. 그리고 먹을 때는 서로 이야기를 나누거나 무언가를 읽어서도 안 됩니다. 그러면 생각이 흩어지고, 그건 잘못된 거예요. 조용히 앉아서 씹기만 하세요."

잠시 후 나는 안내자를 따라 〈하이디〉 세트장 같던 곳을 나와 헤어 독토Herr Doktor를 만나러 갔다. 30대 후반에 키가 크고 진지한 그는 라이트로 내 혓바닥과 눈을 들여다보더니 걱정스러운 표정을 지었다. 그는 나를 거울 앞으로 데려갔다. "혀를 내밀고 무슨 색인지 말해보세요."

"분홍색이요." 내가 대답했다.

"아니오. 다시 보세요." 나는 거울 속을 다시 들여다보았다. 그의 말이 맞았다. 확실히 분홍이 아닌 부분들이 있었다. "하리 씨, 혀가 회색이고 군데군데 노란색도 있어요." 남자는 머리를 절레절레 흔들더니 이렇게 덧붙였다. "좋은 신호가 아니에요. 이제 눈을 보세요. 눈도 노랗죠." 나는 내 눈을 주의 깊게 보았다. 이건 받아들일 수 없었다. "맞아요. 노란색이에요. 보세요. 양쪽 끝부분에 노란 기가 보이잖아요. 간이 스트레스를 받고 혹사당했다는 신호예요." 남자는 태블릿 PC에 뭔가를 휘갈겨 쓰더니, 나더러 누워보라고 했다. "장을 한번 만져볼게요." 나는 속옷 차림으로 테이블에 누웠다. 남자는 계속 혼자서 중얼거렸다. "아, 아래쪽 소장이 막혔네." 그리고 의기양양하게 말했다. "가스가 많이 찼네요."

남자가 말했다. "하리 씨는 티$_T$ 식단을 하셔야겠어요." 나는 식단이 26가지쯤 있을 거라고 생각했다. A부터 Z까지 있으려면 말이다. 그중 하나를 뽑은 거겠지. "그건 어떤 식단인가요?" 내가 물었다. "아침 식사로 차$_{tea}$를 드실 거예요. 점심으로도 차를 드시고요. 저녁도 차를 드시는데 꿀을 약간 섞을 거예요." "아." 내가 말했다. "그러면 저는 언제 먹나요?" 남자가 다시 멈칫했다. "차를 드실 거예요. 원하는 만큼 드셔도 돼요. 하지만 꿀은 엄격히 제한됩니다."

호숫가로 내려가 보았다. 등받이가 한껏 젖혀진 의자에 오스트리아인 여자가 기운 없이 누워 있었다. 여자는 차 식단을 시작한 지 2주가 되었다고 했다. "기분은 좀 어떠세요?" 내가 물었다. "끔찍해요." 여자가 답했다. "저쪽에 차 식단을 하고 있는 아일랜드 신사분이 있어요. 이제 헛걸 보기 시작했네요."

그런 식으로 어렴풋이 며칠이 흘렀다. 정신을 못 차리는 굶주린 사람들과 대화를 나누다 보니 내 위장이 서서히 녹아내리는 기분이었다. 얼마 뒤에 나는 히로시마 원자폭탄급의 두통을 느꼈다. 아스피린을 달라고 했더니 오스트리아 농부 복장의 여자가 튜브를 하나 주었다. "이걸 침실 콘센트에 꽂으시고 관장을 하세요." 3일째 되던 날에 나는 치료를 받기 위해 지하로 안내되었다. 방에는 네 사람이 있었다. 다들 커다란 솜뭉치 같은 것으로 코를 막았고 볼에는 눈물이 흘러내리고 있었다. '코 치료'를 받는 중이라고 했다(어째서인지, 독일어로 말하니 더욱 사악하게 들렸다). 19세기 오스트리아 농부 복장을 한 또 다른 사람이 코를 막을 물건을 들고 내게 다가오기에 나는 도망나와버렸다.

4일째 되던 날 나는 새벽 3시에 침을 줄줄 흘리며 잠에서 깼다. 거대한 딸기 밀크셰이크에 빠져서 허우적대는 꿈을 꾼 직후였다. 나는 잠시 정신을 놓고 침대 밑의 보풀을 끌어 모아 이걸 한번 먹어볼까 심각하게 고민했다. 나는 주방을 뒤져볼 생각으로 잽싸게 아래층으로 내려갔지만, 그곳은 마치 금고 보관소라도 되는 것처럼 철저하게 잠겨 있었다. 내가 아무리 용을 써도(남아 있는 힘을 다 쥐어짰다) 오래된 빵이 들어 있는 창고의 문을 열 수 없었다.

'할 만큼 했다.' 나는 의사와 면담을 요청하고 더는 못 하겠다고 했다. 의사는 얼굴의 솜털을 쓰다듬으며 말했다. "하리 씨, 용기가 부족하신 것 같아요." "아니오. 저는 음식이 부족해요." 내가 말했다. "좋습니다. 식사를 드릴게요." 식사! 하마터면 의사 얼굴에 입을 맞출 뻔했다. 나는 식당으로 갔다. 그리고 바깥세상이라면 겨우 간식이라고 부를 수 있을까 말까 한 음식을 받았다. 거의 오레오 크기에 가까운 아주 작은 피자 한 조각이었다. 주변의 테이블에서 꿀이 든 차를 '먹고' 있는 텅 빈 눈의 사람들이 침을 줄줄 흘리며 나를 빤히 쳐다보았다. 나는 마치 영화 〈뻐꾸기 둥지 위로 날아간 새〉에 나오는 배우 잭 니콜슨이 된 기분이었다. '내가 봉기라도 주도해야 하나?' 나는 그 피자 부스러기를 먹어치운 다음 짐을 챙겨 줄행랑을 쳤다. 나오는 길에 마이어 박사의 초상을 향해 경멸의 손가락을 날려주었다. 첫날 나를 맞았던 오스트리아 농부 복장의 여자가 잘 가라고 손을 흔들었다. 잠시 웃음기가 싹 가셔 있었다.

그 정도로 말도 안 되는 다이어트 프로그램이었음에도 집으로 돌아온 나는 실패자가 된 기분이었다. 나는 생각했다. '나는 왜 이렇게 의지력이 없을까?'

당신의 식단 관리가 대부분 실패하는 이유

1950년대 후반부터 이미 과학자들은 일정 기간 다이어트 식단을 했을 때 살을 얼마나 뺄 수 있는지를 추적해왔다. 식단을 체중 감량의 수단으로 사용하는 근거는 명확하다. 하루 동안 우리는 음식과 음료로 칼로리를 섭취하고 몸을 움직여 칼로리를 태운다. 태운 칼로리보다 섭취한 칼로리가 많으면 칼로리 과잉이 되어 체중이 늘어난다. 섭취한 칼로리보다 더 많은 칼로리를 태우면 칼로리 부족이 되어 체중이 빠진다. 이 원리가 틀림없는 사실이라는 것은 과학계의 일치된 의견이다. 이걸 반박하려면 물리학의 기본 법칙을 반박해야 한다. 식단 조절이 거의 매번 처음에는 효과가 있는 것도 바로 이 때문이다. 칼로리 부족이 지속되면 한동안 정말로 살이 빠진다. 마이어 클리닉에서 나는 3킬로그램이 빠졌다. 언제 어느 시점에 조사를 해봐도 늘 인구의 17퍼센트는 식단 조절 중이며, 사람들은 대부분 살면서 한 번쯤은 식단 조절을 해보기 때문에 여러분도 아마 이게 어떤 느낌인지 기억날 것이다. 엄격하게 스스로를 단속하며 적게 먹으면 몸이 변하는 것을 느낄 수 있다.

그러나 식단 관리의 효과를 좀 더 장기적으로 조사해봤던 과학자들은 늘 한 가지 이상한 장애물을 만나곤 했다.

미네소타대학교 심리학 교수 트레이시 만Traci Mann은 식단 관리의 장기적 효과를 가장 자세하게 분석한 인물 중 한 명일 것이다. 트레이시 만에게 인터뷰를 요청했더니, 미니애폴리스에 있는 유명한 빵집 '아일스 번Isles Bun'에서 보자고 했다. 문을 열고 들어서자마자 카운터에 있던 직원이 내게 이곳을 방문한 적이 있는지 물었다. 처음이라고 했더니 직원은 버터와 시나몬, 설탕이

듬뿍 올라간 공짜 빵을 주었다. 나는 빵을 받아 공손히 테이블 위에 올려놓고 만이 올 때까지 먹지 않으리라 다짐했다.

드디어 도착한 만은 자리에 앉아 커피를 홀짝이기 시작했다. 그리고 이야기를 들려주었다. 식단 관리의 효과에 관해 그녀가 처음으로 관심을 갖게 된 것은 20세기가 끝나갈 무렵 스탠퍼드 대학원생 시절이었다고 한다. 어디를 가나 사람들은 식단 관리를 하고 있었고, 만은 이게 얼마나 효과가 있는지 알고 싶었다. 그래서 UCLA의 조교수가 되었을 때 그 시점까지 이 현상에 대해 연구해놓은 모든 자료를 빠짐없이 검토해보기로 했다. 먼저 한 가지 질문으로 시작했다. '식단 조절이 단기적으로 효과가 있다는 사실은 누구나 알고 있다. 그러면 장기적으로는 얼마나 효과가 있는가? 식단 관리를 2년간 했을 때 평균 얼마나 살을 빼서 유지할 수 있는가?' 만은 2000편이 넘는 연구 결과를 모조리 읽었다. 그리고 특이한 점을 알아챘다. 식단 조절이 체중 감량에 매우 효과가 크다는 주장은 얼마든지 있었다. 그러나 대부분의 연구가 3개월 후에는 중단되어 있었다. 마치 처음 몇 달간만 살을 빼면 평생 그 무게를 유지할 수 있고 문제가 해결될 것처럼 말이다. 하지만 정말로 그럴까?

식단 관리를 하는 사람들을 2년 이상 엄격히 추적해놓은 조사는 21개밖에 없었고 그중 몇 개만이 5년 이상 추적 조사를 했다.[1] 그러면 이 연구들은 뭘 발견했을까? 식단 관리를 시작하고 그걸 지키기 위해 진정성 있는 노력을 했던 사람들은 2년 뒤에는 처음보다 평균 0.9킬로그램이 빠져 있었다. 이건 뭐, 아무 효과가 없는 거나 마찬가지다. 다시 말해 식단 관리의 절대 다수가 실패한다는 뜻이다. 만은 이해가 가지 않았다. "위가 아래가 되고, 왼쪽이 오른쪽이 되고, 개가 고양이가 된 것 같았어요. 제가 읽은 내용은 평생 들어온 얘기와 정반대였어요. 식단 관리는 효과가 없다는 사실을 보여주고 있었으니까요." 만은 벌써 20년째 식단 관리를 연구하지만, 계속 같은 결과를 얻고 있다. "식단 관리는 처음에만 체중 감량에 효과가 있고 그 후에는 다시 처음으로 되돌아가는 듯해요."

그런데 어떻게 이럴 수가 있을까? 섭취한 것보다 더 많은 칼로리를 태우면 살이 빠지는 것은 과학적 사실이다. 대체 중간에 뭐가 개입하는 걸까?

나는 이 질문을 다른 형태로도 해보게 됐다. 만약 우리가 더 이상 스위스에 살던 내 조상들처럼 먹지 않아서 다들 살이 찐 거라면 지금 우리가 조상들처럼 먹어도 그들처럼 보이지 않는 이유는 무엇일까?

전혀 말이 되지 않는 듯했다. 그런데 이내 나는 좀 복잡하기는 해도 이유가 있다는 걸 알게 됐다.

중독과 우울증에 관한 책을 쓰려고 자료 조사를 할 당시 나는 전문가들에게 계속 같은 질문을 던졌다. "뭐가 이런 문제를 일으키는 거죠?" 덕분에 해답의 중요한 한 부분을 들을 수 있었다. 모든 교과서에 소개되어 있지만 대중에게는 좀처럼 설명하지 않는 그 이론은 '생물-심리-사회 모델'이라는 것이다. 상당히 학문적으로 들리지만 실은 간단한 얘기이고 비만에도 잘 적용된다. 이런 문제들의 원인은 세 가지로 나눌 수 있다. 먼저 생물학적 원인이 있다. 유전자나 뇌의 변화 같은 것들이다. 또 심리학적 원인이 있다. 스트레스나 어린 시절의 트라우마 같은 것들이다. 그리고 사회적 원인이 있다. 외로움이나 경제적 불안처럼 더 큰 사회적 맥락에서 비롯된 것들이다. 이런 원인들은 문제를 가진 사람이라면 (정도의 차이는 있어도) 누구에게나 영향을 끼친다. 이렇게 여러 원인이 여러분의 삶으로 흘러들어가 서로 뒤섞이면서 중독이나 우울증 혹은 비만을 만들어낸다. 생물-심리-사회 모델은 우리가 왜 비만이 되었는지, 식단 관리는 왜 대부분 실패하는지 설명해준다.

먼저 생물학적 원인부터 살펴보자. 살이 찌면 여러분의 신체와 뇌에 여러 가지 변화가 일어난다. 그리고 이 변화 때문에 한 번 찐 살은 되돌리기가 매우 힘들다. 배고픔에 관한 전문가인 드렉셀대학교의 마이클 로 교수에 따르면 그가 연구를 시작했던 1960년대와 1970년대만 해도 과학자들은 사람마다 타고난 '설정값'이 있다고 믿었다. 뇌에 입력되어 있는 이 설정값이 평생 몇 킬로그램의 체중으로 살아갈지를 정한다는 것이다. "체온에 설정값이 있는 것과 아주 비슷해요. 태어날 때부터 우리는 체온을 섭씨 36.5도에 맞추는 내장 시스템을 가지고 있죠. 온갖 메커니즘이 어떻게든 체온을 이 온도에 맞추려고 해요." 더우면 땀이 나서 체온을 낮춘다. 추우면 몸을 떨어서 체온을 올린다. 뇌와 신체는 이 설정값에 맞추기 위한 여러 활동을 자동으로 수행하고, 이 수치를 이탈하기는 매우 어렵다.

과학자들은 체중도 비슷하리라 여겼다. 몸이 정해진 체온을 유지하는 것처럼 체중도 태어날 때부터 정해진 무게를 유지하도록 몸이 알아서 작동한다고 보았다. 체중이 일정 범위를 벗어나기 시작하면 몸은 온갖 메커니즘을 작동시켜 원래의 체중으로 돌려놓는다. 설정값보다 몸이 마르면 지독한 허기를 느끼게 한다. 설정값보다 뚱뚱해지면 토할 것 같은 기분이 들게 해서 음식을 끊게 한다. "그런데도 우리는 비만이라는 유행병에 걸렸어요. 이 유행병은 설정값이라는 개념에 완전히 어긋나요. 평균 체중이 계속 올라가고 있잖아요."

　과학자들은 이 이론을 수정해야 한다는 걸 깨달았다. 하지만 대체 어떤 식으로? 여러 증거를 수십 년간 연구한 결과 마이클 로는 "설정값은 분명히 있지만 미리 정해진 게 아니라 습득되는 것"[2]이라고 확신하게 됐다. 살이 찌면 생물학적 설정값(네가 유지하려고 하는 체중)은 계속 올라간다. 날씨가 더워질수록 체온의 설정값도 그에 맞춰 함께 올라간다고 한번 상상해보라. 사하라 사막에 다녀왔더니 이후에는 몸이 계속 거기서 경험했던 뜨겁고 끈적끈적한 상태를 유지하려 한다고 말이다. 마이클 로는 바로 이런 일이 체중에 일어난다고 믿는다. "예를 들어 5년간 14킬로그램이 쪘는데 그 상태를 몇 달간 유지한다면, 몸은 이제 늘어난 그 체중을 생물학적으로 방어해야 할 새로운 설정값으로 취급합니다." 몸은 증가한 새 체중을 마치 태어날 때 정해진 체중처럼 받아들이고 "거기서 조금이라도 이탈하려 하면 좋은 반응을 보이지 않습니다."

그러니 살을 찌웠다가 다시 빼려고 하면 (기온이 바뀔 때 땀이 나거나 몸을 떠는 것과 같은) 온갖 생물학적 메커니즘이 발동한다. 신진대사가 느려지고 칼로리를 더 천천히 태우게 된다. 그러나 식단 관리 전문가인 트레이시 만은 이렇게 덧붙였다. "신진대사만이 문제가 아닙니다. 호르몬 수치도 바뀌어요. 배고픔은 더 많이 느끼고 포만감은 더 적게 느끼는 경향이 생깁니다. 온갖 부가적인 변화가 일어나요. 말하자면, 음식이 눈에 더 잘 들어오고 음식이 눈에 띄면 더 이상 모른 척하기가 어렵죠. 온통 음식 생각밖에 안 나는 거예요." 몸은 에너지를 더 적게 내고, 움직이기가 싫어진다. 뇌에서 신호를 내보내서 더 달고 기름진 음식을 갈망하게 된다.

내가 식단 관리를 시도할 때마다 벌어진 일이 바로 이거였다. 마이어 클리닉에서 4일째 되던 날에 벌어진 일도 마찬가지였다. 그래서 밤에 딸기 밀크셰이크 꿈을 꾸었던 것이다.

뇌는 대체 왜 이러는 걸까? 우리한테 왜 이런 일을 저지르는 걸까? 마이클 로에 따르면 그 이유는 종種으로서 인류의 진화 과정과 깊은 관계가 있다. 이 현상은 말하자면 일종의 '생물학적 적응'이다. 우리가 진화해온 200만 년이 넘는 기간 동안 신체의 이런 경향은 매우 훌륭한 생존 전략이었다. 수백만 년간 '너무 많이 먹지 않는 것'은 우리의 문젯거리가 아니었다. 우리의 문젯거리는 '끊이지 않고 먹을거리를 마련하는 것'이었다. 음식에 관해 우리 조상들이 직면한 큰 문젯거리는 오직 하나뿐이었다. '기근.' 조상들은 살다가 한 번쯤은 식량 공급원이 완전히 고갈되거나 먹거리가 몽땅 사라지는 일을 겪었다. 그런 시기를 대비하기 위해 몸은 지방이 조금만 늘어나도 이렇게 생각했다. '좋았어. 이걸 보관하자고. 그래야 다음번 기근이 찾아왔을 때 이 지방 저장고를 태워서 살아남지.' 몸에 지방이 쌓이면 쌓일수록 더 좋았다. 기근이 시작되면 가장 뚱뚱했던 사람이 마지막까지 살아남을 것이기 때문이다. 그래서 몸은 체중이 늘어날 때마다 이 새로운 체중을 '습득된 새 설정값'으로 인식하도록 진화했고, 새 설정값을 지켜내려고 안간힘을 썼다. 그래서 우리는 태어날 때부터 '가진 것을 꽉 붙들고 놓지 않는 신체 경향성'을 띠게 된다.

우리가 진화했던 환경에서는 이게 아주 훌륭한 시스템이었다. 그 덕분에 살아남을 수 있었다. 그러나 지금 우리가 살고 있는 환경에서는 이 시스템이 많은 사람을 죽이고 있다. 오늘날 우리가 직면한 문제는 기근이 아니라 '음식이 너무 많다'는 것이다. 마이클 로는 이렇게 설명했다. "항상 에너지원이 넘쳐나게 될 거라고는 진화가 미처 예견할 수 없었죠. 어느 환경에 맞도록 수백만 년 간 설계된 시스템이 이제는 전혀 다른 환경에 대처하려고 끙끙대고 있어요."

그래서 살을 빼려고 하면 '신체 반응 때문에 빠진 체중을 유지할 수 없게 되는 것'이다. 몸은 살찐 상태를 유지하는 것을 좋은 일로 여기고, 살이 빠지는 것을 나쁜 일로 여긴다. 우리 몸은 최대한 살찐 상태를 유지하려 노력한다. 영화 〈성난 황소〉를 위해서 살을 찌웠던 로버트 드 니로는 살을 빼기가 힘든 것에 깜짝 놀랐다. 그는 "마치 몸이 살찐 상태를 유지하려고 분투하는" 듯했다고 말했다. 맞는 말이다. "물론 비만 환자들에게는 정말 안 좋은 소식이에요." 마이클 로는 말했다. "왜냐하면 비만 환자는 생물학적 원리를 거슬러서 싸워야 한다는 말인데, 이 생물학적 원리는 하루 24시간, 일주일 내내 쉬지 않으니까요." 말하자면 "체중이 늘어나기에 완벽한 조건일 뿐만 아니라 체중 감량을 해도 다시 늘어나기 쉬운 조건"인 셈이다.

여러 과학자가 이 이론을 내게 설명해주었다. 케임브리지대학교의 자일스 여는 이렇게 말했다. "뇌는 체중이 빠지는 걸 싫어합니다. 발로 차고 고함을 질러서라도 원래 자리로 되돌려놓을 거예요. 제 체중은 75킬로그램인데요. 만약에 저한테 체중 85킬로그램인 쌍둥이 형이 있고 살을 10킬로그램 빼서 제 몸무게가 됐다고 쳐요. 저의 형은 이제 체중이 75킬로그램으로 줄었기 때문에 저와 똑같은 체중을 유지하려면 오히려 저보다 적게 먹어야 해요. 왜냐하면 형의 뇌가 이렇게 생각할 테니까요. '나는 10킬로그램이나 빠졌어. 신진대사가 느려졌어. 이제 신진대사를 계속 낮게 유지해야 해. 그래야 이전 체중이 회복되지.'" 하버드대학교의 영양학 교수 제럴드 맨드는 더 직설적으로 설명했다. "신체는 늘 반격해옵니다. 반드시 5년 내에 체중을 회복하도록 수십억 년 동안 진화해왔으니까요."

여기까지가 살을 빼는 게 왜 그렇게 어렵고 다시 찌기는 왜 그렇게 쉬운지에 관한 생물학적 설명이다. 내가 알게 된 여러 생리학적 요소에 관해서는 잠시 후에 따로 설명할 것이다.

다음은 환경적 요소다. 식단 관리를 한다는 말은 개인으로서 살을 빼려고 노력한다는 뜻이다. 그러나 자일스 여는 이렇게 말한다. "식단을 바꾸는 것도 현재의 식품 환경 내에서 시도할 수밖에 없어요." 나를 둘러싼 식품 환경을 내게서 차단할 수는 없다. 지금 우리 환경에서 쓰레기 같은 음식은 값싸고, 끊임없이 광고되고, 코앞에 디밀어지는 반면에 건강한 음식은 값비싸고, 광고하는 사람도 없고, 구하기도 힘들다. 실제로 많은 사람이 저렴한 가격에 신선한 식품을 구매하는 게 불가능한 '식품 사막'에 살고 있다. 마이클 로는 이런 환경을 "비만 유발 환경"이라고 부른다. 우리는 비만이 되기는 쉽고 되돌리기는 어려운 사회에 살고 있다. 심지어 그는 이렇게까지 말했다. "인간의 능력으로 이보다 더 비만을 잘 유발하는 환경은 설계할 수 없을 거예요."

그러니 개인이 변화를 시도한다고 해도 비만을 유발하는 환경은 바뀌지 않는다. 환경은 오히려 예전처럼 먹으라고 우리를 압박한다. 마이클 로는 우리가 대부분 실패하는 이유는 "혼자 해결할 수 있는 범위를 넘어서는 문제와 씨름하기 때문"이라고 했다.

기운 빠지는 이야기다. 식단 관리가 대부분 실패하는 이유가 생물학적 원리와 우리를 둘러싼 환경의 훼방 때문이라니.

운이 좋아서, 가족이 적극적으로 도와줘서, 유전자 덕분에, 혹은 어마어마한 의지력 덕분에 살을 빼고 유지하는 사람도 있는 것이 사실이다. 어떤 사람은 산소통 없이 에베레스트산을 오르기도 하고 라스베이거스에서 룰렛을 돌려 잭팟을 터뜨리기도 한다. 그러나 확률은 분명히 우리에게 불리하다.

이렇게 맥락을 이해하고 내 체중에 대해 생각해보니, 그동안 의지력에만 집착한 것('언젠가는 충분한 의지력이 생길 거야!')이 너무 단순했음을 알 수 있었다. 의지력은 실제로 존재한다. 그러나 복합적으로 작용하는 수많은 생물학적, 심리적, 사회적 원인 중에 한 조각일 뿐이다. 체중 조절에 의지력이 무관하고 아무런 역할도 하지 않는다는 것은 틀린 말이다. 그러나 의지력이 전부라고 혹은 대부분이라고 말하는 것 역시 똑같이 틀린 얘기다. 크고 복잡한 그림 속에서 의지력은 가느다란 하나의 요소일 뿐이다. 이는 마치 고약한 폭풍 속 우산 한 자루와 같다. 우산이 조금은 비를 막아줄 것이다. 어쩌면 우산 한 자루로 목적지까지 도달하는 사람도 몇몇 있을 것이다. 그러나 대부분의 경우 우산은 더 큰 힘 때문에 박살나고 만다.

미니애폴리스의 그 빵집에서 트레이시 만은 마치 내가 하려던 말을 알고나 있는 듯이 이렇게 말했다. "사람들은 흔히 이렇게 말하죠. '만약 식단 관리에 관한 당신 말이 맞다면 우리 모임에 있는 조는 어떻게 살을 빼고 유지하는 건가요?'라고요. 답은 '불가능하지는 않다'는 거예요. 다만 제가 지금 이야기하는 건 일반적 패턴이에요. 가장 확률이 높은 패턴이요." 트레이시 만은 대부분의 과학 영역에는 "보통 아웃라이어(패턴을 크게 벗어나는 표본)가 있다"고 했다. 그런데 과학자들이 "소수의 결과에 사로잡혀서" 그걸 마치 전형적인 경우인 것처럼 제시하는 과학 영역은 식단 관리밖에 없다고 했다. 트레이시 만은 대부분의 식단 관리 연구자에 관해 이렇게 말했다. "소수의 환자가 성취한 결과에만 집착하고 있어요. 다른 종류의 연구라면 절대로 그러지 않아요. (보통은) 평균적인 사례를 먼저 살피고, 그다음에 이례적인 사례들을 들여다보죠. 나머지 사례와 아주 다른 행동을 보이는 소수의 사람을 이렇게 계속해서 들먹이는 경우는 없어요. 당연히 가능은 합니다. 사람을 굶기면 앙상해지겠죠. 그렇지만 지금과 같은 환경에서 이런 생물학적 원리가 작동하는데 그렇게 한다는 건 말도 안 되게 어려운 일이에요. 대부분의 사람이 실패할 겁니다. 그리고 그건 그 사람들 잘못이 아니에요." 트레이시 만은 강조했다.

만이 이야기하는 사이 나는 거의 아무 생각 없이 가게에서 공짜로 나눠준, 설탕에 빠졌다가 나온 시나몬 번을 먹고 있는 스스로를 발견했다. 만은 몸을 숙여 내 녹음기에 대고 이렇게 말했다. "하리 씨는 지금 빵 위의 설탕을 손가락으로 집어먹고 계십니다."

식단 관리에 대해 트레이시 만보다 좀 더 낙관적인 과학자들도 있다. 그러나 우리가 희망을 품을 수 있는 여지는 놀랄 만큼 좁다. 켄터키대학교 연구팀이 미국에서 실시된 체계적 체중 감량 프로그램 연구서들을 분석해 보았더니[3] 프로그램에 참여한 사람들은 5년 후에도 통계적으로 유의미한 수준의 감량을 유지했다. 참가자들은 3킬로그램, 즉 체중의 3퍼센트 정도가 감량된 상태를 유지하고 있었다. 무의미한 수치는 아니지만 큰 수치도 아니다. 로드아일랜드에 있는 브라운대학교 의과대학 연구팀도 조사해보았다. 증거는 제한적이었지만[4] 그중에는 체중 감량에 성공한 4000명을 장기간 추적한 연구 결과도 있었다. 그 결과 대략 20퍼센트의 사람은 식단 관리에 성공한 것을 알 수 있었다. 체중의 10퍼센트 이상을 감량하고 적어도 1년 이상 해당 체중을 유지하는 것을 '성공'이라고 정의한다면 말이다. 그러니 완전히 절망적인 것은 아니다. 다섯 명 중에 한 명은 식단 관리를 통해 건강을 '조금'이라도 개선할 수 있다는 사실은 충분히 가치 있는 일이다. 다만 '많이'라고 이야기할 수 없을 뿐이다.

좋은 운동을 이기는 나쁜 식사

또 하나 알고 싶었던 것이 있다. '해답'이라고 사람들이 자꾸만 이야기하는 또 하나의 수단, 즉 '운동'은 어떨까? 체중 감량에서 운동이 어떤 역할을 할 수 있는지 알아보려고 나는 흥미로운 실험 하나를 직접 보러 갔다. 내가 이 이야기를 왜 하는지, 잠깐 의아할 수도 있지만 끝까지 들어보기 바란다. 이 실험은 처음에 아이들의 흡연과 음주, 약물 사용을 중단시키기 위한 프로그램으로 시작되었다. 그런데 시간이 지나면서 젊은 사람들에게 운동을 장려한다는 측면에서 전 세계에서 가장 성공한 프로그램으로 거듭났다.

1950년 아이슬란드 서부 해안의 어느 외진 어촌에 토롤퍼 톨린손Thorolfur Thorlindsson이라는 여섯 살짜리 소년이 살고 있었다. 지하실에서 할아버지 옆에 앉아 있던 소년은 두려웠다. 할아버지는 고기잡이배의 엔진을 고치려고 몇 가닥 전선을 녹이고 있었다. 갑자기 용접 기기에서 스파크가 튀더니 바닥에 놓인 종이에 옮겨 붙어 불꽃이 화르르 일었다. 토롤퍼는 기겁을 하고 도망갔다. 할아버지는 차분하게 불을 끄더니 토롤퍼를 다시 불러 앉혔다. "겁이 났니?" 할아버지가 물었다. 토롤퍼는 답을 하지 않았다. "용기란 습관의 문제일 뿐이야." 할아버지가 설명했다. "그러니까 지금 너는 겁을 내는 연습을 시작할 수도 있고, 용기를 내는 연습을 시작할 수도 있어."

할아버지는 용기를 내는 방법을 힘들게 배웠다. 할아버지는 날씨가 어떻든 어선을 띄워야 했다. 서풍이 사정없이 후려치는 날에도, 숨 막힐 듯한 안개가 낀 날에도 예외는 없었다. 할아버지는 말했다. "바다에 나가면 아무도 너를 도와줄 수 없어. 스스로를 믿어야 해. 마음을 편히 먹고 집중해야 해. 작은 고깃배에서 사나운 날씨를 상대할 때는 집중이 중요해. 파도 하나하나를 놓쳐서는 안 돼. 집중을 놓는 순간, 너는 이미 사라지고 없을 거야." 12월의 어느 날 바다에 나갔던 할아버지는 눈보라를 만났다. 배에는 두 사람밖에 타고 있지 않았다. 바람의 반대 방향으로 미친 듯이 노를 저어 다시 해안으로 돌아가고 싶은 것이 본능이었다. 하지만 그건 불가능한 일이었고 그랬다가는 물에 빠지고 말 것이라는 게 보다 냉정한 판단이었다. 두 사람은 위험한 시도를 해보는 수밖에 없었다. 뿌옇게 앞이 보이지 않을 만큼 거센 눈보라 속에서도 배를 한쪽으로 몰아 정확히 피오르 해안 남쪽 끄트머리에 도달하기를 바라는 수밖에 없었다. 실패한다면 바다 한가운데로 떠밀려가 죽을 수도 있다는 걸 알고 있었다. 할아버지는 말했다. "긴박한 때일수록 냉정함을 잃지 마."

40년 뒤에 또 다른 위기를 만난 토롤퍼는 그때 할아버지가 했

던 말을 떠올렸다. 그사이 아이슬란드는 더 이상 어업국도, 농업
국도 아닌 나라가 되어가고 있었고, 그 와중에 많은 사람이 방향
을 잃었다. 특히 아이슬란드의 젊은이들이 곤경에 처한 듯했다.
시골이고 도시고 할 것 없이, 기나긴 여름밤이면 10대 청소년이
수백 명씩 무리 지어 술에 취하거나 약에 취했다. 소란스러운 싸
움이 벌어지곤 했고 나이 든 사람들은 밖에 나가기가 두려웠다.
동시에 젊은이들은 조상들의 건강한 식단으로부터도 멀어지면
서 보다 서구화된 식단 쪽으로 옮겨가고 있었다. 그리고 이런 변
화를 겪은 나라들이 다들 그렇듯 비만율은 올라가기 시작했다.

사회학자였던 토롤퍼는 아이슬란드의 젊은이들 사이에 이런
문제가 만연하다는 증거를 보고 충격을 받았다. 토롤퍼와 함께
일했던 잉가 도라 시그퍼스도티르Inga Dora Sigfusdottir는 말했다. "아
이슬란드 청소년들은 유럽의 여타 국가 청소년들보다 폭음을 할
가능성이 훨씬 높았어요. 1998년에는 15세 아동의 42퍼센트가
지난 30일 동안 술에 취한 적이 있다고 했죠. 20퍼센트는 매일 담
배를 피웠고 17퍼센트는 대마초를 피워본 적이 있다고 했어요."
이토록 많은 아이가 술을 마시고 약을 한다는 사실에 온 나라가
충격에 빠졌다. 곤경에 처한 젊은이 중 하나였던 서나라는 여성
은 이렇게 말했다. "많은 친구가 길을 잃었던 것 같아요. 어쩔 줄
몰라 하며 인생의 길을 찾고 있었죠. 저는 될 대로 되라는 심정이
었어요. 나 자신한테조차 관심이 없었어요. 스스로를 존중하지
않았죠. 저는 분노에 차 있었고 그걸 어떻게 표출해야 할지 몰랐
어요."

처음에 아이슬란드 사람들은 해결책이 뻔하다고 생각했다. 학교가 아이들에게 거절하는 법을 가르쳐야 한다. 마약도, 건강하지 않은 음식도 거절할 수 있게 가르쳐야 한다. 아이슬란드인들은 그런 행동이 결국 어떤 결과를 가져오고 건강을 어떻게 망쳐놓는지 끔찍한 이야기들을 가지고 아이들에게 겁을 주려고 했다. 토롤퍼는 이런 방법이 잘못됐다고 생각했다.

그래서 토롤퍼는 완전히 다른 방식으로 문제를 해결하자고 제안했다. 토롤퍼는 정부의 지원을 받아 '아이슬란드의 청소년'이라는 운동을 조직했다. 아이들이 '자연적인 황홀감'을 경험하도록 도와주는 운동이었다. 무언가, 특히 신체적으로 무언가를 성취하면 엔도르핀이 뿜어져 나오고 마약만큼이나 강력한 만족감을 줄 수 있다. 그래서 이 운동은 전국의 청소년과 스포츠클럽을 연계해 거대한 네트워크를 만들었다. 정부는 모든 아이들에게 1년에 두 번 바우처를 지급했다. 스포츠든 댄스든 음악이든, 엔도르핀이 솟아나게 하는 신체 활동에 대해 이 바우처로 비용을 지급할 수 있었다.

나는 그런 센터 중 레이캬비크의 프로터 마을에 있는 한 곳을 방문했다. 프로그램을 운영하고 있는 거드버그 존슨이 나를 안내해주었다. 가장 먼저 눈에 띈 것은 야간 조명이 밝혀져 있는 축구장이었다. 소녀들이 한창 경기 중이었다. "현재 저희 클럽은 11가지 스포츠 프로그램을 운영합니다." 이렇게 말한 존슨은 하나씩 종목을 읊어주었다. "태권도, 육상, 역도, 웨이트 트레이닝, 스키, 수영, 체조……." 우리가 들어선 첫 번째 건물은 청소년 센터라기보다는 올림픽촌에 가까웠다. 농구장에서 아이스 스케이팅 링크로 가는 길에 보니, 어느 방에서는 10대 소년들이 트램펄린을 뛰며 공중에서 3연속 뒤집기를 하고 있었다. 또 다른 방에서는 대규모 플래시몹 같은 게 벌어지고 있었는데, 온갖 연령대의 아이들이 같은 동작의 춤을 서로에게 알려주고 있었다.

"(일주일 내내) 여기 건물들은 적어도 10시까지는 불이 켜져 있어요." 존슨이 설명했다. 자율 활동이지만 아이슬란드의 거의 모든 아이가 이 프로그램에 참여한다. "친구들이 다들 뭔가를 하니까, 나도 관심 있는 걸 찾게 되는 거지요." 이 프로그램의 결과, 이제는 사실상 거의 모든 아이슬란드 아동과 10대들이 매주 몇 시간씩 격렬한 운동에 참여하고 있다. 내가 이야기를 나눠본 아이들은 이 프로그램을 아주 좋아했고 여기서 제공하는 운동을 즐겼다. 미국이나 영국이었다면 (내가 그 나이 때 그랬듯이) 이런 종류의 운동을 비웃었을 법한 덩치 큰 아이들까지도 말이다.

이 프로그램은 놀랄 만큼 성공적이었다. 이 프로그램이 처음 시작됐을 때는 주기적으로 술을 마시는 아이들의 비율이 42퍼센트였다. 지금은 그 비율이 5퍼센트에 불과하다. 흡연이나 약물을 하는 10대 청소년의 비율도 극적으로 떨어졌다. 유럽 내에서도 최악의 음주·약물·흡연 비율을 갖고 있던 나라가 이제는 그런 비율이 가장 낮은 국가 중 하나가 됐다.

청소년 비만율은 어떻게 됐을까? 다른 수치들은 이처럼 놀라운 개선을 보이고 있는데도 청소년 비만율은 계속해서 극적으로 증가했다. 유럽에서 가장 성공적인 운동 프로그램을 보유하고

있는데도 아이슬란드의 아이들은 유럽 대륙에서 가장 뚱뚱한 축에 속했다.[5]

왜 그럴까? 언뜻 이해되지 않았다. 그러나 알고 보니 이런 결과는 운동과 관련된 광범위한 여러 증거와 일치하는 내용이었다. 예를 들어 애리조나주립대학교 연구팀은 81명의 여성을 석달 동안 일주일에 세 번 30분씩 러닝머신을 걷게 하면서[6] 체중 변화를 추적했다. 놀랍게도 55명은 체중이 늘었다. 3분의 2는 지방량이 늘었다. 운동이 지속 가능한 체중 감량을 일으키는 경우는 드물다는 사실이 명백했다. 또 다른 연구에서는 14킬로그램 이상 감량해 12개월 이상 유지한 사람들을 조사했더니 운동만으로 그런 결과를 달성한 사람은 2퍼센트에 불과했다.[7]

언뜻 이해할 수 없는 이런 결과를 연구했던 과학자들은 몇 가지 이유가 있다고 말한다. 첫째는 우리가 사는 환경에서는 운동량을 늘려서 몇 칼로리를 더 태워봤자 음식을 통해 끝없이 들어오는 칼로리에 금세 묻히고 만다. 비만의 수많은 측면을 연구한 팀 스펙터는 단호하게 말했다. "형편없는 식단을 이길 방법은 없어요." 운동으로 태울 수 있는 칼로리에 대해 우리는 엄청나게 과대평가하고 있다. 그러면서 운동을 했으니 이만큼 더 먹을 수 있다고 생각한다. 빅맥으로 거하게 식사를 해놓고 운동으로 그 칼로리를 다 태우려면 대략 두 시간 동안 쉬지 않고 달려야 한다. 스니커즈 초콜릿바를 딱 하나만 먹어도 20분 정도를 고강도로 뛰어야 한다. 아이슬란드에서 '아이슬란드의 청소년' 프로그램이 진행되는 동안 아이들은 훨씬 더 많은 운동을 했지만, 동시에 식습관은 훨씬 더 나빠졌다. 나쁜 식사가 좋은 운동을 가뿐히 이겨버렸다.

그렇다면 우리는 운동을 포기해야 한다는 뜻일까? 내가 이야기를 나누었던 사람들은 한결같이 그건 말도 안 되는 생각이라고 했다. 체중 감량의 시발점이 되어주느냐와는 무관하게 운동은 건강과 삶의 질을 크게 높여주기 때문이다. 운동을 충분히 하지 않으면 당뇨병부터 대장암까지 40가지 이상의 만성 질환이 생길 가능성이 높아진다.[8] 팀 스펙터는 말했다. "운동은 수많은 질병을 예방할 뿐만 아니라 정신 건강, 노화와 치매 방지, 각종 암과 심장 질환 예방에도 매우 중요합니다. 셀 수가 없을 정도예요." 1년에 270시간 동안 운동을 하면 수명을 평균 3년 연장할 수 있다.[9]

운동은 심장마비와 뇌졸중에서 조기 사망까지 온갖 문제를 예방하는 데 믿기지 않을 만큼 효과가 있다. 운동이 효과를 잘 내지 못하는 영역은 (안타깝지만) 체중 감량 분야다.

시도하고 실패하고 자책하고

이 모든 내용을 알고 나니, 나는 내가 무너져서 다이어트를 포기했을 때 느꼈던 수치심이 계속 생각났다. 뚱뚱해지는 것 그리고 실제로는 대부분 실패하는 방법을 계속 권유받는 것은 심리적으로 우리에게 어떤 영향을 미칠까? 나는 이 문제에 관해 많은 사람과 이야기를 나누었다. 그중에 줄리라는 여성이 있었다. 줄리는 내가 온라인에서 오젬픽에 관해 쓰던 글을 읽고 연락을 해왔다. 줄리는 성인이 된 후로 평생 체중과 싸우고 있다고 했다. "저는 의지력이 부족하다고 오랫동안 자책해왔어요. 매일 운동을 하고 건강하게 먹으려고 노력하는데도 스스로가 게으르다고 자책했죠. 저는 계속 실패했어요. 계속 음식을 향한 갈망에 넘어갔죠. 그 갈망이 저의 통제 범위를 넘어서는 것 같더라고요." 줄리는 말했다. "체중은 식단과 운동, 의지력의 문제이고 비만은 선택이라고 믿었어요. 모두 선택의 문제라고요. 그런데 저는 계속 실패했어요. 건강해지려고 시도하면서도 계속 실패하는 것과 제 우울증이 얼마나 밀접한 관련이 있는지 깨달았어요. '시도하고 실패하고 자책하고, 시도하고 실패하고 자책하고'였어요. 시도하고 실패하고 나 자신을 미워하게 됐죠."

이 모든 내용을 충분히 알게 되었음에도 나는 여전히 이 두 방법을 포기하기가 쉽지 않았다. 언젠가는 더 건강하게 먹고 운동해서 체중을 감량하고 유지할 수 있을 거라는 생각은 내가 10대부터 그려온 미래의 일부였다. 그런데 식단과 운동이 거의 효과가 없다는 증거들을 보고 나니, 마치 무대의 조명이 서서히 꺼지는 기분이었다. 언젠가는 내가 주인공이 되리라 확신했던 연극이 눈앞에서 사라지고 있는 기분이었다.

지난 40년간 우리가 만들어놓은 환경에서는 체중을 빼고 그 상태를 유지하는 게 극도로 힘들다. 내가 보기에 신종 비만 치료제의 가장 큰 논리도 이것인 듯했다. 우리는 덫에 걸렸고 이게 탈

출구라고.

다섯 달째 오젬픽 주사를 놓으면서 나는 그동안 내가 시도했던 수많은 다이어트들, 설탕이나 탄수화물을 끊으려고 했던 시도들이 생각났다. 마이어 클리닉에서 쫄쫄 굶고 있던 사람들도 떠올랐다. 그들은 이상한 물건을 코에 쑤셔 넣고 눈물을 줄줄 흘리면서 아무리 황당한 방법이어도 해결책을 찾고 싶어 했다.

나는 그런 생각이 들었다. '저 다이어트 방법들은 모두 슬픈 농담이었을까? 이게 내게 남은 유일한 선택지일까?'

7장

중독 탈출,
우울증 시작

우리 뇌에 무슨 일이
벌어진 걸까

체중은 건강한 상태를 유지하는데

일도, 자녀도, 아무것도 즐겁지 않은 그런 사람들?

말 그대로 저는 모르겠습니다. 저도 걱정이 돼요.

오젬픽을 시작하고 6개월이 지났을 때 한 가지 눈치챈 게 있었다. 아침에 잠에서 깰 때마다 나는 두 가지 감각을 동시에 경험했다. 먼저 내 몸이 쪼그라들고 있는 걸 느꼈다. 양손을 배 위에 올리면 항아리 같던 배가 홀쭉해져 있었다. 점점 더 날씬해지고 잘생겨지고 자신감이 생겼다. 그런데 다른 것도 있었다. 기분이 이상하리만치 차분했다. 평소처럼 그날 하루가 기대되거나 흥분되지 않았다. 약간의 무기력을 느꼈다. 이 부분을 과장하고 싶지는 않다. 우울했던 것은 아니다. 다만 종종 감정이 둔해진 기분이었다.

온통 그런 감정만 느꼈던 것은 아니다. 정말로 행복했던 순간들도 있었다. 남자들에게 더 많은 관심을 받았고 사람들이 바뀐 내 모습을 계속 칭찬해줬다. 그렇지만 전반적으로 나는 이 약을 사용하기 전보다 기분이 조금 가라앉은 느낌이었다. 이상했다. 왜 이런 기분이 드는 거지? 내가 원했던 걸 얻고 있는데? 그냥 우연의 일치일 가능성도 있었다. 내 삶에서 오젬픽과 무관한 일들이 기분을 끌어내리고 있기도 했다. 하지만 의문도 들었다. '오젬픽이 내 정신상태에 어떤 부정적 영향을 끼치고 있는 건가?'

이 문제를 깊이 파고들다 보니, 신종 비만 치료제와 관련된 더 심층적인 주제가 있는 것을 알게 됐다. 나와 같은 반응을 설명하는 두 가지 방식이 있었다. 하나는 생물학적 설명이고, 다른 하나는 심리학적 설명이다. 신종 비만 치료제는 생물학적으로 (특히 뇌에) 영향을 미쳐서 내 기분을 더 안 좋게 만들었을 수 있다. 아니면 내 심리에 영향을 미치고 있었던 것일 수도 있다.

나는 뇌에 미치는 영향부터 살펴보았다. 신종 비만 치료제가 우울증에 미치는 잠재적 영향을 알려면 먼저 이들 약이 뇌에 미치는 좀 더 일반적인 영향을 알고 있어야 했다. 그리고 그게 각종 중독에 빠진 사람들에게는 어떤 의미가 될지도 흥미로운 부분이었다.

신종 비만 치료제가 처음 발견되었을 때는 작용 기전이 간단해 보였다. 이들 약은 배가 부르다고 알려주는 장 호르몬(GLP-1)의 인위적인 복제 물질이다. 진짜 호르몬은 몇 분간 지속되다가 사라지지만 이 복제 물질은 무려 일주일간 체내에 머무른다. 주 역할은 장 내에서 장에 작용하면서 포만감을 높여주고 소화 속도를 늦추는 것이다.

그러다가 예상치 못한 돌파구가 마련됐다. 애초에 GLP-1이 발견되었던 것은 1980년대 초 과학자들에게 인간 세포의 내부 작용을 연구할 수 있는 새로운 기술이 생겼기 때문이었다. 이후 얼마

지나지 않아 뇌와 관련해서도 비슷한 일이 일어났다. 뇌 속을 들여다볼 수 있는 기술이 엄청나게 발전했던 것이다. 그 덕분에 과학자들은 아무도 예상치 못했던 수많은 것을 발견하기 시작했고 그중 하나가 GLP-1과 관련된 것이었다. 런던 해머스미스병원 연구팀은 새 기술을 사용하다가 예상치 못한 사실을 하나 발견했다. 쥐를 연구하다가 장에서 멀리 떨어진 곳에서 GLP-1의 수용체(그 물질에 특별히 민감한 신체 영역)를 발견한 것이다. 바로 쥐의 뇌였다.[1] 기이해 보였다. 과학자들은 당연히 의문을 품었다. '인간도 혹시 이런 거 아냐?' 그리고 이게 사실로 밝혀졌다. 그리고 인간은 GLP-1을 뇌에서 '만들어낸다'는 사실까지 발견되었다. 충격적이었다. 우리는 이 호르몬을 장에서만 만들고 처리하는 게 아니다. 뇌에서도 만들고 처리한다.

더 많은 의문점이 생겼다. 사람들에게 (오젬픽과 위고비로 출시된) 세마글루타이드 같은 GLP-1 작용제를 주사하면 그 효과는 과연 어디에서 나타나는 걸까? 위고비 개발에 핵심적인 역할을 했던 로버트 쿠슈너는 말했다. "설치류의 뇌 안에서 이 물질이 어디로 가는지를 연구해보면 안 가는 곳이 없어요. 뇌 깊숙이까지 갑니다. 식욕 중추, 보상 중추, 항상성 중추까지요." 케임브리지대학교의 클레망스 블루에Clemence Blouet는 이들 약의 수용체가 "신체의 여러 영역에…… 모든 곳에" 있다고 말했다.

그래서 과학자들은 이렇게 물어보기 시작했다. '이들 약을 투여하면 식욕이 줄어드는 이유는 주로 장 속의 화학물질을 바꿔서가 아니라 뇌를 바꿔서일까?'

언뜻 보면 이 질문이 기술적인 문제에 불과한 것처럼 들릴 수도 있다. "효과만 있으면 됐지, 누가 그런 걸 신경 써?"라고 말할지도 모른다. 그러나 GLP-1 작용제의 작용 원리를 이렇게 다시 보니, 과학자들은 이 약을 그동안 아무도 묻지 않았던 용도에 사용할 수도 있지 않을까 하는 생각을 하게 됐다. 만약 GLP-1 작용제가 뇌에 작용한다면 식습관 말고 다른 것도 바꿀 수 있지 않을까? 이 문제를 깊이 파고들면서 과학자들은 어마어마한 질문을 해보게 됐다. 혹시나 우리가 전반적인 자제력을 높일 수 있는 약물을 발견한 건 아닐까? 만약에 그렇다면 각종 중독 현상도 치료할 수 있게 되는 것인가?

그러나 이들 GLP-1 작용제가 뇌에 작용한다는 사실은 새로운 여러 위험성을 경고한다고 걱정하는 과학자들도 있었다. 만약 GLP-1 작용제가 뇌를 더 좋게 바꾸고 있다면 뇌를 더 나쁘게 바꾸는 것도 가능하지 않을까? GLP-1 작용제는 과연 어떤 해악을 끼칠 수 있고 또 현재 끼치고 있는 걸까?

이렇게 장에서 뇌로 초점을 바꾼다면 신종 비만 치료제에 대한 생각이 완전히 달라질 수도 있을 듯했다. 이 부분은 내가 사전 조사에서 알게 된 수많은 과학 영역 중에서도 가장 복잡하고 과학자들이 가장 확신하지 못하는 영역이다. 우리가 모르는 부분이 너무나 많고, 관련 과학자들도 하나같이 이 주제는 아주 겸손하게 접근해야 한다고 조언했다. 각종 연구 결과를 읽고 과학자들과 대화를 나누는 동안 나는 형체가 잘 드러나지 않는 모호한 그림을 보고 있는 기분이었다. 현재로서는 신종 비만 치료제가 뇌에 끼치는 긍정적, 부정적 잠재 효과에 관해 큰 그림의 윤곽을 엿볼 수 있을 뿐이다. 지금 우리가 알 수 있다고 생각하는 것들 중 일부는 착각으로 밝혀질 수 있다는 사실을 반드시 기억해야 한다. 클레망스는 말했다. "뇌는 이 우주에서 가장 복잡한 물체라고 말하는 사람들도 있어요." 그러니 신종 비만 치료제에 관해서 우리가 "그 작용 원리를 이해해보려고 아직도 노력 중"이라는 사실은 놀랄 일도 아니다.

뇌의 보상 시스템을 바꾸다

2013년 펜실베이니아에 있는 한 연구소에서 젊은 신경과학자인 다이애나 윌리엄스Diana Williams가 그때까지 아무도 시도하지 않았던 일을 했다. 윌리엄스는 쥐의 뇌에 있는 측좌핵에 GLP-1을 직접 주입했다. 측좌핵은 '보상 중추'의 핵심이다. '치즈케이크 놀이동산' 실험을 진행했던 폴 케니가 이 부분을 설명해주었다. "보상 중추 덕분에 우리는 살아 있을 수 있습니다. 배가 고플 때 음식을 먹으면 기분이 좋아지는 이유는 뇌에 있는 쾌락 중추가 작동했기 때문입니다." 섹스를 하거나 타인과 교감하거나 좋은 음악을 들을 때도 마찬가지다. 이런 것들은 모두 쾌락 중추가 콧노래를 부르게 만드는 활동이다. "쾌락 중추의 역할은 생명을 유지하고 번식하는 데 필요한 요소를 획득하고 사용하게 만드는 것입니다. 이게 정말 중요한 이유는 생명을 유지하고 퍼뜨리는

데 필요한 활동이 쾌락을 주지 않는다면 굳이 그런 활동을 하지 않을 가능성이 크기 때문이지요."

윌리엄스의 발견에 따르면 측좌핵에 GLP-1을 주입한 쥐는 먹이를 훨씬 적게 먹었다.[2] 그전까지 과학자들은 쥐의 뇌에서 다른 부분에 GLP-1을 주입해보려고 했었다. 윌리엄스는 이렇게 말했다. "지금까지 뇌에서 보상과 관련된 부분은 무시되어왔어요." 윌리엄스는 궁금해지기 시작했다. '음식에 대한 누군가의 욕망을 바꾸는 핵심 열쇠는 그들이 느끼는 보상을 바꿔주는 것일까?'

그렇다면 신약이 긍정적인 효과를 낼 수 있었던 핵심 열쇠는 보상 중추였던 걸까? 아니면 혹시 다른 작용도 있었을까?

GLP-1 작용제를 쥐의 뇌에 직접 주입하는 초기 실험 결과를 전해들은 히스 슈미트는 무언가 느낌이 왔다. 펜실베이니아주립대학교의 신경정신약리학연구소장인 그는 평생 중독에 대해 연구해왔다. 슈미트는 특히 충격을 받은 발견이 있다고 했다. 쥐의 뇌에 GLP-1 작용제를 주입하면 정크 푸드 섭취는 크게 줄어들지만 평범하고 건강한 먹이 섭취는 그대로 유지된다. "그러니까 생각을 해보세요. 우리 앞에 샐러드와 맥도널드 해피밀 세트가 놓여 있다면 대부분의 경우 우리는 해피밀 세트를 먹겠지요. 그런데 뇌의 VTA라고 알려진 부분(역시 보상 시스템의 일부다)에 이 약물을 주입하면 해피밀을 먹고 싶은 욕구는 줄어들지만 샐러드를 먹고 싶은 욕구는 손상되지 않는 거예요."

슈미트는 이게 아주 특이하고 의미 있는 일이라면서 그 이유를 들려주었다. 과거에 과학자들은 중독성 행동을 줄여주는 약물을 설계할 때 계속해서 한 가지 난관에 부딪혔다. 과학자들은 중독을 약화시키는 약물은 찾아낼 수 있었다. 다만 이들 약물은 '식사나 섹스, 사회적 교류와 같은 자연스러운 보상 행동'까지도 약화시켰다. 이들 약물은 보상 시스템 전체를 약화시키는 방식으로 작동했다. 그래서 이들 약물을 투여하면 코카인만이 아니라 인생의 모든 즐거움에 대한 관심이 사라졌다. 이런 약물은 쓸모가 없다. "지금 우리가 이야기하는 게 뇌에서는 다 똑같은 회로거든요. 그러니 중독과 관련된 회로를 손보면 다른 보상 행동에도 몽땅 영향을 주게 되는 거지요." 이들 신종 비만 치료제가 나오기 전까지는 그랬다고 슈미트는 말했다. 그런데 동물 연구에서 신종 비만 치료제는 '선택성'을 갖는 것처럼 보였다. 즉 빅맥과 샐러드 사이에서 삶을 부정하는 행동과 삶을 개선하는 행동을 구분할 수 있는 것처럼 보였다.

슈미트는 그 당시를 이렇게 설명했다. "머릿속이 환해지는 기분이었어요. 아무도 생각해보지 못했던 정말로 새로운 방향이 될 수 있겠다고 생각했죠."

전 세계 여러 연구팀은 이제 다음과 같은 질문을 해보기 시작했다. '세마글루타이드를 사용해 니코틴과 알코올에서 헤로인과 코카인에 이르기까지 중독자들의 약물 사용을 줄일 수도 있을까?'

나는 이 문제를 연구해온 몇몇 연구팀과 이야기를 나누었다. 스웨덴 예테보리대학교 약학과 교수인 엘리자벳 옐하그Elisabet Jerlhag는 오랫동안 관심을 가졌던 흥미로운 사실이 있다고 했다.

코카인에 중독된 사람들의 뇌가 비만 환자 혹은 폭식 환자의 뇌와 놀랍도록 닮았다는 사실이었다. 이들 문제가 생물학적으로 서로 유사하다는 사실을 고려하면 한 가지 강박 행동에 효과가 있는 약은 다른 강박 행동에도 효과가 있을 가능성이 있다.

그래서 옐하그는 답을 찾기 위한 일련의 실험을 계획했다.[3] 옐하그 연구팀은 쥐들을 케이지 안에 넣고 적응시킨 후 두 종류의 물병을 주었다. 하나는 물이 들어 있고 다른 하나는 알코올이 들어 있었다.

쥐들은 금세 술에 취했다. "쥐들이 사람처럼 비틀거리더라고요." 매일 저녁 옐하그는 알코올을 다시 채워주었고 쥐들은 맹렬히 덤벼들었다. 쥐들이 알코올 통을 빠느라 흥분해서 쩝쩝거리는 소리가 들렸다. "쥐들은 알코올을 정말로 좋아하고 마시고 싶어 해요." 그렇게 실험쥐의 케이지가 라스베이거스의 허름한 술집처럼 변하고 나자 연구팀이 개입했다. 연구팀은 쥐의 목 아래 피부에 GLP-1 작용제를 주사하고 무슨 일이 벌어지는지 기다렸다.

약을 투여한 쥐들은 술을 훨씬 적게 먹었다. "일부 연구에서는 실제로 (알코올 섭취가) 60퍼센트나 감소"했다고 옐하그는 말했다. "이 정도면 상당히 극적인 효과예요." 이 효과는 알코올을 가장 많이 먹었던 쥐, 즉 '알코올 중독' 쥐에게서 가장 두드러졌다.

그렇게 해서 옐하그 연구팀은 GLP-1 작용제가 쥐의 알코올 섭취량을 줄일 수 있음을 발견했다. 다음으로 탐구하고 싶었던 것은 더 심층적인 내용이었다. 'GLP-1 작용제는 알코올에 대한 쥐의 느낌을 어떻게 바꿀까?' 까다로운 문제였다. 쥐는 질문을 한다고 답을 해주지 않기 때문이다. 그래서 연구팀은 좀 더 섬세한 실험을 몇 가지 더 진행했다.

먼저 연구팀은 새로운 케이지를 설계했다. 쥐 한 마리를 케이지에 넣고 다시 물병과 술병을 주었다. 하지만 이번에는 술병의 작동 원리가 달랐다. 술병 바닥에 작은 레버가 있어서 쥐가 술을 마시려면 발로 레버를 눌러야 했다. 처음에는 레버를 몇 번만 눌러도 맛난 술이 나와서 쥐의 입으로 들어갔다. 하지만 몇 주 후에는 이 과정을 더 어렵게 만들었다. 쥐는 레버를 열 번, 스무 번, 심지어 그 이상으로 눌러야 했다. 쥐가 술을 얼마나 간절하게 원하는지를 측정하는 방법이었다. 술이 크게 중요하지 않다면 쥐는 일찌감치 포기할 테고, 동기부여가 확실하다면 쥐는 술을 얻기 위해 맹렬히 펌프질을 할 것이다.

옐하그는 쥐에게 GLP-1 작용제를 주사하면 훨씬 일찍 포기한다는 사실을 발견했다. GLP-1 작용제는 쥐가 알코올에 덜 열광하게 했다. 옐하그는 "GLP-1 수용체 작용제가 알코올의 보상을 감소시킨다"는 사실을 보여준 것이라고 했다.

그래서 연구팀은 쥐의 감정을 탐구할 또 다른 방법을 고안했다. 사람이든 쥐든 술을 마시면 흔히 쾌락의 화학물질인 도파민이 솟구치는 경험을 한다. 연구팀은 GLP-1 작용제를 주기 전과 후에 쥐의 뇌를 테스트해보았다. GLP-1 작용제를 주사한 후에는 술로 인한 도파민 급증 현상이 줄어들었다. GLP-1 작용제는 정말로 쥐의 뇌에 있는 보상 시스템을 바꿔놓고 있었다. GLP-1

작용제는 알코올을 덜 즐거운 물질로 만들었다.

한동안 술을 많이 마시면 금주를 했을 때 땀이 나거나 손이 떨리거나 구역질이 나는 것과 같은 금단증상을 겪는다. 알고 보니 쥐도 똑같았다. 옐하그는 말했다. "쥐에게 오랫동안 술을 주다가 끊으면 쥐가 불안 행동 비슷한 것을 보입니다. 몸을 떨지요." 이렇게 금단증상을 겪는 쥐에게 GLP-1 작용제를 주사하자 증상이 현저히 줄어들었다. 쥐는 알코올을 잃은 고통에 훨씬 둔감해졌다.

마지막으로 옐하그 연구팀은 GLP-1 작용제가 중독의 또 다른 부정적 영향을 예방하는 데도 효과가 있다는 것을 발견했다. 바로 '재발' 방지였다. 옐하그 연구팀은 쥐에게 10~12주 동안 술을 주다가 2주간 치웠다가 다시 술을 주었다. 옐하그는 말했다. "(보통은) 술을 다시 주면 엄청나게 마십니다." 사실은 술을 치우기 전보다 더 많이 마신다. "인간과 똑같죠. 알코올 중독 환자가 술을 끊으면 금단증상이 생깁니다. 그리고 엄청난 갈망이 생겨서 술을 다시 마시고 싶어지죠. 그렇게 해서 다시 술을 마시기 시작하면 이전보다 더 많이 마셔요." 그러나 옐하그가 쥐에게 GLP-1 작용제를 투여했더니 술을 다시 마실 가능성이 줄어들었다.

나는 옐하그에게 GLP-1 작용제가 왜 그런 효과를 갖는지 물었다. "아직 완전히 밝혀지지는 않았습니다." 그러나 한 가지 이유는 확신한다고 했다. "술이 주는 보상을 차단하는 거예요. 보상이 줄어드니까 술을 계속 마시고 싶지 않은 거지요."

그러나 훨씬 더 원초적인 무언가가 작동하는 것은 아닌지 의심하는 과학자들도 있다. 히스 슈미트는 GLP-1 계열 약들이 칼로리에 대한 욕망을 줄이는데, 술을 마실 때 "위장을 채우는 것 중에는 칼로리가 되는 내용물도 있다"고 했다. 이 모든 게 그저 칼로리에 대한 욕망이 줄어든 효과일까?

이를 알아낼 방법이 있었다. 몇몇 과학자는 세마글루타이드를 투여했을 때 칼로리가 전혀 없는 약물 사용이 줄어들 수도 있는지 조사하기 시작했다. 펜실베이니아대학교 신경행동과학과 학장인 패트리샤 그릭슨Patricia Grigson의 연구팀은 쥐에게 GLP-1 작용제를 투여했을 때 헤로인이나 펜타닐 사용을 줄일 수 있는지 연구했다.[4] 헤로인이나 펜타닐 사용량은 실제로 눈에 띄게 줄어들었다. 그릭슨은 말했다. "GLP-1 작용제는 신호 유발 행동 추구를 (약물을 얻으려고 애쓰는 정도를) 적어도 절반은 감소시켰습니다." 이 실험은 GLP-1 작용제가 약물 남용을 줄이는 데 '아주 큰 방어 효과'가 있음을 보여준다. 그레그 스탠우드Gregg Stanwood가 함께했던 플로리다주립대학교 연구팀도 비슷한 실험을 했다.[5] 쥐에게 코카인을 줘본 것이다. 연구팀은 GLP-1 작용제가 코카인에 대한 쥐의 욕구를 대략 50퍼센트 감소시킨 것을 발견했다. 결과를 확인한 스탠우드는 이렇게 말했다고 한다. "와, 너무 멋진데? 출시할 수만 있다면 정말로 사람들한테 도움이 되겠어."

이 같은 실험 결과를 살핀 과학자들은 특히 한 가지 사실에 깜짝 놀랐다. GLP-1 작용제가 어느 하나의 약물만이 아니라 모든 약물에 대한 욕망을 감소시킨 것처럼 보인다는 점이었다. 노스캐롤라이나대학교 임상심리학과 부교수 크리스천 헨더샷Christian Hendershot은 말했다. "당장 가장 눈길을 끄는 발견은 GLP-1 수용체 작용제가 여러 종류의 약물 사용에도 영향을 주는 것으로 보인다는 점입니다. 이 약물들에는 알코올, 니코틴, 각성제, 심지어 마약성 진통제까지도 포함되는데, 거의 모든 연구에서 GLP-1이 약물 사용에 상당한 영향을 주는 것을 알 수 있어요. 하나의 약이 이처럼 광범위한 중독 행동에 영향을 주는 것은 흔한 일이 아니에요. 사회적으로 가장 큰 '질병 부담disease burden'을 일으키는 양대 요소는 음주와 흡연입니다. 그런데 이 약이 음주나 흡연을 지속적으로 감소시키는 것으로 밝혀진다면 정말 귀중한 발명이 될 수 있어요.”

이 얘기를 들으면서 나는 이런 생각이 들었다. 만약 이들 신약을 비만 치료제로 생각한 것이 약의 성격에 대한 오해에서 비롯되었다면? 만약 이들 신약이 주로 체중이 아니라 보상 시스템에 작용하는 것이라면? 그래서 전반적으로 우리에게 안 좋은 무언가에 대한 갈망을 줄여주고 있는 것이라면?

아무것도 즐겁지 않은 사람들

2023년 오젬픽이 급부상할 때 이걸 투약한 많은 사람이 뜻밖의 사실을 눈치채기 시작했다. 캐나다에서 정신건강 관련 업무를 하고 있는 50대 여성 트레이시와 이야기를 나누었다. 트레이시는 이혼 이후 일련의 중독 증상이 생겼다. 트레이시는 강박적으로 온라인 쇼핑을 했다. 입지도 않을 엄청난 양의 옷과 읽지도 않을 수많은 책을 사는 것으로 마음을 가라앉혔다. '구매' 버튼을 누를 때마다 전율을 느꼈다. 트레이시는 매달 어지간한 가정의 주거 비용에 맞먹을 만한 돈을 쇼핑 중독에 낭비하고 있었다. 또 달달한 음식을 강박적으로 폭식한 다음 짭짤한 음식을 폭식했다. 그리고 강박적으로 피부를 뜯는 행동도 시작됐다. 여러 가지 중독성 행동은 "분명 통제를 벗어나려" 하고 있었다.

트레이시의 담당 의사는 체중 감량을 목적으로 오젬픽을 처방해주었다. 그런데 한 달쯤 지났을까? 트레이시는 뭔가를 눈치챘다. "갈망이 없어졌어요." 강박적인 쇼핑도 폭식도 피부 뜯기도 멈췄다. "그러고 싶은 욕구가 전혀 일지 않아요. 강박이 없어요. 전에는 욕구가 있었어요. 저는 중독이 욕구라고 생각하거든요. '이걸 해야겠어'라는 강렬한 욕구 말이에요. 그런데 갑자기 다 사라진 거예요. 충동이 정말로 줄어들었어요. 끝내주더라고요."

노스캐롤라이나의 크리스천 헨더샷에게도 비슷한 목격담이 의사들로부터 쇄도했다. GLP-1 작용제를 몇 달 사용하고 나면 환자들은 이렇게 말했다고 한다. "더 이상 술 생각이 나지 않아요. 더 이상 담배 생각이 나지 않아요." 수많은 사람이 이 약 덕분에 온갖 종류의 강박적인 행동을 끊게 되었다고 경험담을 전해왔다. 그중에는 도박 중독도 있고 포르노 중독도 있었다. 헨더샷은 말했다. "흥미로웠습니다. 중독 치료용 약물을 처방했을 때는 이런 얘기를 들을 수가 없거든요. 그러니까 특별한 거예요." 영국 의사 펨버턴은 이렇게 말했다. "알코올 문제가 있던 제 지인 몇 명이 오젬픽을 사용하면서 놀라운 경험을 했어요. 이렇게 말하더라고요. '세상에나. 내가 이제 술을 마시지 않는다는 게 믿기지가 않아. 몇 주가 지났는데도 술을 마시고 싶은 욕구가 전혀 없어.' 제 생각에는 오젬픽에 뭔가 신경학적인 요소가 있는 것 같아요."

신종 비만 치료제가 동물에게 미치는 영향을 조사하던 과학자들은 인간에게도 이런 영향이 있는 것 같자 흥분했다. GLP-1이 쥐에게 미치는 영향을 밝혀냈던 엘리자벳 옐하그는 이렇게 말했다. "정말 기뻤어요. 정말 오랫동안 우리가 갖고 있던 가설이었거든요. 전임상 연구에서 보았던 내용을 다시 확인시켜주었어요." 쥐의 헤로인 사용이 줄어드는 것을 보여주었던 패트리샤 그릭슨은 이렇게 말했다. "실험실에서 보고 있는 결과들이 놀랄 일은 아니에요. 그래도 경이롭죠."

전 세계 수많은 과학자가 현재 각종 중독 문제를 앓고 있는 사람들에게 GLP-1 작용제를 투여하면서 임상 시험을 진행하고 있다. 결과는 차차 나올 것이다. 지나치게 낙관해서는 안 된다. 그레그 스탠우드는 말했다. "신경과학 분야의 이슈 중 하나가 동물 실험의 결과가 인간에게 잘 적용되지 않는다는 거예요. 생물학적으로 뇌에서 기인하는 차이도 있을 수 있지만, 결국에는 인간이 처한 상황이 워낙 복잡해서 쥐나 다른 동물로 모형화하기 불가능한 거죠. 그래서 저도 늘 조심하려고 해요."

이 글을 쓰는 지금도 인간과 관련해서는 아주 잠정적인 결과들밖에 나와 있지 않고, 그 결과라는 것도 오락가락이다. 현재로서는 GLP-1 작용제가 흡연을 줄여주는 것처럼 보이지만[6] 오직 니코틴 패치와 병용했을 때만 그런 효과가 나타난다. 알코올 사용도 실제로 줄여주지만 애초에 알코올 문제가 있던 과체중인 사람들에게만 해당하는 일이다.[7] 코카인 사용은 줄지 않았지만 코카인을 쓰고 싶게 하는 방아쇠(촉발제)들에 대한 민감성은 줄어들었다.

이 모든 것이 소규모 초기 연구 결과이고, 몇 년 후면 훨씬 더 많은 것을 알게 될 것이다. 이와 관련해 핵심적인 몇 가지 연구를 진행했던 히스 슈미트는 이렇게 조언했다. "이들 신약의 임상 시험을 응원하고 싶어요. 왜냐하면 그럴 만한 데이터가 충분하다고 생각하거든요. 하지만 GLP-1 작용제가 약물 남용 문제를 겪는 모든 사람에게 기적의 약이 될 거라는 잘못된 희망을 사람들에게 심어주고 싶지는 않아요. 아직은 모르는 일이니까요."

신종 비만 치료제를 투약하는 사람들은 이 약이 자신의 사고방식을 바꾸고 있고 뇌에 근본적인 영향을 미치는 것 같다고 말한다. 그들은 그토록 갈망하고 집착했던 음식이 주는 보상이 갑자기 확 줄어든 듯한 느낌을 받았다. '음식에 대해 떠들어대며 생각을 지배했던 그 목소리'가 잠잠해졌다고 말한다. 많은 사람이 이 약이 장보다는 머리에 영향을 미치는 것 같다고 느낀다.

그러나 이 약의 긍정적 효과가 뇌의 보상 중추를 약화시키는 데서 나오는 거라면 이렇게 묻지 않을 수 없다. 그렇게 됐을 때 부정적인 효과는? 이 질문을 좇다가 알게 된 것이 신종 비만 치료제의 열한 번째 잠재적 위험 요소다.

뇌의 보상 중추에 간섭하는 다른 약들은 종종 전혀 예상할 수 없는 결과를 내기도 한다. 예를 들어 파킨슨병이 있다면[8] 뇌에 있는 도파민 뉴런이 변질되기 때문에 L-도파L-Dopa 같은 약을 처방할 수 있다. 호주 퀸즐랜드대학교 보건정책학 명예교수 웨인 홀Wayne Hall은 이런 약들이 "뇌의 도파민 수치를 올려준다"고 했다. 이는 실제로 효과가 있어서 파킨슨병의 증상이 눈에 덜 띈다. 그러나 몇 년이 지나면 종종 곤란한 효과가 나타나기 시작한다. 보상 시스템이 너무 강해진 나머지 환자들이 종종 본인 같지 않은 행동을 하는 것이다. 환자들은 갑자기 도박에 빠져 전 재산을 날리기도 하고, 평생 아내에게 충실했던 70대 남자가 갑자기 20대 여자들에게 추파를 던지기도 한다. 이런 약들은 "보상 시스템을 너무 강화해서 이런 종류의 강박적 행동을 만들어낸다."

뇌의 보상 시스템을 극적으로 강화했을 때 이런 일이 일어난다면 뇌의 보상 시스템을 약화시켰을 때는 과연 어떤 일이 벌어질까? 이들 약이 여러 행동을 얼마나 잘 구분할 수 있을까?

이 문제에 관해 내가 이야기를 나누었던 과학자들은 하나같이 조심스러워했다. 그리고 우리가 모르는 게 많다고 다시 한번 강조했다. 여기서 나는 아주 다양한 시각을 가진 수많은 사람을 인용할 것이다. 그러면 여러분도 이 문제에 관해 현재 얼마나 많은 시각이 존재하는지 감이 잡힐 것이다.

이들 신약이 보상 시스템에 잠재적으로 어떤 영향을 미칠 수 있는지 내게 가장 먼저 우려를 제기했던 사람은 그레그 스탠우드였다. 스탠우드는 이들 약의 작용 원리를 우리가 맞게 생각하는 것이라면 시간이 지났을 때 이들 약을 투여하는 사람들이 "무쾌감증처럼 느낄지도 모른다"고 했다. 무쾌감증이란 쾌감을 경험하는 능력이 심각하게 줄어드는 것 혹은 스탠우드의 표현을 빌리면 "보상이 시큰둥해지는 것"을 말한다. 스탠우드는 그럴 것 같지는 않지만 "이론상 가능하다는 점을 언급하지 않을 수 없다"고 했다. 일부 약물의 경우 이런 사례들이 분명히 있었다. 예를 들어 정신병을 가진 사람에게 도파민(보상 시스템의 핵심)을 차단하는 방식으로 치료하는 약을 주면 "분명히 무쾌감증이 생기고 부정적인 영향을 미친다."

앞서 패트리샤 그릭슨은 혁신적 실험을 통해 GLP-1 작용제가 쥐의 헤로인과 펜타닐 사용을 감소시킨다는 것을 보여주었다. 그릭슨은 말했다. "근본적인 질문인 것 같아요." 보상 시스템은 음식이나 섹스처럼 삶에서 필요한 모든 것을 찾아다니게 만든다. "정말로 필요한 것들을 열심히 찾아다니는 것은 중요한 일이에요. (이들 약을 투여하는) 사람들이 여전히 정말로 필요한 것들을 열심히 찾아다니는지 확인하는 것은 중요한 일이라고 생각합니다." 그러나 그릭슨은 보상 시스템이 단순히 기본적 욕구를 충족시키는 것보다 훨씬 많은 일을 한다고 덧붙였다. "철인3종 경기 선수나 마라톤 선수를 한번 생각해보세요. 아니면 우리 중에 누구라도 자신이 하는 일에 최고가 되고 싶어 하는 사람을 한번 떠올려보세요. 예를 들면 최고의 바이올리니스트가 되고 싶어 하는 사람이라든지. 이런 일에는 수천 시간의 동기부여와 에너지가 필요해요. 이들 약을 투여해도 그런 동기부여나 에너지를 가질 수 있을까요? 아니면 그걸 방해하게 될까요? 만약 방해하게 된다면 큰 문제예요." 그릭슨은 무쾌감증이 '가능성 있는 시나리오'이고, 그래서 걱정된다고 했다.

그러나 그릭슨은 아직까지는 자신의 실험으로 보나 신종 비만 치료제를 사용 중인 사람들을 보나, "정말로 필요한 것에 대한 욕구를 방해하는 모습은 보이지 않는다"고 안심시켰다. 한 예로 "저희 실험 모형에서 쥐들은 계속해서 먹이를 먹고 있어요. 다만 단것을 이전만큼 먹지 않을 뿐이죠."

맥스 펨버턴도 그릭슨과 같은 걱정을 하고 있었다. "보상 회로를 몽땅 약화시킨다면 기분 저하를 느끼는 사람이 대량으로 생겨날까요? 체중은 건강한 상태를 유지하는데 일도, 자녀도, 아무것도 즐겁지 않은 그런 사람들? 말 그대로 저는 모르겠습니다. 저도 걱정이 돼요. (예를 들어) 제가 이제 막 출산한 엄마라고 쳐요. 임신 기간에 찐 살을 빼고 싶겠죠. 오젬픽 사용을 시작합니다. 그런데 이게 아기와의 유대감 형성에 과연 어떤 영향을 미치게 될지는 아무도 모릅니다. 여기에는 진화 과정에서 생긴 신경학적인 부분이 분명히 있거든요." 노스캐롤라이나에서 신종 비만 치료제를 연구하는 크리스천 헨더샷에게 이런 위험성에 대해 묻자 비슷한 이야기를 했다. "분명히 문제가 됩니다. 신종 비만 치료제를 사용했을 때 부정적인 기분, 부정적인 영향이 커졌다는 사람들이 분명히 있어요. 자연스럽게 생기는 보상마저 약화될 가능성이 있습니다. 계속 지켜봐야 할 문제예요."

2023년 7월 유럽의약품청은 오젬픽에 대해 또 다른 안전성 경고를 발령했다. 오젬픽이 일부 사용자에게 자살이나 자해에 대한 생각을 늘릴 수 있다고 경고한 것이다. 이 문제는 현재 조사가 진행 중이다. 얼마 후 동일한 경고에 기초해서 영국 의료 당국 역시 조사에 착수했다.

GLP-1 작용제를 옹호하는 사람들은 별것 아닌 일에도 안전성 경고가 자주 발령된다고 말한다. 이 경우 안전성 경고가 발령된 것은 이 약을 사용한 후 자살 충동을 느낀 아이슬란드 환자 세 명 때문이었다고 말이다. 그러나 2023년 9월이 되자 보고 건수는 유럽 전역에서 150건 이상으로 증가했고, 미국 식품의약국도 이 약을 사용하고 자살 충동이 생겼다는 보고를 96건 받았다. 앞서도 말했지만 대부분의 안전성 경고는 나중에 별일 아니었던 것으로 밝혀진다. 안타까운 일이지만 우리 가운데는 자살 충동을 느끼는 사람이 늘 있게 마련이고, 그중 일부는 온갖 약을 사용한다. 그러니 반드시 이 약이 자살 충동을 유발했다는 의미는 아니다. 그러나 이 약을 비판하는 사람들은 펜펜이 심장 질환을 일으킨다는 소문도 처음에는 적은 규모였다고 말한다. 노스다코타주 파고에 살던 소수의 의사가 몇몇 환자가 심장 문제를 일으키는 것을 눈치챘을 때는 적은 규모였다고 말이다. 그러나 결국 이 문제는 종이집 전체를 무너뜨렸다. 신종 비만 치료제가 우울증을 급증시킬 수도 있는 걸까?

이 문제를 진지하게 고민해본 과학자 중에는 걱정할 필요가 없다고 믿는 사람들도 있다. 신종 비만 치료제를 오랜 세월 연구한 히스 슈미트는 이렇게 말했다. "저희가 동물 실험을 했을 때는 그런 증거는 없었어요. 제가 아는 한, 당뇨병이나 체중 감량을 위해 이들 신약을 투여한 사람 중에서 성욕 감퇴를 보고한 사람도 없고요. 이 약이 무쾌감증을 유발한다는 구체적 증거는 아직 보지 못했습니다."

나는 이런 우려를 제약회사들에도 제기해보았다. 노보 노디스크는 이렇게 말했다. "자살이나 자살 충동을 포함한 부작용에 관해서는 통상적인 감시뿐만 아니라 각 지역 의료 당국과의 협조를 통해 계속 모니터링할 것입니다. 미국에서는 식품의약국에서 위고비와 삭센다를 포함해 중추신경계에 작용하는 만성 체중 관리 약물에 대해 자살 행동 및 충동에 대한 경고 표시를 요구하고 있습니다. 이는 다른 체중 관리 제품의 임상 시험에서도 보고된 바가 있습니다. 노보 노디스크는 현재 진행 중인 임상 시험 및 당사 제품의 실제 사용 사례에 대한 감시 활동을 지속적으로 벌이고 있으며, 환자의 안전을 확보하고 보건 전문가에게 적절한 정보를 제공하기 위해 규제 당국과 면밀히 협업하고 있습니다. 노보 노디스크는 당사 제품이 위험성 대비 월등한 효용을 가진다고 여전히 확신하며 환자의 안전성 확보를 위해 계속 최선을 다할 것입니다. 39개월 이상 세마글루타이드에 노출된 사람들을 대상으로 한 장기 임상 시험 데이터인 'SELECT'를 보면 세마글루타이드 2.4로 인한 정신 질환 위험은 위약에 비해 증가하지 않는 것으로 확인되었습니다."

일라이 릴리는 언급을 거절했다.

뇌에서 다른 일이 일어나고 있다면

나는 신종 비만 치료제의 기능과 관련된 핵심 질문이 계속 생각났다. '신종 비만 치료제가 보상 시스템을 억압하는 방식으로 작동한다면 신종 비만 치료제는 내게 나쁜 일(치킨 맥너겟을 두 박스나 먹는 것)과 좋은 일(조깅을 하는 것)을 어떻게 구분할까?' 술을 꿀떡꿀떡 마시는 쥐에게 GLP-1 작용제를 투여하는 결정적인 실험을 했던 엘리자벳 옐하그는 이들 신약이 선별적으로 작용하는 것 같다고 했다. 옐하그 연구팀의 실험에서 GLP-1 작용제는 알코올이 유발하는 도파민의 양은 줄어들게 했지만 전반적인 도파민 분비량을 줄이지는 않았다는 것이다. "도파민 자체를 줄이는 약을 투여한다면 약 때문에 무쾌감증이 생길지도 모릅니다. 동기부여가 되지 않고 어떤 즐거움도 느껴지지 않겠죠." 그러나 연구팀이 목격한 것은 이와는 달랐다. 쥐들은 여전히 잘 뛰어다니고, 교미를 하고, 쳇바퀴를 돌렸다. "적어도 저희 실험에서는 GLP-1 작용제가 쥐의 활동성 자체 혹은 도파민 자체에 영향을 주지는 않았습니다." GLP-1 작용제는 "과도한 것만을 차단하는 약"인 것처럼 보인다.

나는 이 점이 이해되지 않았다. 예컨대 내가 유명 가수 엘튼 존이고, 나의 주된 기쁨은 훌륭한 음악을 만드는 데서 온다고 치자. 나의 보상 시스템에 작용하는 약이 잼 샌드위치를 먹는 것은 억압하고 즉흥 연주는 억압하지 않아야 한다는 걸 대체 어떻게 안단 말인가? "저희도 몰라요." 히스 슈미트는 말했다. "솔직히 홀

룡한 질문이라고 생각해요. 그래서 저희가 뇌의 메커니즘을 그렇게 많이 연구하는 거예요. 정확히 뭐가 어떻게 되는 건지 알아내려고요." 옐하그에게 같은 질문을 했더니, GLP-1 작용제가 음악에 대한 사랑에 어떤 영향을 주는지 들여다보는 "연구는 없다"고 했다. "그러니 저도 모르겠어요." 그렇지만 당뇨와 비만 때문에 GLP-1 작용제를 투여하는 사람이 워낙 많다면서 이렇게 말했다. "만약 어떤 음악가가 더 이상 음악에서 보상을 느끼지 못하게 됐다면 이미 보고가 됐을 거예요. 그런 보고는 본 적이 없거든요. 그렇지만 물론 조심할 필요는 있다고 생각해요."

요약하자면 가장 중요한 것은 이 약물이 뇌에 미치는 영향이 얼마나 선별적인가 하는 점이다. 옐하그는 뇌가 분명히 이런 식으로 선별적일 수 있다고 말했다. 건강한 음식을 먹거나 음악을 듣는 것처럼 "좋아하는 것에 대해 자연스럽고 정상적인 보상의 개념을 가지고 있다면" 도파민 시스템은 정상적으로 작동한다. 그렇지만 과식이나 알코올, 코카인 등에 중독되면 "이런 중독성 행동은 (뇌에 있는) 중변연계mesolimbic system를 장악해버린다. 그러면 상황이 바뀐다. 도파민 시스템에 영향을 주는 방식이 다르다." (뇌는) 이렇게 서로 다른 상태를 구분하도록 만들어져 있다. 그러니 GLP-1 작용제가 두 상태를 구분하는 것도 가능하다. 그러나 과학계는 "이 작용 원리를 이제 겨우 이해하기 시작하는 단계이기 때문에 훨씬 더 많은 연구가 필요하다."

나는 더 많은 과학자와 이야기를 나누며 그들의 연구 성과를 파고들었다. 그러자 어떤 과학자는 걱정하지 말라고 했다. 나의 우려는 이 문제를 잘못된 방식으로 생각하는 데서 비롯되었다면서 말이다. 애초에 GLP-1 작용제의 작용 원리가 보상 시스템을 약화시키는 방식이 아니라면 어떻게 하겠느냐고 그들은 물었다. 뇌에서 다른 일이 일어나고 있다면?

나는 신종 비만 치료제가 뇌에 영향을 미치는 방식과 관련해 보상 시스템 이론 말고도 적어도 두 가지 이론이 더 있다는 걸 알게 됐다. 첫 번째 이론은 버밍엄에 있는 앨러배마대학교의 소화기생물학연구소장 아우렐리오 갈리Aurelio Galli가 알려주었다. 갈리는 뇌에 GLP-1 수용체가 있다는 걸 가장 먼저 확인한 과학자 중 한 명이다. 갈리는 보상 시스템을 약화시키는 것은 당연히 나쁘다고 말했다. "보상 없는 삶을 상상이나 할 수 있나요? 그랬다가는 생존하지 못할 겁니다. 살 수가, 적어도 잘 살 수는 없을 겁니다. 자녀의 미소가 내게 행복감이라는 보상을 주지 않는다면 자녀를 잘 돌보지 않을 거예요. 보상은 우리가 하는 모든 일에 들어 있습니다." 그러나 갈리는 이들 신약이 하는 일이 보상 시스템 약화라고는 생각하지 않는다고 했다. "GLP-1 작용제가 보상 시스템을 약화시키는지는 잘 모르겠어요. 조심스러운 얘기지만, 저는 GLP-1 작용제가 보상 시스템을 '재설정'한다고 봐요. 뇌에서 더 좋게 혹은 더 적절하게 신경 전달이 이루어지도록 말이에요." 집에 있는 전자기기를 '공장 초기화'하는 것과 다소 비슷하다. 뇌에게 비만은 부자연스러운 상태인데, GLP-1 작용제가 이를 다시 건강한 상태로 되돌려놓는다는 것이다. 아직 확인되지는 않았으나 갈리는 이들 신약이 "정상 회로를 재건한다고 생각"

했다.

클레망스 블루에도 비슷한 이론을 내놓았다. 앞서 말했듯이 많은 과학자가 우리 몸에 자연적인 설정값이 있고 거기에 맞게 체중을 유지하려 한다고 믿는다. 그렇지만 살이 찌면 설정값이 올라가고 그렇게 높아진 설정값을 다시 유지하려고 한다. 클레망스는 GLP-1 작용제가 "어쩌면 설정값을 낮추는 것일지 모른다. 건강을 유지할 수 있게 체온을 낮추는 것과 비슷"하다고 말했다. 이렇게 재설정이 일어나면 뇌와 몸은 더 높은 체중을 유지하려고 분투하는 것을 그만두고 요요현상을 부르는 온갖 메커니즘(신진대사를 느려지게 만들고, 허기를 더욱 키우고, 활력을 줄이는 등)으로 우리를 고문하지도 않으면서 체중을 낮출 수 있게 해준다는 것이다.

두 번째 이론은 GLP-1 작용제가 주로 보상 시스템을 억압하는 방식으로 작동하는 것이 아니라 뇌에 있는 다른 시스템을 강화하는 방식으로 작동한다는 이론이다. 폴 케니는 이와 관련된 자신의 생각을 이해하려면 뇌에는 "병렬적인 두 가지 시스템"이 있음을 알아야 한다고 했다. 먼저 보상 시스템은 기분이 좋아지는 것들을 찾아다니게 만든다. 그런데 "마치 음양의 조화를 이루듯이 이에 대한 병렬 시스템이 또 하나 있다. 바로 '혐오 시스템'이다. 혐오 시스템은 지금 하고 있는 일을 멈추라고 이야기한다. '네가 하는 짓은 너에게 나쁘다, 너를 죽일 수도 있다, 생명 유지에 도움이 안 된다'고 말한다." 이게 바로 몸이 '그만 먹어라, 담배를 그만 피워라' 하고 말할 때 작동하는 시스템이다. 이 두 가지 시스템은 "반드시 협업을 해야 한다. 비만이나 약물 중독처럼 무언가를 섭취하는 것과 관련된 질병을 떠올릴 때 우리는 보상 측면에만 초점을 맞추는 경우가 너무 많다. 그러나 여기에는 혐오라는 측면도 있다. 약물을 사용하면 뇌의 혐오 시스템도 작동해서 '야, 이거 그만해야 해'라고 말하게 된다."

GLP-1 작용제는 바로 이 혐오 시스템을 강화시킨다고 폴 케니는 의심하고 있다. "포만감 시스템에 불을 켜는 거죠." 그는 말했다. "보상 시스템에 비하면 혐오 시스템은 우리가 아는 내용이 별로 없어요. 저는 이 GLP-1 작용제가 꼭 보상 시스템을 수정 중일 필요는 없다고 봐요. 실제로는 혐오 시스템을 키우는 중인 거죠. '그만해. 그러면 안 돼'라고 말하는 시스템 말이에요. 그래서 포만감 반응이 오는 거지요." 만약 폴 케니의 생각이 맞다면 보상 시스템이 줄어들어 어떤 해악(예컨대 우울증)이 생길 가능성은 훨씬 낮아질 것이다.

임신부의 경우

실제로 그렇다면 GLP-1 작용제들은 보상 시스템만이 아니라 뇌의 훨씬 광범위한 영역에 작용하고 있는 것이 분명하다. 그렇다면 이 경우의 잠재적 위험성은 과연 뭘까? 나는 다시 한번 궁금해졌다.

GLP-1 작용제들이 영향을 주는 영역 중에 '후뇌'가 있다. 나는 클레망스 블루에에게 물어보았다. 후뇌를 바꿔놓는 것에 위험성은 없나요? 후뇌는 또 무슨 일을 하나요? "미각 처리에 중요해요. 자율신경계의 혈압 조절과 심박수 조절, 장운동에도 관여하고요." GLP-1 작용제들이 영향을 미치는 또 다른 뇌 부위는 시상하부의 '궁상핵'이다. 나는 궁상핵에 영향을 주었을 때 잠재적인 위험성은 없는지도 물었다. 블루에는 뇌의 이 부분이 기억 처리에 중요하다면서 이렇게 말했다. "장기간 약물로 이 시스템에 강한 충격을 주면 이런 회로들이 조직된 방식이나 연결된 방식, 다른 신호를 감지하는 방식 등이 바뀔 수도 있다고 의심해야 해요. 맞아요, 가능하죠. 이 부분에 대해서는 우리가 아직 충분히 아는 것 같지 않아요." 블루에는 이런 영향을 이야기하는 것은 "심한 추측에 불과하다"고 강조했다. 정말로 모르는 부분인 것이다.

뇌에 영향을 주는 약물은 오랜 세월이 지난 후에야 위험성이 드러나는 경우도 있다. 그레그 스탠우드는 조심스럽게 우려를 제기했다. "사람들을 놀라게 하고 싶지는 않아요. 그래서 이 문제를 꺼내는 것 자체가 망설여져요. 그렇지만 이런 시스템의 생물학적 원리와 관련해서는 아직 제대로 논의되지 않은 문제가 있다고 생각해요."

크게 숨을 들이쉰 다음 스탠우드는 이렇게 말했다. "저는 가임기 여성에 대한 우려가 있어요. 현재 임신 상태는 아니지만 나중에 임신을 할 수 있는 사람들이요. (이런 약을 투여하는 게) 임신이나 아기의 발달에 해로운 영향을 미칠지도 몰라요. 태아 뇌의 수용체 활동을 고려할 때 주로 걱정되는 것은 임신 후기예요." 만약 임신부가 신종 비만 치료제를 투약 중이라면 중요한 시기에 태아의 뇌 발달에 영향을 미칠 수도 있다. "최악의 경우 우려되는 것은 아직 발달 중인 뇌의 보상 시스템 관련 회로를 바꿔놓는 거예요. 아기의 발달 궤도를 바꾸게 될지도 몰라요. 그렇게 해서 아기가 나중에 자랐을 때 뇌가 내적인 보상에 (정상적으로) 반응하지 않을지도 몰라요. 음식, 술, 섹스, 도박, 비디오게임, 뭐든지 말이에요. 그래서 남들보다 반응이 더 많거나 적은 사람이 되어버릴지도 모르죠."

스탠우드가 이를 걱정하는 이유는 과학계가 상반된 내용들을 발견했기 때문이다. 스탠우드는 화학물질(중금속 또는 위험한 플라스틱)에 노출된 여성들의 자녀를 장기간 연구한 결과와 임신 중에 약물을 사용한 여성들의 자녀를 연구한 결과를 꼭 읽어보라고 했다. 그는 말했다. "위해 물질에 노출된 여성의 자녀는 처음에 큰 차이를 보이지 않아요. 하지만 학교에 들어갈 나이쯤 되면 아주 까다로운 문제들이 생겨요. 그중 하나가 보상 회로예요. 충동성이나 주의력 장애가 증가하는 거지요." 이게 "약물 남용을 증가"시킬 수도 있다. 스탠우드는 이렇게 강조했다. "그래서 정말 말하기 조심스럽지만, 무언가 해악을 끼칠 가능성은 분명히 있어요." 그러나 스탠우드는 이렇게 덧붙였다. "반대 방향이 될 수도 있고요. 보호되는 쪽으로. 보상 시스템의 회복 탄력성을 증가시켜줄지도 모르지요. 어쨌거나 지금은 데이터가 없어서 알 수 없어요."

이들 신약을 만드는 제약회사에 이런 우려를 전달됐다. 노보 노디스크는 임상 시험을 진행할 때 임신부는 모두 제외했기 때문에 어떤 영향이 있는지에 대한 데이터가 "제한적"이지만, "임신 중에는 이들 약물을 사용해서는 안 된다"고 했다. 그리고 처방과 관련된 권고 사항에 이렇게 쓰여 있다고 알려주었다. "임신부가 세마글루타이드를 사용했을 경우 태아의 발달을 저해할 위험성과 관련해서는 정보를 얻을 수 있는 데이터가 제한적입니다. 그러나 동물 실험 결과를 보면 임신 중 세마글루타이드에 노출되었을 경우 태아에게 잠재적 위험성이 있을 수 있습니다. 임신 중 오젬픽을 사용하는 것은 그 잠재적 효용이 태아에 대한 잠재적 위험성을 정당화할 수 있을 때로 제한되어야 합니다. 임신 중인 쥐에게 세마글루타이드를 투여했을 때 기형이 발생하고 성장에 이상이 생긴 적이 있습니다."

일라이 릴리는 언급을 거절했다.

이 모든 걸 알고 나면 신종 비만 치료제가 지금까지 우리가 생각했던 것처럼 그렇게 단순한 문제가 아니라는 사실이 분명해진다.

신종 비만 치료제를 사용하면 장뿐만 아니라 뇌도 바뀌게 된다. 정신도 바뀌게 된다.

나는 이게 더 깊고 내밀하며 예측이 힘든 변화라고 느꼈다.

8장

과식의 이유

먹는 습관이 사라진 후에야
깨달은 사실들

그 잦았던 과식은 나를 위해 여러 가지 일을 해주었다.

과식은 내가 쉽사리 무너질 수도 있는 순간에

앞으로 계속 나아가게 해주었다.

외부의 고통을 막아주는 완충제가 되어주었다.

신종 비만 치료제가 뇌에 어떤 영향을 끼치는지 모조리 알고 나서 나는 오젬픽을 시작한 이후 내 기분이 저조했던 이유를 생각해보았다. 오젬픽이 내 보상 중추를 약화시켰던 걸까? 가능한 얘기다. 그게 아니면 내 인생의 다른 일들 때문에 기분이 저조한 걸까? 그러다가 또 다른 몇 가지 이유로도 내가 이런 기분을 느낄 수 있다는 사실을 알게 됐다.

신종 비만 치료제가 내게 주로 생물학적으로가 아니라 심리적으로 영향을 끼치고 있을 수도 있었다.

나는 이 부분을 더 깊이 파고들었다. 그 결과 우리가 음식을 먹는 데는 과학적으로 적어도 다섯 가지 이유가 있다는 사실을 알게 됐다. 그리고 내 경우에는 오젬픽 때문에 이 다섯 가지 모두가 방해받고 있음을 서서히 깨달았다.

이 부분을 파고들다가 알게 된 사실은 내 정신을 번쩍 들게 했다. 우리는 먹는 습관이 사라진 후에야 음식을 먹는 게 그동안 나에게 무슨 의미였는지 알게 된다.

우리가 음식을 먹는 첫 번째 이유는 누가 봐도 명백하다. 우리는 몸을 유지하려고 음식을 먹는다. 몸은 음식이 필요하다. 음식이 없으면 몸이 약해지고, 짜증이 나고, 병에 걸린다. 내가 이 책을 쓰기 전에 누군가가 내게 왜 먹느냐고 물었다면 나는 이게 압도적인 이유라고 말했을 것이다. 그런데 오젬픽 덕분에 신체 유지에 꼭 필요한 수준까지만 먹게 되고 보니, 내가 이 충동 때문에 음식을 먹은 경우가 얼마나 적은지를 알 수 있었다. 오젬픽을 시작하기 전에 나는 하루 3200칼로리 정도를 먹었다. 지금은 신체 유지를 위해 하루 1800칼로리만 먹고 있는데 건강에 전혀 이상이 없다.

우리가 음식을 먹는 두 번째 이유 역시 명백하다. 음식은 즐거움을 준다. 내가 '초콜릿 케이크', '스파게티 볼로네즈' 혹은 '(여러분이 금기시하는 음식의 이름)'라고 그 단어만 말해도 여러분은 벌써 입속에서 터져 나오는 맛과 뒷맛 그리고 그 황홀감까지 상상이 될 것이다. 이 신종 비만 치료제 사용자 중에 내가 아는 사람들은 대부분 음식에서 느끼는 즐거움이 확 줄어들거나 아예 사라졌다고 했다. 이 사람들에게는 음식이 즐거움이 아니라 그저 실용적인 이유에서 필요한 것이 되었고, 좋아서가 아니라 먹어야 하기 때문에 먹게 되었다. 많은 전문가가 이 점을 우려한다. 하버드대학교의 영양학자 제럴드 맨드는 말했다. "즐거움은 인간의 경험에서 정말로 중요한 부분이에요. 기나긴 진화의 과정에서 인류가 멸종하지 않는 데 가장 중요했던 두 가지가 무엇일까요? 생식과 음식이에요. 생식은 즐거움에 기초하지요. 인류라는 종이 유지되기 위해 생식은 몇 번이면 충분해요. 그런데도 생식이 얼마나 많은 즐거움을 주도록 설계되어 있는지 한번 생각해보세요! 그렇지만 인간의 진짜 즐거움은 음식을 먹는 거예요. 왜냐하면 반드시 매일 먹도록 만들어야 하니까요. 그래서 몸은 매일 먹고도 물리지 않을 수 있는 쾌락 시스템을 만들어야 했어요." 진화 과정에서도, 우리의 정신세계에서도 "음식과 즐거움의 관계는 기본이에요." 제럴드 맨드는 그걸 빼앗는 게 엄청난 위험 요소라고 생각했다.

"우리가 이렇게 공표한다고 한번 생각해보세요. '인구의 절반에게서 삶의 주된 즐거움의 원천을 제거하고 남은 평생 계속 그렇게 살게 하는 실험을 해봅시다. 좋은 일이 될 거예요.' 저는 이런 생각이 어떻게 가능할지 모르겠어요. 우울증이 사람들을 덮칠 거예요. 아니면 사람들은 뭔가 다른 방식으로 (예측 불가능하고 위험한 방식으로) 즐거움을 찾아 나서게 될지도 몰라요. 어느 쪽이든 의도치 않은 수많은 결과가 나타날 가능성이 큽니다." 오젬픽 개발에 참여했던 과학자 젠스 줄 홀스트Jens Juul Holst도 같은 생각이었다. 홀스트는 〈와이어드Wired〉와의 인터뷰에서 이렇게 즐거움을 상실하면 "결국 문제가 될 수도 있다. 이 약을 1, 2년간 사용하고 나면 삶이 끔찍이도 지루해서 더 이상 참을 수 없을지도 모른다"고 했다.

인터뷰 내용을 읽으면서 나는 슬픈 기분이 들었다. 하지만 다들 짐작하는 그런 이유 때문이 아니다. 음식에서 얻는 즐거움이 사라져서, 그게 그리워서 슬펐던 것이 아니다. 내가 슬펐던 이유는 오젬픽을 시작하기 전에도 나는 즐거움을 위해 음식을 먹은 경우가 거의 없다는 사실을 깨달았기 때문이다. 물론 나는 인앤아웃 버거In-N-Out Burger의 소스나 훌륭한 소고기 팻타이에 관해 시를 한 편 쓸 수도 있다. 그러나 나는 늘 너무나 강박적으로, 너무나 급하게, 너무나 정신없이 먹었다. 내가 음식을 먹는 데서 즐거움을 느꼈다면 그건 '배가 부르다'는 느낌 혹은 배가 부른 것 이상으로 '속이 꽉 찼다'는 느낌을 만들어냈기 때문이었다. 나는 미슐랭 맛집에서 천천히 식사를 즐기기보다는 차라리 휴게소에서 급하게 먹고 배가 꽉 찼다는 느낌을 얻는 쪽을 택했다.

내가 먹는 즐거움이 그립지 않았던 이유는 한 번도 그게 내 인생에서 중요했던 적이 없었기 때문이다. 오히려 나는 이 비만 치료제가 내게 음식을 좀 더 즐길 수 있게 해주었다고 생각한다. 나는 워낙에 음식 자체를 즐기지 못했기 때문이다. 내가 이 사실을 깨달은 것은 오젬픽을 시작하고 6개월쯤 지났을 때였다. 한동안 보지 못했던 오랜 친구와 저녁 식사를 했는데 친구가 이렇게 말했다. "너랑 식사를 하면 항상 좀 이상했거든. 네가 말도 안 되게 음식을 빨리 먹으니까. 그렇게 많은 음식을 그렇게 빠르게 입으로 가져가는데도 한 번도 그걸 즐기는 것처럼 보이지 않았어. 그런데 이제는 네가 훨씬 더 천천히 먹는데도 정말로 음식의 맛을 느끼는 것처럼 보여." 나는 친구의 말이 사실임을 깨달았다.

그러나 아마도 내가 예외인 듯하다. 신종 비만 치료제를 투약 중인 많은 사람이 먹는 즐거움을 잃었다고 말한다. 그처럼 사랑했던 음식이 더 이상 기쁨을 주지 못한다고 말하는 사람들도 있다. 내 생각에 이는 출발점이 어디냐에 따라 달라지는 듯하다. 음식에서 큰 즐거움을 경험하고 끼니가 하루의 기쁨 중 하나인 사람이라면 이들 신약이 그 즐거움과 기쁨을 줄여버릴 가능성이 크다. 하지만 나처럼 별 즐거움 없이 배를 꽉 채우려고 먹는 사람이라면 오히려 이들 신약이 먹는 즐거움과 기쁨을 늘려줄지 모른다.

심리적 완충제

우리가 음식을 먹는 세 번째 이유는 스스로를 진정시키고 달래기 위해서다. 어느 연구팀이 마음의 위안을 위해 음식을 먹는 사람들을 조사했다. 그런데 그중 한 명이 이런 얘기를 했다고 한다. "저한테는 음식이 진정제 같아요. 마치 무슨 약처럼 저를 나가떨어지게 만들죠. 조금이라도 슬프거나 화가 나면 저는 먹어요. 마치 우는 아기에게 젖을 주는 것처럼 말이에요. 먹고 또 먹어요. 움직일 수 없을 때까지요." 또 이렇게 말한 사람도 있었다. "먹고 있으면 뇌가 멈춰요. 그러면 상당히 불편할 수도 있는 여러 생각들로부터 벗어날 수 있죠." 여성의 31퍼센트와 남성의 19퍼센트가 스트레스를 받으면 기분이 나아지기 위해 음식을 먹는다고 했다.

이런 대응 기제는 상당히 널리 퍼져 있다. 어느 연구팀이

2004~2005년 NFL(미국 프로 미식축구 리그)의 475경기를 분석했다.[1] 과학자들은 홈팀이 경기에 패하면 다음 날 피자와 같은 '위안 음식'의 판매가 16퍼센트나 늘어나는 것을 발견했다. 반대로 홈팀이 승리하면 이런 음식의 소비는 9퍼센트 감소했고, 열혈 팬들 사이에서는 16퍼센트나 감소했다. 고통이 클수록 사람들은 음식을 찾았다. 2016년 도널드 트럼프가 대통령으로 선출된 날 밤에는[2] 어느 주에서 공화당이 승리했다는 뉴스가 들려올 때마다 민주당 우세 주에서는 그러브허브Grubhub나 우버이츠Uber Eats 같은 배달 앱의 음식 주문이 크게 늘었다. 대부분 고지방, 고탄수화물의 정크 푸드 주문이었다. 피자 주문은 46퍼센트, 컵케이크 주문은 79퍼센트 늘었고, 타코 주문은 115퍼센트나 급증했다. 이후 24시간 동안 뉴스를 충분히 실감하면서 민주당 지지자의 위안 음식 섭취는 더욱 증가했다. 신경과학자 레이철 헤르즈Rachel Herz가 지적했듯이 선거 다음 날 LA 지역에서 프라이드치킨 판매량은 243퍼센트 늘었고, 시카고에서 맥앤치즈 판매량은 302퍼센트 급증했다.

충격적인 사건 뒤에는 늘 이런 패턴이 뒤따랐다. 911 테러 이후에도 건강하지 못한 간식 판매량이 치솟았고 팬데믹 기간에도 마찬가지였다. 이는 개인적인 시련에도 해당된다. 남자의 경우 실직을 하면 체중이 10퍼센트 이상 증가할 확률이 치솟는다.[3]

스트레스가 과식의 큰 원인이라는 사실은 어느 집단이 다른 집단보다 비만이 될 가능성이 높은 이유를 설명하는 데도 도움을 준다. 서양에서는 가난한 사람들이 과체중인 경우가 더 많다.

돈이 없으면 신선하고 건강한 식품을 구매하기가 더 어려운 탓도 있지만 가난 자체도 아주 큰 스트레스이기 때문이다. 나는 우리 할머니를 떠올려봤다. 젊어서 남편과 사별한 할머니는 하루 종일 무릎을 꿇고 변기 청소를 하며 자녀 셋을 혼자 키웠다. 집에 돌아오면 실신할 만큼 지치고 스트레스를 받고 슬픔까지 겹쳐 있었으니 당연히 당근 한 접시보다는 포테이토와 칩을 잔뜩 쌓아놓고 먹고 싶었을 것이다. 이는 또한 미국에서 왜 흑인이 비만이 될 확률이 더 높은지를 설명하는 데도 도움을 준다. 미국에서 흑인들은 인종 차별주의 사회의 스트레스 속에 살고 있고, 차별당할 일도 더 많으며, 경찰로부터 위험한 일을 당할 가능성도 더 크다. 다른 트라우마를 가진 집단도 마찬가지다. 1차 세계대전 기간에 애인이나 남편의 생사를 알 수 없었던 많은 여성이 눈에 띄게 살이 쪘고, 거기에는 쿠머슈펙Kummerspeck이라는 이름까지 붙었다. '슬퍼서 찐 살'이라는 뜻이다. 베트남전쟁에 참전해 트라우마를 얻었던 미국 병사들은 84퍼센트가 비만이었고,[4] 이는 인구 평균보다 훨씬 더 높은 수치다.

나도 스트레스를 받거나 슬프거나 화가 나면 과식을 하곤 했다. 특별히 의식적으로 그랬던 것은 아니지만 늘 그랬다. 운이 나빴던 날은 흔히 과식하는 날이 됐다. 그러다가 오젬픽이 거의 하루아침에 과식을 없앴다. 나는 먹는 걸로 스트레스를 풀 수 없게 됐다. 먹어보려고 해도 금세 배가 부른 느낌이었고, 그 이상 먹으면 메스꺼움에 구토를 하게 됐다. 그러니 나는 기분이 안 좋은 채로 그냥 앉아 있는 수밖에 없었다. 곰곰이 생각해보니 그동안 내 기분이 뒤숭숭했던 이유는 오젬픽이 내 보상 시스템을 약화시킨 탓이 아니었다. 나의 주된 대응 기제가 사라진 게 문제였다. 기름진 음식으로 내 괴로움을 덮어버릴 수 없다는 게 문제였다.

오젬픽을 시작하기 전 2년간 나는 살이 꽤 많이 쪘었다. 이유는 어렵지 않게 알 수 있었다. 2020~2022년에 나는 일련의 충격적인 사건들을 겪었다. 가족 한 명이 자살했다. 그와는 별개로 친구 한 명이 살해당했다. 나는 친구의 사건과 라스베이거스 지역의 연쇄 살인 사건을 조사하면서 많은 시간을 보냈다(다음번 책의 주제다). 그리고 수백만 명이 목숨을 잃은 글로벌 팬데믹도 있었다. 팬데믹은 내가 아는 모든 사람의 삶을 붕괴시켰다.

그 잦았던 과식은 나를 위해 여러 가지 일을 해주었다. 과식은 내게 완충제 역할을 해주었다. 매우 불안정한 환경에서 성장한 나는 스트레스를 온몸으로 흡수한 채 그냥 하던 일을 계속해나가는 것을 당연시했다. 그러나 과식은 내게 정말로 중요한 일을 해주고 있었다. 과식은 내가 쉽사리 무너질 수도 있는 순간에 앞으로 계속 나아가게 해주었다. 외부의 고통을 막아주는 완충제가 되어주었다. 다만 과식은 그 자체로 많은 문제를 야기하는 해결책이었을 뿐이다.

오젬픽을 사용하면서 그 해결책이 사라져버렸다. 나는 더 날씬하고 건강해졌지만, 고통 앞에서 벌거벗은 상태가 되었다.

위안 음식을 먹지 못하게 되면서 이상한 일이 일어났다. 살이 심하게 쪘을 때조차 나는 달달한 간식을 그다지 좋아했던 적이 없다. 내 약점은 언제나 탄수화물과 튀긴 음식이었다. 그러나 오젬픽을 사용하면서 난생처음 단것을 좋아하게 됐다. 나는 과자를 몇 개씩 샀다. 열두 살 때 이후로 처음 해보는 짓이었다. 이 방법을 통해 내가 오젬픽을 이겨내고 여전히 약간은 위안 음식을 먹을 방법이 있음을 알게 됐다. 나는 마시멜로를 한 통 사서 몽땅 먹어버렸다. 그리고 이게 (아마도 너무 가볍고 말랑해서인지) 평소 같으면 오젬픽이 불러왔을 포만감을 유발하지 않는다는 걸 알게 됐다. 나는 메스꺼움을 느끼지 않으면서 달달한 위안을 얻을 수 있었다.

'마시멜로를 조심해야겠어.' 나는 생각했다.

위안 음식 이야기가 나왔으니 말인데 나는 이 책을 쓰는 내내 '프라이드치킨fried chicken'을 '친구 치킨friend chicken'이라고 썼다. 정신분석학자 프로이트가 아니어도 저런 오타가 왜 나는지 정도는 충분히 알 수 있을 것이다.

처음 음식 먹은 날을 기억하세요?

우리가 음식을 먹는 네 번째 이유는 요즘 시대와는 잘 맞지 않지만 탐구할 가치는 있을 것 같다. 이는 우리가 어릴 때 음식 앞에서 배웠던 심리 패턴과 관련 있기 때문이다. 이게 발견된 이야기를 들으면 이해가 더 쉬울 것이다.

1934년 독일계 유대인 정신분석가 힐데 브루흐Hilde Bruch가 미국에 도착했다. 그녀는 마침내 나치의 손아귀를 벗어난 것에 안도했다. 새로운 나라에서 브루흐는 금세 놀라운 사실을 하나 눈치챘다. 그 당시에도 미국에는 그녀가 독일 그 어디에서 보았던 것보다 많은 비만 아동이 있었다. 브루흐는 이유가 궁금했다.

히틀러 치하에서 비만은 순전히 '인종적'인 언어로 설명되었다. 기괴하게도 비만은 흔히 인종적 열등함의 신호로 제시됐고, 특히나 당뇨는 '유대인의 병'으로 설명됐다. 당시 미국에서 비만은 순전히 유전자가 잘못 작동한 결과로 이해됐다. 만약 아이가 과체중이라면 순전히 생물학적으로 무언가 잘못되었기 때문이었다. 나치 치하처럼 인종적으로 해석하지는 않았지만, 브루흐는 미국의 시각도 지나치게 단순화되어 있다고 생각했다. 브루흐는 비만에 유전자도 일부 역할을 할 것이지만 그게 전부는 아닐 거라고 (옳게) 추측했다. 브루흐는 그 다른 요인이 무엇인지 알아내고 싶었다.

브루흐는 과식하는 사람들의 마음속에서 무슨 일인가가 벌어지고 있을 거라고 의심했다.[5] 그걸 알 수 있다면 그들을 도와줄 수 있을지도 몰랐다. 브루흐는 뉴욕주에 있는 컬럼비아 의과대학 센터의 비만 클리닉에서 일자리를 구했다. 3년 넘게 그곳에서 일하면서 브루흐는 수백 명의 과체중 아동과 그 가족들을 알게 됐다. 어느 날 솔이라는 남자아이가 어머니의 손에 이끌려 내원했다. 열네 살에 키가 168센티미터인 솔은 체중이 무려 136킬로그램이었다. 이런 경우 수년간 이 병원이 내린 처방은 단순했다. 솔에게 '적게 먹으라'고 알려주고, 부모에게는 '안타깝지만 유전이니 별수 없다'고 말하는 것이었다. 그게 전부였다. 그러나 브루흐는 다른 시도를 해보고 싶었다. 그래서 소년의 삶에 대해 이모저모 물어봤다.

사실 솔은 특별한 일을 겪은 아이였다. 솔의 부모는 정통파 유대교인이었는데, 첫째와 둘째 자녀가 모두 딸이었다. 솔의 어머니는 더는 아이를 낳고 싶지 않았지만 아들을 간절히 원했던 남편을 이겨내지 못했다. 솔이 태어나고 몇 달간 솔의 어머니는 아기에게 그 어떤 유대감도 느끼지 못했다. 심지어 젖을 먹이는 것도 쉽지 않았다. 그러다가 솔이 생후 4개월쯤 되었을 때 솔의 어머니는 원인 모를 허리 통증이 생겼다. 솔의 어머니는 통증 때문에 아기를 들어 올릴 수 없다고 했고 솔은 하루 종일 아기 침대에 누워 있어야 했다. 침대에서 솔은 소리를 지르고 발버둥을 쳤다. 솔의 어머니는 아기를 조용히 시킬 방법을 하나 찾아냈다. 아기 입에 쿠키를 물려주는 것이었다. 설탕이 쏟아져 들어오면 아기는 잠시 조용해졌지만 그게 오래가지는 않았다. 솔의 어머니는 아기에게 점점 더 많은 쿠키를 주었다. 브루흐는 설명했다. "솔의 체중은 생후 8개월까지는 정상이었으나 10개월째는 확실히 뚱뚱해졌다."

이야기를 듣고 보니 솔의 경우에는 비만이 유전적 질환 같지 않았다. 원치 않는 아기를 감당할 수 없었던 우울하고 아주 불행한 어느 어머니가 보일 뿐이었다. 어머니는 음식으로 아기의 고통을 잠재웠고, 솔 역시 같은 방법으로 자신의 고통을 잠재웠다. 브루흐는 이렇게 어린 시절 솔의 조절 중추가 "프로그래밍"되어 영구적인 패턴으로 자리 잡은 게 아닐까 의심했다.

브루흐는 솔과 같은 비만 아동에게 정신 치료를 도입했다. 그리고 이들 아동의 부모도 자녀의 필요를 이해하고 그걸 충족시키려면 특별한 도움을 받아야 하는 경우가 많다고 주장했다. 이들을 더 일찍 도와줄수록 결과도 더 좋았다. 브루흐는 아기가 태어난 순간부터 양육자와 소통하기 위해 노력한다고 생각했다. 이때 아기가 원하는 것을 소통할 유일한 방법은 악을 쓰며 우는 것뿐이다. 모든 게 순조로우면 부모는 아기의 필요를 이해하는 법을 터득해 그 필요를 충족시킬 것이다. 그러면 아이도 자신의 필요를 이해하고 충족시키는 법을 배우게 된다. 그러나 무언가 잘못될 때도 있다. 그중 하나가 바로 아기의 배고픔과 관련된 것이다.

부모마다 자녀를 먹이는 방법이 다르다. 어떤 부모는 아이의 배고픔을 알아채는 방법을 배워서 아이가 배고파할 때, 오직 그때만 밥을 먹인다. 반면에 어떤 부모는 음식을 훨씬 다양하게 사용한다. 솔의 어머니처럼, 브루흐의 표현을 빌리면, "아이가 정말로 불편해하는 이유와는 무관하게 음식을 최고의 고무젖꼭지처럼" 사용할 수도 있다. 자신도 스트레스를 받고 있는 부모는 아기를 조용하게 하려고 음식을 주기도 하고 벌을 주기 위해 음식을 안 주기도 한다. 그러면 아이는 "혼란 속에서 성장해 자신의 다양한 필요를 분별하지 못하게" 된다. 다시 말해 아이는 배고플 때만 먹는 것이 아니라 불안, 지루함, 분노 같은 온갖 다른 감정을 느낄 때도 먹는 것으로 대응하게 된다.

브루흐에 따르면 우리가 어린 시절에 배운 것이 음식에 대한 생각에 큰 영향을 끼친다. 그때 배운 방식을 평생 무의식적으로 실천하며 살아간다는 것이다. 브루흐의 연구 결과를 읽으면서 나는 내 어린 시절이 생각났다. 아버지는 내게 건강한 음식을 먹이려고 노력했지만 그 수단은 창피를 주거나 강제로 먹이는 것이었다. 아버지가 어릴 때 보고 자란 방법이 그것뿐이었기 때문이다. 내 어머니와 할머니는 아버지 몰래 건강하지 않은 음식을 내게 찔러주었다. 그래서 나는 합리적으로 생각하기 이전에 저 깊숙한 곳에서부터 이미 건강한 음식은 창피 및 공포와 연결하고 건강하지 않은 음식은 사랑에 연결하는 법을 배웠다. 마흔네 살이나 먹고서야 내가 여전히 그런 생각을 실천하고 있음을 깨닫다니 웃기고 창피했다. 어린 시절 내가 처했던 환경이 얼마나 잘못된 것이었는지는 이미 오래전에 알았는데 말이다. 어린 시절 만들어진 무의식적인 반사 반응 때문에 내가 비만 치료제를 쓰는 동안 무슨 일인가가 벌어지고 있었다. 오젬픽 때문에 억지로 더 건강한 음식을 먹게 되면서 나는 그걸 즐거운 해방감으로 경험하기보다는 무섭고 조금은 수치스러운 박탈로 경험하고 있었다. 나는 정크 푸드만 뺏긴 게 아니라 사랑을 뺏긴 기분이었다. 실은 '벌을 받는' 기분이었다.

브루흐처럼 비만을 심리학적으로 설명하는 것은 이미 정신분석만큼이나 구식이 되어버린 지 오래다. 한동안 이런 식의 설명 방식이 과대평가되었던 것은 분명하다. 브루흐를 비롯한 사람들이 이 설명 방식을 대중화시킨 후인 1959년 〈뉴욕타임스〉는 비만의 90퍼센트가 심리적인 문제라고 주장했다. 지나친 과장이다. 그러나 우리는 그 반대편으로 너무 가버렸다. 먹는 것과 같은 인간의 원초적인 행위가 어떻게 정신과 아무런 관련이 없을 수 있을까? 그런 기저의 심리적 동인을 이해하는 것이 어떻게 도움이 되지 않겠는가?

1970년대 펜실베이니아주립대학교에 린 버치Leann Birch라는 과학자가 있었다. 브루흐에게서 영감을 받은 버치는 정신분석가들의 예측이 정말로 옳았는지 현대적인 과학적 방법을 동원해 판단해보기로 했다. 버치는 수년에 걸쳐 30번 이상 실험을 진행했다. 브루흐의 핵심 아이디어를 활용했을 때 아동 비만을 줄일 수 있는지 알아내는 게 목표였다. 한 예로 펜실베이니아주립아동병원에서 버치의 연구팀은 첫아이를 낳은 279명의 어머니를 두 그룹으로 나누었다.[6] 첫 번째 그룹에게는 아기가 우는 것이 배가 고파서인지, 자극을 받아서인지, 괴로워서인지, 지루해서인지 구분할 수 있도록 집중적으로 도와주었다. 이 실험에 참여했던 의사 이언 폴Ian Paul에 따르면 어머니와 아기에게 "음식은 배가 고플 때만 먹는 것"이라는 점, 그러니 다른 문제를 해결하기 위해 음식을 사용해서는 안 된다는 점을 알려주었다고 한다. 어머니들에게는 아이가 배가 고플 때는 먹이고 다른 상황에는 음식이 아닌 다른 방법으로 대응하도록 조심스레 가르쳤다. 두 번째 그룹에게는 이런 교육을 전혀 하지 않았다. 버치는 시간을 두고 부모와 아기를 추적 조사하며 두 그룹이 차이를 보이는지 살펴보았다.

나중에 보니 첫 번째 그룹의 아이들은 과체중이나 비만이 될 확률이 '절반'밖에 되지 않았다. 이후 실시된 여러 실험을 보더라도 브루흐가 옳았음을 알 수 있다. 아이가 보내는 배가 고프다는 신호를 부모가 어떻게 읽고 대처하느냐는 우리 내면에 깊은 영향을 끼친다. 이는 아이가 나중에 어떤 체중으로 살아갈지를 결정지을 수도 있다. 이 같은 증거가 나날이 늘고 있기 때문에 이제는 부모들에게 자녀에게 세심하게 반응하는 '반응 양육responsive parenting'을 가르쳐야 한다고 권고하는 전문가가 점점 더 늘고 있다.

역겨운 몸매가 필요한 사람들

우리가 음식을 먹는 다섯 번째 이유는 포함시키기 가장 어려운 이유일지도 모르겠다. 어쨌거나 내 경우에는 그랬다. 그러나 많은 사람에게는 아주 중요한 이유다. 바로 과체중이 심리적으로 우리를 보호해줄 수 있다는 사실이다.

내게 이 얘기를 처음 해준 사람은 여러 획기적 돌파구를 마련했던 빈센트 펠리티Vincent Felitti다. 2016년 우울증에 관한 나의 전작《벌거벗은 정신력》을 쓰기 위해 처음 펠리티를 만나 인터뷰를 했다. 오젬픽 사용을 고민할 때 나는 그가 들려준 이야기가 떠올랐고 어느새 그와의 인터뷰를 다시 듣고 있었다.《벌거벗은 정신력》에서 했던 이야기를 여기서 다시 간략하게 해보려고 한다. 내가 신종 비만 치료제를 어떻게 받아들일지 고민하고 처음에는 왜 그렇게 이상한 기분이 들었는지 생각하는 데 도움이 되었기 때문이다.[7]

1980년대 초에 대형 비영리 의료단체인 카이저 퍼머넌트Kaiser Permanente가 펠리티를 찾았다. 비만이 극단적으로 증가하면서 사람들의 건강을 해치고 있었을 뿐만 아니라 카이저 퍼머넌트의 비용 지출도 나날이 늘고 있었다. 카이저 퍼머넌트가 시도한 어떤 해결책도 효과가 없었다. 사람들에게 식단 계획과 운동 프로그램을 짜주었지만 그들은 체중이 늘기만 했다. 카이저 퍼머넌트는 펠리티에게 큰돈을 제안하면서 획기적인 연구를 해달라고 했다. 카이저 퍼머넌트는 이 위험한 트렌드를 바꿀 방법을 알아내고 싶어 했다. 펠리티는 알았다고 했지만 금세 멈칫했다. 뭘 어떻게 해야 하지? 뭘 시도해보지? 먼저 그는 고도 비만 환자 286명과 함께 연구를 진행해보기로 했다. 어느 날 아이디어가 하나 떠올랐다. 언뜻 상당히 멍청해 보일 수도 있는 내용이었다.

고도 비만 환자들이 말 그대로 먹는 걸 멈춰보면 어떨까? 괴혈병이나 영양실조에 걸리지 않게 비타민 주사를 놔준다면 그들은 몸에 축적된 지방을 태워서 살이 빠질까?

의학적인 여러 감시 장치를 마련한 후에 펠리티는 이 방법을 시험해보았다. 놀랍게도 처음에는 효과가 있는 듯했다. 전형적인 고도 비만 환자였던 수전은 체중이 185킬로그램에서 60킬로그램까지 빠졌다. 수전의 가족은 펠리티가 수전의 목숨을 구했다고 말했고, 수전 자신도 뛸 듯이 기뻐했다. 그러던 어느 날 예상치 못했던 일이 벌어졌다. 수전이 다시 강박적으로 음식을 먹기 시작한 것이다. 체중은 다시 풍선처럼 불어나기 시작했다. 펠리티는 수전에게 어떻게 된 일인지 물어보았다. 수전은 수치심에 고개를 푹 숙였다. 그리고 자신도 이유를 모르겠다고 했다. 펠리티는 다시 과식을 시작한 날에 관해 물었다. "그날 다른 날에는 없었던 어떤 이례적인 일이 있었나요?" 사실 그날 수전에게는 그동안 한 번도 없었던 일이 한 가지 일어났다. 수전에게 관심을 가진 어느 남자가 말을 걸어왔던 것이다. 기분 나쁜 수작이 아니라 예의 바른 접근이었다. 그럼에도 수전은 겁에 질렸고, 강박적으로 과식을 하기 시작했다.

그제야 펠리티는 그동안 환자들에게 한 번도 물어볼 생각을 하지 못했던 질문을 수전에게 했다. 언제부터 살이 찌기 시작했느냐고 말이다. 수전은 열 살 때부터라고 했다. 펠리티가 물었다. "다른 해에는 일어나지 않았던, 열 살 때 일어난 일이 있나요?" 수전은 한참 동안 말이 없다가 마침내 입을 열었다. 그때부터 할아버지가 그녀를 성폭행했다고.

펠리티는 프로그램에 참여한 모든 환자를 인터뷰했다. 그 결과 환자의 60퍼센트가 성적 학대 내지는 성폭력을 경험한 후부터 극단적으로 살이 찌기 시작했다는 사실을 알게 됐다. "믿기지가 않았습니다." 펠리티가 말했다. 이상한 일이었다. 성적 학대를 겪고 나면 왜 살이 찌는 걸까?

수전이 답을 알려주었다. "과체중인 사람한테는 아무도 관심을 갖지 않으니까요. 저한테는 그게 필요했어요."

그 순간 펠리티는 처음으로 생각해보았다. '살이 쪘을 때 좋은 점은 과연 뭘까? 위험 요소야 모르는 사람이 없지. 정부에서 나눠주는 홍보 자료만 봐도 얼마든지 나와 있으니까.' 그렇지만 살찐 게 긍정적으로 작용하는 경우는 없을까? 그 장점 중에 하나가 바로 '성적으로 스스로를 보호'하는 것임을 펠리티는 깨달았다. 과체중이나 비만이 되면 포식자 같은 남성들의 관심을 덜 끌게 된다. 수전 같은 경우에는 그렇게 보호막을 하나 더 갖고 싶은 이유가 충분히 있었다. 그렇다면 체중이 급격히 빠지기 시작했을 때 수전이 너무나 겁이 나고 불안했던 것도 전혀 놀랄 일이 아니었다. 수전은 "감당할 수 없을 정도로 빠르게 살이 빠졌다"고 말했다. "우리가 문제라고 생각했던 비만이 실제로는 우리가 전혀 알지 못하는 어떤 문제에 대한 해결책인 경우가 자주 있었어요." 펠리티의 말이다.

작가 록산 게이Roxane Gay는 감동적인 회고록 《헝거》에서 비슷한 경험담을 털어놓았다.[8] 10대 초반에 게이는 젊은 남자들에게 윤간을 당했다. 게이가 친구라고 믿었던 소년이 주도해서 벌인 짓거리였다. 이후 "나는 몸매를 바꾸려고 먹기 시작했다. 꿋꿋이 먹었다. 한 번 더 그런 일을 겪었다가는 내가 견뎌내지 못할 것임을 알고 있었다. 그러니 내가 그렇게 먹었던 이유는 역겨운 몸매가 되면 남자들이 다가오지 않을 거라 생각했기 때문이다." 살다가 살이 빠지게 되면 게이는 "몸이 작아질수록 위험에 취약해진다는 생각에 걱정이 됐다. 내가 상처 입을 수 있는 온갖 방법이 상상됐다."

펠리티는 비만을 보호 수단으로 삼는 경우는 또 있다고 했다. 예를 들어 비만은 다른 사람들의 기대치를 낮춰줄 수도 있다. 낙인 효과 때문에 사람들은 과체중인 사람에게 기대치가 낮고, 그렇다면 과체중인 사람이 느끼는 압박감이 줄어들 수 있다.

수전이나 록산만큼 극단적이지는 않지만 비만은 내게도 모종의 역할을 했다. 나는 극도로 자기 비판적이다. 지속적인 자극이나 유대감, 외부 활동 없이 혼자 남겨질 때면 내 마음은 어느새 맹렬한 자기 비난에 빠져들곤 한다. 어쩌면 과체중이 안전하게 스스로를 비난할 수 있는 출구를 마련해주었는지도 모른다. 그렇게 부정적인 생각들이 밀려올 때면 나는 비난의 화살을 내 몸으로 향하게 하고, 음식을 먹는 나 자신을 탓할 수 있었다. 유쾌한 과정은 아니었지만 이렇게 하면 내 부정적인 생각들이 정해진 경로를 따라 마음껏 달릴 수 있었다. 그런데 이 경로가 치워진 뒤에는 내 부정적 생각들이 내 몸에 초점을 맞출 수 없었고, 그러다 보니 영역을 확장해 내 삶 전체를 가지고 날뛰기 시작한 것이었다.

비만 대신 우울증?

체중이 빠진 것은 신체적으로는 나를 더 건강하게 만들었다. 그러나 이런 기저의 여러 이유 때문에 처음에 나는 심리적으로 이전보다 취약한 상태가 됐다.

수백만 명이 과식을 통해 얻고 있던 심리적 보호 장치를 빼앗긴다면 무슨 일이 벌어질까? 아직 이르긴 하지만 단서가 될 수도 있는 과학적 증거가 하나 있다.

앞에서 비만 대사 수술이 신체 건강상 대단한 이점이 있다는 이야기를 했다. 비만 대사 수술은 현재까지 인간이 만들어낸 것 중에서 신종 비만 치료제와 가장 가깝다. 비만 대사 수술을 받은 사람들은 심장마비, 당뇨, 고혈압, 염증 등 수많은 위험 요소가 크게 감소한다. 그렇기 때문에 대부분의 사람은 비만 대사 수술을 받은 것을 다행으로 여기며 대다수는 정신 건강 역시 개선되는 효과를 누린다. 그러나 소수이기는 해도 유의미한 수의 사람들이 두 가지 심각한 심리적 부작용을 경험한다. 이들 부작용은 신종 비만 치료제가 우울증이나 중독에 미치는 영향에 관한 토론을 더 복잡하게 만들 수도 있다.

첫 번째 부작용에 관해 내가 이야기를 나눴던 사람은 로빈 무어다. 무어는 토론토에 있는 비영리 단체에서 일한다. 어느 날 무어는 체중이 137킬로그램까지 늘어난 것을 깨닫고 절망했다. 무어는 음식에 관해 이렇게 말했다. "음식의 노예였어요. 말 그대로. 눈을 뜨고 있는 한 음식과의 전쟁이었죠. 지금 뭘 먹을 수 있을까? 다음에는 뭘 먹을까? 어떻게 먹을까? 먹어도 안전할까? (먹는 걸로 나를 한심하게 볼) 사람들이 주위에 있을까? (음식을 먹으면) 무감각해졌어요. 완전히. 그러면서 삶으로부터 멀어졌죠."

어쩌다 이렇게까지 되었는지는 무어도 어느 정도 알고 있었다. 토론토 외곽에서 자랐던 무어는 열한 살 때 성폭행을 당했다. 그러나 아무에게도 말하지 못했다. 이후 남자를 믿기는커녕 가까이하는 것조차 너무 힘들었다. 무어는 고통스러운 외로움을 견디기 위해 음식을 먹었다. "그런 악순환에 빠져 있을 때 기분이 좋아지는 방법은 더 많이 먹는 것뿐이에요. 그렇지만 망하는 길이죠. 체중은 늘고, 사람들을 함부로 대하고, 그러면 기분이 더 안 좋아지고, 내 마음을 위로하기 위해 더 많이 먹게 되죠. 내리막뿐이에요."

마침내 비만 대사 수술을 받은 이유에 대해 무어는 이렇게 말했다. "다른 길이 없었어요. 무력하고 정신 나간 상태로, 자기혐오에 빠져 있었어요." 2001년 4월 무어는 비만 대사 수술을 받았다. 수술을 받고 집에 돌아오자 어머니는 미소를 지으며 말했다. "드디어 제자리를 찾겠구나." 이후 6개월 동안 무어는 27킬로그램이 빠졌다. "정말 빠르더라고요. 뭐든 세 입만 먹으면 배가 불렀어요. 믿기지 않을 지경이었어요." 무어는 달리기 동호회에 가입했고 처음으로 남자들과 데이트도 했다. "평생 이성과의 만남에 문제가 있었어요. 저도 남자를 사귀고 싶었지만 너무 겁이 났죠." 이제는 무어에게도 성생활이 생겼고 거기서 기쁨도 발견했다. "비만 대사 수술은 저한테 축복이었어요. 틀림없이 축복이었어요."

그러다가 무언가가 잘못됐다. 무어는 10대 시절 잠깐을 제외하면 술을 많이 마시지는 않았다. 달리기 동호회에서 만난 친구들과 어울리기 시작했을 때 무어는 와인 한두 잔을 시키는 정도였다. 그러나 금세 주량이 급격히 늘었다. 몇 달 만에 무어는 와인을 하루에 세 병씩 마시게 되었다. "절벽 코앞까지 갔어요. 참사였죠. 저는 도심 한가운데 살았는데 직장은 공항 옆 외곽이어서 전철과 버스를 탔어요. 통근에만 왕복 세 시간이 걸렸죠. 가는 길에 이렇게 생각했어요. '괜찮아. 잘하고 있어. 5일 중에 이틀은 술을 안 마시고 출근하잖아.'" 무어는 회사에서도 몰래 술을 마시기 시작했다. 어느 목요일 아침 동료들은 무어가 혀가 꼬인 채로 말하는 것을 들었다. 동료들은 무어를 택시에 태워 집으로 돌려보내며 병원에 가보라고 했다. "술이 떡이 되어 있었죠." 무어의 기억이다. 그다음 월요일에 무어는 회사에서 잘렸다.

대략적으로 말해서 비만 대사 수술을 받은 사람 10명 중 한 명 정도는 나중에 알코올, 도박, 쇼핑, 약물 등에 중독된다.[9] 흔히 이를 '중독 전이'라고 부른다. 음식에서 위안을 얻으려던 집착이 다른 강박적인 행동에서 위안을 얻는 것으로 옮겨가는 것이다. 비만 대사 수술의 경험이 있고 오젬픽 개발에도 참여했던 카렐 르루는 말했다. "비만 대사 수술에서 중독 전이는 많이 볼 수 있습니다. 정말 많아요."

그 이유를 카렐 르 루는 이렇게 설명했다. 이 사람들에게는 많이 먹는 게 무언가 심리적인 역할을 하고 있었는데 비만 대사 수술 이후 "보상 영역에 더 이상 채워지지 않는 공간, 구멍이 생겨버린 거예요. 저희는 예컨대 운동 같은 것으로 그 공간을 채우라고 이야기하죠. 실제로는 대부분 쇼핑으로 그 구멍을 채우는 것 같고요. (새 몸에 맞는 새 옷 등) 쇼핑에 중독되는 거죠. 하지만 이건 충분히 받아들일 수 있는 중독이에요. 그런데 사회적으로 용납되지 않는 중독도 있어요. 소수의 환자는 도박이나 섹스 또는 알코올 중독이 생겨요. 실질적인 중독이기 때문에 고통을 겪게 되지요." 영양학자이자 섭식장애 전문가인 제시카 세트닉Jessica

Setnick은 비만 대사 수술이 "정서적인 문제는 전혀 해결해주지 않기 때문"에 이런 일이 생긴다고 했다. "수술은 습관적인 행동을 해결해주지 않아요. 학습된 행동을 해결해주지 않죠. 절대로 해결주지 않습니다. 스트레스를 먹는 걸로 풀던 사람이 더 이상 먹지 못하게 되면 스트레스를 풀 다른 방법을 찾아야 해요. 그리고 그 방법이 꼭 건강한 방식일 거란 보장은 없죠. 내가 기분이 좋아지려고 쓰던 방법을 누가 뺏어간다면 당연히 다른 방법을 찾을 거예요. 틀림없어요. 기분이 안 좋은 상태를 마냥 참지 않아요. 인간은 그렇게 반응하지 않습니다. 다른 방법을 찾든지, 아니면 정말로 우울해져서 자살 충동이 생기겠지요."

여기에는 신체적인 요소도 작용하고 있을지 모른다. 비만 대사 수술을 받고 나면 몸이 알코올을 처리하는 방법이 달라진다. 더 빠르게, 더 많이 취하고 술이 더 오래 체내에 머문다. 그렇지만 모든 중독에는 커다란 심리적 요소가 있다. 수술을 받고 나면 체중 감소가 자신의 모든 문제를 해결해줄 거라고 믿는 사람도 있다. 드디어 자신의 본모습이 될 수 있을 거라고 말이다. 그러나 카렐에 따르면 많은 사람이 다음과 같은 사실을 깨닫는다. "나는 여전히 똑같은 직업을 가지고 있고, 똑같은 차를 타고, 똑같은 집에 살고, 똑같은 배우자와 지내는구나. 내 삶을 끔찍하게 만들었던 건 실은 비만이라는 질병이 아니었구나. 다른 문제들이었구나." 이성의 관심이 증가하면서 성적으로 학대받은 기억을 끄집어내는 사람들도 있다. 빈센트 펠리티의 환자 수전처럼 말이다.

회사에서 잘린 무어는 익명으로 진행되는 알코올 중독자 모임에 가입했다. 그리고 여기서 건강한 유대감과 치유의 힘을 발견했다. 나를 만났을 때 무어는 술을 끊은 지 17년째였다. 신체적으로나 심리적으로나 누가 봐도 건강해 보이는 무어는 얼굴에서 빛이 났다. 무어는 비만 대사 수술과 알코올 중독 덕분에 저 밑바닥에서 늘 자신을 조종하고 있던 이슈에 제대로 직면할 수 있었다. 그리고 새로운 유대감을 찾아냈다. 그러나 모든 사람이 무어와 같은 결과에 도달하는 것은 아니다. 더 어두운 어둠 속으로 빠져드는 사람들도 있다.

비만 대사 수술의 심리적 부작용은 또 있다. 중독과 일정 부분 겹치는 경우도 많지만 엄연히 다른 종류다. 이 부작용을 아주 가까이서 목격한 사람이 있었다(이하 관련 인물의 이름과 신분이 드러날 수 있는 몇몇 세부 사항은 변경했다).

윌마가 남편 마이클을 만난 곳은 1980년대 텍사스 서부의 어느 작은 마을이었다. 당시 윌마는 열일곱 살, 마이클은 스물한 살이었다. 마이클은 여러 스포츠팀에서 활약하는 운동에 아주 능한 청년이었고 윌마의 눈을 사로잡기에 충분했다. 결혼 후에 마이클은 석유 굴착지에서 일하기 시작했다. 그러면서 체중도 불어났다. 40대 초반이 되자 마이클은 체중이 180킬로그램 넘게 나갔지만, 체중에 관해서라면 누구의 조언도 듣지 않았다. 직장에서 누군가가 마이클을 '날씬이'라고 부르자 마이클은 이를 되받아 그를 '미남씨'라고 불렀다. 상대가 자신을 왜 '미남씨'라고 부르냐고 묻자 마이클은 이렇게 대답했다. "뭐, 자네도 나한테 거짓말을 하니까 나도 자네한테 거짓말을 할 수 있는 줄 알았지."

월마는 남편을 사랑했기에 남편의 몸무게를 한 번도 문제 삼지 않았다. 그러나 다른 사람들은 월마에게 그런 예의를 갖춰주지 않았다. 사람들은 마이클의 몸매와 관련해 월마에게 얼마든지 무례한 질문을 해도 된다고 생각하는 듯했다. 심지어 남편과 정말로 잠자리를 하느냐고 물어보는 사람도 종종 있었다.

비만 대사 수술을 받고 나서 마이클은 체중이 반으로 줄었다. 사람들은 마이클을 알아보지 못하곤 했다. 마이클은 월마와 함께 외식을 나가면 다른 사람들이 월마에게 새 남자 친구가 생긴 줄 알겠다고 농담을 하곤 했다. 그런데 서서히 월마는 남편의 낯선 모습을 보게 됐다. 결혼 생활 30년 동안 월마는 마이클이 만취한 모습을 거의 본 적이 없었다. 그런데 이제는 거의 매일 고주망태가 되어 있었다. 판단력도 흐려진 듯했다. 시작은 사소한 일이었다. 한번은 마이클이 저녁 식사용으로 만들던 치킨 바비큐에 불이 붙어 시커먼 숯덩이가 되어버렸는데도 마이클은 눈치채지 못한 듯했다. 또 언젠가는 집 안의 자동차 진입로에서 노상방뇨를 하고 있는 마이클이 목격된 적도 있었다. 그런 마이클을 보면서 월마는 생각했다. '이건 내 남편이 아냐. 낯선 사람이야.'

마이클의 기이한 행동은 점점 더 심해졌다. 그러던 어느 날 밤 마이클은 술냄새를 풍기며 술집에서 돌아왔고 월마는 집까지 어떻게 왔는지 물었다. 마이클은 직접 운전해서 왔다고 했다. 거기까지가 한계였다. 월마는 마이클을 떠나겠다고 말하고는 짐을 챙겨 집을 나왔다.

며칠 후 두 사람의 아들이 집으로 돌아와 창고문을 열었다. 마이클은 스스로 목숨을 끊은 뒤였다.

비만 대사 수술 이후 다수는 아니어도 상당히 많은 사람(17퍼센트)이 입원 치료가 필요할 정도로 심각한 우울증과 불안증을 앓는다.[10] 카렐 르 루는 말했다. "비만 대사 수술 이후 자살률이 4배 증가한 것을 보았어요."[11] 아마도 무언가에 중독되는 일부 사람들과 같은 이유인 것으로 보인다. 음식을 먹는 기저에 깔린 이유를 박탈당하고 나니 삶에 대처하지 못하는 것이다. 나는 신종 비만 치료제의 경우에도 그런 일이 일어날 수 있는지 물었다. "아직까지 보고된 적은 없어요. 하지만 똑같은 일이 일어난다고 해도 놀랍지 않을 것 같습니다." 카렐 르 루는 대답했다. 나는 유럽의 규제 당국이 오젬픽에 대해 안전성 경고를 발령했던 일을 다시 생각해보았다. 갑상선암에 대한 경고와는 별개로 자살률이 증가할 수 있다고 경고했던 것 말이다. 비만 대사 수술로 인한 자살이 곧 비만 치료제로 인한 자살의 전조일 수 있을까?

이런 이유로 신종 비만 치료제가 중독과 우울증에 미치는 영향에 대한 토론은 더욱 복잡해질 수밖에 없다. 앞서 보았듯이 이들 신약이 뇌의 보상 시스템을 약화시킨다면(순전히 '가정'에 불과하다) 중독에 대해서는 긍정적인 영향을, 우울증에 대해서는 부정적인 영향을 끼칠 수도 있다. 그러나 동시에 신종 비만 치료제는 일부 사람들이 과식에서 얻었던 심리적 이점을 박탈함으로써 '더 많은' 중독과 우울증을 불러오고 있는지도 모른다.

월마에게 마이클이 왜 과식을 했는지, 그런 위안을 잃어버린 것이 왜 목숨까지 끊게 만들었는지 아느냐고 물었다. "모르겠어요.” 월마는 말했다. “무엇 때문이었는지 몰라요. 마이클이 한 번도 이야기해준 적이 없어요.” 우리 둘은 잠시 말을 잊었다.

이에 비하면 내 경험은 훨씬 덜 극단적이다. 오젬픽을 투여하는 대부분의 기간 동안 나는 놀라운 몸의 변화가 기뻤다. 물론 마음속 깊은 곳에서는 더 이상 이전처럼 과식으로 위안을 얻을 수 없다는 상실감이 흐르고 있었지만 말이다.

나는 이제 신종 비만 치료제를 투약하는 모든 사람이 처음부터 이런 질문을 해보아야 한다고 생각한다. ‘그동안 과식이, 비만이 내게 해주었던 역할은 무엇인가? 거기서 내가 얻었던 긍정적인 것은 무엇인가?’ 무자비할 정도로 솔직하게 성찰해보아야 한다. 왜냐하면 과식을 없애고 나면 바로 그 ‘문제’들이 어떤 식으로든 다시 전개될 가능성이 크기 때문이다.

물론 과식을 하는 주된 이유가 심리적인 문제가 아니라 환경적 혹은 생물학적 것인 사람들도 많다. 그들에게는 심리적 문제가 중요하지 않을 것이다. 그렇지만 어떤 사람들에게는 심리적 문제가 매우 큰 부분을 차지한다. 오젬픽을 시작하고 7개월쯤 되었을 때 심각한 일이 생겨서 나는 스트레스를 엄청나게 받았다. 그래서 KFC에서 프라이드치킨을 잔뜩 시켰지만 결국엔 다리 한 조각밖에 먹지 못했다. 내 인생의 많은 장면에서 그랬듯이 KFC 벽에 걸린 샌더스 대령의 사진이 나를 내려다보고 있었다. 나는 길을 잃은 기분이었다.

나는 친구 리타를 만나러 갔다. 리타는 이전에 내가 이들 신약이 내 가치관에 위배되는 것을 걱정할 때 약을 끊지 말라고 설득해줬던 친구다. 나는 오젬픽이 내게 너무 많은 심리적 문제를 일으키는 것 같다고, 이제는 오젬픽을 끊어야겠다고 말했다. 그러자 리타는 내 손을 잡으며 이렇게 말했다. "요한, 약이 그 문제들을 일으키는 게 아냐. 문제는 원래 있었어. 그냥 이제는 문제가 눈에 보이게 된 것뿐이야."

리타는 몸을 앞으로 숙이며 말했다. "나는 오젬픽이 네 문제를 야기했다고 생각하지 않아. 오젬픽은 네가 오랫동안 너 자신을 달래기 위해 사용하던 약, 그러니까 '음식'이라는 약을 쓸 수 없게 만들었을 뿐이지. 당연히 너는 오젬픽을 중단해도 돼. 끊고 싶으면 끊어. 하지만 문제는 사라지지 않을 거야. 비만 치료제를 끊고 예전으로 돌아가는 게 해답은 아냐. 오히려 이걸 기회 삼아 옛날에 네가 왜 그렇게 많이 먹었는지 이유를 알아내고, 그걸 바꾸는 게 답일 거야. 네가 왜 뭔가를 먹는지 수많은 이유를 하나씩 풀어내서 이해하면 돼. 할 수 있어. 네가 뭔가를 먹는 근본적인 심리적 이유들을 몽땅 찾아내서 하나씩 더 나은 해결책을 찾아내면 돼."

리타는 이제부터 내가 해야 할 일을 알려주었다. "음식을 기분이나 감정을 바꾸는 수단으로 생각하지 말고 몸에 필요한 영양과 연료를 넣어주는 수단이라고 생각해. 음식을 '입안에 넣는 무언가'라고 생각하지 말고 중추신경계에 무언가를 공급하는 것, 장기에 무언가를 공급하는 것, 근육 조직에 무언가를 공급하는 것, 피부에 무언가를 공급하는 것, 소화기관에 무언가를 공급하는 것으로 생각해. 음식의 목적지를 그런 곳들로 생각해. 입이나 감정을 최종 목적지로 생각하지 말고."

리타는 등을 뒤로 기댔다. "네 생각을 이렇게만 바꿀 수 있다면 배고플 때 먹는 법을 배우게 될 거야. 몸에 영양을 공급하고 음식에서 실제로 즐거움을 얻게 될 거야. 지금 너한테 필요한 건 이걸 배우는 일인 것 같아."

나는 리타의 말이 맞다는 걸 알고 있었다. 다만 방법을 몰랐다.

9장

이런 몸도
사랑할 수 있을까

몸이 들려주는 이야기에
귀를 기울이면

우리는 웃음을 터뜨렸다.

내 안에서 무언가가 점점 커지는 기분이었다.

내 몸이 이렇게 이상하고 우스꽝스럽고

아름다운 일을 해낼 수 있다는 기쁨 같은 것이었다.

오젬픽이 체중에 미치는 영향을 연구한 결과[1] 중에 내 눈길을 사로잡는 것이 있었다. 연구팀은 오젬픽의 효과를 확인하려고 68주 동안 환자들을 추적 관찰했다. 오젬픽 사용자 대부분이 상당량의 체중을 감량했다. 그런데 이상한 일이 있었다. 장장 16개월에 걸친 이 연구가 끝날 때쯤 환자들의 체중이 다시 살짝 오르기 시작했던 것이다. 흡사 다시 과체중으로 돌아가려는 것처럼 보였다. 바로 이 지점에서 연구가 끝나버렸다. 평균적으로 보면 살짝 체중이 늘어난 것에 불과했다. 연구가 끝났을 때 환자들은 투약을 시작했을 때에 비해 평균 14.9퍼센트 체중을 감량했다. 그렇지만 만약 연구를 지속했다면 어떻게 되었을까?

이 결과를 보면서 나는 친구 어머니인 미셸 랜즈버그가 생각났다. 미셸은 2008년에 당뇨 진단을 받았고 담당 의사는 오젬픽을 처방해주었다. 미셸은 내게 이렇게 말했다. "내가 기대하지 않았던, 예상도 못 했던 놀라운 효과가 있더라고. 거의 즉각적으로 식욕이 적어도 50퍼센트는 줄어든 거야. 나는 평생 몸무게와 싸웠거든. 체중이 늘었다가, 빠졌다가, 날씬했다가, 뚱뚱했다가. 포만감을 한 번도 느껴본 적이 없어. 배가 부르다는 느낌을 한 번도 못 받았지. 저절로 그만 먹는다는 게 뭔지 몰랐어. (그러다가) 기적적으로 만족감을 느끼게 된 거야. 평소 먹던 음식의 겨우 절반이나 4분의 1 정도를 먹었는데 말이야. 아무런 노력 없이 6개월만에 18킬로그램을 거저 뺐어. 내 평생 그렇게 행복했던 적은 없을 거야. 물밀듯 밀려오는 아찔한 행복감에 뚱뚱하던 시절 입던 옷은 죄다 내다버렸지."

그렇지만 세월이 지나면서 "체중은 다시 슬금슬금 늘어났다"고 미셸은 말했다. "정말 서서히 조금씩 늘어나니까 나 자신을 속이기도 쉬웠어. '흥, 겨우 1, 2킬로그램인데 뭘. 나중에 다시 뺄 거야.' 나는 오젬픽을 계속 사용 중이었는데도 (체중 감소라는) 부작용은 그냥 그대로 사라져버렸어. (오젬픽이 당뇨에는 계속 효과가 있었으나) 나는 다시 과식을 하기 시작했어." 현재 84세인 미셸은 처음에 빠졌던 체중의 3분의 2를 회복했다. "지독히 우울했어. 정말, 정말 우울했어." 대부분의 약은 내성이 생긴다. 몸이 적응하는 것이다. 시간이 지나면 똑같은 효과를 내지 못한다. 미셸의 몸이 오젬픽에 내성이 생겼다고 말하는 것도 가능할 듯했다.

미셸의 경험이 나머지 우리한테는 얼마나 해당될까? 미셸은 단순히 노화와 당뇨로 인해 살이 쪘다고 말할 수도 있다. 오젬픽은 동일한 효과가 있었으나 미셸의 생리 상태가 악화되었다고 말이다.

전문가들은 상반된 관점들을 갖고 있었다. 신종 비만 치료제를 처방하고 있는 의사 쇼너 레비에게 내성이 궁금하다고 했더니, 그녀는 이렇게 말했다. "저도 궁금해요. 내성이 생기는 사람들도 있을 것 같아요. 약이란 다 그러니까요. 환자의 신체에 GLP-1을 퍼붓는데 당연히 가능하지 않을까요." 그렇지만 레비는 이렇게 강조했다. "모든 사람에게 그렇지는 않을 거예요. 시간이 지나면 알게 되겠죠." 신종 비만 치료제를 연구하고 있는 신경과학자 그레그 스탠우드는 이 질문에 대해 "우리가 아는 게 거의 없다"고 했다. 그러면서 비슷한 약이 비슷한 신체 부분에 작용할 때와 비교해보는 것도 한 가지 방법이라고 했다. 그런 경우 "이들 수용체가 만성적으로 활성화되면서 조절 능력이 줄어드는 경우가 많기" 때문이다. 즉 약 때문에 몸의 어느 부분이 지나치게 자극받으면 결국에는 그 부분이 열심히 일을 하지 않는 경우가 많아서 약효가 줄어든다. 스탠우드는 오젬픽 같은 약에도 이런 일이 생기는지는 알지 못한다면서 이렇게 덧붙였다. "이런 작용제를 장기간 사용하는데도 장에서 자연스럽게 만들어지는 GLP-1 같은 단백질의 조절 능력이 줄지 않는다면 그게 오히려 놀라운 일일 거예요." 그는 이렇게 강조했다. "그렇긴 해도 (이점이) 0이 되지는 않을 거예요. 다만 (시간이 지나면) 효과가 덜할 거라는 말이죠."

생각이 다른 사람들도 있다. 위고비 개발을 도왔던 로버트 쿠슈너는 말했다. "내성을 암시하는 데이터는 전혀 없었습니다." 그러면서 내성이 생기지 않는다는 증거는 있다고 반박했다. 이 약을 쓰는 당뇨병 환자들이 용량을 계속 늘리지 않아도 동일한 인슐린 수치가 유지되더라는 것이다. 이는 곧 대부분의 사람은 이 약을 장기간 사용하더라도 계속 일관된 효과를 얻는다는 뜻이라고 그는 설명했다.

그러나 하버드대학교의 영양학자 제럴드 맨드는 체중이 빠지면 반드시 "신체는 저항한다"고 강조했다. 신체는 온갖 자연적 메커니즘을 동원해서 체중을 이전으로 되돌리려고 한다. 이전의 설정값으로 말이다. 몸은 이렇게 말하는 듯하다. "반드시 살을 다시 찌워야 해요. 손쉬운 방법이 얼마든지 있죠. 제가 좀 지쳤거든요. 저 계단을 올라가고 싶지 않아요. 이제부터 에너지를 적게 태울 거예요. 그리고 조금만 더 먹을게요." 맨드는 이처럼 깊숙이 자리한 생물학적 욕구를 이런 약들이 장기적으로 이겨낼 수 있을지에 대해서는 회의적이다. 맨드는 "5년 정도는 살이 다시 찌지 않을 수도 있지만 10년 뒤에는 다시 찔지 모른다"고 생각한다.

신종 비만 치료제를 만드는 기업들에게 이 질문에 대한 답변을 요청했지만 두 회사 모두 답변을 거절했다. 그러나 노보 노디스크는 이들 신약이 오랫동안 사용되어왔고 장기간의 임상 시험도 거쳤다고 강조했다.

카렐 르 루는 이 문제와 관련해서도 비만 대사 수술의 경우를 살펴보자고 했다. "체중이 100킬로그램 정도일 때 위 우회술을 받은 사람은 66킬로그램까지 살이 빠집니다. 1년 만에 체중의 3분의 1이 감소하죠. 2년이 지나면 체중이 68킬로그램 정도가 됩니다. 3년이 지나면 75킬로그램 정도 되고요. 그러고 나면

72~75킬로그램 사이에서 체중이 안정화되어 20년을 버팁니다. 이게 전형적인 경우예요. 생리학적으로 보면 신종 비만 치료제도 이런 결과를 내리라고 상상하지 못할 이유가 전혀 없죠."

어느 말이 맞는지 당분간은 알 수 없을 것이다. 그러나 결론에 따라 그 파급효과는 심상치 않을 수도 있다. 나는 새삼 깨달았다. 신종 비만 치료제가 내 인생에 열어주었던 '체중 감량'이라는 근사한 창이 어쩌면 시간 제한이 있고 지금 서서히 닫히는 중일지도 모른다는 사실을 말이다.

그래서 이렇게 자문해보았다. '이 창이 열려 있는 기간을 기회 삼아 생활 습관을 한번 바꿔보면 어떨까? 나 자신을 좀 더 이해해보고 더 건강하게 사는 기술을 익혀보면 어떨까? 아니면 치즈버거를 한 개 먹는 대신 반 개 먹는 걸로 만족하면서 이 기회를 날려버릴 거야? 그러다가 몇 년 뒤에는 다시 또 처음 그 자리로 되돌아가고?'

난생처음 먹는 법을 배우다

솔직히 말하면 오젬픽 사용 7개월 차에 나는 체중 감량의 이점은 차곡차곡 쌓으면서도 내 생활에 변화는 거의 주지 않고 있었다. 전보다 훨씬 적게 먹기는 했지만 이전에 먹던 그 똑같은 쓰레기 같은 음식을 적게 먹었다. 아침 식사로 마요네즈에 빠졌다가 나온 치킨롤을 한 개가 아닌 3분의 1씩 먹었을 뿐이다. 빅맥에 프라이와 너겟을 몽땅 먹는 대신 프라이만 먹었을 뿐이다. 여전히 내 식단에는 정크 푸드와 가공식품이 압도적으로 많았고, 그저 양이 줄었을 뿐이었다. 이것도 나름 발전이기는 했지만 한계가 있었다.

로버트 쿠슈너는 그의 환자들 중에도 나 같은 경우가 많다고 했다. "약이 효과가 있다고 생각하면서도 거기서 한 발도 나아가지 못하는 사람들이 있어요. 그러면 환자가 생각해볼 수밖에 없도록 제가 질문을 하죠. 이렇게 바뀐 감각으로 뭘 하고 계신가요? 초가공식품은 좀 줄이셨나요? 과일이나 채소를 먹는 양은 좀 늘었나요? 요즘 식습관은 어떤가요? 채식이 늘었나요? 신체 활동도 늘었나요? 근력 운동을 하고 있나요? 등산을 가나요? 강아지 산책은 시키나요?" 나도 여전히 형편없는 음식을 먹고 있다고 하자 쿠슈너는 이해한다는 듯이 미소를 지으며 이렇게 말했다. "음식의 질이 건강에 영향을 준다는 사실은 다들 알고 있잖아요. 약은 잊어버리세요. 과일과 채소를 많이 먹고 포화지방과 트랜스지방, 육류를 적게 먹는, 영양적으로 균형 잡힌 식단이 건강에 얼마나 좋은지에 대해서는 연구 결과가 차고 넘치게 많아요. 건강을 개선하고 싶다면 거기서 더 노력하셔야 해요. 이제는 자신의 식단과 신체 활동을 주의 깊게 살펴야 해요."

나는 매번 이런 조언이 옳다는 것을 알면서도 어떻게 실행해야 할지 막막했다. '대체 어디서부터 시작해야 하는 거지?' 창피한 말이기는 하다. 내가 그렇게 못난 사람도 아닌데 말이다. 나는 전 세계를 돌아다니면서 복잡한 주제들을 조사하고 그렇게 알아낸 내용을 많은 사람 앞에서 쉽게 설명할 수 있는 사람이다. 그런데 내 몸에 음식을 넣어주는 이 간단한 일에 관해서라면 뭘 어찌해야 할지 종잡을 수조차 없었다. 나는 전자레인지를 돌리는 것 말고는 평생 요리를 해본 적이 없었다. 말 그대로 단 한 번도. 내가 먹는 음식은 거의 전부가 다른 사람이 만들거나 식당에서 사먹은 것들이었다. 음식에 관해서라면 나는 글자도 모르는 상태에서 갑자기《전쟁과 평화》를 건네받은 사람이나 다름없었다.

바보가 된 듯한 기분에서 조금이나마 벗어날 수 있었던 것은 작가 비 윌슨Bee Wilson의 명저《퍼스트 바이트First Bite》덕분이었다. 윌슨은 이렇게 설명했다. "먹는 것은 숨 쉬는 것처럼 태어날 때부터 본능적으로 알고 있는 사항이 아니다. 먹는 것은 배우는 것이다." 우리는 태어난 순간부터 이래저래 먹으라고 교육을 받는다. 잘못된 이유로 잘못된 음식을 먹도록 교육받는 경우도 많다. 윌슨은 이렇게 덧붙였다. "많은 사람이 건강하게 먹는 것을 어려워하는 이유는 건강하게 먹는 법을 배운 적이 한 번도 없기 때문이다." 나는 나 역시 그렇다는 것을 깨달았다. 나는 제대로 먹는 법을 배운 적이 없었다. 처음부터 내게 '먹는 것'은 가공식품을 양껏 때려 넣어서 우울한 기분을 잠재우고 감정을 조절하는 행위와 구분되지 않았다.

윌슨은 이렇게 썼다. "식습관이 배울 수 있는 행동이라면 바꿀 수 있는 행동이기도 하다."

이 글을 읽다가 내 지인인 의사 랑언 차터지가 몇 년 전에 해주었던 조언이 떠올랐다. "딱 한 달만 금방 요리한 자연식품을 먹어보세요. 딱 한 달만요. 다른 건 일절 먹지 말고요. 정말 말도 못 하게 느낌이 달라질 거예요."

이 조언을 따르기 위해서는 기본 중에 기본부터 배워야 했다. 나이 마흔넷에 나는 요리를 배워야 했다.

어디서부터 시작해야 할지 몰라서 내 친구 중에 가장 능력이 많은 로지에게 부탁했다. 나는 로지에게 평생 벽장에 갇혀서 버거킹 말고는 먹어본 적이 없는 사람에게 요리를 가르친다 생각해달라고 했다. 음식을 '요리'할 수 있다는 개념조차 모르는 사람 말이다. 어느 날 저녁 로지의 집에 도착했더니 탁자 위에 채소 한 봉지와 닭고기가 놓여 있었다. 로지가 말했다. "오늘 우리는 두 가지 건강한 음식을 만들어볼 거야. 첫 번째는 렌틸 수프야. 단백질 함량이 높고, 지방은 적고, 가격이 싸고, 만들기는 아주 쉬운 요리야."

로지는 내게 렌틸콩 200그램을 달아보라고 했다. 그다음 양파와 당근 세 개, 리크 하나를 썰었다(이때까지 나는 리크라는 채소가 고블린이나 드래곤처럼 웨일스 지방 전설에나 나오는 것인 줄 알았다. 직접 리크를 보니 감개가 무량했다). "그러니까 재료는 이게 전부야. 여기에 채소 스톡과 뜨거운 물만 있으면 되지." 로지는 커다란 팬을 꺼내서 내게 올리브 오일을 둘러보라고 했다. "기름이 잠깐 데워질 때까지 기다려." 로지는 마늘즙을 내서 팬에 넣었다. 나는 썰어둔 양파를 팬에 넣었다. 지글거리는 소리가 묘한 만족감을 주었다. 나는 양파와 리크를 먼저 넣고 그다음에 렌틸을 넣고는 계속 휘저어주었다. 로지는 채소 스톡을 넣고 뜨거운 물을 부었다.

"저대로 35분 정도 끓여야 해. 그러면 렌틸 수프가 익는 동안 닭 볶음 요리를 만들어볼게." 로지는 닭을 요리하는 방법을 차근차근 알려주었다. 나는 닭이 너겟이 아닌 형태로도 판매된다는 게 신기했다. 로지는 닭을 채소와 함께 볶았다.

우리는 같이 음식을 먹었다. 맛있었다. 하지만 나는 로지가 알려준 대로 잘할 수 있을지 자신이 없었다. 로지는 몇 주에 걸쳐 차근차근 참을성 있게 나를 가르쳐주었다. 스파게티 볼로네즈처럼 많이 먹는 음식이나 아침 식사를 해결해줄 죽을 만드는 방법까지 알려주었다.

이런 수업에서 깨달음을 얻어 이후 내가 가공식품은 멀리하고 스스로 준비한 신선한 음식만 먹었다고 말할 수 있다면 얼마나 좋을까. 하지만 나는 그러지 않았다. 나는 요리를 잘하지 못한다는 사실이 창피했다. 그리고 그보다 깊숙한 곳에서 무언가가 진행되고 있음을 감지했다. 나는 건강한 음식에 대해 이상한 형태로 저항하고 있었다. 늘 먹던 쓰레기 같은 음식을 조금 적게 먹는 쪽으로 계속 되돌아갔다.

자기 몸을 혐오하는 사람들

그 이유를 아주 희미하게나마 깨닫게 된 것은 내가 아는 가장 현명한 사람 중 한 명인 극작가 V(이전에는 이브 엔슬러Eve Ensler라고들 불렀다)에게 이 문제를 털어놓고 나서다. V는 〈버자이너 모놀로그The Vagina Monologues〉라는 작품으로 가장 유명하고 지난 40년 간 중요한 페미니스트 운동을 여럿 이끌기도 했다. V는 그동안 내게 근원적인 문제가 있음을 알고 있었다면서 친한 친구로서 오랫동안 걱정해왔다고 했다. 형편없는 내 식단은 그저 겉으로 드러난 증상의 하나일 뿐이라고 했다. V는 내가 몸과 심각하게 단절되어 있다면서 이렇게 말했다. "난 네가 네 몸 안에 있는 것 같지가 않아. (오랫동안) 네가 네 몸에 뭘 집어넣고 있는지 제대로 생각해보지 않았던 건 네가 네 몸과 분리되어 있기 때문이야." 내가 한 가지를 깊이 착각하고 있는 것이 문제였다. "너는 네 몸을 마치 물건처럼 취급하고 있어. 너랑 별개인 물건 말이야. 몸에 대한 네 생각은 고작 '몸을 움직이게 만들어야지. 몸아, 내가 할 일을 하게 해줘. 나한테 봉사해, 봉사해, 앞으로 나아가게'라는 식이야. 너는 네 몸을 기계 취급하고 있어. 솔직히 말해 너는 그 기계를 착취하고 있어. 실제로 몸은 귀한 생명을 담고 있는 소중한 그릇인데 말이야. 우리는 우리가 받은 이 몸을 정말 존중하고 잘 돌봐주고 귀하게 대해야 해."

V는 자신도 오랫동안 그런 상태로 살았기 때문에 내 상태를 눈치챌 수 있었다고 했다. V는 아홉 살 때부터 아버지에게 성적 학대를 당했다. V는 말했다. "(그런 트라우마는) 우리를 몸 밖으로 끄집어내. 예컨대 나처럼 성적 학대를 당하고 두들겨 맞으면 몸이 공포의 지대가 되거든. 배신의 장소가 돼. 두려움의 지대가 돼. 그저 피하고만 싶은 곳이 돼. 그래서 나는 내 몸을 떠나버렸어. 다시 돌아오기까지 정말 오랜 세월이 걸렸고. 트라우마가 너

를 지배하면 몸을 차지해버리거든. 그러니 내 몸속에 내가 있을 수 없지." V는 과거에 담배를 피우고, 폭음을 하고, 형편없는 남자들을 만났다. "(그런 상태가 되면 종종) 몸이 짐이야. 언제나 몸이랑 전쟁을 벌이지. (몸을) 질책하고 꾸짖고 비난해야 할 골칫덩이로 보게 돼. 몸은 절대로 옳을 수가 없어. 무슨 짓을 해도 몸은 나를 실망시킬 거야. 그렇게 몸과 나를 분리시켜버리면 몸에 어마어마한 해악을 가할 수 있어. 못 할 일이 없지. 죽을 만큼 살이 찔수도 있어. 독약이나 다름없는 음식을 먹을 수도 있고. 잠을 안 자서 몸이 완전히 망가질 수도 있어. 내가 그러고 있다는 사실을 알 수조차 없어. 그만큼 몸과 내가 분리되어 있으니까."

V가 자신의 몸으로 되돌아올 수 있었던 계기는 다소 뜻밖이었다. 50대가 되었을 때 V는 몸과 너무나 단절된 나머지 4기가 될 때까지 "몸에서 아보카도 크기의 종양이 자라는 것"조차 몰랐다고 한다. V는 생존 확률이 높지 않다는 이야기를 들었다. 그러나 수술을 마치고 회복하는 동안 V는 몸이 얼마나 경이로운 일들을 해내는지 알게 됐다. "일곱 가지 장기를 잃었는데도 내 몸은 스스로 재조정해서 나를 살려놓더라고. 내 몸은 천재야. 나는 내 몸을 숭배해."

V는 그렇게 다시 자신의 몸을 사랑하게 됐다. 그리고 자신이 찾아낼 수 있는 가장 원초적인 방식으로 다시 몸속으로 들어가게 됐다. 댄스를 시작한 것이다. "춤을 추고 있으면 몸속으로 들어가게 돼. 내 몸이 느껴지지. 리듬에 맞춰서 몸을 움직이면 몸속에 있는 에너지의 흐름과 빛을 발견하게 돼. 그리고 그 에너지 흐

름의 일부가 돼. 그러니 더 이상 몸을 통제해야 할 물건처럼 취급하지 않고, 몸은 자애롭게 바라봐야 할 내 일부가 되는 거야. 몸 속으로 들어가면 네 몸에 연민을 가질 수 있어." 그리고 마침내 몸이 들려주는 이야기를 듣고 느낄 수 있다고 했다.

몸을 제대로 대접하려면 몸을 귀하게 여기고 사랑하는 법을 배워야 한다고 V는 말했다. 이 말을 듣자마자 나는 거기에 중요한 진실이 담겨 있음을 깨달았다. 다만 그걸 행동으로 옮기는 법을 알 수 없었다. 마치 어떤 언어를 배우라고 하는데 그걸 가르쳐줄 선생님을 찾을 수 없는 기분이었다. 그래서 사람들이 몸을 생각하는 방식과 우리가 더 건강해질 수 있는 방법을 오랫동안 연구해온 과학자와 이야기를 나눠보기로 했다.

바이런 스와미Viren Swami는 영국 이스트앵글리아에 있는 앵글리아러스킨대학교의 사회심리학과 교수다. 마른 몸에 턱수염을 기른 스와미는 근사하고 주의 깊은 눈빛을 가진 사람이었다. 대화를 시작하자마자 스와미는 이렇게 말했다. 우리는 거식증에 걸리는 것처럼 무언가 잘못되었을 때만 '신체 이미지'가 존재한다고 생각하는 경향이 있다. "누구나 '신체 이미지'를 가지고 있습니다. 누구나 내 몸에 대한 감정이 있어요. 내 몸에 대한 생각이 있고요. 다들 특정한 방식으로 자기 몸을 바라보지요. (모든 사람은) 자기 자신에 대한 내부 시선을 가지고 있습니다. 조그마한 사람이 나의 뇌 속에 앉아서 내 몸에 대해 생각하고, 내 몸을 느끼고, 그 몸속에 사는 게 어떤 의미인지 해석한다고 한번 상상해보세요. 그게 바로 신체 이미지예요."

스와미는 지난 70년간 신체 이미지와 관련해 걱정스러운 일이 일어났다고 했다. 1950년대에 실시된 조사를 보면 자신의 신체에 만족하지 못하는 사람은 극소수였다.[2] 그러나 지금은 "영국과 미국에서 90퍼센트 이상의 여성이 부정적인 신체 이미지를 가지고 있어요. 남성은 그 비율이 70퍼센트 정도고요."[3] 대부분의 사람이 자신의 몸이 충분히 괜찮지 않다고 느끼기 시작했다. "(오늘날에는) 과반수의 사람이 자기 자신에게 만족하지 못해요. 심리학에서 이걸 정상으로 보는 분야는 없어요. 만약 90퍼센트의 사람이 우울증을 앓는다면 우리는 이미 그걸 왜 고쳐야 하고 어떻게 고쳐야 할지 전략을 세웠을 겁니다. 그러나 신체 이미지의 경우에는 그냥 이걸 정상으로 받아들이는 지경에 이른 것 같아요." 이걸 위기로 인식하고 바로 세우려는 노력이 필요하다는 것이 스와미의 생각이다.

왜 이런 일이 벌어졌는지와 관련해서는 여러 대답이 있겠지만 한 가지는 분명하다. 우리를 스스로에게 만족하지 못하는 사람으로 만들면 큰돈이 된다는 걸 발견한 업계가 있기 때문이다. 스와미는 수천 가지 예시 중에서 데오도런트 광고를 언급했다. "1990년대에 링스Lynx가 이상한 광고를 내놨어요. 한 남자가 해변에 도착하죠. 비쩍 마른 이 남자를 그 어느 여자도 좋아하지 않아요. 그런데 남자가 데오도런트를 바르자 갑자기 근처의 모든 여자가 남자 곁으로 몰려듭니다. 이게 바로 광고업계가 하는 일이에요. 광고업계는 우리에게 결함이 있다고 말해요. 우리가 불완전하다고 말합니다."[4] 근육질이 아닌 남자는 아무 쓸모도 없는 매력 없는 남자다. 우리는 매주 이런 종류의 수백 가지 메시지에 노출된다. 너무 많아서 제대로 인식하지도 못할 정도다. 스와미는 이렇게 덧붙였다. "패션업계와 미용업계는 어떻게 굴러갈까요? 사람들한테 지금 그대로는 충분하지 않다고 이야기함으로써 굴러가는 거예요. 자기네들한테서 이런저런 제품을 사면 그 결함을 고칠 수 있다고 말하는 거죠. (결과적으로) 모든 사람이 자기 외모를 걱정하게 만들어요."

그러고 나면 우리는 소셜 미디어를 통해 나 자신이나 주변 사람들에게 이런 생각을 강화시킨다.[5] 스와미에 따르면 소셜 미디어를 보면서 '나도 저렇게 생겨야 한다'고 생각하는 사람은 가장 심각하게 부정적인 신체 이미지를 가진 집단에 속한다. "내가 온라인에서 배우 대니얼 크레이그를 보고 '남자라면 저렇게 생겨야지'라고 생각한다면, 그러나 정작 나는 그렇게 생기지 않았다면 나 자신에게 불만을 품겠죠." 이런 식의 메시지에 계속 노출되고 그런 생각이 강화되는 과정을 오랫동안 거치고 나면 우리는 내 몸을 제대로 바라보지 못하게 된다. 런던 세인트조지 대학병원에서 100명을 대상으로 실험을 실시한 적이 있다.[6] 연구팀은 먼저 상자를 하나 주고 폭이 얼마나 될지 맞혀보라고 했다. 실험 참가자들은 모두 크기를 제대로 맞혔다. 다음으로 연구팀은 참가자들에게 자신의 신체 크기를 한번 맞혀보라고 했다. 참가자들의 예상은 한참을 벗어났다. 사람들은 자신의 허리둘레를 실제보다 25퍼센트, 엉덩이 둘레는 16퍼센트 더 크게 생각했다.

내 몸이 할 수 있는 가장 멋진 일

스와미는 사람들이 어떻게 하면 긍정적인 신체 이미지를 가질 수 있을지, 그래서 자신의 몸에 감사하고 자신의 몸을 사랑할 수 있을지 오랫동안 연구해왔다. 그는 몇 가지 방법이 있다고 했다. 첫걸음은 스스로에게 아주 중요한 질문을 하나 해보는 것이다. '내 몸이 할 수 있는 일 중에서 내가 고마워하고 귀하게 여기는 것은 무엇인가?' 대부분의 사람은 내 몸이 하는 일 중에서 긍정적인 것 몇 가지 정도는 금세 떠올릴 수 있다. 내 몸이 긴 산책을 할 수 있어 좋은 사람이 있을 것이다. 무거운 물건을 옮길 수 있어 좋은 사람도 있을 것이다. 아이를 임신하고 낳을 수 있어 좋은 사람도 있을 것이다. 이런 사실을 깨닫고 곰곰이 생각해보면 "내 몸의 겉모습이 아니라 내 몸이 하는 일로 관심의 초점을 옮길" 수 있다. 이런 변화는 커다란 치유의 효과가 있다. 이 질문을 통해 일어나는 변화를 전문 용어로는 '기능 인식functionality appreciation'이라고 한다.[7] 이렇게 되면 내 몸을 다른 사람들이 끊임없이 평가하는 '평가의 대상'이 아니라 내게 선물을 주는 '내 것'으로 볼 수 있다.

신체 이미지를 개선할 수 있는 또 하나의 방법은 자연 속으로 들어가는 것이다. 스와미가 진행한 다섯 번의 연구에서 사람들이 자연 속으로 들어가면 신체 이미지가 크게 개선되는 것으로 나타났다.[8] 그 이유에 대해 스와미는 몇 가지 이론을 가지고 있다. "자연 속에 있으면 '너는 외모가 멋지지 않아'라는 메시지들로부터 멀어질 수 있지요. 그리고 시간적 여유가 생겨서 자기 연민을 더 많이 느낄 수 있고요." 자연 속에 있으면 대부분의 사람이 자기중심적인 생각에서 좀 벗어나 훨씬 더 복잡하게 얽혀 있는 하나의 생명으로 자신을 바라보게 된다.

신체 이미지를 개선할 또 하나의 강력한 방법은 '구현 활동 embodying activity(스와미가 붙인 이름이다)'을 하는 것이다. 축구, 댄스, 요가, 크로스핏 등 내가 내 몸 속에 들어 있다는 기분을 더 많이 느끼게 해주는 활동이라면 무엇이든 여기에 해당된다. 이런 활동을 시작하면 스와미의 표현대로 "내 몸이 이런 것도 할 수 있다는 사실이 자랑스러운" 기분이 든다. 그리고 이런 활동은 "내 몸을 더 좋아하게 만든다"는 사실도 중요하다. (스와미는 예외도 있다고 덧붙였다. 예를 들어 발레를 하는 사람들은 더 안 좋은 신체 이미지를 갖는 경향이 있다. 그 세계에서는 특정한 몸매를 가져야 한다는 압박이 워낙 강하기 때문이다.)

이런 이야기를 들으면서 내가 내 몸과 단절되었다고 했던 V의 말이 정말로 옳았다는 생각이 들었다. 스와미의 질문, 즉 '내 몸이 할 수 있는 일 중에서 감사한 것은 무엇인가?'라는 질문 앞에서 나는 몇 분간 쩔쩔맸다. 말 그대로 나는 아무것도 떠올릴 수 없었다. 내가 귀하게 여기는 것들은 거의 모두가 머릿속에 있었다. 단어나 개념 같은 것들 말이다. 한참을 생각한 후에야 나는 가장 뻔한 답이 하나 떠올랐다. 섹스. 하지만 그것 말고는 정말로 아무것도 생각해낼 수 없었다.

처음에는 바보 같은 기분이었고 선뜻 내키지도 않았지만 나는

V와 스와미의 조언을 따르기로 했다. 이후 몇 달간 나는 유치한 음악을 틀어놓고 내가 사랑하는 사람들(친구, 친척, 연인)에게 함께 춤을 추자고 했다. 정말 말도 안 될 만큼 서툴고 부족한 기분이었지만, 시간이 지나면서 차츰 그들과 호흡을 맞춰 내 몸을 움직이는 게 편안하고 자유롭게 느껴졌다. 우리는 웃음을 터뜨렸다. 내 안에서 무언가가 점점 커지는 기분이었다. 내 몸이 이렇게 이상하고 우스꽝스럽고 아름다운 일을 해낼 수 있다는 기쁨 같은 것이었다. 그러는 사이 건강하고 신선한 음식을 요리하는 것에 대해 내가 갖고 있던 심리적 장애물도 조금은 치워져 있었다. 과장하고 싶지는 않다. 나는 하루 요리를 하고 나면 이틀은 가공식품으로 되돌아갔다. 한 달간 신선식품만 먹어보라는 차터지의 조언은 아직도 따르지 못했다. 그렇지만 서서히 조금씩 발전하고 있다.

식탁에 앉아 내가 만든 닭볶음 요리를 먹으면서 이런 생각을 했다. 어쩌면 오젬픽의 효과가 지속되지 못할 수도 있다. 내성이 생겨서 더는 식욕을 억누르지 못하게 될지도 모른다. 만약 그렇다면 신종 비만 치료제에 대해서는 아직도 논란의 여지가 남을 수 있다. 그러나 신종 비만 치료제는 평소의 습관을 근본적으로 바꾸고 크게 변화할 수 있는 기회의 창을 열어줄 수도 있다. 신종 비만 치료제를 영원히 사용할 수 있을지 어쩔지 나는 모른다. 그러나 만약 단기간만 이 약을 사용할 수 있다면 나는 미래에 내가 이 약 없이도 견딜 수 있도록 나 자신을 변화시키고 준비시키고 싶다.

다음 날 나는 배달 앱으로 버거킹 더블 와퍼를 주문했다. 3분의 1만 먹었다. 골판지 상자 안에서 서서히 굳어가는 남은 음식을 바라보면서 생각했다. '꾸준히 계속 좋아지기만 하는 스토리는 못 나오겠군.'

10장

식욕을
없앨 수만 있다면

거식증 환자의 손에
비만 치료제가 들어간 날

거식증 클리닉을 운영하는 킴벌리 데니스는

매일 굶으려고 애쓰는 사람들을 본다.

그들에게 신종 비만 치료제는

마치 '로켓 연료' 같은 역할을 한다.

오젬픽을 시작한 지 8개월 차였다. 나는 조카 에린과 영상통화 중이었다. 에린은 이제 열여덟 살이고 대학에 입학했기에 집을 떠나야 했다. 그런 사실을 알고 있음에도 내게 에린은 여전히 집 안의 막둥이, '아기'였다. 언제나 내게는 에린이 일곱 살 꼬마일 것이다. 내게 에린보다 더 보호 본능을 자극하는 사람은 없다. 에린은 술집에서 전화를 하고 있었다. "삼촌, 살이 너무 많이 빠져서 삼촌의 턱선이 보여요!" 에린이 큭큭거렸다. 칭찬에 내가 우쭐해지려던 찰나 에린의 얼굴이 굳어졌다. 에린은 자신의 몸을 내려다보더니 이렇게 말했다. "저도 오젬픽을 써봐야겠어요. 삼촌이 좀 사주시겠어요?"

이 말이 농담이 아니라는 걸 알아채는 데는 시간이 좀 걸렸다.

내 조카는 건강한 정상 체중을 유지하고 있다. 그런데도 갑자기 슬픈 표정을 지으면서 자신의 몸매를 경멸하고 있었다.

이 책을 쓰면서 내가 뭔가 아주 잘못된 일을 하고 있는 듯한 느낌이 가장 많이 들었던 순간이었다. 만약 에린이 나와 같은 방식으로 살을 뺀다면, 그래서 살이 빠진 것에 아주 기뻐한다면 그건 내가 에린이 아장아장 걸어 다닐 때부터 들려주고 싶었던 메시지와 충돌하는 것이 아닐까? 나는 에린이 자신을 있는 그대로 받아들이기를 바랐다. 있는 그대로 자신을 귀하게 여기기를 바랐다. 특히 여성들에게 비쩍 말라야만 좋은 몸매라고 강요하는 세간의 메시지에 설득되지 않기를 바랐다.

그제야 나는 이미 1년여 동안 에린이 큰 변화를 목격했을 거라는 생각이 들었다. 내가 에린 또래였을 때와는 달리 한동안 대중 매체에는 마르지 않은 몸매의 여성 유명인들이 눈에 띄었다. 마르지 않은 개그맨, 배우, 리얼리티 쇼 스타들이 나와서 자신의 몸매에 만족한다고 당당하게 말하는 모습을 자주 볼 수 있었다. 그런데 갑자기 그들 모두가 살이 쭉쭉 빠져버렸다. 그중 신종 비만 치료제를 투약 중이라고 인정한 사람은 거의 없다. 그렇지만 유명인들이 모여 사는 말리부에 이질균이 퍼지지 않고서야 이는 도저히 달리 설명할 수 없는 일이다. 이게 에린에게는 과연 어떤 메시지였을까? 나는 또 에린에게 어떤 메시지를 전하고 있었을까?

한동안 더 다양한 몸매를 받아들이려는 움직임이 활발했다. 그런데 이들 신종 비만 치료제와 다른 몇 가지 요소가 합세해서 그런 움직임을 한 발 크게 퇴보시켰다. 전 세계에서 가장 유명한 몇몇 여성이 눈에 띄게 날씬해지고 있다. 이는 어떤 영향을 끼칠까? 아름다움을 대표하는 여성의 유형이 바뀌면, 특히 소녀들의 경우 자신의 몸에 대한 느낌이 달라진다는 증거가 많다. 예를 들어 1966년 설문조사에서는 자신이 너무 뚱뚱하다고 생각하는 여자 고등학생이 50퍼센트였다.[1] 그런데 3년 후인 1969년에는 그 비율이 80퍼센트로 급증했다(의학적 기준에서 실제로 과체중에 해당하는 경우는 15퍼센트에 불과했다). 그사이에 뭐가 바뀌었을까? 1966년에 레슬리 혼비라는 17세 모델이 등장해 갑자기 새로운 미의 화신으로 등극했다. 패션 잡지들이 '1966년의 얼굴'로 선정한 혼비는 '트위기Twiggy('나뭇가지'라는 뜻)'라는 별명으로 더욱 유명했다. 그녀의 체중은 41킬로그램이었다. 레슬리 혼비가 유명세를 탄 이후 패션모델의 몸집이 작아졌고 자신의 신체를 혐오하는 여성이 늘어났다.

신종 비만 치료제도 내 조카와 같은 젊은 여성에게 비슷한 효과를 일으킬까? 나는 에린에게 내가 아무리 많은 수단을 동원해도 오젬픽을 대신 사줄 방법은 없다고 했다. 에린은 알았다고 했다. 에린은 실망스러운 일이 있어도 곧잘 회복하는 아이였고, 나중에 보니 체중을 빼고 싶다는 생각은 에린에게 잠시 스쳐 지나간 욕망이었다.

그러나 건강한 체중의 젊은 여성들 중에 에린과 같은 질문을 하는 사람이 얼마나 많을까 하는 생각이 들었다. 그들에게는 과연 어떤 일이 벌어질까? 이 질문에 대한 답을 찾는 과정에서 나는 신종 비만 치료제의 열두 번째 위험 요소를 발견했다.

제거의 시대

내가 이 문제를 가장 논의하고 싶었던 사람은 엘리스 로넌Elise Loehnen이었다. 로넌은 나와 알고 지내는 동안 믿기지 않을 만큼의 반전을 보여주었던 사람이다. 2017년 LA에 있는 미니멀리스트 분위기의 식당에서 처음 만났을 당시 로넌은 배우 기네스 펠트로의 라이프스타일 브랜드인 구프Goop의 최고콘텐츠책임자Chief Content Officer였다. 구프는 사람들을 정화하고 젊음을 찾아준다는 아주 비싼 제품과 경험을 팔면서 '웰빙'의 전형을 제시했다. 첫눈에도 로넌은 아주 똑똑해 보였지만 당시 나는 그녀가 세상에 중요한 사람이라고는 생각하지 않았다. 그러다가 흥미로운 일이 일어났다. 2020년 뉴스에서 코로나에 걸린 사람들을 보던 로넌은 이런 생각이 들었다고 한다. '사람들은 죽어가고 있는데 나는 완벽하게 건강한 몸에도 불만스러워할 이유나 만들어내고 있어.' 미친 짓이라는 생각이 들었다. 로넌은 구프를 그만두고는 비싼 돈을 들여 몸매를 '고치려는' 생각 자체에 반대하는 목소리를 내기 시작했다. 그런 생각은 여성 해방이 아니라 자기 자신에게 벌을 주는 행동으로 이어질 거라고 경고했다. 로넌은 이전에 일했던 회사를 비난하지는 않는다. 그러나 할리우드를 지배하고 있고 문화 전반으로 퍼져나가고 있는 이 사고방식에 대해서는 주의 깊은 비판을 가하고 있다.

로넌은 더 이상 저녁 식사를 함께하는 게 의미 없어진 친구들이 많다고 했다. 다들 오젬픽을 고용량으로 투여하고 있어서 아무런 식욕도, 음식에 대한 흥미도 느끼지 못하기 때문이다. 처음부터 날씬했던 그들은 이제 '식욕을 완전히 끊어내기 위해' 신종 비만 치료제를 사용하고 있다. 로넌은 테이블에 앉아 음식을 깨작거리는 친구들을 보면 이런 생각이 든다고 했다. '저녁 약속은 대체 왜 잡은 거야?' 그녀의 친구들은 "마른 몸매가 음식보다 훨씬 더 만족스러운" 듯하다. 로넌은 고개를 절레절레 흔들었다. "저는 그런 대가를 치르고 싶지는 않아요."

로넌은 이게 어떤 영향을 끼칠지 알고 싶다면 1990년대를 생각해보라고 했다. 로넌과 내가 모두 10대였던 시절이다. 로넌은 열다섯 살에 기숙학교에 입학했고 그즈음 패션업계가 선호하는 몸매에 큰 변화가 있었다. 로넌은 크리스티 털링턴이나 신디 크로포드 같은 1980년대의 슈퍼모델들을 떠올리며 이렇게 말했다. "그들도 근사한 몸매를 갖고 있었지만 당시에는 진짜 사람 몸 같았어요. 그들이 마르지 않았다는 게 아니라 '깡말라' 보이지 않았다는 거죠. 다들 키가 컸어요. 그냥 여성의 몸이었죠. 왜소한 외계생물이 아니었어요." 그러다가 상황이 완전히 바뀌었다. 패션업계는 케이트 모스를 새로운 얼굴로 선택했다. 케이트 모스는 아주 작은 몸집에 마치 2차 성징도 겪지 않은 듯한 모습이었다. 큰 가슴의 시대는 가고 깡마름의 시대가 왔다. 얼마 지나지 않아 세상의 모델은 모두 기아 아동과 같은 모습이 되어 있었다. 시트콤 〈앱솔루틀리 패벌러스Absolutely Fabulous〉에 등장하는 패션 잡지 에디터는 이렇게 말한다. "모델들이 조금만 더 어려졌다가는 런웨이에 태아들이 걸어 다니겠어." 이후 로넌과 친구들은 로넌의 표현에 따르면 "부자연스러울 만큼 깡마른 몸매"에 집착하게 됐다. 그들은 케이트 모스를 보며 이렇게 생각했다. '나는 저 여자보다 빠르게 성장하고 있어. 저 여자보다 커지고 있어.' 그다음에는 이런 질문이 따랐다. '어떻게 해야 여성스럽지 않은 몸이 될까?'

로넌은 친한 친구들이 몽땅 다이어트에 돌입하는 것을 지켜보았다. 친구들은 음식을 지나치게 규제하고, 먹는 것을 심각하게 제한하며, 강박적으로 운동을 했다. "한 명은 달리기를 하고, 또 한 명은 댄스를 배우고, 다른 한 명은 조정을 했어요. 친구들의 몸매가 변하는 걸 지켜봤죠." 그런 환경 속에서 로넌도 자신의 몸매가 신경 쓰일 수밖에 없었다. "기숙학교에 입학할 당시에 저는 엄청 많이 먹었어요. 아주 활동적이었고요. 아침 식사로 베이글 두 개에 버터를 바르고 시나몬 설탕까지 뿌려서 먹었죠." 로넌은 과체중이 아니었다. 그럼에도 자신보다 마른 여자아이들이 스스로 뚱뚱하다고 자책하는 소리를 들으면서 이런 생각이 들었다. '우와, 너희가 뚱뚱하다고?' 로넌 역시 음식을 극단적으로 줄이기 시작했다.

젊은 여성들에게 건강하지 못한 마른 몸매를 홍보하면 일부 여성은 굶기 시작한다. 그리고 이는 또 다른 여성들에게 음식을 줄여야 한다는 압박감을 줌으로써 악순환이 시작된다. 로넌은 말했다. "전염성이 엄청났어요. 늪 같은 거죠. (그러나 오젬픽의 시대인) 지금 케이트 모스를 보면 이런 생각이 들어요. 오늘날 우리가 보는 모델들에 비하면 케이트 모스는 엄청 건강해 보이는구나. 미의 기준은 계속해서 더 극단적으로 변화했어요." 로넌은 이

제 "다이어트의 시대는 가고 '제거'의 시대가 왔다"고 믿는다.[2]

로넌은 이 문제를 분명히 이해하려면 여자와 남자가 다른 취급을 받는다는 사실을 알아야 한다고 했다. 남자들은 '아빠 몸매'에서 '곰돌이 몸매'에 이르기까지 받아들여지는 몸매의 범위가 넓다. 몸매를 바꿔야 한다는 압박을 받은 남자는 보통 더 남자다운 몸매가 되려고 한다. 물론 이것도 반드시 쉬운 일만은 아니고 극단적으로 발전하는 경우도 더러 있지만, 그 자체로는 쫄쫄 굶는 것처럼 건강에 나쁘지는 않다. 여성들이 세상에서 인정받는 길은 훨씬 더 험난하다. 여성들은 식욕을 억누르고 작은 몸집을 유지해야 한다는 압박을 수천 년간 받아왔다. 이제 오젬픽이 생긴 여성들은 이렇게 말한다. "배고프지 않아. 식욕도 없어. 무슨 수를 써서라도 작은 몸집을 유지할 거야. 그게 제일 중요해. 내 건강을 유지하는 것보다, 살아 있는 것보다 더 중요해." 이건 스스로를 삭제하는 일이다. 로넌은 어느 기고문에서 이렇게 경고했다. "식욕을 없앤다는 건 죽음의 한 형태인 듯하다."[3]

평생 자신의 몸을 거부하고 고문했던 로넌은 여기까지라고 결정했다. 육신을 다스리기 위해 약을 쓰고 싶지는 않았다. 식욕을 잃고 싶지 않았다. 로넌은 자신의 몸과 그 몸이 갈망하는 것을 받아들이며 살기로 했다.

파괴적인 거식증으로 향하는 길

'부자연스러울 정도로 마른 몸매를 찬양'하는 것과 '음식을 덜 먹게 하는 다이어트 약'이 공존할 때 무슨 일이 벌어지는지는 우리도 이미 알고 있다. 벌써 겪어보았기 때문이다.

1990년 오리건주 상원의원 론 와이든Ron Wyden은 사상 최초로 다이어트 약에 대한 의회 청문회를 실시했다. 당시 가장 널리 사용되던 다이어트 약은 화학적으로 과거의 암페타민과 매우 유사했다. 흥분제의 역할을 하는 동시에 식욕을 억제하는 작용을 했다. 처방전이 필요 없는 이 약이 시중에 나오자마자 이 약을 찾던 인구 집단이 있었다. 미국 신경성 식욕부진증 및 유관 질병 협회 National Association of Anorexia Nervosa and Associated Disorders를 운영하는 간호사 비비언 미한은 의회 소위원회에 출석해 거식증에 걸린 10대 소녀들이 이들 약을 어마어마하게 사용하고 있다고 증언했다. 굶고 싶어 하는 10대 소녀들이 이들 약을 사용하면 굶기가 더 쉽다는 사실을 알게 됐다는 것이다. 이들 약은 이제 "파괴적인 거식증으로 가는 수단"이 됐다고 그녀는 말했다.

이들 약의 효과를 설명하기 위해 스무 살의 제시카 맥도널드가 증언대에 섰다. 맥도널드는 열두 살 때의 이야기를 꺼냈다. "발레가 몹시 하고 싶었습니다. 누가 봐도 저는 과체중이 아니었지만 발레리나 몸매는 따로 있으니까요. 저도 그 몸매가 되어야 했습니다." 발레 학교에 다니던 여자 학생들은 강박적으로 체중 이야기를 했다. "다들 살을 빼려고 뭔가를 하고 있었어요. 무슨 다이어트를 하든지, 약을 먹든지. 그래서 저도 이때부터 다이어트 약을 주기적으로 쓰게 됐어요. 설사약, 이뇨제 같은 것들도요. 살을 빼고 싶었어요. 그것도 빠르게요. 약을 한 알 먹어서 살을 뺄 수 있다면 여러 알을 먹으면 많이 뺄 수 있을 거라 생각했어요. (그래서) 한 통을 몽땅 먹었어요. 한 번에 18~20알 정도. 당연히 몸이 안 좋아졌죠. 몸이 약해지고, 어지럼증이 생기고, 구역질이 나고, 기절한 적도 여러 번 있어요. 어떤 때는 1분 이상씩. 뭔가 잘못되었다는 걸 알았음에도 약을 계속 먹었어요." 맥도널드는 "처방전 없이 손쉽게 구할 수 있는 다이어트 제품들 때문에 문제가 악화됐다"고 확신했다. 그 약들은 맥도널드에게 굶을 수 있는 도구를 제공했다. 의지만으로는 그처럼 스스로를 파괴할 수 없었을 것이다. 맥도널드는 의회 소위원회에 간청했다. "약국 선반에서 다이어트 약들을 없애주세요. 그런 약들이 절대로 시판되어서는 안 된다고 생각합니다."

증언대에 오른 사람 중에는 중년 남성인 토니 스미스도 있었다. 그는 아이오와주의 작은 마을인 스테이트센터에서 왔다. 그는 딸 노엘이 열 살 때부터 집요하게 이런 질문을 했다고 했다. "엄마 아빠, 나 너무 뚱뚱해요?" 스미스는 이렇게 증언했다. "쇼핑을 하러 가면 딸애는 늘 잡지 코너에 있었어요. 거기서 패션모델들을 살펴보거나 새로 나온 다이어트 방법, 어떤 신체 부위의 살을 빼는 방법 같은 것들을 읽고 있었어요. 딸애는 자신의 성공이 신체 이미지와 외모에 달려 있다고 믿게 됐어요." 노엘은 다이어트 약에 집착했다. "계속해서 몰래 다이어트 제품들을 집에 들여왔어요. 저희가 막을 방법이 없었어요. 저희가 노엘의 방에서 다이어트 약이나 설사약이나 이뇨제 상자를 발견하고 뺏을 때마다 노엘은 동네 약국에서 다시 사왔어요. 아무도 그 애를 말리지 않았어요. 고작 열여섯 살짜리가 왜 계속해서 다이어트 약과 설사약, 이뇨제를 사는지 아무도 물어보지 않았어요. 매출을 놓치기 싫었나 봐요."

1989년 7월 12일 토니와 아내는 병원에서 걸려온 전화를 받았다. 노엘이 심장마비로 사망했다는 것이었다. 당시 노엘의 나이는 고작 스무 살이었다.

딸이 죽고 나서 노엘의 아버지는 딸이 쓴 시를 읽었다. "앉아서 내려다본다 / 이 뚱뚱함이 무섭다 / 내 몸이 불어난 듯하다 / 생각해본다, '너 배고프니?' / '아냐, 아냐. 아직은.'"

증언 내용을 읽는 동안 한 가지 생각이 떠나지 않았다. 신종 비만 치료제는 맥도널드나 노엘이 손에 넣을 수 있었던 약들보다 훨씬 더 효과적이다. 그렇다면 거식증이 있는 사람들이 신종 비만 치료제를 손에 넣게 된다면? 이 문제에 대해 크게 경고의 목소리를 내고 있는 사람이 킴벌리 데니스Kimberly Dennis다. 정신과 의사인 데니스는 시카고에서 거식증 클리닉을 운영하는 선클라우드헬스SunCloud Health의 최고의학책임자Chief Medical Officer이기도 하다. 데니스는 섭식 장애를 가진 사람들에게 신종 비만 치료제는 마치 '로켓 연료' 같은 역할을 한다고 생각한다. 매일 클리닉에서 데니스는 굶으려고 애쓰는 사람들을 본다. 이들에게 신종 비만 치료제는 지금까지 발견된 가장 효과적인 도구다.

오젬픽이 출시될 당시 거식증은 이미 위기로 치닫고 있었다. 데니스는 말했다. "팬데믹 기간에 거식증으로 응급실을 찾거나 입원한 환자는 3배가 됐어요. 완전히 치솟은 거죠." 앞으로는 더 급증할 거라는 게 데니스의 생각이다. 물론 이런 현상은 신종 비만 치료제 제조사들의 의도가 아니다. 제조사들은 의사들에게 체질량지수가 27 이하인 사람에게는 이들 약을 처방하지 말라고 권고하고 있다. 그러나 이들 약이 처방되는 과정에는 허점이 많다. 온라인으로 의사를 만나 처방받을 수도 있는데 사실 영상통화로 체질량지수를 확인하기란 쉽지 않은 일이다.

데니스는 또한 신종 비만 치료제가 거식증 환자들의 회복을 더 힘들게 만들 거라고 믿는다. "거식증 환자를 치료할 때는 자기 자신을 찾을 수 있게 도와줍니다. 자신의 몸을 다시 느끼고 자연스러운 배고픔의 신호를 인지할 수 있게 도와주죠. (그러나) 신종 비만 치료제를 사용 중인 사람들은 자연스러운 배고픔의 신호가 차단되어버려요. '어, 나 지금 배고프네'라는 느낌이 들지 않는 거죠. 그러니 치료에 문제가 생길 수밖에요."

신종 비만 치료제가 거식증 환자들에게 얼마나 위험한지 심각한 경고 조치가 필요하다고 데니스는 말했다. "비만 치료 목적으로 신종 비만 치료제를 처방하는 일반 의사들은 대부분 거식증을 알아챌 만한 전문 지식이 없어요." 데니스는 거식증에 대한 지식을 갖고 이를 능동적으로 걸러낼 수 있는 의사들의 대면 진찰을 통해 신종 비만 치료제가 처방되어야 한다고 생각한다. 데니스는 거식증 환자들이 쫄쫄 굶기 위해 신종 비만 치료제를 오용하는 것을 걱정한다.

신종 비만 치료제를 만드는 제조사들에게 이런 우려를 전달했더니 노보 노디스크 측은 이렇게 말했다. "(저희는) 저희가 제조하는 그 어떤 약품의 오용이나 불법적 사용도 권장하거나 제안하거나 홍보하지 않습니다. 저희 제품의 적절한 사용법을 의사와 환자에게 정확히 알리기 위해 최선을 다하고 있습니다. 또한 보건업계 종사자들이 올바른 환자에게 올바른 제품만을 처방하도록 권하고 있습니다." 일라이 릴리는 언급을 거절했다.

사람들이 좋아하는 외모

오젬픽을 투여하면서 내게 일어난 이상한 일은 또 있었다. 나는 내 몸에서 일어나는 모든 일과 자료 조사를 통해 알게 된 모든 내용을 친구들에게 이야기했다. 몇몇 친구는 내가 살이 빠지고 더 건강하다고 느끼는 것을 기뻐해주었다. 대부분의 친구는 흥미를 느꼈다. 일부는 어디서 그 약을 구할 수 있느냐고 물었다. 그런데 가장 오래되고 가장 친한 친구인 라라(여기서는 이 이름으로 부를 것이다)의 반응은 사뭇 달랐다.

라라는 내가 이 주제를 꺼낼 때마다 핀잔을 주거나 짜증을 부렸다. 이 약의 좋은 점을 이야기하면 반론을 늘어놓았다. 내가 알아낸 정보들을 이야기하면 적대적으로 화를 냈다. 라라는 한 번도 과체중이었던 적이 없기 때문에 개인적인 방어 기제가 작동한 것은 아니라는 사실을 나는 알고 있었다. 그리고 그런 모습은 라라의 원래 성격과도 어울리지 않아서 나는 어떻게 대처해야 할지 당황스러웠다. 그러던 어느 날 저녁 라라가 런던을 방문해서 함께 저녁을 먹게 됐다. 내가 그날 거식증에 관한 글을 읽었다고 하자 라라는 전에 없이 크게 화를 냈다. 나는 마침내 대체 무슨 일이냐고 라라에게 물었다.

라라는 말했다. "너는 지금 너 자신한테 정직하지 않아. 그리고 그런 식으로 책을 쓴다면 독자들에게도 정직하지 못한 거야."

나는 할 말을 잃었다. 라라는 말을 계속했다. "너는 그 약을 사용하는 모든 사람에게 리스크가 있다고 말하잖아. 그 약 때문에 어린 소녀들에게 거식증이 전염병처럼 퍼질 수 있다고 이야기하잖아. 지금도 굶고 있는 여자아이들이 많은데 말이야. 게다가 너도 췌장암에 걸릴 수 있다며. 그밖에도 어떤 문제가 생길 수 있을지 아직까지 다 밝혀지지도 않았고. 너는 수많은 위험 요소를 거론했어. 그런데 너를 비롯해 이 가엾은 소녀들이 처한 위험성을 인정할 때마다 너는 즉시 화제를 다른 데로 돌려. 건강에 관한 얘기를 꺼내. 너는 네가 오젬픽을 쓰는 게 건강 때문이라고 했어. 심장 질환을 예방하는 게 네 동기라고 말이야. 그러면서 통계를 늘어놓지. 너는 그런 요소들을 모두 신중히 고려했다고 해. 미안하지만 나는 이 말을 해야겠어. 내 생각에 너는 스스로를 속이고 있어. 네 동기에 대해 거짓말을 하고 있어."

몇 달간 마음속에만 간직했던 말을 뱉어내는 사람처럼 라라는 우르르 이야기를 쏟아냈다. "그래서 건강이라는 동기가 실제로 얼마나 작용하고 있니? 내 생각에 네 경우는 건강이 동기가 아니야. 적어도 주된 이유는 아니라고. 나는 네가 하던 일을 그만두고 제대로 한번 생각해봤으면 좋겠어."

라라는 접시를 옆으로 밀어놓고 말을 이었다. "나는 너를 25년간 알고 지냈어. 너는 네 외모에 만족했던 적이 없어. 네 외모는 훌륭해. 나는 늘 네 외모가 훌륭하다고 생각했어. 그렇게 생각하지 않는 사람은 바로 너야. 네가 그 약을 쓰면서 그렇게 큰 위험을 감수하는 건 특정한 외모에 맞추고 싶어서야. 사람들이 좋아하는 외모, 어딜 가나 좋아하는 외모 말이야. 네가 오젬픽을 시도하는 건 그래서야. 날씬해지고 싶어서. 네가 그 약에 관해 처음 듣고 흥분해서 나한테 문자를 보냈던, 그 할리우드 파티에 오는 사람들은 건강을 위해 오젬픽을 쓰는 게 아냐. 그들은 지금도 건강해. 그들은 개인 요리사까지 고용해서 세상에서 가장 건강한 음식을 만들어 먹고 있잖아. 매일 개인 트레이너와 함께 운동을 하고. 그들은 자연스럽지 않을 정도로 마르고 싶어서 그 약을 쓰는 거야. 너도 심장 건강을 위해서가 아니라 턱선을 만들고 싶어서 그 약을 쓰는 거야. 고작 그걸 위해서 너는 어린 소녀들에게 거식증이 유행처럼 번지도록 부추기고 있어. 고작 그걸 위해서 너는 췌장암이라는 위험을 감수하고 있어. 고작 허영을 위해서 말이야."

나는 잠시 이 말을 생각해봤다. 그리고 깜짝 놀라서 반격했다. 이전과 같은 체중을 계속 유지한다면 내 건강이 어떻게 될지 정말로 걱정된다고. 라라는 몸을 앞으로 숙이고는 내게 물었다. "만약에 그 약이 똑같이 네 건강에 도움을 주면서 얼굴에 부스럼을 잔뜩 나게 한다면, 그래도 그 약을 쓸 거니?"

나는 입을 다물었다. 이 물음에 대한 답을 진심으로 생각해보려고 했다. 건강에는 도움을 주지만 외모를 망쳐놓는다면 내가 그 약을 쓸까? 라라는 그동안 편리하게도 딱 붙어 있던 이 두 가지 동기를 서로 떼어내서 생각해보게 했다. 나는 정직하게 대답했다. "아니, 안 쓸 거야." 라라가 말했다. "그게 네 동기에 대해 뭔가 말해주지 않아? 정말로 건강이 문제였다면 너는 외모가 망가지는 것도 감수했을 거야. 내 생각에 너는 건강을 위한다는 논리로 네 건강에 큰 위험이 될 수도 있는 일을 정당화하고 있어. 젊은 여성들의 건강에 큰 위험이 될 수도 있는 일을 정당화하고 있다고. 더 멋진 외모를 갖고 싶어서 말이야. 네가 원한다면 그렇게 해. 하지만 네 동기에 대해서는 정직해야지. 너 자신에게 솔직해지기를 바라."

나는 할 말을 잃었다. 라라는 나를 가장 잘 아는 사람 중 한 명이었다. 나는 라라의 말이 맞는지, 그동안 내가 나 자신에게조차 숨겼던 무언가가 드러났는지 생각해보았다. 아니면 라라가 나를 오해한 걸까? 라라는 이렇게 말했다. "건강이 주된 관심사라면 내게 운동에 관한 이야기를 하고 운동에 관한 책을 쓰고 있어야 해. 운동을 한다고 살이 많이 빠지지는 않아. 그래도 건강은 좋아져. 전반적으로 좋아져. 그런데 너는 운동 얘기는 거의 한 적이 없어. 운동으로는 이른바 근사한 모습이 되지 않으니까. 그래서 너는 운동이 아니라 약 이야기를 하는 거야."

나는 비만이 정말로 건강에 나쁘다는 증거들을 다시 들먹였다. 라라는 이 문제에 대해 정말로 생각을 많이 해보고 많은 자료를 읽어본 게 틀림없었다. 그래서 이렇게 말했다. "이 문제에 관해 이야기할 때마다 너는 리스크를 잘 가늠해본 것처럼 연극을 해. 지금도 그렇고. 너는 그 연극이 진짜라고 스스로를 설득한 게 틀림없어. 그렇지만 너는 내내 계산법을 속이고 있었어. 물론 심각한 비만이 되면 건강에 나쁘지. 해나는 분명히 건강하지 못했고." 라라 역시 해나의 친구였다. "그렇지만 네가 해나와 같은 집단에 속하는 것처럼 이야기하는 건 웃기는 짓이야. 너는 살짝 과체중이야. 너는 언제나 평범한 옷가게에 가서 옷을 살 수 있잖아. 네 체질량지수는 30이었어. 그 체중에서 일어날 수 있는 일들을 살펴보면 그렇게 좋지는 않아. 일부 건강에 문제가 생길 확률이 높지. 그렇지만 정말로 위험한 건 체질량지수가 그보다 훨씬 더 높을 때야. 체질량지수가 35 이상일 때 말이야. 사람들이 심각한 병에 걸리는 건 그때부터야. 너는 계속 상태가 두 가지뿐인 것처럼 굴고 있어. 체질량지수가 25 이하인 사람은 건강하고 26을 넘어가면 끔찍한 위험에 처하는 것처럼 말이야. 그렇지 않아. 체질량지수와 건강은 점증적인 관계고 너는 나쁜 관계가 시작되는 초입에 있을 뿐이야. 그러니 네가 그 약의 위험성과 비만의 위험성을 재고 있다고 하면 나한테는 헛소리로밖에 들리지 않아. 너는 고도 비만인 사람들이 처한 위험성이 너처럼 훨씬 날씬한 사람들한테도 적용되는 것처럼 구니까. 너 같은 사람이 직면하는 위험성은 그거랑은 전혀 달라."

나는 할아버지가 내 나이 때 심장마비를 겪었다는 이야기를 다시 했다. 그러자 라라는 이렇게 대답했다. "'너'는 심장 질환이 없잖아. 네가 건강을 위한 조치를 취하는 게 현명하지 않다는 말이 아냐. 운동을 해. 건강한 음식을 먹어. 네가 과식을 하게 만든 심리적 문제에 관해서라면 내가 하루 종일이라도 들어줄게. 그부분이라면 나도 네가 가여워. 그렇지만 네가 살짝 과체중이라고 해서, 네 할아버지가 1960년대에 심장마비로 돌아가셨다고 해서, 지금처럼 심장 질환을 진단할 기술도 없던 시절에 그런 일이 있었다고 해서 네가 위험성이 큰 약을 네 몸에 주사해야 한다고 말한다면 그건 미친 소리야."

라라는 말을 이었다. "너는 어린 소녀들이 쫄쫄 굶기 위해 이약을 사용할까 봐 걱정이라고 했지. 그렇지만 당뇨병 환자나 고도 비만 환자가 아니면서 이 약을 사용하는 사람들은 누구라도 이 문화를 바꾸는 데 일조하고 있는 거야. 마른 몸매를 더 높이 평가하는 문화를 만들고 있는 거라고. 네 조카와 같은 젊은 여성이 그 메시지를 크고 똑똑하게 듣게 돼. '음식을 먹는 것보다는 마른 몸매를 갖는 편이 낫다'고 말이야. 케이트 모스가 뭐라고 했어? 깡마른 것보다 더 기분 좋은 맛은 없다고 했잖아. 네 건강이 엄청나게 좋아진다면 그런 위험을 감수할 가치가 있을지도 몰라. 하지만 너는 원래 건강했어! 어떤 의사도 네가 아프다고 하지 않았어. 너는 심장 질환도 없었고 전당뇨 단계도 아니었어. 약을 통해 건강을 개선할 필요가 없었다고."

나는 이 말을 어떻게 받아들여야 할지 몰랐다. 내가 건강을 걱정했던 건 사실이었다. 라라는 지나치게 그걸 무시하고 있었다. 하지만 라라의 말은 내가 또 다른 진실과 마주하지 않을 수 없게 했다. 그 순간까지도 나는 건강이라는 동기는 과대평가하고 외모라는 동기는 과소평가하고 있었다. 불현듯 내가 과체중이라는 사실을 얼마나 창피하게 여기고 있었는지가 날카롭게 다가왔다. 그게 얼마나 '눈에 보이는 실패'처럼 느껴졌는지가 아프게 자각됐다. 그래서 내 판단이 비뚤어졌던 걸까? 내가 나 자신에게, 그리고 다른 사람에게 해가 되는 일을 하고 있나?

라라의 말투가 바뀌었다. 불같은 분노는 지나갔다는 걸 알 수 있었다. 지금 라라는 그저 쓸쓸해 보였다. "적어도 지난 몇 년간은 우리가 사람들을 변화시켜서 자신들의 몸을 더 좋아하게 만들고 있다고 생각했어. 어떤 외모든 상관없이 말이야. 그걸 보는 게 좋았어, 나는. 나는 너도 네 몸을 좋아하게 되길 바랐어. 그런데 이제 네가 네 몸과 전쟁을 벌이는 걸 보니까, 나는 그게 슬픈 거야."

나는 어떤 모습이든 자기 몸을 있는 그대로 받아들이자는 운동에 대해 더 많이 조사해봐야 한다는 사실을 깨달았다. 저 질문들을 더 깊이 생각해보라는 라라의 도발에 대한 답이 과연 거기에 있는지 알고 싶었다.

11장

팻 프라이드

내 몸에
낙인을 찍지 마라

지금까지 누구에게도 말하지 않았던 이야기를 해줄게요.

저는 옷을 걸치지 않은 내 몸을 한 번도 본 적이 없어요.

도저히 참을 수 없었거든요.

내가 어린아이였던 1980년대에는 TV에서 뚱뚱한 사람들을 수치스러워하는 게 당연한 일로 여겨졌다. 뚱뚱한 사람들은 게으르고 탐욕스러우며 놀림받는 게 마땅했다. 나도 이걸 기정사실로 여겼다. 다른 이야기를 들어본 적이 없었기 때문이다. 그러다 내가 열 살쯤 되었을 때 아침 TV 프로그램에서 누군가가 새로운 이야기를 하는 것을 들었다.

셸리 보비Shelley Bovey는 영국 최초로 뚱뚱함에 대해 다른 이야기를 내놓았던 유명인 중 한 명이다. 보비는 온화하고 경쾌한 목소리에 조용하고 고상한 말투로 우리가 더 이상 뚱뚱한 사람을 놀리면 안 된다고 주장했다. 그들을 이해하고 존중해야 한다고 했다. 당시에는 이런 주장이 큰 호응을 얻지 못했다. 그러나 시간이 지나면서 보비 등의 사상에 영감을 받은 사람들이 운동을 시작했다. 신종 비만 치료제가 출시될 때까지 그들은 의미 있는 승리를 거두고 있었다. 이 운동은 신종 비만 치료제의 정당성에 대해 점점 더 큰 의문을 제기하고 있다. 이들 신약은 필요하지도, 공정하지도 않다고 말하고 있다.

보비는 이제 일흔두 살이다. 나는 영국 남부의 작은 마을에 살고 있는 그녀를 방문하기로 했다. 어느 여름날 아침 보비는 기차역 주차장 반대편에서 내게 손을 흔들고 있었다. 그녀 곁에는 남편 앨리스터가 아내를 지키고 있었다. 앨리스터가 차로 우리를 보비의 단골 식당까지 데려다주었다. 우리는 종일 그곳에 앉아 보비가 영국에 몰고 왔던 운동에 관해 이야기를 나누었다.

열두 살이던 보비는 어느 날 담임에게 수업이 끝나고 남으라는 얘기를 들었다. 보비는 자신이 뭘 잘못했는지 고민했다. 담임이 말했다. "너는 너무 뚱뚱해." 보비는 뭐라고 답해야 할지 알 수 없었다. "양호 선생님께 가보거라. 네 살을 빼주실 거야." 양호실에 갔더니 양호 교사는 담임이 보비를 그곳에 보낸 이유를 설명했다. 양호 교사는 검사를 해야겠다면서 보비에게 옷을 모두 벗으라고 했다. 양호 교사는 보비의 벗은 몸을 응시하며 말했다. "너는 일찍 죽게 될 거야." 양호 교사는 보비에게 지금처럼 먹으면 안 된다고 했다. 그러면서 방법을 알려주지는 않았다. 양호 교사의 눈에는 답이 너무 뻔했다. '식탐과 게으름을 좀 줄여.'

보비는 말했다. "너무 창피했어요. 그저 수치심뿐이었어요. 수치심뿐이었어요. (일찍 죽을 거라는 말을 들었을 때는) 당연히 무서웠지요."

보비는 학교에서 유일하게 뚱뚱한 여자아이였다. 사방에서 역겹다는 메시지를 끊임없이 보내왔다. 보비가 지나가면 다른 여자아이들이 얼굴을 찌푸리며 말했다. "너 정말 뚱뚱하구나. 너처럼 뚱뚱해질까 봐 겁나." 보비는 이렇게 말했다. "거침없이 말했어요. 아무도 '저 아이한테 상처가 될지도 몰라'라는 생각을 하지 않았어요. 그들한테는 그냥 그게 재미였어요. 과체중이 되면 문제는 아무도 내게 조심하지 않는다는 거예요. 사람들은 거리낌 없이 마구 이야기해요." 어느 날 학교 식당에서 음식을 먹는데 어느 선생님이 보비에게 말했다. "내가 널 지켜봤는데 말이야. 너는 정말 욕심 많은 아이구나." 선생님은 벌이라면서 푸딩을 하나 더 먹으라고 했다. 그리고 다시 또 하나를 먹으라고 했다. 또 먹으라고 했다. 마치 여물통 앞의 돼지라도 되는 것처럼 그 선생님은 결국 보비가 토할 때까지 계속 먹게 했다.

보비는 사람들에게 들은 이야기를 모두 사실로 받아들였다. 보비는 자신이 역겹다고 생각했다. '내 몸이 싫어. 내 몸을 쳐다보지도 못하겠어.' 보비는 그런 취급을 당하는 게 당연하다고 여겼다. 그래서 계속 이렇게 생각했다. '날씬해져야 해. 그래야 인간이 될 수 있어. 제대로 된 인간이 될 수 있어.'

체육복 치수를 재기 위해 반 여자아이들이 모두 줄을 서 있을 때는 줄자를 쥐고 있던 선생님이 놀리듯이 모든 아이 앞에서 이렇게 말했다. "우와, 너 덩치가 있구나. 그렇지?" 선생님이 다른 아이에게 가고 나서 넋이 나간 보비가 옆에 있던 여자아이에게 말했다. "나는 뚱뚱하고 못생겼어. 어떻게 해야 할지 모르겠어." (옆에 있던 여자아이가) 보비를 봤다. 뭔가 친절한 말을 해주려고 고민하는 듯했다. 그 아이는 마침내 이렇게 말했다. "그래도 너는 발이 예뻐."

보비는 노동자계급이 모여 사는 웨일스의 한 도시인 포트텔 벗에서 자랐다. 영국 최대의 제철소가 있는 곳이었다. 보비의 부모님은 식당을 운영하느라 정신없이 바빴다. 학교에서 돌아오면 부모님은 영업 준비를 마친 상태여서 보비를 돌아볼 여유가 없었다. 보비는 극도로 외로웠다. 지난날을 돌아보던 보비는 그 외로움이 음식에 대한 광폭한 갈증이 되었다는 사실을 깨달았다. 보비는 엄마에게 많이 외롭다고 말했고 죄책감을 느낀 어머니는 관심 대신에 음식을 내밀었다. "어머니는 종이봉투에 도넛 네 개를 넣어두시곤 했어요. 학교에서 돌아오면 그 도넛이 나를 기다리고 있었죠. 나에겐 그게 전부였어요."

절망스러운 마음에 보비는 다이어트를 했다. 1960년대 후반이었고 모든 여자아이가 유명 모델 '트위기'처럼 마르고 싶어 했다. "다들 배고파했어요. 정말로 배고파했어요. (그 정도가 되려면) 쫄쫄 굶어야 해요. 여기저기서 사람들이 쓰러지곤 했죠." 보비는 포도 다이어트 같은 것을 시도했다. 며칠씩 한 가지 음식만 먹는 원푸드 다이어트였다. "단번에 16사이즈(한국 사이즈로 88 – 옮긴이)까지 몸이 줄었어요. 하루쯤 유지했나? 그때의 사진이 있어요." 더 이상 참을 수가 없어서 무너질 때마다 보비는 "닥치는 대로" 먹었다. 어머니는 보비를 병원에 데려갔다. 의사는 암페타민 계열의 다이어트 약을 주었다. "그 약을 먹으니 몸이 좋지 않았어요. 심장이 너무 쿵쾅거리더라고요. 심장 박동에 영향을 미쳤어요."

보비는 음악에 전념했다. 열세 살에 이미 바흐 연주에 너무나 뛰어난 재능을 보여서 뉴스에 보도될 정도였다. 그렇지만 학교에서는 캐릭터를 바꾸지 않으면 안 되었다. "친구들 무리에 속하려면 끔찍할 만큼 말썽을 피우는 수밖에 없었어요." 보비는 책상에 올라가고 물건을 집어던지고 막나가는 행동을 하면서 희열을 느꼈다고 했다. "(그러면 사람들은) '저 광대 짓거리 좀 봐'라고 했고, 저는 (그 벌로) 늘 수업이 끝나고 학교에 남아야 했지요."

그럼에도 선생님들은 보비에게 공부에 재능이 있다면서 케임브리지대학교에 지원하라고 했다. 하지만 보비는 그러지 못했다. 다른 대학교에 지원했고 영문학과 심리학을 전공할 수 있는 자리를 제안받았다. 웨일스 출신 노동자계급 여자아이에게 당시로서는 인생을 바꿔놓을 제안이었다. 부모님은 이루 말할 수 없이 기뻐했다. 그러나 떠나기 전날 몸서리쳐질 만큼의 의심이 밀려왔다. "'아냐, 난 못 가'라고 생각했어요. '난 못 가. 아냐, 난 못 가.' 가고 싶었죠. 정말로 가고 싶었어요. 그렇지만 이런 생각이 들었어요. 다들 날씬할 거야. 다들 나를 물어뜯을 거야. 더는 감당 못 해." 결국 보비는 가지 않았다.

미래가 블랙홀 같았다. 보비는 직장도 구하지 못하고, 어떤 남자도 자신을 원하지 않을 거라고 확신했다. 보비는 어머니에게 이렇게 말했다. "나는 뚱뚱하고 못생겼어요. 아무도 나랑 뭔가를 함께하고 싶어 하지 않을 거예요. 아무도 나랑 결혼하지 않을 거예요. 아기를 갖고 싶은데." 보비는 내게 이렇게 말했다. "그게 정말 걱정이었어요. 밤잠을 이루지 못했죠. 아기를 꼭 갖고 싶은데,

너무 뚱뚱해서 가질 수 없다고 말이에요." 그러던 어느 날 다정한 미소의 깡마른 남자가 부모님의 식당에 들어왔다. 남자의 이름은 앨리스터였다. 얼마 지나지 않아 남자는 보비를 데리고 런던으로 여행을 갔다. 앨리스터가 손을 잡았을 때 보비는 "행복해서 죽는 줄" 알았다고 한다. 남자는 단 한 번도 보비의 몸매를 비난하지 않았다. 남자는 보비를 사랑했다. 두 사람은 결혼했다. "남편은 수줍음이 많았어요. 아주 잘 맞는 짝이었죠."

첫아이를 가졌을 때 병원에서 간호사에게 처음 들은 말은 이랬다. "오, 아기를 가지면 안 돼요. 그런 체중으로는요." 나중에 길고 힘든 산고 끝에 아이를 낳고 실신할 듯이 누워 있을 때 산파는 경멸스러운 눈빛으로 보비를 쳐다보며 제발 살 좀 빼라고 했다. 아들이 한 살이 되었을 때 음식을 잘 먹지 않아 걱정되었던 보비는 아들을 병원에 데려갔다. 의사는 이렇게 말했다. "뭐 하시는 거예요? 아이를 당신처럼 뚱보로 만들 셈이에요?"

늘 이런 놀림을 온몸으로 받아내며 사는 건 참기 힘든 일이었다. 그 결과 보비는 이렇게 생각하게 됐다. '나는 제대로 된 인간이 아냐. 나는 여기에 속할 수 없어. 너는 사람이 아냐. 그냥 몸이야. 형편없는 몸.'

낙인은 그들을 살찌게 한다

과체중인 사람들을 향한 잔인한 태도는 아주 만연하다. 과체중인 남성의 대략 5퍼센트, 여성의 대략 10퍼센트가 매일매일 모욕이나 차별을 당한다. 체질량지수가 35 이상인 사람의 처지는 훨씬 더 심각하다.[1] 남성의 28퍼센트, 여성의 45퍼센트가 일상적으로 모욕을 견디며 살아가고 있다. 조건이 동일할 때 집주인은 뚱뚱한 사람에게 집을 빌려주지 않을 가능성이 50퍼센트나 더 크다. 믿기지 않겠지만 배심원단 재판을 받을 때도 뚱뚱한 사람은 날씬한 사람보다 유죄판결을 받을 확률이 더 높다.

과체중인 사람에게 창피를 주는 행동 중에는 의도적인 가학 행위도 있다. 하지만 일부는 두려움 탓에 남에게 창피를 준다. 종종 우리는 우리가 두려워하는 것들에 낙인을 찍는다. 〈에스콰이어Esquire〉지가 여성 1000명을 대상으로 설문조사를 했다. 체중이 70킬로그램 늘어나는 것과 트럭에 치이는 것 중 어느 쪽을 선택하겠느냐고 했더니 절반 이상이 트럭에 치이는 쪽을 택했다. 보비는 자신을 가장 적대적으로 대하는 사람들이 실제로는 본인도 살이 찔까 두려워하는 사람들임을 알아챘다. 보비는 어느 라디오 프로듀서와 1년간 함께 일한 적이 있다. 그런데 그 프로듀서는 끊임없이 보비의 몸매를 언급했다. 어느 날 그 여자는 이렇게 말했다. "믿지 않겠지만, 나도 조심하지 않으면 당신처럼 될 거예요." 보비의 친구는 그 행동을 이렇게 해석했다. "그 여자는 널 볼 때마다 자신도 그렇게 될 수 있다는 생각을 하는 거지."

과체중인 사람에게 창피를 주는 행동 중에는 좀 다른 동기를 가진 것도 있다. 내가 대화를 나눠본 많은 사람이 보비에게 낙인이라는 도구를 쓰는 게 비만을 줄일 최선의 방법이라고 진심으로 믿는 듯했다. 아마 보비의 담임, 양호 교사, 산파, 의사도 보비에 대한 역겨움을 드러내면 보비가 억지로라도 살을 뺄 거라고 믿었을지 모른다. 뚱뚱한 사람에게 낙인을 찍는 게 그들에게도 좋은 일이라는 생각이 널리 퍼져 있다. 그러면 그들도 어쩔 수 없이 건강을 돌볼 거라고 말이다.

그렇다면 비만을 줄이는 데 낙인은 얼마나 효과가 있을까? 어느 연구에서 93명의 여성을 두 그룹으로 나눴다. 자신이 과체중이라고 생각하는 여성과 그렇지 않은 여성의 그룹이었다.[2] 그다음 그들에게 취업 시장에서 과체중인 사람들을 향한 낙인이 있다는 신문 기사를 보여주었다. 그리고 이 기사가 혹시 그들의 식습관에 조금이라도 영향을 미치는지 모니터링 해보았다. 기사는 정상 체중인 여성에게는 아무런 영향도 미치지 않았다. 그러나 스스로 과체중이라고 믿는 여성은 음식을 훨씬 더 많이 먹었다. 또 다른 연구에서는 과체중인 사람들에게 영상을 보여주었다. 그 결과 편견과 비난이 가득한 영상을 본 사람들은 다른 영상을 본 사람들보다 3배나 많은 칼로리를 섭취했다.[3] 과체중인 사람들에게 낙인을 찍는 것이 실제로는 역효과를 일으킨다는 증거는 많다.[4] 낙인은 그들의 체중을 '늘게' 한다.

여기에는 몇 가지 이유가 있다. 첫 번째는 당연한 이유다. 앞서도 이야기했지만 스트레스가 늘면 위안 음식의 섭취가 늘어난다. 보비는 체중 때문에 모욕이나 비하를 당하는 순간들에 대해 이렇게 말했다. "속으로 말했죠. '나는 사람이 아냐.' 그런 다음에 생각했어요. '가서 뭘 좀 먹어야겠어. 이번 한 번만. 마음을 좀 가라앉혀야지.'"

낙인은 과체중인 사람들이 운동을 할 확률도 크게 떨어뜨린다.[5] 팻 프라이드 운동가이자 베스트셀러 작가인 오브리 고든 Aubrey Gordon은 어느 글에서 어린 시절 수영을 정말 좋아했다고 했다. 그러다가 사춘기가 지나고 수영복을 입을 때마다 신경이 쓰이게 됐고 결국에는 수영을 그만두었다고 한다. 이는 정말로 위험한 일이다. 운동을 통해 살이 크게 빠지는 경우는 많지 않지만 몸집에 상관없이 건강은 굉장히 좋아진다. 낙인은 또한 의학적 도움도 잘 받지 못하게 한다. 미국 여성의 45퍼센트가 살이 빠질 때까지 병원에 가는 것을 미룬 적이 있다고 했다. 낙인은 또한 과체중인 사람들이 반드시 필요한 의학적 조언에 귀를 기울이기도 힘들게 한다. 체중에 관해 평생 놀림받으며 살다 보면 좋은 의도가 담긴 의학적 조언도 마냥 잔인하게 들리기 쉽다.

더 심층적인 이유도 있다. 내가 이 부분을 똑똑히 알게 된 것은 작가 린디 웨스트Lindy West의 글을 읽고 나서였다. "자기 자신을 사랑하는 일은 건강의 적이 아니라 건강의 필수 요소다. 싫어하는 대상을 잘 돌보는 사람은 없다." 보비는 어린 시절 그렇게 그녀의 몸이 역겹다는 소리를 오랫동안 들은 후에 벌어진 일을 들려주었다. "지금까지 누구에게도 말하지 않았던 이야기를 해줄게요. 그렇지만 중요한 내용이에요. 저는 옷을 걸치지 않은 내 몸을 한 번도 본 적이 없어요. 도저히 참을 수 없었거든요." 보비는 두 눈을 꼭 감았다. 심지어 샤워할 때도 자신의 몸이 소름 끼쳐서 다른 곳을 보았다고 한다. 감히 쳐다보지도 못하는 몸을 무슨 수로 돌볼까? 우리는 대체 왜 사람들이 자기 몸을 역겨워하게 만들어야 그들이 자기 몸을 돌볼 거라는 어이없는 생각을 할까?

부적격한 몸은 없다

1980년대 말 저널리스트로 일하던 보비는 문득 이런 생각을 했다. 그때까지 영국에서는 그 누구도 과체중인 사람들에 대한 이런 잔인함을 책으로 쓴 적이 없었다. 집에서 책상에 앉아 있던 보비는 자신이 직접 써보기로 했다. 그 결과가 자신을 어디로 이끌지는 알지 못한 채로. 그녀는 이렇게 썼다. "집에 있지 않고서는 뚱뚱함을 숨길 방법이 없다. 그래서 뚱뚱한 여성들은 대부분 답답한 구속복(환자나 죄수가 몸을 움직이지 못하게 입히는 옷 – 옮긴이)을 입고 산다. 늘 사회적 검열에 둘러싸여 있기에 자유로운 자기 자신일 수가 없다. 언제든, 무슨 일을 하든, 자신이 신체 사이즈로 재단되고 있음을 의식하며 살아간다."[6]

보비는 (자신이 평생 거의 매일 마주해온) 이 편견이 잔인하고 불공정하며 비생산적이라고 주장했다. 이런 현상이 보비에게는 인종차별주의나 성차별주의와 유사해 보였다. 특히 의사들이 뚱뚱한 사람에게 얼마나 잔인할 수 있는지를 보여주는 증거 자료를 읽었을 때는 참을 수 없을 만큼 격분했다. 세실 웹존슨Cecil Webb-Johnson이라는 의사는 오래전에 이런 글을 썼다. "뚱뚱한 남자는 한심하고 뚱뚱한 여자는 2배로 한심하다. 여자도 한심하고 그

남편도 한심하니까."⁷ 다음과 같은 여성들의 증언도 있었다.⁸ "제 담당 의사는 저의 과체중 1파운드(약 450그램)마다 1달러씩 냈으면 주택담보대출을 다 갚았겠다고 했어요." "제 담당 의사는 저더러 차라리 총을 한 자루 사서 그냥 자살하는 게 어떠냐고 했어요." "제 담당 의사는 제가 임신할 수 없다고 했어요. 이렇게 뚱뚱한데 누가 저를 임신시키고 싶겠냐고요(알고 보니 저는 임신이었어요)."

　보비는 이런 생각이 들었다. 나 자신에게 화내는 걸 멈추고, 나를 모욕하는 사람들에게 화를 내보면 어떨까? 보비는 이런 생각을 1969년 미국에서 배웠다. 당시 미국에서는 자신들을 '팻 억셉턴스Fat Acceptance'라고 부르는 사회적 운동이 태동하고 있었다. 이 운동은 나중에 이름을 '팻 프라이드'로 바꿨다. 팻 프라이드는 성명을 발표했다.⁹ "우리는 우리를 부적격이라고 주장하는 정체불명의 '과학'을 거부한다." 보비는 그녀의 책 제목을 "금단의 몸매 The Forbidden Body"라고 지었다. 자신이 느낀 그대로였다. 보비는 금단의 몸속에 살고 있는 기분이었다. 책은 1989년에 출간되었다. 어린 소년이었던 내가 TV에서 보비가 조롱당하는 모습을 본 것이 바로 이때였다. 사람들은 보비에게 극도로 적대적이었다. 보비를 마치 질병과 장애를 부추기는 미친 사람처럼 취급했다. 그러나 보비의 대담한 행보는 영국에 무언가를 탄생시켰다. 누군가가 이 낙인에 이름을 붙이고 공공연하게 싸운 최초의 사례였다. 보비의 책은 베스트셀러가 되었고 광범위한 논의를 불러일으켰다. 한동안 보비는 유명 인사가 되었다.

보비의 책과 여러 사상가의 저서가 나온 이후 팻 프라이드 운동가들은 단순히 낙인을 걷어내는 것을 넘어서서 보다 정교한 주장을 발전시켰다. 이들은 전 세계 의사와 과학자가 내놓은 비만의 과학 전체가 여러 오류를 토대로 만들어졌다고 주장했다.

　이들의 주장 중에 팩트와 관련성이 있는 내용은 크게 다섯 가지로 나눌 수 있었다.

　첫째, 이들은 비만인 사람 다수가 건강하다고 주장했다. 실제로는 '몸집이 어떠하든' 건강할 수 있다는 증거가 늘어나고 있다고 했다.

　둘째, 이들은 비만의 과학이 근본적인 오류에 기반한다고 주장했다. 많은 사람이 비만을 온갖 건강 문제와 결부시키는 게 사실이다. 예컨대 비만이 되면 당뇨병에 걸릴 확률이 높다는 식으로 말이다. 그러나 그게 비만이 그런 문제를 '야기한다'는 증거는 아니라는 것이다. 두 가지 일이 동시에 일어난다고 해서 어느 한쪽이 다른 한쪽을 야기한다는 증거는 아니다. 예를 들어 통계를 살펴보면 강력 범죄가 증가할 때 아이스크림 판매량도 증가한다. 이를 보면 강력 범죄가 사람들로 하여금 아이스크림을 먹고 싶게 만든다거나 아이스크림이 사람들을 폭력적으로 만든다고 생각하기가 쉬울 것이다. 하지만 그게 사실이 아닌 것은 분명하다. 실제로는 강력 범죄와 아이스크림 판매량을 동시에 끌어올리는 제3의 요소가 존재한다. '더운 날씨' 말이다. 팻 프라이드 운동가들은 마찬가지로 비만과 다른 건강 문제를 동시에 야기하는 제3의 숨은 요소가 있을지 모른다고 주장한다. 그런 요소로 이들이 의심하는 것들 중에는 비만에 적대적인 낙인, 가난, 다이어트에 대한 집착 등이 포함된다. 이런 것들은 모두 우리 몸에 스트레스가 넘치게 해서 신체를 망가뜨리고 병에 걸리게 만들 수 있다.

셋째, 이들은 대체로 유전자에 따라 인간의 체형에는 자연적 차이가 있다고 주장한다. 그런 차이와 전쟁을 벌일 것이 아니라 스스로를 받아들일 수 있도록 도와주어야 한다는 것이다.

넷째, 이들은 비만의 과학이 생각보다 확실치 않다고 주장한다. 의사나 과학자들이 주된 측정 방식으로 사용하는 체질량지수는 몇 가지 점에서 치명적인 오류가 있다고 주장한다. 체질량지수는 근육량이 높은 사람과 지방량이 높은 사람을 구분하지 못한다. 근육질의 미식축구 선수와 KFC 치킨을 하루 10통씩 먹는 사람의 체질량지수가 비슷하다는 얘기다. 더욱 나쁜 점은 체질량지수가 인종차별적이라는 것이다. 체질량지수는 19세기에 백인 남성이 설계한 지표다. 그는 백인들의 신체만 측정했고 인종에 따라 체형이 다를 수 있다는 점을 무시했다.

마지막으로 이들은 과학계가 2005년에 일격을 당했다고 주장한다. 미국 질병통제예방센터Centers for Disease Control의 선임 역학자였던 캐서린 플리걸Katherine Flegal은 1980년대 초에 미국에서 비만이 급증하는 것을 최초로 경고했던 사람 중 하나다.[10] 플리걸의 연구팀은 3만 6000명의 데이터를 분석했는데[11] 그 결과는 충격적이었다. 과체중인 사람은 정상 체중인 사람보다 사망 확률이 살짝 '낮았다.' 이 연구 결과를 비롯해 이례적인 사실이 발견된 다른 몇몇 연구를 합쳐서 '비만 패러독스'라고 부른다.

보비는 이들의 주장 몇 가지를 사실로 받아들였다. "과체중으로 인한 건강상의 위험은 기껏해야 과장이거나 아니면 진실이 아니라는 연구 결과를 많이 봤어요. 이건 비만을 싫어하는 의료 전문가들이 비만인 사람들을 세상에서 제거하기 위해 썼던 악랄한 술책이었어요."

거짓 예언

그런데 보비에게는 또 다른 문제가 생겨서 마음이 둘로 갈라지고 있었다. 이즈음 보비의 체중은 124킬로그램이었고 체질량지수는 40이 넘었다. "물리적으로 불편하더라고요. 배가 많이 나왔는데 이 배를 안고 돌아다니면 무겁거든요." 보비는 주말에 가족과 함께 센터파크스에 갔다가 자신이 이제는 짧은 거리조차 제대로 걸을 수 없다는 사실을 깨달았다. 가족이 휠체어를 빌렸지만 몸집이 크지 않은 보비의 남편은 휠체어를 미는 데 애를 먹었다. 보비의 딸은 피트니스 강사였음에도 경사진 곳에서는 휠체어를 밀지 못해 행인들의 도움을 받아야 했다. "제가 짐이라고 느낄 수밖에 없었어요. 말 그대로 짐이요."

보비의 담당 의사 역시 보비의 심장에 무리가 가고 있다고 했다. 보비는 건강이 무척 걱정되었고 나날이 걷는 것은 더 힘들어졌다. 이제 겨우 50대였는데 말이다.

그렇지만 자신이 이 문제를 솔직하게 털어놓으면 자신을 의지하며 큰 몸집을 축복이라 생각하는 많은 여성이 실망할 것 같았다. 보비는 엄청난 딜레마에 빠졌다. 자기 몸 긍정주의를 실천하고 싶지만 건강한 신체도 갖고 싶었다. 이건 모순인가? 어떻게 해야 둘을 조화시킬 수 있을까?

팻 프라이드 운동 내부에서도 이미 긴장감이 조성되고 있었다. 영국 팻 프라이드 운동본부는 〈팻 뉴스Fat News〉라는 뉴스레터를 발행했다. 일부 여성이 당뇨에 관한 글을 기고하려다가 해당 글을 실을 수 없다는 이야기를 들었다. 과체중에 대한 부정적 이미지를 준다는 이유에서였다. 이 운동은 긍정적인 그림만을 보여주어야 했다. 인정할 수 있는 부정적인 측면은 오직 차별이나 낙인에 관한 것뿐이었다.

보비는 낙인에 반대해온 자신의 노력을 매우 자랑스럽게 여겼고 그 부분에 있어서는 물러설 생각이 없었다. 그러나 보비는 팻 프라이드 운동이 두 가지를 구분해야 한다고 생각했다. 낙인으로 인한 사회적 해악과 과체중이 유발하는 신체적인 해악. 세상의 모든 낙인이 사라진다고 해도 신체적 해악은 계속 존재할 것이다. 보비는 대체 어떻게 해야 할까?

보비는 비만이 나쁠 게 없다는 동지들의 주장이 사실인지 살펴보았다. 믿고 싶었다. 나 역시 그 내용들을 아주 자세히 분석하며 해당 분야의 저명한 과학자들과 이야기를 나눴다(다음은 내가 이해한 내용이고 보비의 의견이 아니다).

월터 윌렛Walter Willett은 하버드 의과대학과 하버드 보건대학원의 역학 및 영양학 교수로서 영양학과 관련해서는 전 세계에서 가장 많이 인용되는 학자 중 한 명이다. 팻 프라이드 운동의 첫 번째 주장('비만인 많은 사람이 건강하다')에 대해 월렛은 이렇게 말했다. "세상에 100퍼센트는 없어요. 흡연자라고 해서 100퍼센트 폐암에 걸리지는 않지만, 폐암에 걸릴 위험성은 극적으로 증가하죠." 마찬가지로 당연히 비만인 사람들 중에도 나이 들어서까지 신체적으로 건강하고 병에 걸리지 않는 사람들이 있다. 그러나 안타깝게도 확률은 그들에게 불리하다. "(비만은) 다양한 질병에 걸릴 위험을 높입니다." 월렛은 일정 수준을 넘어가면 비만이 심해질수록 건강상의 위험도 커진다고 설명했다. 담배를 많이 피울수록 폐암에 걸릴 확률이 커지는 것처럼 말이다. 그러니 몸집이 어떻든 안정적으로 건강할 수 있다는 주장은 "엄청난 자기부정과 오해"를 바탕으로 한 것이다. 월렛은 말했다. "이전에 담배업계가 그렇게 말했어요. '내 할머니는 평생 담배를 피우셨지만 95세까지 사셨다'." 대부분의 사람은 이게 왜 진실을 호도하는 표현인지 알고 있다. 특이 사례가 있다고 해서 통계적 위험성을 부인할 수는 없다.

이에 대해 팻 프라이드 운동가들은 이른바 '몸집과 무관한 건강Health at Every Size'이라는 개념에 기초한, 몇 안 되는 연구 결과[12]를 들이댄다. 예를 들어 린도 베이컨Lindo Bacon 박사의 실험이 그렇다. 베이컨의 연구팀은 그동안 다이어트를 많이 해본 과체중 여성들을 모아 두 그룹으로 나누었다. 첫 번째 그룹은 우리가 익히 아는 방식으로 칼로리를 의식하며 제한하려고 애썼다. 두 번째 그룹에게는 좀 다른 접근법을 제공했다. 두 번째 그룹은 매주 웅

원 코치를 만나서 이런 이야기를 들었다. '몸무게에 대한 집착을 그만둬라. 체중이라는 목표는 잊어라. 다른 것에 초점을 맞춰라. 멋진 삶을 살겠다고 결심하라. 건강한 음식을 먹어라. 운동을 하라. 기분이 좋아지기 위해 아이스크림을 먹거나 굶지 말고 다른 보상법을 찾아내라. 이제 체중이 아닌 건강을 생각하라.' 사실상 체중에 초점을 맞추지 않는 '체중 감시자들'을 제공한 것이나 다름없었다. 건강에 초점을 맞춘 응원자들 말이다.

린도는 실험이 끝날 때 두 그룹을 비교하고, 2년 후에 다시 두 그룹을 비교했다. 다이어트를 했던 그룹은 약간 체중이 빠진 반면 '몸집과 무관한 건강'에 초점을 맞춘 두 번째 그룹은 체중이 줄지 않았다. 그러나 주목할 만한 점이 있었다. 첫 번째 그룹 참가자들은 6개월 내에 41퍼센트가 참여를 철회했다. 끝까지 남았던 사람들도 원래 체중을 대부분 회복했으며 자존감이 많이 떨어졌다. 반면에 '몸집과 무관한 건강'에 초점을 맞춘 그룹은 중도 이탈자가 아무도 없었다. 이들은 좀 더 건강하게 먹기 시작했고, 신체 활동 시간을 늘렸으며, 자존감이 높아졌다. 이런 개선점은 적어도 2년간 지속됐다. 이런 방법론을 채용한 연구가 몇 개 더 나왔고 결과는 대체로 동일했다.

이들 실험을 바탕으로 볼 때 이미 과체중이면서 신종 비만 치료제를 사용하고 싶지 않은 사람들에게는 몸집에 관계없이 건강을 '강조'하는 것도 어느 정도 실익이 있다고 생각한다. 반드시 체중 감량이 아니라 건강을 목표로 선택할 수도 있다고 본다. 그러나 이는 '몸집에 관계없이 당신은 건강하다' 혹은 '비만으로 인해 건강상의 위험성이 전혀 증가하지 않는다'고 말하는 것과는 매우 다른 이야기다.

그런데 안타깝게도 많은 사람이 이를 후자의 메시지로 받아들인다. 예를 들어 노동자계급이 모여 사는 LA 파노라마시티의 의사 이고르 사포즈니코프는 최근 충격적인 변화를 목격했다고 한다. 그가 비만 환자들에게 건강상의 위험을 이야기하면 자신들은 건강하다면서 체중이 건강에 영향을 미친다는 것은 잘못된 생각이라고 말하는 환자가 늘고 있다는 것이다. "그래서 정말 힘들어요." 사포즈니코프가 말했다. 비만이 당뇨나 무릎 부상의 위험을 매우 높인다고 말하면 환자들은 종종 '몸집과 무관한 건강'에 대한 왜곡된 이해를 바탕으로 저항한다. "며칠 전에 만난 환자도 그렇게 말하더라고요. '제 체질량지수가 얼마인지는 중요하지 않아요. 건강에는 개인차가 있는 거니까요'라고요. 이 사람은 체질량지수가 40이 넘어요. 굉장히 높은 거죠. 그 말이 정말 충격이었어요. 체질량지수가 그 정도인 사람이 그런 말을 한다는 건 두 눈을 가리고 안 보겠다는 얘기나 마찬가지예요." 사포즈니코프는 이런 생각들은 물론 팻 프라이드 운동의 일부가 '거짓 예언자'와 비슷하다고 했다. 단기적으로는 듣는 사람의 기분을 좋게 해줄지 몰라도 그것 때문에 장기적 위험성을 무시한다면 결국에는 "당뇨로 다리를 잘라내게 돼요. 아니면 심각한 관절염으로 움직일 수 없어서 집에만 틀어박혀 지내야 하죠. 사회적으로 관용은 중요한 가치이지만, 그리고 이렇게 말하는 사람도 제가 최초이겠지만, 제 생각에는 사람들이 이 운동을 잘못 이해하고 있어요." 그가 말했다.

두 번째 주장('비만이 다양한 건강 문제를 야기하는 게 아니라 그저 상관관계가 있을 뿐이다')과 관련해 월터 윌렛은 비만이 문제의 원인이라는 사실은 이미 여러 경로로 증명되었다고 했다. 비만도를 줄이면(물론 매우 어려운 일이라는 점은 윌렛도 인정한다) 이들 위험이 크게 줄어든다. 윌렛은 말했다. "체중을 줄였을 때 얼마나 크게 변하는지 한번 보세요." 앞서도 이 통계를 언급했지만 반복할 가치가 있다고 생각한다. 비만 대사 수술을 받으면 당뇨병이 있던 사람의 75퍼센트는 당뇨가 완전히 사라지고 고혈압이 있던 사람의 60퍼센트는 고혈압이 치료된다. 암으로 죽을 확률은 60퍼센트 감소하고, 5년간 심장 질환으로 사망할 확률은 56퍼센트 떨어진다. 마찬가지로 오젬픽으로 체중 감량을 하더라도 5년 내에 뇌졸중이나 심장마비가 올 확률이 20퍼센트 감소한다.

무언가 다른 요소가 문제의 원인이라면 이런 일이 어떻게 가능할까? 비만 대사 수술은 비만 상태를 바꾸는 수술로서 오직 비만만을 없애줄 뿐이다. 오젬픽도 비만 상태를 바꾸며 오직 비만만을 없애준다. 이 두 가지 방법은 가난을 없애주지도, 운동가들이 문제의 원인일 수 있다고 주장하는 다른 제3의 요소를 개선해주지도 않는다. 그럼에도 이 두 가지 방법은 건강을 극적으로 개선해준다는 사실이 이미 입증되어 있다. 윌렛은 비만이 야기하는 부정적인 영향에 "스트레스도 포함될 수 있다"고 했다. 그러나 "이 두 가지 방법으로 인한 건강 개선 효과는 스트레스가 줄었을 때 건강이 개선된다고 보고한 지금까지의 그 어떤 연구 결과

보다 훨씬 더 강력한 변화"[13]다.

세 번째 주장('인간의 체형은 자연히 매우 다르고 대부분 유전자의 영향이다. 그러니 사람들에게 신체를 바꾸라고 권하기보다는 자신의 몸을 받아들이고 사랑하라고 권하는 게 낫다')에는 중요한 진실이 포함되어 있다. 인간의 체형은 정말로 매우 다르며 유전적 영향이 있다. 지금까지도 그래왔고 앞으로도 그럴 것이다. 자기 몸을 혐오하기보다는 사랑하는 것이 언제나 더 건강한 행동이다.

그러나 일부 운동가가 체중은 거의 모두 유전자가 결정한다고 말하는 것을 들으면서 나는 내가 태어난 이후 비만이 이례적으로 급증했다고 했던 과학자들의 말을 곱씹어보지 않을 수 없었다. 나는 비슷한 다른 사례를 많이 생각해보았다. 날씨는 자연적 요소에 따라 언제나 다양한 모습을 보여왔고 앞으로도 그럴 것이다. 하지만 지금 우리는 기후 위기의 영향으로 훨씬 더 심한 더위와 산불, 홍수를 겪고 있다. 여러 자연적 변화가 다른 무언가에 의해, 즉 우리가 내뿜는 온실가스에 의해 증폭되었기 때문이다. 마찬가지로 내가 읽었던 과학 연구 결과에 따르면 체형에는 언제나 개인차가 있었으나 지금은 극단적인 사례가 훨씬 많아졌다. 20세기를 지나는 동안 가장 마른 사람과 가장 뚱뚱한 사람의 격차는 2배 이상 늘어났다. 기후변화도 체형도 기저에 있는 자연적 요소와 비자연적 요소가 상호작용하면서 위험한 결과를 낳고 있다.

내가 태어난 이후 인류의 유전자 구성이 갑자기 훨씬 더 비만한 쪽으로 바뀌었을 리는 없다. 만약 체중이 유전자에 의해 전적으로 혹은 거의 고정되어 있다면 인류의 체중이 어떻게 그렇게 빨리, 그렇게 많이 바뀌었단 말인가? 유전자의 역할을 부정하는 것은 말이 되지 않는다. 그러나 유전자가 환경과 상호작용해서 체중이 정해진다는 사실을 부정하는 것 또한 어불성설이다. 우리는 분명히 나 자신을 있는 그대로 받아들이고 싶다. 그러나 자기 수용이라는 주제와 우리에게 독약을 주고 있는 식품업계의 영향을 그대로 수용하는 것은 전혀 다른 문제 아닐까?

네 번째 주장('체질량지수는 형편없는 측정 도구여서 건강에 관해 아무것도 알려주지 못한다')에 관해 윌렛은 이렇게 말했다. "체질량지수가 완벽한 지표는 절대 아닙니다. 지방과 제지방을 구분하지 않으니까요. 체질량지수의 근본적 한계지요." 그러나 체질량지수가 높은 채로 병원을 찾아오는 사람은 대개 엄청난 근육의 소유자가 아니다. 만약에 그런 경우라면 의사는 보자마자 알 수 있다. 윌렛은 비만에 따른 악영향을 예측할 때 체질량지수는 "놀랄 만큼 효과적"이라고 설명했다. 만약 환자의 체질량지수가 30이 넘는다면 체지방이 지나치게 많을 "확률이 매우 높다." 그리고 체지방 과다가 건강에 온갖 부정적 영향을 미친다는 사실은 이미 증명되어 있다. 원한다면 의사는 비만을 다른 지표로 측정할 수도 있다. 예를 들어 내장 지방을 측정하거나 체지방지수Body Adiposity Index 혹은 복부 비만도Waist Circumference를 사용할 수도 있다. 이들 지표는 모두 지방량과 근육량을 구분해주며, 이 중에 체질량지수처럼 19세기 인종차별주의자가 개발한 것은 없다. 그렇지만 윌렛은 이들 지표가 체질량지수와 매우 비슷한 결과를 보인다는 사실은 이미 과학적으로 증명되었다고 강조했다. 그리고 이들 지표를 사용하더라도 과체중의 경우에는 매우 흡사한 부정적 결과가 관찰된다.

팻 프라이드 운동가들의 마지막 주장(비만 패러독스)은 내용이 가장 복잡해서 나도 이해하는 데 시간이 좀 걸렸다. 체중과 사망률에 관한 그래프를 찾아보면 예외 없이 U자 모양이다. U자의 왼쪽에는 아주 마른 사람들이 자리 잡고 있고 이들은 사망률이 높다. 그러다가 정상 체중에 가까워지면 사망률이 떨어지면서 꽤 길고 부드러운 곡선을 이룬다. 그러다가 U자의 오른쪽에 이르면 과체중이 심해지면서 사망률이 다시 치솟는다. 비만 과학 분야에 종사하는 사람이라면 누구나 이런 U자 곡선이 존재한다는 사실을 인정하며, 체중과 사망의 관련성을 정확하게 묘사한다고 인정한다.

그러나 앞서 말했듯이 1999년 캐서린 플리걸은 이 U자 곡선 이면의 데이터들을 조사하다가 이상한 점을 발견했다. 미국에서는 너무 마르거나 너무 과체중이면 실제로 위험했다. 그러나 가장 사망률이 낮아 보이는 집단은 약간 과체중인 사람들, 체질량지수가 25~29인 사람들이었다. 그들이 U자 곡선의 아래쪽 꼭짓점을 이루었다. 이 현상을 '비만 패러독스'라고 부른다. 팻 프라이드 운동가들은 종종 플리걸의 연구 결과를 들어 비만이 실제로는 그렇게 건강에 나쁘지 않다고 주장한다.

월렛은 이러한 주장이 오해에서 비롯된다고 했다. 캐서린 플리걸이 살펴보았던 자료는 마른 사람부터 비만인 사람까지 체질량지수 전체 스펙트럼에 걸쳐 있는 대규모 인구의 순수 사망률이었다. 그러니 비만이 건강에 미치는 영향을 알고 싶다면 이 그래프를 봐서는 안 된다. 왜냐하면 결과를 왜곡할 수 있는 두 가지 큰 요소에 의해 오염된 수치들이기 때문이다. 담배를 많이 피우는 사람은 '비만이 아닌' 카테고리에 속할 가능성이 상당이 높다. 왜냐하면 니코틴은 식욕 억제 효과를 가진 동시에 사망률을 높이기 때문이다. 또한 중증 질환으로 죽어가는 사람들도 '비만이 아닌' 카테고리에 속해 있을 가능성이 크다. 병에 걸렸거나 죽어가는 사람들은 보통 살이 빠지기 때문이다. 이런 요소들이 복합적으로 작용하면 플리걸의 데이터는 '진실을 호도하는 답변'을 내놓게 된다. 윌렛은 비만이 자신에게 어떤 영향을 끼치는지 알고 싶다면, 흡연가도 아니고 죽음이 임박하지도 않은 건강한 체중을 가진 사람과 동일한 조건의 비만인 사람을 서로 비교해야 한다고 했다. 윌렛은 이런 비교 연구를 여러 차례 실시했고 언제나 "체중과 사망률 사이에 직선에 가까운 관계"가 나타났다고 한다. 체질량지수가 25를 넘어가면 사망 위험은 증가하기 시작한다. 따라서 "비만 패러독스는 없다"면서 윌렛은 그런 생각은 "실제 생물학적 진실과 동떨어진 것"이라고 했다.

이런 비판에 대응해 캐서린 플리걸은 또 다른 대규모 연구를 실시했다.[14] 플리걸은 자신의 데이터에서 흡연가와 죽음이 임박한 사람들을 어렵사리 제외시켰다. 그런데도 여전히 살짝 과체중인 사람들의 사망률이 가장 낮았다. 플리걸의 새로운 분석 결과를 읽은 월터 윌렛은 데이터에서 해당 그룹들이 "제대로 제거되지 않았다"[15]면서 여전히 데이터가 오염되어 있다고 주장했다. 이 문제에 대해서는 아직도 복잡하고 격렬한 논쟁이 진행 중이고[16] 저명한 과학자들도 아직 양쪽으로 나뉘어 있다. 그러나 캐서린 플리걸의 예기치 못한 발견이 발표되고 상당한 세월이 지났음에도 전 세계 대형 의학 기관 중에서 의견을 바꾸어 25~29의 체질량지수를 유지하는 게 건강에 좋다고 이야기하는 기관은 하나도 없다. 다른 증거들이 너무나 강력하기 때문이다.

이들 연구 결과를 모두 읽으면서 가장 중요하게 생각되었던 한 가지 사실은 월렛이나 플리걸 등 이 분야의 어떤 과학자를 막론하고 체질량지수가 30이 넘으면 사망률이 증가하고 35를 넘으면 사망률이 크게 증가한다는 점에 모두가 동의한다는 것이다. U자 곡선의 전반적 모양에 대해서는 다들 의견이 일치한다. 요약하자면 안타깝게도 플리걸의 발견은 팻 프라이드 운동가들의 생각을 뒷받침하지 않는다.

이건 양자택일의 문제가 아니다

보비는 차분한 목소리로 말했다. "연구 결과들을 살펴봤어요. (비만이) 해롭지 않다고는 말할 수 없어요." 보비는 "현실을 받아들여야 한다"고 했다.[17]

보비는 비만이 해롭지 않다는 주장이 사실이길 바랐지만, 몸으로 느낄 수 있었다. 데이터로도 보였다. 그런 주장은 사실이 아니었다. 보비는 이렇게 썼다. "실제로는 일정 체중이 넘어가면 (몸이) 우리를 힘들게 만든다. 그렇지 않다고 항의하는 것은 부질 없는 짓이다. 현실을 받아들여야 한다. 뚱뚱한 것은 절대로 죄가 아니다. 그 누구의 잘못도 아니다. 그러나 비만은 여러모로 우리의 능력을 앗아갈 수 있고, 그걸 부정하거나 호도하지 말아야 한다." 또한 보비는 이렇게 강조했다. "체중이 늘어나면 건강에 문제가 생긴다는 사실은 반박불가다. 이를 부정하는 것은 현실을 부정하는 것이다."

어릴 때 보비는 비만이었지만 그런대로 건강했다. 대부분의 흡연자가 20대 때는 폐가 건강한 것처럼 말이다. 그러나 중년이 되자 위험성이 수면으로 올라왔다. 유니버시티칼리지 런던의 연구팀은 체중이 다양한 2521명의 영국 공무원들을 20년 이상 추적 관찰했다.[18] 처음에는 비만인 사람의 3분의 1이 건강했다. 그러나 세월이 지나자 그들 대다수가 건강이 나빠졌다. 통계를 내본 연구팀은 비만인 사람은 그렇지 않은 사람보다 건강이 나빠질 확률이 8배나 높다고 결론 내렸다.

그래서 보비는 어떻게 됐을까? 사람들은 이렇게 말했다. "살을 빼면 안 돼요. 그건 우리의 대의에 대한 배신이에요." 보비는 이렇게 답했다. "무슨 말씀이에요? 우리의 대의가 뭔데요? 제가 알기에는 뚱뚱한 사람들에게 적대적인 사회에 맞서 연대하는 것이 우리의 대의 아니었나요? 그게 고체중을 유지해야 한다는 뜻은 아니잖아요."

보비는 체중 감량 동호회에 가입하기로 했다. 쉬운 결정은 아니었다. 보비는 그동안 책에서 이런 동호회를 근본주의 교회에 비유하면서 그들이 자기혐오를 부추긴다고 말해왔기 때문이다. 그러나 보비는 "뚱뚱함이나 날씬함, 음식 등에 대해 내가 알고 있던 모든 것을 제쳐두고 이 동호회의 일원이 되어보기"로 결심했다. 동호회 사람들은 작은 책자를 주면서 여기에 직접 준비해 먹을 수 있는 건강한 신선 음식들이 나열되어 있으니 매일 세 가지를 고르라고 했다. 그리고 매주 만나서 이에 관해 이야기하고 몸무게를 재면 된다고 했다. "상식적으로 들리더라고요. 평범한 여성들이었어요. 방법도 평범했고."

첫 주에 보비가 "살이 전혀 빠진 것 같지 않아요"라고 하자 동호회장은 이렇게 말했다. "체중계에 올라가보세요. 저희가 봐드릴게요." 보비는 3킬로그램이 빠졌다. 놀랍게도 시간이 지나니, "실제로 효과가 있더라고요." 1년 만에 보비는 44킬로그램을 뺐고 그 상태를 18년간 유지했다. 그러다가 집안에 큰일이 생기면서 13킬로그램이 쪘고 이후 이 상태를 유지 중이다. 이전에 보비가 인용했던 어느 미국 연구원은 이런 말을 했다. "뚱뚱한 사람이 날씬해지기를 바라는 것은 흑인이 피부색이 밝아지거나 유대인이 기독교로 개종하기를 바라는 것만큼이나 터무니없다." 그러나 현재 보비는 날씬하다고 말할 수는 없지만 극적으로 체중을 감량했다. 보비는 음식을 바꾸어 장기적으로 효과를 보는 사람은 많지 않고, 자신이 그 몇 안 되는 사람에 속한다는 걸 알고 있다. 그래서 겸손하다. 그러나 보비는 몸이 훨씬 더 좋아졌다는 것을 피부로 느끼고 있고 건강도 좋아지고 있기에 이 부분에 대해 사실대로 이야기하고 싶어 했다.

어느 날 보비는 에든버러를 방문했다가 자신이 타야 할 버스가 프린세스 스트리트에 정차하는 것을 보았다. 뛰어가면 탈 수 있을 것 같았다. 헉헉거리며 버스에 오른 보비는 더할 나위 없는 기쁨을 느꼈다.

보비는 걷지도 못할 지경까지 갔다가 이제 뛸 수 있는 상태가 됐다. 그녀는 이걸 똑같다고 말할 수는 없다고 했다. 뛸 수 있는 상태가 훨씬 좋았다.

보비는 우리가 서로 다른 두 가지 목표를 조화시킬 수 있고, 또 반드시 조화시켜야 한다고 믿게 됐다. 우리는 사람들의 마음에 상처를 주는 낙인을 줄여야 하지만 동시에 가능하다면 몸에 해로운 과도한 체중도 줄여야 한다. 두 가지 모두 사람들에게 해가 되는 일이고 사랑과 연민으로 없앨 수 있는 것들이다. 쌍둥이 같은 두 가지 목표는 결코 충돌하지 않는다고 보비는 말했다.

그러나 팻 프라이드 운동가들 중에는 보비를 배신자로 보는 사람들도 있다. 보비는 이들을 안타깝게 여겼다. 그들은 "너무 겁을 먹어서" 현실을 인정하지 못하는 거라고 보비는 믿고 있다. "두려움이 크게 작용하는 것 같아요. 좀 다른 종류의 두려움이죠. 현실을 너무 많이 부정하고 있어요." 그 이유는 어렵지 않게 알 수 있다. 평생 놀림받으며 살았다면 상대가 좋은 의도와 좋은 정보를 가지고 건강을 걱정해주어도 또 다른 놀림처럼 들리기 쉽다. 누군가를 변화시키는 방법은 창피를 주는 방법밖에 없다고 믿는 사람은 이런 생각에 저항할 것이다. 몇몇 사람이 현실을 인정하기 힘들어하는 데는 또 다른 이유가 있다. 앞서 이야기했듯이 많은 사람에게 과식은 심리적으로 여러 긍정적인 기능을 하고 있다. 마음을 달래주고, 가슴속 깊이 있는 어린 시절의 패턴을 재연하고, 성범죄자들로부터 자신을 안전하게 지켜준다. 비만의 위험성을 이야기했을 때 '나를 지켜주는 도구를 없애겠다고?'라고 생각하는 사람도 많다.

이렇게 여러 동기가 복합적으로 작용한 결과, 과거 보비의 친구였던 많은 사람이 보비를 힐난했다. 그들은 보비가 낙인에 무릎을 꿇어서 뚱뚱한 사람들에 대한 틀린 얘기를 똑같이 되풀이하고 있다고 주장했다. 그러나 보비는 오래전 자신이 비만의 영향에 관한 과학적 연구 결과를 제대로 받아들이고 변화를 모색하지 않았더라면 지금쯤 죽었을 거라고 생각한다. 보비는 이렇게 생각하게 됐다. 몸이 살아 있도록 유지하는 것을 창피하게 여긴다면 그걸 과연 '자기 몸 긍정주의'라고 할 수 있을까? 더 이상 몸이 존재하지도 않는데 어떻게 몸을 긍정하지? "저들이 이 질문에 어떻게 답할지 모르겠네요." 보비는 고개를 절레절레 저었다.

보비의 얘기를 들으면서 나는 오젬픽 같은 신종 비만 치료제가 자기 몸 긍정주의에 대한 논의를 앞으로 어떻게 바꿔놓을지 생각해보았다. 당장 극단적인 이야기들이 나오고 있다. 오랫동안 비만이 건강에 해롭지 않다고 주장해온 팻 프라이드 운동가들 중에는 신종 비만 치료제 역시 편견의 도구라고 생각하는 사람들도 있다. 예를 들어 팻 프라이드 운동가로 유명한 작가 버지니아 솔 스미스Virginia Sole Smith는 (다른 맥락에서는 훌륭한 주장도 많이 했다) 어느 인터뷰에서 오젬픽을 유행시키는 주된 원동력은 다음과 같은 것이라고 했다. "드디어 뚱뚱한 사람들을 없앨 수 있는 건가? 드디어 주위에 뚱뚱한 사람들이 없어지나? 더 이상은 뚱뚱한 사람들을 안 봐도 되나?"

그러나 머지않아 거의 모든 비만 환자 주위에 신종 비만 치료제로 엄청나게 체중을 감량하고 온갖 건강상의 이득을 누리며 삶의 질을 높인 사람이 등장할 것이다. 나는 다시 한번 은퇴한 조명 디자이너 제프 파커가 생각났다. 파커는 건강상의 문제가 사라지고 있다는 테스트 결과를 받았고, 이제는 골든게이트브리지에서 강아지를 산책시키며 은퇴 생활을 즐기고 있다. 신종 비만 치료제를 사용하는 사람들은 걸어 다니는 광고가 되어 누구든 비교적 고통 없이 살을 빼고 건강을 크게 개선할 수 있음을 보여줄 것이다. 비만이 여러 문제를 야기한다는 사실을 부인하는 것은 과학적으로 늘 불가능해 보였다. 그리고 이제는 정서적으로도 점점 어려워질 것이다.

그래도 자기 몸 긍정주의 운동이 붕괴되지 않기를 바란다. 과체중인 사람에게 낙인을 찍는 행위에 반대하는 운동은 반드시 필요하다. 낙인은 잔인하고 파괴적이며 문제를 악화시킨다. 사람들을 비하하고 그들에게 상처를 준다. 가공식품이 우리 몸을 이렇게 크게 키워놓기 전의 체형으로 돌아갈 수 있다고 해도 여전히 개인마다 차이는 있을 것이다. 우리에게는 모든 사람이 케이트 모스나 티모시 샬라메처럼 보이려고 하는 것은 가능하지도 않고 바람직하지도 않다고 말해줄 운동이 필요하다. 허리둘레보다 큰 자존감을 키워줄 운동이 필요하다. 모든 인간의 존엄성과 도덕적 가치를 주장하며 다른 사람에 대한 괴롭힘에 맞설 운동이 필요하다. 만약 비만이 건강에 해로울 수 있다는 사실을 부정해야만 그런 운동이 가능하다면 그 운동은 극소수의 주변 세력으로밖에 살아남지 못할 것이다. 반면에 1980년대 이후 보비가 또렷한 목소리를 냈던 것과 같은 더 넓은 도덕적 진실을 인정하는 운동이라면 언제까지나 필요할 것이다.

보비는 합리적인 중간지대가 있다고 생각한다. "덩치가 큰 여성들 중에는 열렬히 편견을 끝내고 싶지만 자기 몸에 대해서는 아직까지 편안하지 않거나 만족할 수 없는 사람들이 많다. 아마 대다수가 그럴 것이다." 그녀는 그렇게 썼다. 그 결과 "우리는 내 몸을 받아들이는 것과 체중 감량을 조화시킬 방법을 찾아야 한다."

우리 앞에는 두 가지 임무가 놓여 있다. 내 몸이 어떻든 내 몸을 사랑하는 법을 배워야 하고, 최대한 내 몸이 제 기능을 할 수 있게 건강한 몸을 만드는 법도 배워야 한다. 둘은 충돌하지 않는다. 둘 다 자기애의 한 형태이기 때문이다. 보비는 "양자택일을 할 필요가 없다. 둘은 언제나 함께 갈 수 있다"고 믿는다. 소셜 미디어 때문에 모든 게 극히 단순화되는 시대에 복잡하고 연민이 필요한 주장을 펼치기는 쉽지 않지만, 보비는 이렇게 주장하기로 마음을 굳혔다.

종일 이야기를 나누고 나니 보비의 남편 앨리스터가 식당까지 보비를 데리러 왔다. 두 사람이 함께 주차장 저편으로 걸어가는 동안 앨리스터가 보비의 손을 잡는 게 보였다. 거의 50년 전

에 보비를 데리고 런던으로 짧은 여행을 갔을 때도 저랬을 것이
다. 보비를 기쁨으로 가득 채워주었을 것이다. 멀어져가는 보비
를 보면서 나는 보비가 1980년대에 낙인에 맞서기 위해 아주 용
감하고 꼭 필요했던 길을 개척했음을 깨달았다. 어쩌면 보비는
이제 극단적인 체중 감량이 가능해진 시대에 자기 몸 긍정주의
에 대해 우리가 반드시 생각해봐야 할 더 복잡한 길을 개척하고
있는지도 모른다. 양자택일은 필요하지 않다. 둘은 함께 갈 수
있다.

12장

비만 치료제가 필요 없는 나라

왜 일본인은
살이 찌지 않을까

나는 통역사에게 이렇게 물었다.

"이게 지금 농담인가요? 저한테 장난을 치는 건가요?"

고작 열 살짜리들이

브로콜리, 생선, 김, 밥을 좋아한다고 말하다니?

2023년 7월 나는 우연히 흥미로운 기사를 접하게 됐다.[1] 제약 업계 종사자와 투자자를 위해 업계 소식을 다루는 〈파마 레터 Pharma Letter〉에 실린 기사였다. 처음에는 언뜻 오젬픽과 위고비를 만드는 회사인 노보 노디스크에 좋은 소식인가 싶었다. 이 약이 일본에서 비만 치료제로 승인받았다니 말이다. 노다지를 캔다는 뜻이구나. 일본은 세계 3위의 경제 대국이고 인구가 1억 2500만이 넘으니까.

그러나 기사는 냉철했다. 이 매체가 인터뷰한 분석가는 이들 약이 일본 비만 치료제 시장에서 지배적 위치를 차지하게 되겠지만 큰 의미는 없다고 했다. 왜냐하면 일본에는 비만인 사람이 거의 없기 때문이다. 일본의 비만율은 4.5퍼센트에 불과하다.[2] 영국은 26퍼센트, 미국은 42.5퍼센트인데 말이다. 더욱 놀라운 것은 이렇게나 낮은 비만율이 점점 더 떨어지고 있다는 점이다. 매년 비만율이 0.8퍼센트씩 줄어들고 있다고 한다. 따라서 신종 비만 치료제 시장의 성장은 '느릴 것'이라고 기사는 쓰고 있었다.

여기에는 더 큰 그림이 있다. 내가 이 책을 쓰기 위해 사전 조사를 하면서 계속 감질나게 힌트만 얻고 있었던 그림 말이다. 일본은 전 세계에서 유일하게 부자가 되는 동안 비만이 되지 않은 국가다. 그런 점에서 스모 선수들이 일본의 상징같이 되어버린 것은 신기한 일이다. 그러나 다른 일본인이 스모 선수 같을 거라고 생각하는 것은 마치 미국인이 대머리 독수리처럼 생겼을 거라고 생각하는 것과 같다.

이 기사를 읽으면서 나는 궁금했다. 일본은 어떻게 오젬픽이 필요하지 않은 나라가 됐을까? 만약 우리가 비만이 만연한 미래와 비만 치료제가 만연한 미래 사이에서 선택을 강요받고 싶지 않다면 일본에서 그 해법을 찾을 수 있지 않을까?

처음에는 일본인이 뭔가 유전적 로또 같은 것에 맞았을 거라고 생각했다. 일본인을 그처럼 날씬하게 만드는 무언가가 DNA 속에 들어 있을 거라고 말이다. 나는 이 문제를 파고들다가 이 문제의 사실 여부를 확인하는 데 도움이 될 만한 일이 약 100년 전쯤 일어났다[3]는 걸 알게 됐다. 19세기 말과 20세기 초에 대규모의 일본인 노동자가 하와이로 이주했던 것이다. 그리고 그들은 지금까지 4대째 하와이에 살고 있다. 그들은 본토에 남은 일본인과 유전적으로는 매우 유사하지만 환경적으로는 아주 다른 곳에 살고 있다. 그러니 이 두 집단을 비교해본다면 과학자들은 다음 문제를 조사할 수 있었다. '일본인들이 날씬한 것은 유전자에 각인되어 바뀌지 않는 것인가, 아니면 환경이 바뀌면 바뀌는 것인가?' 조사 결과 현재 일본계 하와이인들은 하와이에 사는 다른 민족과 거의 동일한 수준으로 뚱뚱했다. 일본계 하와이인의 17퍼센트가 비만이고 하와이에 사는 다른 민족들은 25퍼센트가 비만이다. 일본계 하와이인은 현재 본토의 일본인보다 비만일 확률이 거의 4배 높다. 일본계 하와이인의 비만율이 다른 민족보다 살짝 낮은 점을 보면 유전적인 영향으로 살이 좀 덜 찔 수도 있겠다는 생각이 들지만, 큰 차이는 아니다. 분명히 다른 무언가가 있다. 그 다른 무언가가 뭘까?

그걸 알아내려면 일본으로 직접 가보는 수밖에 없었다. 여기까지 생각이 미치자 함께 갈 만한 사람이 즉각 떠올랐다. 6년 전에 나는 10대였던 대자 애덤과 함께 악몽 같은 휴가를 보냈다. 그 이야기는 나의 전작《도둑맞은 집중력》에 소개했었다(대자의 이름과 몇 가지 신상 정보는 바꿨다). 당시 애덤은 종일 스냅챗과 유튜브만 보면서 시간을 보냈고, 애덤의 집중력은 스냅챗 크기로 박살나 있었다. 멍하게 시간을 보내는 그 루틴을 깨주기 위해 나는 애덤을 데리고 미국 남부로 여행을 떠났다. 떠나기 전에 애덤은 낮에는 전화기를 호텔에 남겨두기로 약속했다. 하지만 결국 지키지는 못했다. 애덤은 끝없이 전화기를 들여다봤다. 결국 우리는 그레이스랜드에서 서로에게 괴성을 지르고, 백악관 밖에서 서로 호통을 치고, 바이유에서도 큰소리를 냈다.

하지만 내가 일본에 갈 마음을 먹을 즈음 애덤은 딴 사람이 되어 있었다. 좋아하는 직업을 찾고, 각종 중독으로 고생하는 사람들을 도와주고, 진심으로 좋아하는 여자 친구가 생긴 상태였다.

애덤은 집중하고 싶은 삶을 구축해놓은 상태였다. 그 덕분에 또 하나 바뀐 게 있었다. 10대 때 애덤은 빠르게 체중이 불어서 (우리 집안사람들은 이런 경우가 많았다) 20대 초에는 127킬로그램까지 나갔다. 하지만 소셜 미디어를 끊게 해주었던 바로 그 요소들 덕분에 애덤은 살도 엄청나게 뺄 수 있었다. 이제 애덤은 바라던 삶을 살고 있었고, 50킬로그램을 감량했다. 대부분은 정크 푸드를 극도로 줄인 덕분이었다. 오랫동안 알고 지낸 사람들이 길에서 애덤을 못 알아보고 지나치곤 했다.

어지간한 거리를 걸어도 쌕쌕거리거나 어지럽지 않은, 자신감 있고 건강한 모습의 애덤을 보니, 나도 기뻤다. 그렇지만 마음 한쪽에서는 계속 걱정이 됐다. 식단 조절로 살을 뺀 사람의 80퍼센트가 몇 년 내에 다시 살이 찐다는 통계 때문이었다. 뭐가 되었든 과학자들이 일본에서 밝혀낸 마법이 애덤의 건강을 유지하는 데도 도움을 줄 수 있을지 궁금했다. 이번에는 호텔에 전화기를 두고 가자고 부탁할 필요조차 없었다. 이제 애덤은 전화기를 거의 들여다보지 않았다.

기분 좋은 포만감

그렇게 해서 8월 말 뜨끈한 여름 열기 속에서 우리는 도쿄에 도착했다. 첫날 아침 호텔의 아침 식사는 두 가지 버전으로 준비되어 있었다. 오른쪽에는 일본인 투숙객을 위한 아침 식사로 막

구운 생선 토막과 츠케모노(일본식 피클 – 옮긴이), 아주 작은 그릇에 담긴 국이 놓여 있었다. 왼쪽은 서양인 투숙객을 위한 아침 식사로서 스크램블드에그와 프렌치프라이, 베이컨 더미, 팬케이크, 버터 바른 토스트가 잔뜩 쌓여 있었다.

나는 일본식 식단을 공부해보기로 했다. 일본에 머무는 16일 동안 일본식 식사만 먹어볼 참이었다. 자리에 앉아서 국을 맛보는데 애덤이 음식을 가지고 돌아왔다. 그리고 고조된 목소리로 이렇게 속삭였다. "정말 이상한 걸 봤어요. 일본인 여자가 자기네 쪽 뷔페에서 생선이랑 피클을 집었어요. 그러고는 우리 쪽으로 걸어오더니 집게를 들고 칩을 딱 하나 자기 접시 위에 올리더라고요. 그러더니 다시 내려놓고 더 작은 칩을 접시에 올렸어요. 처음에 집은 칩이 너무 크다고 생각했나 봐요." 애덤은 조심스레 고갯짓으로 그녀가 앉아 있는 쪽을 가리켰다. 나는 고개를 돌려보았다. 정말로 여자의 접시에는 프렌치프라이가 딱 한 조각 놓여 있었다. 여자는 프렌치프라이 옆에 놓인 흰색 생선을 천천히 씹고 있었다.

식사를 끝낸 애덤과 나는 곧장 이 도시의 상징적 중심인 시부야 교차로로 향했다. 일곱 개의 도로가 만나는 시부야 교차로는 동시에 빨간불이 들어와서 사람들이 일제히 질서정연하게 몰렸다 흩어진다. 매일 240만 명이 서둘러 건너는 이 교차로에서 위를 올려다보았더니 사방에 거대한 전광판이 번쩍거렸다. 거대한 강아지의 3D 이미지가 스크린을 뚫고 나올 듯이 뛰어올랐을 때는 깜짝 놀라서 거의 얼어붙을 뻔했다. 이 나이에 영국인으로서 일본을 처음 방문해보니 기분이 묘했다. 10대일 때 나는 미래가 바로 이런 모습일 거라고 생각했었다. 빽빽하고, 밀집되고, 네온 사인으로 정신없는. 그렇지만 호버보드hoverboard(영화 〈백 투 더 퓨처〉에서 주인공이 타고 다니는 공중을 나는 보드 – 옮긴이)가 그랬듯이 상상 속 세상은 오지 않았다. 나는 마치 과거의 미래에 도착한 기분이었다. 실제로는 일어나지 않은 미래 말이다.

점심 식사로 우리는 철도역 한구석에서 초밥을 각각 4달러어치 샀다. 나는 미국이나 영국의 휴게소에서 파는 맛없는 샌드위치 같을 거라고 생각했는데 의외로 신선하고 맛있었다. "정말 맛있네요." 애덤도 충격적이라는 듯이 말했다.

일본 음식은 뭐가 그렇게 다른지 알아보기 위해 우리는 도쿄 스시와쇼쿠 조리전문학교를 찾았다. 일식 조리법의 대가 마사루 와타나베를 인터뷰하기로 되어 있었다.[4] 그는 제자 몇 명과 함께 우리를 위한 한 끼 식사를 요리하면서 일식 요리의 여러 원리를 설명해줄 예정이었다. 도착해보니 입구에서 와타나베가 흠잡을 데 없는 맞춤 양복에 양말 차림으로 우리를 기다리고 있었다(일본인들은 실내에서 신발을 신지 않는다). 그는 우리를 보자마자 허리 숙여 인사하고는 주방으로 안내했다. 주방에서는 셰프 두 명이 이미 요리를 하고 있었다. "일본 요리의 (핵심) 특징은 간소함이에요." 와타나베가 말했다. "저희는 간소할수록 좋은 음식이에요. 예를 들어 초밥도 아주 간소한 요리잖아요? 양푼에 밥을 담은 다음 저민 생선을 올릴 뿐이니까요. 아주 간소하죠. 단순한 모양에 단순한 맛이에요. 그렇지만 간단할수록 (준비하기는) 더 어려워요. 간단할수록 작은 디테일 하나하나에 더 신경 써야 하고 모든 풍미가 살아나게 해야 하니까요.”

와타나베는 일본 전통 식사 한 끼를 만들어볼 거라고 했다. 그날 점심에 일본 전역에서 사람들이 먹고 있을 법한 그런 식사 말이다. 고등어를 굽고, 밥을 짓고, 미소된장국을 끓이고, 츠케모노를 준비할 것이다. 와타나베는 일본 전통식이 양은 아주 적지만 종류는 서양식보다 더 많아서 전통적인 식사는 다섯 가지 요리로 이루어진다고 했다. 다시 말해 일식에는 훨씬 다양한 재료가 사용된다는 뜻이었다. 일식에는 보통 60~65가지의 재료가 사용되는데, 전통 프랑스식 한 끼가 20가지 정도의 재료로 만들어지는 것과 대조된다(이 이야기를 들으면서 런던에서 팀 스펙터가 발견한 내용이 떠올랐다. 식단이 다양할수록 장이 더 건강하고, 전체적인 건강도 더 좋아진다고 했다).

와타나베의 셰프들이 고등어를 구웠다. 나는 다양한 기름과 지방이 흘러나와 뚝뚝 떨어지는 모습을 지켜보았다. 일본인은 우유, 버터, 고기가 아니라 주로 생선과 채소를 먹는다고 와타나베가 알려주었다. “일본인들은 전통적으로 고기를 많이 먹지 않아요. 섬나라잖아요. 생선을 좋아하지요.” 그는 뚝뚝 떨어지는 기름을 가리키며 말했다. “이렇게 하면 생선에 함유된 지방과 기름을 줄일 수 있어요. 훨씬 더 건강하지요.”

고등어를 이렇게 굽는 것은 일본 요리의 중요한 원칙 하나를 잘 보여준다고 와타나베가 설명했다. 서양 요리는 주로 무언가를 ‘첨가’한다고 그는 말했다. 음식을 맛있게 만들기 위해서 버터, 레몬, 허브, 소스 같은 것을 첨가한다는 것이다. "하지만 일본 요리는 정반대예요." 말하자면 "줄여나가는 조리법"이다. "없던 것을 추가"하는 것이 아니라 원래 있던 풍미를 끌어내는 것이 중요하다. "재료의 원래 맛을 최대화"하는 것이 핵심이다. 일본인에게는 줄이는 것이 늘리는 것이었다. 옆에 있는 조리대에서는 우리가 먹을 밥이 뚝배기에서 천천히 익어가고 있었다. 셰프 중 한 명이 뚝배기는 열을 더 고르게 전달해서 쌀의 자연적 풍미가 더 살아난다고 설명해주었다.

일본 요리의 또 다른 핵심 원칙은 매 끼니마다 "다섯 가지 맛과 다섯 가지 조리법, 다섯 가지 색"이 들어가야 하는 점이라고 와타나베가 말했다. 다섯 가지 맛이란 (각 반찬에 조금씩 들어 있어야 한다) 단맛, 짠맛, 신맛, 쓴맛, 감칠맛이다. 일본인은 "이 다섯 가지 맛이 한 접시에 다 들어가게 하려고 한다. (그러면) 영양소의 균형이 완벽해지고" 더 건강한 음식이 되기 때문이다. 끼니마다 사용해야 할 다섯 가지 조리법은 각각 썰고, 끓이고, 굽고, 튀기고, 찌는 것이다. 음식에 들어가야 할 다섯 가지 색은 검은색, 흰색, 초록색, 노란색, 빨간색이다. 검은색은 주로 김이 담당한다. 김은 일본에서 가장 인기 있는 음식이고 "칼슘, 칼륨 같은 천연 미네랄이 많이 들어 있다"고 와타나베는 말했다. "혈압을 낮춰주지요."

반찬이 하나씩 준비되는 동안 셰프들은 먹을 수 있는 작은 꽃과 아주 작은 감귤류를 접시 한쪽에 놓았다. 그렇게 한 상이 완성되었을 때는 너무 아름다워서 마치 무슨 보석 같았다. 미국이나 영국의 전통식과는 아주 달랐다. 와타나베는 일본 어디를 가나 음식이 이렇게 나오는 것을 보게 될 거라고 했다. "(일본인에게는) 음식이 맛의 예술일 뿐만 아니라 종합 예술이에요. 보이는 게 중요하죠. 플레이팅이 아름다운 것도 중요해요. 일본 사람들은 디테일을 아주 좋아하거든요. 신神은 디테일에 있다고들 하잖아요."

식사를 시작하기 전에 와타나베는 먹는 법을 알려주겠다고 했다. 서양 사람들이 평소 먹는 방식으로 먹으면 안 되기 때문이었다.

우리가 가장 먼저 배운 것은 '삼각형으로 먹기'였다. 서양에서는 다섯 가지로 구성된 식사를 하게 되면 순차적으로 하나씩 먹는다. 예를 들어 수프를 다 먹고, 다음에 샐러드를 다 비우고, 그다음에 파스타를 끝까지 먹는다. "일본에서는 그게 정말 이상한 방식이거든요. 그렇게 먹으면 무례하게 여겨져요." 이런 식의 일식이 나오면 삼각형 모양으로 먹어야 한다. "먼저 국을 조금 먹고, 반찬을 한 입 먹어요. 다음에 밥을 한 입 먹고요. 그다음에 고등어를 한 입만 먹죠. 그 다음에는 다시 돌아가서 국을 다시 맛보고 하는 식으로. 이게 건강을 지키는 열쇠예요. 균형을 잡으면서 과식하지 않는 거죠."

두 번째 배운 것은 일본에서는 서로 다른 음식을 입속에서 섞어 먹는다는 것이었다. 고등어를 한 입 먹고 조금 씹은 다음 삼키기 전에 츠케모노를 조금 먹는다. 그리고 밥을 조금 넣고 식용 꽃을 하나 넣은 다음 함께 씹는다. "요리는 셰프가 하지만 결국 입속에서 마지막으로 요리를 하는 사람은 당신이에요." 셰프 한 명이 말했다. "그렇게 즐기면서 먹는 게 일식이지요. 여러 가지 반찬으로 여러 가지 맛을 만들어낼 수 있으니까요."

세 번째로 배운 것은 언제 그만 먹어야 하는가다. 일본에서는 아주 어릴 때부터 배가 80퍼센트 찰 때까지만 먹으라고 배운다. 완전히 배가 부를 때까지 먹는 것은 건강에 나쁜 행동으로 여겨진다. 음식을 충분히 먹었다는 것을 몸이 감지하려면 시간이 걸리는데, 먹는 도중에 이미 배가 부르다는 느낌이 온다면 틀림없이 너무 많이 먹은 것이다.

애덤과 나는 그들이 알려준 대로 음식을 먹기 시작했다. 삼각형 형태로 먹으면서 음식들을 입안에서 섞고 80퍼센트 배가 부를 때 그만 먹었다. 정말 작은 무와 정말 작은 노란색 꽃을 입안에서 섞는 게 그렇게까지 만족스러울 거라고는 생각하지 않았다. 그런데 정말로 내가 경험해보지 못한 새로운 맛이 입속에서 터지는 기분이었다.

디저트는 없었다. 와타나베는 이렇게 말했다. "일본인은 디저트는 잘 먹지 않아요. 특별한 경우에만 먹지요. 일상 식사에서는?" 고개를 가로저었다. "단맛"을 약간 맛보고 싶다면 과일을 먹는다고 했다.

와타나베는 공부할 때 오하이오에서 1년 반 동안 산 적이 있다고 했다. 당시에 그는 이런 생각을 했다고 한다. "이 사람들 생각보다 훨씬 많이 먹네. 너무 많이 먹어. 마치 배가 부른 게 뭔지 모르는 것 같아. '정말' 많이 먹어." 와타나베는 사람들이 이렇게 말하는 소리를 듣고 깜짝 놀랐다고 한다. "흠, 파스타는 그냥 입가

심이지. 파스타 다음에 반드시 고기를 먹어야 해." 치즈케이크를 처음 봤을 때도 흠칫 놀랐다고 한다. 와타나베는 얼굴을 찌푸리고 이렇게 말했다고 한다. "저건 도저히 못 먹겠어." 미국인처럼 먹어보려 했더니 끔찍했다고 한다. 와타나베는 아래를 내려다보더니 말했다. "설사가 나더라고요. 정말로 안타까웠어요. 그런 정크 푸드는 건강에 좋지 않은데 말이죠." 와타나베는 이렇게 생각했다. "(서양에서) 성인들이 최근 걸리는 주요 질환 중에 아마 절반은 매일 먹는 음식 때문일 거예요. 소금이 너무 많잖아요. 그러면 혈관이 더 딱딱해지고 고혈압에 걸리죠. 정크 푸드는 그런 식으로 몸을 바꿔놔요."

애덤은 와타나베에게 영국에서는 크리스마스가 되면 움직일 수 없을 만큼 많이 먹고 '푸드 코마food coma' 상태에 들어가는 게 전통이라고 했다. 와타나베는 눈이 동그래졌다. 할 말을 잊은 듯했다. 무슨 말을 해야 할지 모르겠다는 표정이었다. 한참 후에야 그는 "흠, 저희 문화랑은 정반대네요"라고 했다.

조심스레 주제를 바꾸면서 와타나베는 일본 요리에 우리가 알아야 할 또 하나의 중요한 측면이 있다고 했다. 대부분의 일본인은 발효 식품을 꼭꼭 챙겨먹는다. 가장 인기 있는 것은 나토(나도 나중에 먹어보았다)다. 며칠간 발효시킨 살짝 썩은 콩 요리다. 냄새가 고약하다. 애덤은 시도조차 해보지 않으려고 했다. 그런데도 이상하게 맛이 있었다. 와타나베는 장에 좋은 박테리아를 늘려주기 때문에 나토를 먹어야 한다고 했다.

그곳을 나오려다가 한 가지 걱정이 들었다. 우리가 맛본 음식들은 모두 이상하면서도 맛이 있었지만 많이 먹었다는 기분은 들지 않았다. 오젬픽의 효과를 고려한다고 해도 금방 배가 고파질 것 같았다. 그런데 이상하게 나도 애덤도 그날 저녁 때까지 배가 고프지 않았다. 왜 그럴까 생각을 더듬다가 포만감을 주는 음식에 관한 연구가 떠올랐다. 일본인의 식단은 양은 상당히 적은 편이었음에도 포만감을 주는 음식으로 가득했다. 생선, 콩, 채소 말이다. 와타나베에게 작별 인사를 건네는데 그가 고갯짓으로 빈 접시를 가리켰다. "이런 음식을 매일 드시면 건강해지고 장수할 겁니다."

여기서는 매일 이렇게 먹니?

그러나 와타나베는 저명한 최고급 요리사였다. 나는 일본인이 일상적으로 저런 원칙을 얼마나 지킬지 궁금했다. 그래서 마트를 찾았다. 이리저리 돌아다녀보니, 선반이나 냉장고에 들어 있는 것은 대부분 신선한 생선, 과일, 채소였다. 포장되어 나오는 가공 음식은 아주 적었다. 마트 전체가 직접 요리하기 위한 재료 위주로 구성되어 있었다. '가공식품'이라고 표시된 작은 코너에 통조림과 가공식품이 약간 놓여 있는 정도였다. 미국이나 영국에서는 가공식품이 마트의 대부분을 채우고 있다. 그러나 일본에서 가공식품은 사람들이 거들떠보지 않는 코너였다.

사흘째 일식만 계속 먹으면서 나는 이상한 희망과 창피함을 동시에 느꼈다. 서양에서는 비만의 원인이 단순하다고 주장하는 경우가 많다. 그저 주위에 너무 많은 음식이 있는 게 문제라는 것이다. 말하자면 이런 식이다. '진화 과정에서 우리는 음식이 이렇게 풍부해질 것에 대비하지 못했다. 우리의 본능은 음식이 귀하고 기아의 위험이 늘 도사릴 때 만들어졌기 때문에 우리는 음식만 마주치면 본능적으로 몽땅 먹어치우려고 한다. 음식이 많으면 자연히 많이 먹게 된다. 따라서 음식이 남아도는 부유한 국가에서는 과식할 수밖에 없고 많은 사람이 비만이 될 것이다.' 그러나 이는 절망을 유도하는 스토리다. 혹은 기껏해야 신종 비만 치료제를 유일한 옵션으로 제시하는 스토리다. 그러나 일본에서의 경험은 이 스토리에 잘못된 점이 있다고 말하고 있었다. 일본은 아주 부유한 국가다. 일본에서는 누구나 (가장 가난한 사람조차) 음식이 남아돈다. 그런데도 그들은 비만이라는 함정에 빠지지 않았다. 이는 가능한 일이다. 모든 부유한 국가에 비만은 정해진 운명이 아니다.

그러나 이렇게 행복한 생각이 밀려들자마자 한편으로는 이런 생각도 들었다. '그래, 하지만 일본인의 방식을 우리가 따라 할 수는 없어. 수천 년간 우리와는 전혀 다른 음식 문화를 구축해놓았는데, 그걸 한 방에 고스란히 수입할 수는 없지.'

그런데 놀랍게도 현재 일본인의 음식 문화는 대부분 최근 만들어진 것들이었다. 아직까지 생존하는 사람들이 만든 것이었다. 케임브리지대학교 동아시아사 교수 버락 쿠슈너Barak Kushner에 따르면 1920년대까지도 일본 요리는 '별 볼일 없었다.' 신선한 생선은 일주일에 겨우 한 번 먹었고, 식단에는 단백질이 위험하리만치 부족했으며, 졸이거나 볶는 기술도 사용되지 않았다. 기대수명은 47세였다. 쿠슈녀는 작가 비 윌슨에게 이렇게 말했다. "일본 문화는 유구한 것이 아니라 계속 바뀌고 있다." 일본 제국주의 정부가 아시아 다른 지역을 공격하려고 군대를 조직했을 때에야 국민의 식생활이 형편없고 몸이 약하다는 사실이 문제가 되었다. 그러면서 새로운 음식 문화가 만들어지기 시작했다. 병사들을 더 건강하게 만들기 위해 의도적으로 음식 문화를 개발한 것이다. 2차 세계대전에서 패하고 나라가 폐허가 되었을 때 새로 들어선 일본의 민주 정부는 국민이 건강하지 않다면 나라가 가진 것이 아무것도 없다는 사실을 깨달았다. 그래서 적극적으로 식생활 개선에 뛰어들었다. "지금 우리가 일식이라고 생각하는 것을 일본인이 먹기 시작한 것은 2차 세계대전 이후"라고 윌슨은 말했다. "일본인이 먹는 것을 보고 우리는 의기소침할 것이 아니라 힘을 얻어야 한다. 일본인은 식습관이 어디까지 진화할 수 있는지를 보여준다."

그렇다면 일본인은 이렇게 완전히 다른 식습관을 어떻게 만들어냈을까? 이 점을 알아보기 위해 나는 숨이 턱턱 막힐 만큼 더웠던 9월의 어느 아침 코엔지 가쿠엔 스쿨Koenji Gakuen School을 방문했다. 도쿄의 중산층이 모여 사는 동네에 자리한 이 학교는 5~18세 아이들이 다닌다. 일본의 여느 학교들처럼 아이들은 아침마다 어른 없이 혼자 학교에 걸어온다. 부모는 현관에서 아이에게 다녀오라는 인사를 건넨다. 그러면 아이들은 여섯 살 즈음부터 자연스럽게 '등교'라는 아침 운동을 시작하게 된다.

학교 정문 근처에서 우리를 맞은 것은 하루미 다테베라는 50대 초반의 여성이었다. 다테베는 이 학교에서 3년째 영양사로 일하고 있다. 복도를 지나는데 아이들이 다테베를 보고는 이름을 부르며 열렬히 손을 흔들었다. 아이들은 그날의 점심 메뉴가 무엇인지 몹시 궁금해했다. 다테베에 따르면 일본의 모든 학교는 다테베와 같은 전문 영양사를 고용하도록 법률로 정해져 있다. 다테베는 교사 자격증 외에도 3년이 걸려서 영양사 자격증을 땄다. 다테베는 학교 영양사들이 몇 가지 중요한 일을 한다고 설명했다. 먼저 엄격한 규정에 따라 신선하고 건강한 음식으로 학교 식단을 설계한다. 그리고 급식이 조리되는 과정을 감독한다. 그렇게 조리된 음식으로 아이들에게 영양에 관해 교육한다. 그리고 부모들에게도 같은 주제를 교육한다. 마지막으로 적게 먹거나 과식하는 아이가 있으면 지원이나 상담을 진행한다. "저는 항상 먹는 걸 좋아했어요. 제가 먹는 것도 좋고, 남이 먹는 것을 지켜보는 것도 좋고, 먹으면서 행복해하는 사람들을 보는 것도 좋더라고요!"

주방에 도착한 우리는 커다란 유리창 속을 들여다보았다. 다테베는 오늘의 식단이 다섯 가지 음식으로 구성되어 있다고 했다. 흰살생선, 채소볶음면, 우유, 떡, 아주 작은 당과였다. 모든 아이가 동일한 음식을 먹고 도시락은 금지되었다. 이곳의 식단에는 가공식품이나 냉동식품은 일절 들어가지 않았다. 카레처럼 간단한 것은 사용하지만 미리 만들어진 음식을 구매하지는 않았다. "처음부터 우리가 만듭니다." 이유를 물어보자 다테베가 대답했다. "영양 때문이지요. 종종 냉동식품에는 인공첨가제를 많이 쓰니까요."

음식이 준비되자 다테베는 교장인 미노루 다나카의 사무실로 1인분을 가져갔다. 각 학교의 교장은 아이들과 동일한 점심을 먹도록 법으로 정해져 있다. 안전하고 영양가 있으며 맛이 있는지 교장이 가장 먼저 먹어본다. 다나카 교장은 소매를 걷어붙이고 식사를 시작했다. 잠시 후 교장은 괜찮다는 의미로 다테베를 향해 고개를 끄덕였다. 그러자 학급별로 꼬마 요리사처럼 차려입은 아이들이 여덟 명씩 주방으로 왔다. 아이들은 카트를 받아 교실로 가져갔다. 요리사 복장의 아이들이 교실 앞에 서고 나머지 아이들이 앞으로 나와 배식을 받았다(상상되듯이 귀여운 모습이었다). 먹기 전에 아이 하나가 교실 앞에 서서 오늘의 식사는 무엇이고, 일본의 어느 지역에서 온 것이며, 각 재료가 건강에 어떻게 좋은지 읽어주었다. 아이가 '맛있게 먹으라'는 뜻으로 "메시아가레!"라고 하자 다들 박수를 쳤다.

아이들이 식사를 하는 동안 다테베는 네 가지 색깔의 끈을 들어 올렸다. 각 색깔은 건강을 위해 먹어야 할 음식들을 나타냈다. 이날의 끈은 탄수화물, 칼슘, 칼슘이 강화된 탄수화물, 녹색 채소를 표현했다. 다테베는 탄수화물을 나타내는 노란색 끈을 들어 올리면서 이게 건강을 위해 어떤 일을 하는지 물었다. 아이들이 소리쳤다. "에너지를 줘요!" 다테베가 칼슘을 나타내는 빨간색 끈을 들어 올리자 아이들은 뼈를 튼튼하게 해준다고 외쳤다.

그렇게 하나씩 설명한 다테베는 끈을 서로 묶어서 이렇게 모여야 건강한 한 끼 식사가 된다는 것을 보여주었다. 다테베는 말했다. "이렇게 균형이 잘 잡힌 점심 급식을 매일 먹고 나면 균형 잡힌 식사가 무엇인지 알게 되지요." 다나카 교장도 고개를 끄덕이며 말했다. "학교 급식을 통해 저희는 아이들에게 음식이 무엇인지 알려주는 거예요."

종종 다테베는 아이들에게 이렇게 말한다. "너희 몸은 지금 너희가 먹고 있는 걸로 구성되어 있어. 너희 몸의 세포는 석 달마다 다시 채워지거든. 그러니까 너희가 먹는 게 지금의 너희 몸이 되고, 미래의 몸이 되는 거야. 항상 생각을 가지고 먹어야 해."

우리는 통역사와 함께 이 교실, 저 교실을 찾아다니며 아이들에게 음식 중에서 무엇을 가장 좋아하는지 물었다. 내가 처음 말을 걸었던 열 살짜리 여자아이는 이렇게 말했다. "녹색 채소를 좋아해요. 브로콜리 같은 거요." 그다음 아이는 생선을 좋아한다고 했다. 세 번째 아이는 김밥을 좋아한다고 했다. 왜냐고 물었더니 이렇게 말했다. "평소에는 김을 좋아하지 않지만 김밥을 만들면 먹을 수 있어요." 아이는 그렇게 입맛을 확장한 것이 뿌듯한 모양이었다. 열한 살짜리 남자아이는 밥을 좋아한다면서 "밥에는 단백질이 들어 있고, 매 끼 균형 잡힌 음식을 먹으면 몸이 튼튼해지기 때문"이라고 했다. 그러면서 자그마한 이두박근을 보여주며 킥킥거렸다.

나는 통역사에게 이렇게 물었다. "이게 지금 농담인가요? 저한테 장난을 치는 건가요?" 고작 열 살짜리들이 브로콜리, 생선, 김,

밥을 좋아한다고 말하다니? 그러나 일본인과 얘기를 나눠보니 대부분 내가 그걸 이상하게 생각하는 게 오히려 이상하다는 반응이었다. "저희는 애들한테 건강한 음식을 즐기도록 가르쳐요. 거기는 안 그러나요?"라고 그들은 말했다.

교내를 돌아다닐 때 나는 이곳이 뭔가 이상하다는 느낌을 받았지만 그게 뭔지는 몇 시간이 지난 후에야 깨달을 수 있었다. 과체중인 아이가 없었다. 한 명도 없었다. 다테베에게 과체중인 아이가 있느냐고 물었더니, 걱정되는 아이가 하나 있다고 했다. 과체중인 아이가 한 명이었다. 1000명이 넘는 학생 중에서 말이다.

그럼에도 이곳은 선생님들이 아이들에게 음식을 못 먹게 하는 문화는 아니었다. 아이들은 정성스럽게 만든 포만감을 주는 음식을 먹었다. 다테베는 말했다. "제 생각에는 먹는 것, 식사를 즐기는 게 중요해요. 저는 '이건 먹으면 안 돼'라는 말은 절대로 하지 않아요. 케이크를 좋아하면 먹어도 돼요. 프라이드치킨을 좋아하면 당연히 먹어도 돼요. 하지만 그걸 매일 먹는다면 좋지 않을 수도 있어요." 아이들의 입맛을 확장시켜주어서 비록 처음에는 좋아하지 않더라도 새로운 음식을 좋아할 수 있게 가르치는 게 중요한 미션이었다. 채소를 처음 먹으면 맛이 끔찍하다고 생각하는 아이들도 있다고 했다. 그러면 다테베는 그걸 게임으로 전환한다. 아이들에게 채소 준비를 도와달라고 한 다음 자신이 준비한 채소를 아주 조금만 먹어보게 한다. "아이들이 성장하는 모습은 정말 놀라워요."

아이들이 점심을 다 먹은 후에 나는 전화기를 꺼내서 전형적인 미국 학교와 영국 학교의 급식 사진을 보여주고 어떻게 생각하는지 물었다. 일부러 가장 역겨운 음식은 고르지 않았다. 그냥 어릴 때 내가 학교 식당에서 먹던 것과 같은 평범한 튀김과 칩, 구운 콩 같은 것들을 보여주었다. 아이들은 사진을 보고 입이 떡 벌어졌다. "오 마이 갓!"이라고 영어로 외친 아이도 있었다. 또 다른 아이는 "역겨워요!"라고 소리를 질렀다. 믿을 수 없다는 듯이 이렇게 묻는 아이도 있었다. "매일 이렇게 먹어요?"

놀라서 말을 잇지 못하는 듯한 열두 살짜리 여자아이에게 어떻게 생각하느냐고 물었다. 아이는 고개를 갸우뚱하며 이렇게 말했다. "아주 기름지네요. 몸이 아주 힘들어할지도 몰라요." 남자아이 하나는 이렇게 물었다. "저기에 샐러드는 없는 거예요?" 나는 학교에서 한 번도 샐러드를 먹은 적이 없다고 말했다. 단 한 번도. 아이는 놀라서 이렇게 말했다. "샐러드를 먹는 게 좋아요. 건강에 좋으니까요. 건강한 게 좋잖아요. 샐러드를 먹지 않으면 살이 찔 거예요. 위에 문제가 생기거나."

또 다른 아이는 괴로운 듯한 표정으로 이렇게 말했다. "샐러드를 먹지 않으면 살면서 많은 걸 놓치는 거예요." 그런 다음 아이는 내 팔을 살포시 잡으며 말했다. 내 입맛을 확장시켜줄 방법을 찾으려고 애쓰는 듯했다. "샐러드는 고기랑 잘 어울려요."

다음 날 도쿄 다른 지역에 있는 다른 학교에서 나는 어머니들에게 동일한 사진을 보여주었다. 어머니들도 똑같이 놀란 듯했다. 마이코 아라이라는 여성은 이렇게 물었다. "그 끔찍한 상황을 바꾸기 위한 운동 같은 건 벌이고 있나요?"

그녀를 바라보며 나는 뭐라고 답해야 할지 알 수 없었다.

측정하고 이해하고 깨닫고 변화하라

여기까지 애덤과 나는 건강에 대한 일본인의 접근법을 살펴보며 그저 감탄만 하고 있었다. 그런데 일본인의 접근법에서 중요한 한 부분을 들여다보고 나서는 혼란스러운 기분이 들었다. 2008년 일본 정부는 비만율이 살짝 오르고 있는 것(우리 기준으로 보면 여전히 웃어넘길 만큼 낮은 수치였지만)을 알아챘다. 깜짝 놀란 정부는 나중에 '메타보 법Metabo Law'이라고 알려진 법률을 도입했다. 이런 이름이 붙은 것은 비만의 가장 골치 아픈 악영향인 대사증후군metabolic syndrome을 줄이기 위해 설계된 법안이기 때문이다. 대사증후군은 비만과 당뇨병 그리고 고혈압이 합쳐져서 건강을 완전히 엉망진창으로 만드는 상태다. 법안의 내용은 단순했다. 1년에 한 번 일본에 있는 모든 기업은 의사와 간호사를 불러 전 직원의 체중과 허리둘레를 측정해야 한다. 만약 체중이나 허리둘레가 증가했다면 회사와 직원이 함께 이를 줄일 계획을 짜야 한다.

나는 이게 대체 어떻게 효과가 있을 수 있는지 상상이 되지 않았다. 그래서 실제로 한번 보고 싶었다. 타니타Tanita라는 회사가 내가 직원들과 이야기를 나누고 회사의 조치들도 살펴볼 수 있게 해주었다. 타니타는 채식주의자용 음식과 건강한 대체식, 운동 장비를 만드는 회사였다. 그러니 일본인의 건강 증진을 장려하고 이를 전 세계에 알리는 데 특히 더 열심이었다.

회사 로비에 도착한 나는 웃음이 터졌다. 전 세계가 일본을 어떻게 바라보는지 패러디해놓은 것 같은 광경이었다. 가장 먼저 눈에 띈 것은 2미터가 넘는 거대한 로봇과 깡충거리는 헬로키티 이미지였다(이 로봇은 운동을 장려하는 비디오게임을 위해 게임업체 세가Sega와 타니타가 공동 디자인한 것이었다). 타니타의 직원이라면 회사에 도착해서 거대한 비디오 스크린 앞에 서는 것으로 출근 등록을 한다. 비디오 스크린은 직원의 얼굴을 알아보고 이름을 부르며 인사를 건넨다. 그리고 해당 직원에 대한 몇 가지 정보를 알려준다. 전 직원은 매일 만보기를 착용해야 하고 비디오 스크린은 당신의 걸음수가 직원들 중에서 몇 위인지를 즉각 알려준다. 예를 들면 이런 식이다. "안녕하세요, 밥. 어제 당신의 걸음수는 143위입니다." 지난 일주일 동안 사내 체중계로 몸무게를 측정하지 않았다면 비디오 스크린은 체중을 재라고 알려준다. 가까운 직원이 체중을 재지 않았다면 그들에게 알려주라고도 이야기한다. 기록을 경신한 직원에게는 축하 인사를 건넨다. "축하합니다. 올해 도쿄 지하철 라인 전체 거리만큼 걸으셨습니다."

타니타 직원은 자신이 먹는 식사를 모두 사진으로 찍어서 올리는 게 권장된다. 그리고 나면 공개적으로 비디오 스크린에 전시되어 누구나 동료가 무얼 먹었는지 스크롤해서 볼 수 있다. 또한 건강을 개선하기 위한 동료의 약속도 동료의 이름과 함께 모두 읽을 수 있다. 직원 한 명은 이렇게 약속해놓았다. "술은 평균

한 달에 한 번 이하만 마시겠습니다." 또 이런 약속도 있었다. "음식을 두 그릇씩 먹지 않겠습니다." 또 이런 것도 있었다. "채소를 훨씬 많이 먹고 균형 잡힌 식사를 하며 배가 80퍼센트 부를 때까지만 먹겠습니다."

회사에 따라 메타보 법을 지키는 방법은 다르고 타니타는 그중 가장 열정적인 편이다. 어쨌든 일본 전역에서 모든 기업은 나름의 방식으로 건강 개선을 장려하고 있다.

타니타의 홍보팀장 히로 요코타를 따라 위층으로 올라갔다. 직원들이 휴게실에 모여 아침 운동을 하고 있었다. 아침 9시, 서양의 사무실에서는 사람들이 도넛과 커피를 먹고 있을 시간이지만 일본에 있는 대부분의 직장들처럼 이곳에서도 다 함께 모여 에어로빅을 하고 있었다. 사람들은 회사가 만든 거대한 녹색 고무 밴드를 하나씩 들고 왔고, 휴게실에는 녹음된 활기찬 목소리가 울려 퍼졌다. 목소리는 사람들에게 이렇게 저렇게 하라고 지시했다. "두 팔을 높이 드세요. 왼쪽으로 숙이세요. 오른쪽으로 숙이세요. 앞으로 숙이세요." 다들 지시를 따르다가 구령에 맞춰 점프를 했다. 가볍기는 해도 호락호락하지는 않았다. 나이 든 직원들도 젊은이들 못지않게 참여하고 있는 모습이 흥미로웠다. 다들 동작을 알고 있었고 즐거워했다. 다들 같은 동작을 하고 있으니 이상하게 아름답다는 생각이 들었다. 녹색 고무 밴드들이 팽팽하게 당겨졌다.

10분쯤 뒤에 사람들은 흩어져서 각자의 책상으로 향했다. 한 사무실에서 내가 처음 만난 사람은 이 회사의 사장인 주니아 나가사와였다. 57세의 미남인 나가사와는 회사의 걸음수 리그에서 늘 1등을 차지했다. 매일 거의 2만 보를 걸었다. 메타보 법이 강제되자 기업들 사이에는 직원들의 건강을 모니터링하고 개선하는 데 도움이 될 기술에 대한 수요가 갑자기 생겼다고 한다. 그래서 타니타는 이 비디오 스크린과 건강 감시 시스템을 설계했고, 나가사와는 이걸 판매하려면 말로만 떠들 것이 아니라 자신의 회사부터 직접 적용해보아야겠다고 생각했다. 그 결과 나가사와 자신도 훨씬 더 많이 걷게 됐다. "일상생활의 루틴 속에 걷기를 포함시키는 게 아주 중요해요. 실제로는 걷는 게 어려운 게 아니라 걸을 시간을 내는 게 어렵잖아요. 저는 비즈니스를 하느라 늘 바빠서 출근 전의 자유 시간을 이용하려고 노력해요. 실제로 제가 마음대로 쓸 수 있는 시간은 그때뿐이거든요." 현재 나가사와는 더 일찍 일어나서 네 정거장 앞에서 전철을 내린 다음 나머지 거리를 걸어온다. "제가 롤모델이 되어야 하니까, 걷지 않을 수가 없었어요. 살도 빠지고 몸도 가벼워졌죠. 요즘에는 감기도 잘 안 걸려요. 그렇게 많이 걸으니까 면역력도 좋아지더라고요."

매년 실시하도록 법으로 정해진 정기 건강검진에서 가끔 체중이 증가한 직원이 나타날 때도 있다고 했다. 그러면 정부에서 비용을 대고 6개월간 전문가의 도움을 받게 한다. 전문가들은 해당 직원이 건강을 회복할 수 있게 코칭과 지원을 제공한다. 나가사와의 회사에서는 카운슬링을 받았던 직원 100퍼센트가 프로그램을 완료하고 긍정적인 결과를 얻었다. 그러나 만약 어느 기업이 직원의 건강을 챙기지 못해 직원들의 체중이 계속 늘어나면 벌금을 물 수도 있다. 예를 들어 일본에서 가장 큰 전자기기업체인 NEC는 직원들의 건강 상태가 나쁘다는 이유로 1900만 달러의 벌금을 물게 되자 직원 건강 대책을 대폭 수정하기도 했다.

나가사와는 어떤 개인도 이 법 때문에 강제로 무언가를 할 필요는 없다고 했다. "'이걸 하라'고 말하지는 않아요. 사람들이 자신의 건강 상태를 스스로 깨닫게 하는 게 목표지요. 건강이 악화중일 수 있으니 직접 확인하고 스스로 건강을 관리하라는 거예요. 우리 회사에서는 이렇게 말해요. '측정하고 이해하고 깨닫고 변화하라.'" 나가사와는 다른 사람들이 무얼 먹고 무슨 운동을 하는지 직원들이 데이터를 볼 수 있다고 했다. "루틴을 스스로 유지하기는 매우 어렵기 때문"이다. 다른 사람들은 모두 하고 있다는 걸 눈으로 보게 되면 동참하려는 동기가 부여된다. 그는 자신을 가리키며 이렇게 말했다. "사장도 예외가 아니에요. 사장은 바쁘잖아요. 그런데 사장도 많이 걸으려고 한다는 걸 보여주는 거죠. 비만이 심각한 질환으로 이어진다는 건 다들 알아요. 증거가 있잖아요. 정부와 지방 정부도 알려주죠. 그러니 건강한 사람이라고 하더라도 미래를 위해 조심할 필요가 있어요. 그래야 잠재적 질환도 예방할 수 있죠. 지금 당장은 비만이 큰 문제를 일으키지 않는다고 하더라도 10년 혹은 15년이 지나면 고생하게 될 거예요. 그래도 괜찮나요? 이게 바로 핵심인 것 같아요."

나는 직원 몇몇과도 이야기를 나누었다. 33세의 남성 유스케 나기라는 대학을 졸업하고 곧장 이곳에 입사했는데 지금까지 건강을 위해 무언가를 해본 적이 없다고 했다. "먹고 싶은 건 아무거나 먹고 운동은 전혀 안 했죠. 그런 식으로 살았어요." 그러나 체중을 매번 재다 보니 뚱뚱해지고 있음을 알 수 있었고 다가오는 정기 검진이 신경 쓰였다. 그래서 나기라는 몇 가지를 변화시켰다. "(전에는) TV를 볼 때 보통 정크 푸드나 간식을 먹었어요." 나기라는 그걸 완전히 없앴다. "어딘가를 갈 때는 전철이나 차를 타지 않고 걸으려고 노력해요." 내 건강은 내 책임이라는 걸 아는 게 도움이 된다고 했다. 똑같은 말을 직원들에게서 계속 들을 수 있었다.

나는 대화를 나누었던 모든 일본인에게 만약 이 법을 미국이나 영국에서 시행했다면 사람들이 분노해서 정부 청사를 불태웠을 거라고 했다. 그러면 일본인은 하나같이 이상하다는 표정을 지으며 왜냐고 물었다. 나는 직원의 체중은 회사의 소관이 아니며 그런 관리는 말도 안 되는 프라이버시 침해라고 느낄 거라고 했다. 그러면 대부분의 일본인은 공손히 고개를 끄덕이며 나를 약간 미친 사람 보듯이 쳐다보았다. 나기라는 이렇게 말했다. "뚱뚱한 건 좋지 않아요." 나는 엄청난 문화 차이를 느꼈다.

이 일은 또한 낙인 효과에 관해서도 아리송한 기분이 들게 했다. 이미 비만인 사람에게 낙인을 찍는 것은 변화를 유도하기에는 형편없는 도구이며, 오히려 그 사람이 더 많이 먹고 덜 운동하게 만든다는 증거가 매우 명확하다. 그런데 일본인을 보니 낙인을 찍는 것도 약간의 예방적 효과가 있는 것이 아닌가 하는 의구심이 들었다. 나는 이런 질문을 하는 것조차 불편한 기분이 들었다. 그만큼 낙인이 싫기 때문이다.

여러분이 윤리적으로 어떻게 생각하든, 메타보 법은 일본의 다른 조치들과 함께 목표를 달성했다. 메타보 법이 도입된 이후 일본에서 비만율은 다시 떨어지고 있으며 현재 선진국에서 가장 낮은 수준이다.

더 오래 더 건강하게

나는 일본인이 거대한 문화적 장벽 때문에 과식하기가 힘든 구조라는 사실을 서서히 깨닫게 됐다. 물론 일본에도 KFC나 맥도널드 지점이 있고, 원한다면 하루 세 번 그곳에서 식사할 수도 있다. 그러나 일본인은 삶의 단계마다 그런 일이 생기지 않도록 서로를 단속하고 있었다. 패스트푸드는 가끔 한 번씩 먹는 음식일 수는 있어도 주식이 될 수는 없었다.

일본 전역을 여행하며 애덤과 나는 일본식으로 살았을 때 어떤 이점이 있는지 조금씩 알 수 있었다. 매일 아침 7~8시쯤 일본 전역의 공원에서는 나이 든 사람들이 모여서 함께 운동을 했다. 80, 90대인 사람들이 춤을 추거나 요가를 하는 모습을 볼 수 있었다. 일본인은 그 어떤 나라 사람보다 장수한다.[5] 평균적으로 남자는 81세, 여자는 86세까지 산다. 더욱 중요한 것은 타 국가에 비해 훨씬 오랜 기간 건강을 유지한다는 사실이다. 미국이나 영국에서는 죽기 전까지 평균 16~19년 정도를 건강이 악화된 상태로 보낸다.[6] 일본에서는 이 기간이 5, 6년에 불과하다.[7] 일본인들은 심장마비가 훨씬 적다. 영국에서는 여성 일곱 명 중 한 명, 미국에서는 여덟 명 중 한 명이 유방암에 걸리지만, 일본에서는 고작 38명 중 한 명이 유방암에 걸린다.[8]

고베시에서 나는 80대와 90대로 구성된 남성 축구팀을 만났다. 일본에서는 이들이 전국적인 리그를 만들어서 경기를 벌인다. 81세인 유키오 모리모토는 일주일에 세 번씩 축구를 한다고 했다. 60대(서양 같으면 대부분 격렬한 운동을 포기할 나이다)에 다시 축구를 시작했을 때의 기분에 대해 그는 이렇게 말했다. "처음 축구와 사랑에 빠졌을 때와 똑같은 흥분을 느꼈어요. 팀원들에게 축구를 배웠어요. 매일 새로운 기술과 요령을 흡수하려고 노력했죠." 그는 아직도 자신들이 투지가 넘친다고 했다. 그는 이기지 못하면 다들 열 받아 한다면서 웃었다. 90대인 팀원들은 거북과 두루미가 수놓아진 특별한 바지를 입었다. 일본 신화에서 거북은 1000년을 살고 두루미는 1만 년을 산다고 하기 때문이다. 모리모토는 이렇게 말했다. "나이가 들더라도 몸과 건강을 유지할 수 있어요. 물론 그러려면 훈련을 해야 하죠." 나는 그에게 뭘 먹느냐고 물었다. "의식적으로 식단에 신경을 써본 적은 없어요. 그냥 나한테 좋은 것, 내 몸에 좋은 것을 좋아하게 된 거죠." 그가 하는 또 다른 운동은 매주 아내와 함께 춤을 추러 가는 것이었다. 그는 52년간 결혼생활을 유지하고 있다고 했다.

모리모토는 나와 애덤 쪽으로 몸을 숙이면서 나이 든 친척 중에 축구를 하는 사람이 있는지 물었다. 우리는 뭐라 답해야 할지 알 수가 없었다. 애덤은 영국에서는 가끔 50대 남자들이 토요일 저녁에 술을 많이 마시면 다음 날 볼을 차며 숙취를 해소할 때가 있다고 했다. 그러자 일본의 축구인들은 예의상 아무 말도 하지 않았다.

그런데 이런 축구인들조차 별것 아니라고 생각하는 일본인들이 있다. 전설에나 나올 것 같은, 세계 최장수 마을이라는 곳을 찾아 일본 남단 다도해에 위치한 오키나와를 찾아갔다. 우거진 나무로 뒤덮인 산 옆에 오기미라는 마을이 있었다. 215가구가 사는 마을에 173명이 90세 이상이었다.[9] 이곳 사람들은 힘든 삶을 살았다. 대부분이 가난한 농부였고, 전쟁 중에는 석 달 만에 인구의 3분의 1이 오키나와 전투에서 사망했다. 그럼에도 이 마을은 전 세계에서 가장 장수하는 마을이 되었다.

조그만 마을회관에 최고령자 몇몇이 모여들었다. 서로 소식을 나누고 게임도 하고 운동도 함께하기 위해서였다. 우리가 처음 만난 사람은 마츠 후쿠치라는 102세의 여성이었다. 후쿠치는 집에서부터 마을회관까지 걸어서 왔다고 했다. 느린 걸음이었지만 등이 굽지는 않았고 지팡이 하나에 의지하고 있었다. 얼굴이 빈틈없이 주름으로 쪼글쪼글한 후쿠치는 호기심을 잔뜩 품은 눈으로 우리를 쳐다보았다. 후쿠치는 오늘은 오래 머무를 수가 없다면서 몇 달 전 지붕에서 떨어진 74세의 아들을 돌봐야 한다고 했다. "저는 산에서 자랐어요." 후쿠치는 수십 년간 대나무 농사를 지었다고 했다. 손으로 직접 대나무를 수확해 장에 가지고 가서 팔았다고 한다. 후쿠치는 인생이 아주 즐겁다고 했다. "손주들이랑 함께 춤도 추고 놀아요. 제가 춤을 좋아하거든요. 스포츠 경기 보는 것도 좋아해요. 농구, 배구, 스모. 지금이 바로 시즌이라서 종일 TV를 보고 있죠. 다들 어떻게 그렇게 장수하냐고 저한테 물어요. 하지만 저한테는 그냥 자연스러운 일이에요. 자연히 그렇게 됐거든요. 늘 가난했죠. 어릴 때는 감자잎과 미소된장국, 죽을 먹었어요. 건강은 별로 신경 쓰지 않았어요. 대신에 채소를 먹죠."

사람들이 게임을 하기 시작했다. 다들 가위바위보를 하기에 나도 끼었는데 내가 졌다. 그러다가 오키나와 전통 음악 같은 것이 흘러나왔고 후쿠치가 밝은 색 기모노를 입더니 느리고 조심스럽게, 하지만 행복하게 춤을 추기 시작했다. 후쿠치는 음악에 맞춰 엉덩이를 살짝살짝 흔들었고 다른 여자들도 따라서 팔을 휘저었다. 나를 바라보는 후쿠치의 눈빛이 얼마나 강렬한지 거의 얼굴에서 눈이 보이지 않을 정도였다.

백 살이 다 된 여성들이 음악에 맞춰 춤을 추는 것을 보면서 나는 울컥했다. 내가 여기까지 온 게 바로 '이것'을 보려고 그랬구나. 건강을 제대로 챙긴다면, 올바르게 먹는 법을 배운다면, 비만을 이겨낸다면, 무릎과 심장과 췌장을 망치지만 않는다면 더 오래 더 건강하게 살 수 있다. 내 할머니와 해나를 비롯해 내가 사랑하는 사람들은 모두 비만 때문에 너무 일찍 사그라졌다. 그들도 이걸 모두 누렸어야 하는데. 내가 대자인 애덤에게 바라는 것도 바로 이것이었다. 건강하게 오래 사는 것. 후쿠치는 라디오 방송이 시작되기 1년 전에 태어났다고 했는데 나는 이날 우리의 대화를 아이폰에 녹음했다.

후쿠치가 102년을 살아낸 엉덩이를 내 쪽으로 흔드는데 이런 생각이 들었다. '이게 바로 저들이 받는 상이구나. 더 긴 삶. 더 건강한 삶. 더 오래 누리는 기쁨.'

일본을 떠나기 직전 어느 밤에 애덤과 나는 언뜻 미친 소리처럼 들릴 수도 있는 짓을 했다. 우리는 도쿄에서 범죄 집단인 야쿠자들이 지배하는 거친 동네를 찾아갔다. 우오쇼우라는 조그마한 목조 식당을 찾기 위해서였다. 안으로 들어서니 자그마한 몸집의 80대 여성이 우리를 맞았다. 그녀는 우리를 작고 낮은 테이블로 안내했다. 이곳의 손님은 대부분 건달이나 매춘부들이라고 했다. 그들이 여기를 찾는 이유는 많은 사람이 겁나서 먹지 못하는 이 집만의 특별 요리 때문이었다. 일본에서는 '후구'라고 알려진 민물고기 요리가 가장 맛있는 요리 중 하나로 여겨진다. 그런데 문제는 후구가 복어 중에서도 극도로 독성이 강한 물고기라는 점이다. 비소보다 13배나 강할 정도다. 매년 제대로 처리되지 않은 후구를 먹고 사망하는 사람이 두세 명씩 생긴다. 셰프 오사무 이무라는 끔찍한 죽음이라면서 이렇게 말했다. "뉴런을 공격하거든요. 움직일 수가 없어요. 그다음에는 호흡기를 공격하지요. (서서히 질식하면서도) 죽을 때까지 정신은 또렷해요."

이무라는 자신은 후구의 요리법을 아는 훈련된 셰프로서 시에서 발급하는 면허를 가지고 있다고 했다. 그러고는 불안하게도 큭큭 웃었다. 한 시간 후 후구 요리가 도착했다. 애덤과 나는 요리된 생선과 서로의 얼굴을 빤히 바라보았다. 셰프는 후구를 주둥이 부분부터 먹어보라고 했다. 롤링스톤스의 리더인 믹 재거의 입술처럼 생긴 후구의 블루베리색 주둥이를 바라보다가 어렵사리 한 입을 떼어 꿀꺽 삼켰다. 정말로 맛있었다. 한 번도 느껴보지 못한 요상한 향이 물씬 풍겼다. 나는 내 호흡 상태를 확인했다. 내가 질식하는 건 아니겠지? 다음으로 애덤이 후구의 흰색 살을 한 점 입에 넣었다. 그리고 조심조심 씹었다.

이 '살인 물고기'를 천천히 조심조심 먹는 동안 이런 생각이 들었다. '일본에서 가장 위험하다는 이 음식조차 서양에서 우리가 매일 먹는 음식보다 안전하겠지.' 정크 푸드와 가공식품, 비만은 해마다 적어도 11만 2000명의 미국인을 살해하고 있다. 나는 애덤에게 이렇게 말했다. "여기서 후구를 먹으면서 몸에 이상이 있나 살필 게 아니라 냉동 라사냐나 맥도널드를 먹을 때 더 조마조마해야 하는데 말이야."

세상은 우리가 요구하는 만큼만 바뀐다

귀국하는 길에 도쿄 하네다 공항으로 들어서는 애덤의 표정이 자못 심각했다. "2주 동안 일식을 먹어보니 알 것 같아요." 애덤은 잠시 망설였다. "내가 평생 먹어온 음식이 얼마나 쓰레기 같았는지 말이죠." 애덤은 영국에 있을 때는 늘 변비에 복통이 있었는데 이곳에 온 지 며칠 만에 그런 증상이 싹 사라졌다고 했다. "사람들한테 '와, 그걸 먹어? 내가 일본에 있을 때는 말이야……' 하는 식으로 말하는 재수 없는 인간이 되고 싶지는 않지만, 정말이지 우리는 일본에서 배워야 해요." 이 순간 비만의 위기가 순전히 우리가 만들어낸 재앙임이 더 또렷하게 보였다. 비만의 위기는 우리의 생활 방식이 만들어낸 것이다. 그러니 그걸 없애는 것도 가능할 수밖에 없다.

그렇지만 대체 어떻게 해야 할까? 처음에는 우리와 일본인 사이의 간극이 도저히 메울 수 없을 것처럼 멀어 보였다. 그러다가 내 어린 시절을 생각해봤다. 나는 애덤에게 (예를 들어) 1987년의 영국이나 미국으로 간다면 다른 무엇보다 한 가지 때문에 깜짝 놀랄 거라고 했다. 사람들이 '아무데서나' 담배를 피운다고 말이다. 당시 사람들은 식당에서도 담배를 피웠다. 비행기 안에서도 담배를 피웠다. 게임 쇼가 펼쳐지는 가운데에도 담배를 피웠다. 병원에 가면 의사가 나를 진찰하면서 담배를 피웠다(농담이 아니다. 내 경험담이다). 내가 아기였을 때 어머니와 함께 찍힌 사진이 있다. 어머니는 내게 젖을 물린 채로 내 배 위에 재떨이를 올려놓고 담배를 피우고 있다(몇 년 전에 이 사진을 발견하고 어머니에게 보여드렸더니 이렇게 말씀하셨다. "네가 어지간히 힘든 애였어야지. 담배라도 피워야 했어").

만약 1987년에 누군가가 앞으로 30년 안에 흡연이 거의 사라질 거라고 말했다면 우리는 믿지 않았을 것이다. 1982년에는 남성의 71퍼센트, 여성의 54퍼센트가 흡연자였다. 오늘날 흡연자는 12퍼센트에 불과하고 그나마도 계속 줄어들고 있다. 영국 정부는 서서히 담배 판매를 범죄화할 태세다. 애덤의 친구 중에 담배를 피우는 사람은 거의 없다. 이는 아주 짧은 기간 내에 이뤄낸

어마어마한 문화적 변화다.

나는 일본인 셰프 마사루 와타나베에게 서양 사람들이 일본인들처럼 되는 게 가능하겠냐고 물었다. 그는 "그랬으면 좋겠네요. 분명히 가능할 거예요"라고 했다.

비행기가 이륙하는 사이 나는 그동안 내가 방문했던 세계 곳곳을 떠올려보았다. 그리고 이런 문화적 변화를 이끌려면 가장 먼저 취할 수 있는 조치가 뭘까 생각해봤다. 2015년에 나는 멕시코를 방문했다. 멕시코가 가당 음료에 세금을 부과하기 시작한 직후였다. 가장 건강하지 못한 음료인 탄산음료의 가격을 세금으로 높인 것이다. 이 조치가 시행된 지역에서는 대부분 탄산음료의 구입이 줄었다.[10] 우리는 그보다 더한 조치도 취할 수 있다. 가공식품에 세금을 매기고 그 돈으로 건강한 음식에 보조금을 지급한다면 누구나 건강한 음식을 먹을 수 있게 가격을 내릴 수 있을 것이다.

2019년에 나는 암스테르담에 갔었다. 암스테르담 시장은 아동 비만율을 끌어내리기 위해 대규모 운동을 전개했다. 교내에서 건강하지 못한 음식을 금지하고 탄산음료와 가당 주스를 수돗물로 바꿨다. 그리고 운동 수업을 어마어마하게 늘리고, 비만 아동을 키우는 부모에게는 함께 고민해줄 개인 코치를 붙여 가정 내에서 해결책을 찾게 도왔다. 문제가 가장 컸던 가난한 아이들을 돕는 데 초점을 맞췄다. 그러자 4년 후에는 아동 비만율이 전체적으로 12퍼센트나 감소했고 가난한 아이들 중에서는 18퍼센트가 감소했다.[11]

미네아폴리스에서 나는 우리의 식습관이 환자를 병들게 하고 있다는 것을 알아본 의사들을 만났다. 그들은 지역 자선 기관과 연대해서 환자들에게 건강한 음식을 공짜로 '처방'해주었다. 이 프로그램에 참여하고 있는 의사인 새라 켐페이넌Sarah Kempainen은 이렇게 말했다. "어떻게 해야 사람들이 건강을 유지하고 질병을 예방할 수 있을까요? 건강한 음식을 접할 수 있느냐가 큰 부분을 차지해요. 그러니 음식이 곧 약인 거죠." 연구 결과, 6개월 후에 그녀의 환자들은 훨씬 더 건강해졌다고 느꼈다.[12] 이런 일을 대규모로 추진할 수도 있을 것이다.

영국에서 나는 혈압 전문가 그레이엄 맥그레거Graham Macgregor를 만났다. 맥그레거는 식품회사들을 설득해서 빵에 들어가는 소금의 양을 크게 줄였다. 간단한 변화였고 맛에서는 아무도 차이를 느끼지 못했다. 그렇지만 이 조치는 영국에서만 매년 6000~9000명을 뇌졸중의 위험에서 구해주었다.[13] 맥그레거는 이 방법(마트에서 인기 있는 식품의 조리법을 바꾸는 것)이 전 세계적으로 확산되고 있다면서 훨씬 더 많은 식품에 적용 가능하다고 했다. 이를 위한 최선의 방법은 정부가 식품업계를 규제하는 것이다.

나는 핀란드 출신의 과학자 페카 푸스카Pekka Puska를 인터뷰했다. 푸스카는 아버지가 심장마비로 숨진 후에 왜 핀란드가 전 세계에서 심장마비 발생률이 가장 높은지를 연구하기 시작했다. 문제는 포화지방과 소금이 잔뜩 들어간 처참한 식단에 있었다. 푸스카는 식습관을 바꾸자는 캠페인을 시작했다. 일반인들에게 식습관의 중요성을 교육하고 식품회사에는 재료를 바꾸도록 설득했다. 자원봉사자들을 모아 사람들에게 더 건강한 조리법을 알려주는 대규모 프로그램도 시작했다. 그 직접적인 결과로 핀란드 남성이 심장 질환에 걸릴 위험은 80퍼센트 떨어졌다. 핀란드인의 기대 수명은 7년 늘어났다.[14]

구름 아래로 일본이 사라져가는 것을 지켜보면서 나는 중장기적으로 우리 앞에 놓인 선택이 오직 비만과 신종 비만 치료제뿐이라고 말하는 것은 진실이 아님을 깨달았다. 세 번째 선택지도 있다. 우리는 일본처럼, 위에서 말한 다른 국가들처럼 될 수 있다. 그러나 우리의 학교 급식 사진을 보고 일본인 어머니가 던졌던 질문이 핵심이다. "그걸 바꾸기 위한 운동 같은 게 있나요? 사람들이 맞서 싸우고 있나요?" 해결책이 하늘에서 뚝 떨어지지는 않을 것이다. 많은 사람의 요구가 있을 때에만 상황은 바뀔 것이다.

나는 고개를 돌려 비행기 통로를 내려다보았다. 애덤이 목베개를 베고 벌써 잠에 빠져들고 있었다. 애덤은 50킬로그램이 더 나갈 때와는 완전히 다른 사람 같았다. 불과 몇 년 전이었다. 혈색은 건강한 광채가 돌고 호흡도 편안해 보였다. 이런 생각이 들었다. 우리는 애덤이 지금 같은 모습을 최대한 쉽게 유지할 수 있는 문화를 만들게 될까, 아니면 매번 훼방만 놓는 문화를 만들게 될까?

에필로그

우리가 선택할 수 있는 미래

이 책을 쓰면서 서서히 내 마음속의 충돌이 조금씩 옅어졌다. 신종 비만 치료제에 대해 조금씩 확고한 입장이 생기고 있었다. 여전히 단순한 문제는 아니지만, 내 생각은 조금씩 선명해졌다.

첫 번째로 드는 생각은 우리가 어릴 때부터 먹는 음식을 크게 바꿔야 한다는 것이다. 그래야 우리 다음 세대는 포만감을 앗아가는 쓰레기 같은 음식에 중독되지 않을 수 있다. 그래야 거기서 탈출하기 위해 약을 쓸 필요성도 사라진다. 비만 치료제는 위험성을 안고 있지만, 일본인처럼 먹는 것에는 위험성이 전혀 없다. 여러분은 지금까지 이 여정을 나와 함께했으니, 이 점을 믿지 않는 사람은 많지 않을 것이다. 가공식품업계 종사자가 아니라면 말이다.

그러나 두 번째로 드는 생각은 우리가 첫 번째 조건을 위해 싸우는 동안에는 여전히 선택에 직면한다는 점이다. 나는 지금 더 나은 미래를 살고 있는 게 아니다. 나는 불완전한 현재를 살아가고 있다. 그러니 비만의 위험성과 신종 비만 치료제의 위험성을 서로 비교해볼 수밖에 없다. 만약에 내가 2023년 초처럼 체지방률이 32퍼센트였다면 당뇨병, 무릎과 고관절 질환, 관절염, 암, 인지 장애와 그에 따른 치매, 고혈압과 그에 따른 뇌졸중의 위험이 훨씬 증가했을 것이다. 내 할아버지처럼 심장마비로 일찍 사망할 위험도 크다. 이와 관련된 압도적인 과학적 증거를 무시하고 싶은 유혹도 있지만 그건 나 자신을 속이는 일밖에 안 된다. 신종 비만 치료제는 나의 비만 상태를 거꾸로 되돌려놓았고, 건강이 얼마나 좋아졌는지는 나 스스로 느끼고 있다. 발걸음도 빨라지고 숨이 차는 일도 줄었다. 행동이 기민해지고 몸 전체의 움직임도 더 자유로워졌다. 몸이 치유된 기분이다.

그렇지만 이들 신약에는 그 자체의 위험성이 수반된다는 사실 또한 잊을 수 없다. 신종 비만 치료제에는 여러 부작용이 있다. 아직까지도 나는 일주일에 한 번 정도는 약간의 메스꺼움을 느낀다. 며칠마다 한 차례씩 몇 분간 이어지는 어지럼증도 있다. 이게 뭔가 내 몸이 잘못되었다는 신호라는 느낌을 떨쳐내기가 힘들다. 위험성이 높지는 않아도 신종 비만 치료제가 췌장암에 걸릴 위험성을 56퍼센트 증가시킨다는 사실은 이미 입증되었다. 정신이 번쩍 드는 부분이다. 나는 근육량이 줄어 나이가 들수록 몸이 약해지는 일이 없도록 신중하게 모니터링하고 있다. 아직은 근육량이 줄어들지 않았지만, 신종 비만 치료제를 사용하는 많은 사람이 근육량 감소를 경험한다. 우울증이라든가 자살 위험, 아직 발견되지 않은 기타 위험 등 장기적인 경고 사항들이 결국 사실로 밝혀질 수도 있다. 아직 우울증이라고까지 말하기는 힘들지만 오젬픽을 사용한 이래 나는 분명히 내 감정이 좀 더 잦아든 것을 느끼고 있다. 나를 위로하고 달래주던 과식이 내 인생에서 수행했던 심리적 역할을 내가 그리워하고 있는 게 아닌가 싶다. 그래서 그런 욕구를 충족시킬 다른 방법들을 모색 중이다. 하지만 이 역시 확실하지는 않다. 어쩌면 이 약이 나의 뇌에 그런 효과를 일으키고 있는 것일 수도 있고 이 두려움을 떨칠 수가 없다.

내 친구 라라가 나의 동기에 대해 의문을 표시한 이후 나는 내 판단에 대해서도 조금 경계하는 마음이 생겼다. 신종 비만 치료제는 건강을 증진하는 것에 더해서 나의 외모를 전통적인 의미에서 좀 더 '보기 좋게' 만들어준다는 사실을 이제는 나도 인식하고 있다. 그게 내 판단력을 흐리게 만들어서 약을 좀 더 좋게 보게 만드는 것인지는 아직 잘 모르겠다. 그렇지만 가능성 있는 얘기라고 본다.

이 문제에 대해 생각을 많이 해보고 나서 나는 내 경우에는 이점이 위험성보다 크다고 잠정적으로 결론 내렸다. 그래서 당분간은 신종 비만 치료제를 계속 사용할 생각이다. 다른 사람들은 다른 결론에 도달할 수 있을 것이다. 당신에게 해당되는 위험성은 내 경우와는 다를 수 있다. 예를 들어 아주 약간 과체중이고 심장 질환이나 뇌졸중 가족력이 없다면 신종 비만 치료제의 이점이 작아서 위험성이 더 클 수도 있다. 게다가 위험성에 대한 판단도 나와는 다를 수 있다. 위험을 측정하고 가늠하는 방식은 사람마다 다르기 때문이다. 많은 사람이 동일한 선택에 직면해 신종 비만 치료제를 거부할 것이다. 이것도 충분히 균형 잡힌 판단이다.

세 번째로 들었던 생각은 여러분의 판단이 무엇이든 신종 비만 치료제가 취약 집단에게 유발할 문제에 대한 예방 대책 마련이 시급하다는 점이다. 나는 아직도 거식증이 있는 사람들이 굶기 위해 신종 비만 치료제를 사용할까 봐 정말로 걱정된다. 그런 일을 완전히 예방할 수는 없겠지만, 제한할 수 있는 조치는 많다. 신종 비만 치료제를 온라인으로 처방하는 일은 중단해야 한다. 신종 비만 치료제를 처방받기 위해서는 의사를 직접 만나 거식증 여부를 판단받게 해야 한다.

이렇게 세 가지로 생각을 정리하면서 나는 이 책의 결론이 나왔다고 생각했었다. 비만과 투약 사이에서 암울한 양자택일을 하지 않아도 되는 환경을 만들기 위해 투쟁하자. 지금 당장은 위험성을 잘 가늠해서 스스로 선택하자. 거식증이 있는 사람들을 보호할 수 있는 조치가 내려지도록 싸우자.

그런데 내가 이 딜레마를 처음부터 다시 생각해봐야 하는 일이 갑자기 벌어졌다.

내 아이에게도 이 약을 권할 수 있을까

신종 비만 치료제 투약으로 전 세계 사람들이 급격한 체중 감량을 경험하면서 의사와 부모, 교사들 앞에 새로운 질문이 나타났다.

신종 비만 치료제를 10대 청소년에게도 주어야 하는가?

신종 비만 치료제를 어린아이에게도 주어야 하는가?

훨씬 더 많은 게 걸린 선택이 되면서 이 딜레마는 나의 모든 의구심을 다시 불러일으켰다. 성인인 나는 내 건강과 관련해 위험부담을 스스로 선택할 수 있다. 그리고 그 선택이 틀린 것으로 드러나더라도 책임질 사람 역시 나다. 그러나 아이를 위해서 선택을 내린다면 그건 다른 사람의 건강을 대신 결정하는 일이 된다. 신종 비만 치료제는 투약하는 기간 동안만 효과가 있다. 따라서 자녀에게 투약하기로 결정한다면 그 아이는 비싼 약을 평생 투약하게 될 가능성이 크다. 어쩌면 그 기간이 70년, 80년이 될지도 모른다. 만약에 내가 나 자신을 위해서가 아니라 열 살짜리 아이를 위해서 위험성을 판단한다면 그래도 나는 같은 기분이 들까?

이게 얼마나 어려운 선택인지를 제대로 이해하게 된 것은 데브라 타일러를 인터뷰하면서였다. 데브라는 코네티컷주에서 간호사로 근무하고 있다. 데브라의 딸(여기서는 '애나'라고 부르기로 한다)은 아주 어릴 때부터 살이 많이 쪘다. "딸아이는 항상 많이 먹었어요." 데브라가 말했다. "배가 부르다는 느낌을 받지 못하더라고요." 애나는 늘 달리기를 하고 운동을 했다. 자주 수영을 하고 승마도 했다. 그러나 체중 때문에 다른 아이들과 보조를 맞추기가 힘들었다. 이게 결국 어떻게 될지는 데브라도 잘 알고 있었다. 가족 중에 그런 사람들을 본 적이 있기 때문이다. 데브라의 남편은 심한 과체중이었고 45세에 심장마비를 겪었다. 남편의 두 형제는 심장 질환으로 사망했다. 그런데 예상치 못한 일이 벌어졌다.

애나가 다섯 살일 때 의사가 콜레스테롤 수치를 측정했는데 지질 수치가 너무 높았다. 의사는 애나를 즉각 내분비과 전문의에게 보냈고 깜짝 놀란 전문의는 데브라에게 하루빨리 애나의 식단을 바꿔야 한다고 했다. 데브라는 식단을 바꾸려고 정말로 노력했지만 쉽지 않았다고 한다. "아이들한테는 쉬운 일이 아니에요. 이해를 못 하니까요. 매일매일이 투쟁이었어요." 데브라는 애나에게 더 건강한 음식을 먹이려고 온갖 요리를 해보고, 농구처럼 운동의 종류도 바꾸어보았다. "방법을 찾으려고 정말 많은 걸 시도해봤어요. 그런데 솔직히 아무것도 효과가 없더라고요. 항상 싸움이었어요. 그러고 나면 죄책감이 들었고요. '세상에, 대체 우리가 무슨 짓을 한 거야?' 하는 식으로 말이죠."

겨우 10대 초반의 나이에 애나는 체중이 90킬로그램에 육박했고, 각종 건강상의 적신호는 더욱 심해졌다. 애나는 아동 당뇨를 예방하는 프로그램에 참여하게 됐고, 첫 테스트에서 간 상태가 나쁘다는 진단을 받았다. "애나는 지방간이 7퍼센트에서 21퍼센트로 악화되어 있었고, 의사는 거의 (확실하게) 간 전문가에게 상담받아야 한다고 했어요. 뭐라도 하지 않으면 안 되었어요." 애나는 콜레스테롤 수치까지 위험 수준으로 높아져 있었다.

오젬픽에 관해 처음 들었을 때 데브라는 본능적으로 반대하고 싶었다. "딸이 약을 먹게 하고 싶지는 않았어요." 데브라는 그렇게 되면 애나가 자신의 몸을 창피하게 여기게 될까 봐 걱정되었다. "거식증이 생기지 않기를 바랐어요. 숨어서 먹는 아이가 되거나 식욕 부진에 빠지기를 바라지도 않았고요." 하지만 식단과 운동이라는 확실한 해결책은 이미 여러 차례 시도해본 상태였다. 그래서 애나는 일주일에 한 번씩 오젬픽을 투여하게 됐다. 처음 며칠간 애나는 약간의 메스꺼움을 느꼈지만 이는 곧 사라졌다. "상당히 빠르게 애나의 식욕이 줄어들더라고요." 데브라의 말이다. 애나는 비만이 훨씬 좋아졌고 간기능도 빠르게 정상 수준으로 돌아왔다. 데브라는 딸의 건강이 좋아지는 게 보여서 기뻤지만 여전히 마음은 놓이지 않았다.

그러던 어느 날 데브라는 다음번 오젬픽을 받으러 약국에 갔다가 의료보험 정책이 바뀌어서 더 이상 애나가 오젬픽을 처방받을 수 없다는 이야기를 들었다. 애나는 오젬픽을 끊어야 했고 몇 주 만에 애나의 식욕은 다시 옛날 수준으로 돌아왔다. 데브라는 다음 수순이 무엇일지 알고 있었다. 간기능이 악화될 것이다. 그래서 데브라와 남편은 괴로운 결정을 내렸다. 한 달에 800달러가 넘는 위고비(오젬픽과 같은 약이지만 비만용으로 나온 것)를 본인들 돈으로 구매하기로 한 것이다. 데브라는 말했다. "저희는 애나가 당뇨병 환자가 되지 않게 하려고 애쓰고 있어요. 그게 주된 이유예요. 오로지 건강이요."

그러나 데브라는 아직까지도 이 결정에 대해 확신하지 못한다고 했다. 신종 비만 치료제가 아동에게 장기적으로 어떤 영향을 끼치는지는 아무도 모른다. 말 그대로 실험인 것이다. 데브라는 가족 모두의 식사를 채식으로 바꾸었고 모두가 지금은 어느 정도 체중이 빠졌다. 우리 사회가 비만이라는 문제에 좀 더 폭넓게 접근해야 할 필요성에 관해 물었더니, 데브라는 공감을 표하면서도 이렇게 말했다. "식품업계와 열심히 싸워보세요. 결국 못 이길 테니까요. 식품은 바뀌지 않을 거예요. 정치적인 이유로, 또 금전적인 이유로요."

데브라가 경험하고 있는 갈등은 수많은 부모가 직면한 갈등이기도 하다. 데브라의 딜레마는 극단적이라고 할 수 있다. 애나의 비만과 그로 인한 건강상의 위험은 너무나 급박한데 한편으로 아이는 또 너무 어리기 때문이다. 그러나 아동 비만은 최근 30, 40년 동안 폭발적으로 증가했다. 오히려 성인 비만보다 더 심각할 정도다. 40대 이상의 사람이라면 요즘 미국이나 영국의 아무 운동장에 가봐도 아이들이 우리 어릴 때와는 정말 달라 보이는 것을 알 수 있을 것이다. 겨우 10년 만에 영국에서 비만 아동의 수는 70퍼센트 급증했다.[1] 미국에서는 코로나 기간 동안 아동 비만 증가율이 2배가 됐다.[2] 이런 일이 생긴 데는 패스트푸드회사들이 의도적으로 아동을 타깃으로 삼은 탓도 있다. 오늘날 미국 아동들은 칼로리의 67퍼센트를 초가공식품에서 섭취한다.[3]

케임브리지대학교의 비만 전문가 자일스 여는 이렇게 말했다. "아동기에 비만이 되면 비만을 벗어나기가 매우 힘듭니다. 평생 혹은 인생의 긴 기간을 비만으로 살아갈 가능성이 높아요." 비만이 아동의 건강에 미치는 영향을 조사하는 과학자들은 섬뜩해질 때가 많다. 그 증거들을 요약한 내용이 2023년 미국소아과학회American Academy of Pediatrics의 기관지인 〈소아과Pediatrics〉에 실렸다.[4] "아동 및 청소년기에 비만이 될 경우 성인이 되었을 때 건강상의 심각한 장단기적 위험에 노출된다. 그 위험에는 심혈관계 질환, 이상지질혈증, 인슐린 저항성, 제2형 당뇨병, 비알코올성 지방간 등이 포함된다." 이것들은 우리 사회의 가장 큰 사망 원인에 해당하는 질병들이다.

그러니 일부 과학자가 10대들에게도 실험적으로 비만 치료제를 처방해야 한다고 주장하는 이유를 쉽게 알 수 있다. 이들 과학자는 조기에 비만을 치료하면 해당 아동의 평생 건강을 증진시킬 가능성이 크다고 주장한다. 아동과 청소년을 대상으로 실시된 가장 큰 임상 시험은 12~17세의 비만 청소년 134명에게 신종 비만 치료제를 처방한 것이었다.[5] 해당 청소년들은 체중이 크게 감소했다. 68주 후에 실험 참가자의 절반 가까이가 비만 경계선 이하로 체중이 내려갔고, 4분의 1은 나이에 걸맞은 건강한 체중까지 몸무게가 빠졌다. 신종 비만 치료제를 투약한 지 1년이 지났을 때 비만 아동의 62퍼센트가 체중의 10퍼센트 이상을 감량했다. 아이들이 계속 성장 중이었다는 사실을 감안하면 엄청난 결과다. 이 최초 연구의 공동 저자인 애런 켈리Aaron Kelly는 미네소타대학교 소아비만센터Center for Pediatric Obesity의 공동 소장이기도 하다. 켈리 소장은 어느 인터뷰에서 이런 결과가 "비만 대사 수술을 제외하면 치료 역사에서 유례가 없는 일"이라고 말했다.

이점은 분명하다. 데브라가 딸 애나의 건강에 들어왔던 적신호가 사라져가는 것을 지켜본 것처럼, 임상 시험에 참여한 아이들도 당뇨병이나 심혈관계 질환, 간기능 이상에 걸릴 위험이 훨씬 줄어들었다. 그러나 임상 시험 결과 부작용도 있는 것으로 밝혀졌다. 앞서 말한 대규모 임상 시험에서 62퍼센트가 메스꺼움이나 배탈을 경험했다. 이런 증상은 평균 2, 3일 지속되다가 대부분은 사라졌다. 그러나 11퍼센트의 아동은 메스꺼움이나 배탈을 더 오래 경험했다.

이런 증거는 10대에게 신종 비만 치료제를 처방하는 것에 대해 낙관적 분위기를 조성했다. 그러나 똑같이 진정성 있고 명성 있는 의사들 중에서도 신종 비만 치료제를 온 세상에 풀어놓는 것에 대해 제동을 걸려는 사람들이 있다. 캘리포니아대학교 어바인 캠퍼스의 소아과 교수 댄 쿠퍼Dan Cooper 연구팀은 "아동은 성인의 축소형이 아니다"[6]라고 경고하는 논문을 썼다. 아직 발달 단계에 있는 사람에게 신종 비만 치료제를 처방하면 완전히 새로운 위험 요소가 등장한다. 성인 임상 시험에서는 나타난 적이 없고 아주 심각할 수도 있는 그런 위험 요소 말이다. 아동은 적절한 성장을 위해 많은 칼로리가 필요하다. 그런데 신종 비만 치료제는 '불균형적이고 부적절한 칼로리(에너지) 섭취 감소'를 초래할 수 있다. 만약 아동의 칼로리 섭취가 갑자기 건강한 수준 이하로 떨어지면 성장을 저해할 수 있고, 다른 건강상의 문제를 야기할 수도 있다. 아동은 건강한 뼈 형성의 핵심 과정인 뼈 무기질화에 칼로리를 사용한다. 칼로리를 너무 줄인 나머지 이게 적절히 진행되지 않으면 나중에 골다공증 위험이 커진다.

게다가 거식증이 있는 아동이 신종 비만 치료제를 손에 넣는 다면 정말로 건강을 해칠 수 있다. 현재는 이런 위험이 더 커졌다는 것이 다수의 의견이다. 소셜 미디어가 아동 사이에서도 자신의 신체를 불만족스럽게 여기는 트렌드에 불을 지펴서 "잠재적 자기 학대를 위한 완벽한 환경"을 조성했기 때문이다. 아동에게 "너의 신체에 잘못된 점이 있어서 너는 평생 투약이 필요하다"고 말하는 것은 심각한 개입이고, 아동의 자기 정체성에 예측할 수 없는 결과를 낳을 수 있다.

이들 과학자가 제기하지 않은 또 다른 위험 요소도 있다. 우리는 비만 치료용으로 이들 신약을 10년 혹은 20년간 투약하는 성인에 대한 위험성조차 아직 모른다. 그러니 이들 신약을 어쩌면 80년간 투약할 수도 있는 아동들에게 무슨 일이 일어날지는 짐작조차 할 수 없다.

댄 쿠퍼의 연구팀은 아동에게 약을 줄 게 아니라 "많은 경우 그들의 질환은 생물학적 문제보다는 환경적, 사회적 이유로 발생한 것이므로, 이들 소아과 질환을 의료적으로 해결하려는 시도"를 멈춰야 한다고 주장한다. 오히려 "아동 비만 대유행에 막대한 영향을 끼친 환경적인 또는 생활 방식적인 문제"를 해결해야 한다는 것이다.

일부 과학자는 점점 더 어린 아동에게까지 신종 비만 치료제를 처방하려고 하기 때문에 이런 우려는 앞으로 더욱 심각해질 것이다. 이 책을 쓰고 있는 현재 노보 노디스크는 6세 아동에게 까지 신종 비만 치료제를 투약하는 임상 시험을 진행 중이다.

나는 내게 비만 자녀가 있고 투약 여부를 결정해야 한다고 상상해보려고 했다. 이 책을 쓰는 내내 묻어두려고 했던 감정, 통렬한 분노가 자꾸만 치밀어 올랐다.

우리는 왜 이런 식의 양자택일에 직면해야 하는가? 내 자녀를 건강이 망가질 수 있는 위험한 몸 상태로 놔두거나 위험성을 내포한 약을 끝도 없이 투약하게 하거나, 왜 둘 중 하나를 택할 수밖에 없는가? 우리는 어쩌다 이렇게 됐는가? 이는 우연히 벌어진 일이 아니다. 아무런 규제 없이 식품업계가 아이들의 건강을 망치도록 내버려둔 사람은 바로 우리 자신이다. 이에 대한 증거는 차고 넘친다. 아무거나 하나만 뽑아보겠다. 누구나 먹어보았을 여러 종류의 비스킷을 만드는 업체의 내부 보고서가 1998년 공개됐다. 보고서는 해당 기업이 아동에게 제품을 팔 수 있는 최고의 방법을 찾아내기 위해 패스트푸드업계의 저명인사들과 대화를 나눴다고 쓰고 있다. 결론은 이랬다. "입맛은 어릴 때 결정되기 때문에 10대 이하의 아동에게 집중적인 노력을 기울여야 한다." 이를 위해 기업들은 "어린이 영화와 TV 캐릭터에 초점"을 맞추고, 패스트푸드 기업들이 진행하는 학교 급식 프로그램처럼 로고가 박힌 물품을 학교에 기부한다. 아이들이 최대한 일찍부터 최대한 자주 그들의 제품을 갈망하게 만들기 위해서다.

보고서는 (식품업계의 목표처럼) 아이들이 자신을 병들게 할 쓰레기 같은 음식을 흡입하게 만들어서 더 많은 돈을 버는 것에 초점을 맞추고 있다. 이들은 아이들에게 제품을 광고하기 위해서 미국에서만 연간 수십억 달러를 쓴다. 이게 바로 어린 시절 내게 일어났던 일이다. 그들은 내가 그 쓰레기 같은 음식을 먹으면서 그걸 좋아하게 만들었다. 이런 일은 애초에 일어나서는 안 되었다. 민주 사회라면 해당 기업들을 규제해서 이런 일이 일어나지 못하게 막았어야 했다. 지금이라도 시작할 수 있다. 기업의 이윤 때문에 우리 아이들의 입맛과 건강을 도둑맞아서는 안 된다.

비만 치료제가 필요 없는 세상

그래서 앞으로는 어떻게 될까? 이 모든 사실을 알고 나니, 나는 신종 비만 치료제의 앞날에 다섯 개의 시나리오가 가능하다는 생각이 들었다. 가장 비관적인 시나리오부터 시작해서 차츰 더 낙관적인 시나리오를 살펴보고, 그중 내가 가장 가능성이 높다고 생각하는 게 어느 것인지 이야기하겠다.

첫 번째 시나리오는 신종 비만 치료제가 '펜펜 2탄'이 되는 것이다. 신종 비만 치료제에 우리가 아직 제대로 평가하지 못한 끔찍한 부작용이 있는 경우다. 유럽연합에서 이미 제기한 자살 충동이나 췌장암 경고와 관련된 내용일 수도 있고, 아직 발견되지 않은 다른 종류의 부작용일 수도 있다. 아직 알려지지 않은 이 모호한 부작용이 너무나 심각해 비만의 악영향을 넘어설 수 있다. 고작 30년 전에도 비만 치료제가 나왔을 때 이런 일이 있었기에

이 가능성을 결코 무시해서는 안 된다.

두 번째 시나리오는 신종 비만 치료제가 우울증 치료제처럼 되는 경우다. 처음에는 큰 효과가 있으나 대부분의 사람에게 시간이 지나면서 효과가 서서히 사라지는 경우다. 우울증 치료제를 투약하는 사람들 중에는 오랫동안 효과를 보는 경우(이런 경우라면 나는 계속 사용하라고 권하고 싶다)도 있으나 안타깝게도 장기적 임상 시험 결과 대부분의 사람은 시간이 지나면 다시 서서히 우울해진다. 많이 사용되는 세로토닌 재흡수 억제제인 팍실Paxil을 투약했을 때 나도 이런 일을 겪었다. 마찬가지로 신종 비만 치료제로 인한 체중 감소 효과가 5년 혹은 10년이 지나면 서서히 줄어들어서 앞으로 10년 후에는 내가 오젬픽이 아예 발명되지 않았을 때와 같은 체중으로 되돌아가게 될 가능성도 있다.

세 번째 시나리오는 심장 질환에 처방받는 스타틴처럼 되는 것이다. 이런 심장 보호 약물은 신체가 콜레스테롤을 생산하는 데 필요한 물질을 차단하는 방식으로 콜레스테롤 수치를 크게 떨어뜨린다. 스타틴은 사람들이 심장마비를 겪는 기저의 원인(스트레스, 형편없는 식단, 운동 부족)은 해결하지 못하지만 중간 과정의 생물학적 메커니즘을 해결함으로써 어마어마한 수의 심장마비를 예방하고 있고, 틀림없이 당신이 사랑하는 누군가의 생명도 이미 구해주었을 것이다. 신종 비만 치료제도 스타틴처럼 여겨질 수 있다. 그러나 이 비유에는 유의할 점이 있다.

스타틴은 제조 비용이 매우 저렴해서 많은 선진국에서 가장 자주 처방되는 약이다. 그러나 신종 비만 치료제는 매우 비싸기 때문에 현재 우리가 원하더라도 그처럼 많이 보급할 수 없다. 투약 조건을 갖춘 모든 사람(미국 인구의 70퍼센트)에게 신종 비만 치료제를 처방하려면 공공 또는 사설 의료보험이 파산할 위험마저 있다. 앞서 인터뷰했던 하버드대학교 월터 윌렛은 신종 비만 치료제를 조건에 해당하는 모든 사람에게 처방한다면 기존 보건 예산이 50퍼센트까지 늘어날 수 있다고 경고했다. 신종 비만 치료제의 제조 비용 자체가 이처럼 비싼 것은 아니다.[7] 약 자체는 월 40달러의 비용으로도 제조할 수 있다. 그러나 신종 비만 치료제의 특허권을 보유한 노보 노디스크와 일라이 릴리는 개발 과정에서 위험 부담이 큰 투자를 했기 때문에 그에 대한 보상을 받아야 한다고 주장하고 있다. 미국에서 신종 비만 치료제 가격이 월 1200달러에 달하는 것은 이 때문이다.

그러니 신종 비만 치료제가 정말로 여러 사람의 목숨을 구하기도 하지만, 그 대상자는 소수의 엘리트 계급에 한정되고 나머지 인구는 점점 더 비만이 되어 수명이 줄어들 위험성도 있다. 부유층 사모님들은 날씬해지고 평범한 아이들은 열두 살에 당뇨병에 걸리는 일이 벌어질 수 있다.

네 번째 시나리오는 신종 비만 치료제가 스타틴과 유사하게 필요한 모든 사람에게 공급되는 경우다. 국가별로 나름의 방법으로 접근성을 확대할 수 있을 것이다. 영국은 국세로 재원을 마련하는 영국보건서비스National Health Service가 있기 때문에 아마도 더 저렴하게 대량 구매하여 보급할 것이다. 장기적으로 보면 보건 예산 측면에서 오히려 큰돈이 절약될 수도 있다. 미국의 경우에는 몇 가지 방법이 가능하다. 서로 다른 비만 치료제의 경쟁을 유도하여 가격을 끌어내릴 수도 있다. 또는 가격을 내리고 대량으로 판매하는 게 더 이익이라고 기업들이 판단하게 될 수도 있다. 신종 비만 치료제가 제약회사에 대한 규제 입법을 촉진해 가격을 내리도록 강제할 수도 있다.

어느 쪽이 되었든 2032년이 되면 이들 신종 비만 치료제 다수의 특허가 만료된다. 그러면 어느 기업이라도 한 달에 40달러 내외의 저렴한 가격으로 복제약을 만들 수 있다. 이들 약이 보편화되고 더 저렴한 가격에 안전하게 사용될 수 있다면 대단한 터닝포인트가 될 수도 있다. 수십 년 후에는 오늘을 돌아보며 이렇게 말하게 될지도 모른다. "형편없는 식품업계 때문에 비만 위기에 빠졌지만 새로운 약이 나와서 많은 사람을 수렁에서 구하고 건강을 많이 회복시켰다."

마지막 다섯 번째 시나리오가 있다. 가장 낙관적인 시나리오다. 다수의 사람이 신종 비만 치료제로 상당한 체중 감량을 경험하고 건강이 개선되면서 다음과 같은 질문을 하게 되는 것이다. '우리는 애초에 어쩌다가 이런 상황에 빠졌을까? 어쩌다가 우리는 대규모 인구가 약을 써야 할 만큼 엉망진창인 식품업계를 보유하게 되었을까? 우리 아이들도 이런 식으로 투약이 필요하도록 내버려둘 것인가? 일본 사람들은 이런 약이 필요하지 않은데 우리는 왜 필요할까? 누가 우리의 포만감을 빼앗아갔을까? 다음 세대는 이런 극단적인 조치를 취하지 않아도 되도록, 포만감을 앗아가지 못하게 할 방법은 무엇일까?' 이런 약이 필요한 비정상적인 상황은 사람들에게 충격과 자성의 시간을 마련해줄 수 있다. 애초에 이런 위기 상황을 만들어낸 근본적 원인을 해결할 운동을 조직하게 만들 수 있다.

이 책을 쓰려고 자료 조사를 하면서 그렇게 많은 사실을 알게 되었음에도 아직까지 이 다섯 가지 시나리오 중 어느 것이 현실이 될지 알 수 없다는 점에 암담한 마음이 든다. 신종 비만 치료제 때문에 사람들이 죽을 수도 있고, 아니면 비만의 위기가 끝날 수도 있다. 누가 내 머리에 총을 겨누고 어느 시나리오가 가장 가능성이 높냐고 묻는다면 나는 세 번째 혹은 네 번째라고 말할 것이다. 그러나 나는 다섯 번째 시나리오를 위해 투쟁할 것이다. 여러분도 이에 동참해주기를 바란다.

인터넷에는 내 친구 해나의 사진이 한 장밖에 없다. 평생을 비만으로 살다가 40대 중반에 심장마비로 죽은 해나가 죽기 몇 해 전에 찍은 것이다. 이 사진은 해나의 X(구 트위터) 피드의 프로필 사진이다. 카메라를 노려보고 있는 해나는 내가 너무나도 자주 보았던, 그러나 아직까지도 뭐라 설명하기가 힘든 표정을 짓고 있다. 거의 웃는 듯하지만, 꼭 웃고 있다고는 말할 수 없는 그런 표정이다. 해나의 눈가에는 두려움이 묻어나고 해나의 입가에는 기발한 재담으로 그 두려움을 없애버리겠다는 결연함이 담겨 있다. 비만의 위기를 어떻게 해결하느냐에 따라 아주 많은 것이 달라질 것이다. 이걸 바로잡을 수 있느냐에 따라 수백만 명이 살 수도, 죽을 수도 있다. 내가 잊을 수 없는 사람은 해나다. 만약 우리가 한 세대 전에만 이 문제를 바로잡았다면 해나는 지금도 살아 있을 거라고 나는 생각한다.

그러나 살아 있었다면 해나는 이렇게 말했을 것이다. "또 앓는 소리야? 배달 앱이나 켜봐. 채널은 리얼리티 쇼에 맞추고. 그만 좀 징징대."

해나, 너를 잊지 않았어.

보고 싶어.

너를 죽음에 이르게 한 게 무엇인지 잊지 않을게.

추천 도서

이 책의 몇몇 주제에 관해 더 많은 내용을 알고 싶다면 추천할 책이 몇 권 있다. 가공식품이 우리에게 끼치는 영향에 관해 더 알고 싶다면 크리스 반 툴러킨Chris van Tulleken의《초가공 인간Ultra-Processed People》, 조애나 블라이드먼의《이것도 삼켜봐》, 팀 스펙터의《생명의 음식Food for Life》, 헨리 딤블비의《배고픔Ravenous》, 마이클 폴런의《음식은 죄가 없다In Defence of Food》를 추천한다. 트라우마가 몸에 끼치는 영향에 관해 더 알고 싶다면 V(이전에는 이브 엔슬러라고들 불렀다)의《세상의 몸In the Body of the World》, 엘리스 로넌의《최고의 행실On Our Best Behaviour》, 록산 게이의《헝거》를 추천한다. 비만이 신체에 끼치는 영향을 좀 더 과학적으로 알고 싶다면 독일의 영양학자 나드야 헤르만Nadja Herman의《비만 정복Conquering Fat Logic》이 아주 좋다. 낙인을 종식시킬 수 있는 지속가능한 운동을 조직하는 방법에 관해서는 셸리 보비의《금단의 몸매》와《우리가 잃어버린 것What Have You Got to Lose?》을 추천한다. 건강한 요리 법에 관해서는 랑언 차터지의 모든 책이 훌륭한데,《건강한 기분 Feel Good》부터 시작하길 추천한다.

음식 작가 비 윌슨은 대단한 통찰력의 소유자다. 윌슨의 책 《퍼스트 바이트》는 아이들이 입맛을 발달시키는 과정을 알려주 는데, 세상의 모든 부모에게 추천하고 싶다. 일본의 음식이 궁금 하다면 마이클 부스Michael Booth가 쓴 여행서《초밥과 기타 음식 Sushi and Beyond》이 제격이다.

이 책을 쓰는 내내 나의 두 전작을 집필할 때 알게 된 과학적 내용들이 도움이 되었다.《비명을 쫓아서Chasing the Scream》는 우리 가 왜 무언가에 중독되고 어떻게 하면 그걸 벗어날 수 있는지에 관한 책이다.《벌거벗은 정신력》은 우울과 불안이 증가하게 된 원인과 치료법에 관한 책이다.

주

아래 주에는 가장 중요한 연구들만 열거해놓았다. (아이러니하지만) 이 책이 너무 뚱뚱해지지 않기를 바랐기 때문이다.

이 책의 웹사이트를 방문하면 보다 자세한 주를 볼 수 있다. 이 책에서 살펴본 과학적 내용에 대한 더 상세한 맥락을 설명했고, 알아두면 도움이 될 만한 내용도 함께 올려두었다. www.themagicpill.com/endnotes를 방문하기 바란다.

또한 웹사이트의 해당 페이지에서는 이 책에 나오는 여러 대화를 목소리로 직접 들을 수 있다. 음성 파일은 '주' 페이지의 곳곳에 삽입되어 있다.

프롤로그 우리가 평생 기다려왔던 순간

1   이 경험담은 나의 전작《벌거벗은 정신력》에 썼던 내용이다. J. Hari, *Lost Connections: Uncovering the Real Causes of Depression–And the Unexpected Solutions* (Bloomsbury, 2018), p. 91.

2   https://www.cnbc.com/2023/04/28/obesity-drugs-to-be-worth-200-billion-in-next-10-years-barclays-says.html. 2023년 6월 18일에 접속함. https://companiesmarketcap.com/mcdonald/marketcap/#:~:text=As%20of%20September%202023%20McDonald,cap%20accord ing%20to%20our%20data. 2023년 9월 28일에 접속함.

3   K. M. Flegal, B. I. Graubard, D. F. Williamson and M. H. Gail, 'Excess Deaths Associated With Underweight, Overweight, and Obesity', *JAMA* (2005), 293(15), pp. 1, 861–7, doi:10.1001/jama.293.15.1861.

4   이 수치는 공익과학센터(Center for Science in the Public Interest)에서 인용한 〈글로벌 질병 부담(Global Burden of Disease)〉 연구 2016년판에 실린 "영양 섭취가 중요한 이유"에서 인용한 것이다. https://www.cspinet.org/eating-healthy/why-good-nutrition-important. 2022년 10월 18일에 접속함. 다음도 보라. https://harvardpublichealth.org/nutrition/processed-foods-make-us-sick-its-time-forgovernment-action/#:~:text=Harvard%20professor%20Jerold%20Ma nde%20

argues,and%20USDA%20to%20step%20in.&text=Federal%20food%20law%20
is%20clear,food%5D%20injurious%20to%20health.%E2%80%9D. 2023년 10월
10일에 접속함.

5   브라운대학교 의과대학 연구진이 다이어트와 체중 감량에 관한 여러 과거 연구
    에 기초해 대략적으로 추산한 수치다. 다음을 참조하라. R. R. Wing and S. Phelan,
    'Long-term weight loss maintenance', *American Journal of Clinical Nutrition*
    (2005), 82, suppl. 1, pp. 222S–225S, https://pubmed.ncbi.nlm.nih.gov/16002 825/.
    이 내용은 6장에서 자세히 다룬다.

6   https://pubmed.ncbi.nlm.nih.gov/16926275/. 이 연구에 대해서는 다음에서 처음
    알게 되었다. *Oxford Handbook of the Social Science of Obesity* (OUP, 2011), p. 24.

7   해나와 해나 가족의 프라이버시를 위해 이름을 비롯한 몇 가지 사소한 신상 정
    보를 변경했다. 기억에 의존한 내용이기 때문에 해나의 친한 친구인 브론원 카
    (Bronwen Carr)에게 이 부분을 보여주었다. 카는 이 내용이 자신의 기억과도 일
    치한다고 확인해주었다. 해나를 알았던 다른 많은 사람과도 이야기를 나누었는
    데, 다들 해나에 관한 정확한 묘사라고 말해주었다.

8   여기에 써놓은 〈애틀랜티카〉는 순전히 내 기억에 의존한 것이다. 이 연극의 대본
    을 찾아보려고 아주 열심히 노력했지만 사라지고 없는 듯했다. 거의 25년 전의 기
    억을 끄집어낸 것이기 때문에 일부 세부 내용은 잘못되었을 것이다. 연극 속의 대
    사도 이 책에 써놓은 것과는 차이가 있을 것이다. 내가 아는 사람 중에 이 연극을
    보았던 사람에게 모조리 연락해서 내가 쓴 내용이 맞는지 물어보았다. 그들은 대
    체로 맞다고 했지만 세월이 많이 지난 만큼 사람마다 조금씩 기억이 달랐다. 몇몇
    사람은 해나와 나만 이 연극을 우스꽝스럽게 생각했던 것이 아니라 관객 다수가
    그렇게 느꼈다고 했다. 반면에 연극에 출연했던 한 친구는 내가 기억하는 것보다
    진지한 연극이었고 많은 사람이 진지하게 받아들였다고 말했다.
    우리 모두의 기억이 정확한 것일 수도 있다. 페스티벌에서 이 연극은 세 번 공연
    되었는데, 그때마다 관객의 반응이 달랐던 듯하다. 당시 한 사람은 관객들의 반
    응이 대조적이었다면서 다음과 같은 평론을 남기기도 했다. "그래서 예를 들면
    〈애틀랜티카〉는 케임브리지에서 만든, 고래를 살리자는 내용의 새로운 연극이었
    다. 이 연극은 B급 SF 영화 같은 요소에 TV 시리즈 〈에지 오브 다크니스(Edge Of
    Darkness)〉가 생각나는 진지함이 깔려 있었다. 세 번의 공연이 심각한 침묵에서
    부터 과장된 웃음 세례까지 극단적으로 다른 반응을 끌어냈다. 공연자들은 각 반
    응이 모두 적합하고 모든 반응을 그 자체로 존중한다고 했다." 다음을 참조하라.
    https://www.cix.co.uk/~shutters/reviews/01091.htm. 2024년 2월 20일에 접속함.

9   기억을 더듬어보니, 페스티벌의 뉴스레터인 〈노이즈 오프(Noises Off)〉에서 누군
    가가 자살하는 고래의 모습을 유명인에 빗대어 묘사했었다. 해나가 글쓴이에게
    이 농담을 들려주었던 것인지, 아니면 해나가 글쓴이에게서 이 농담을 듣고 나에

게 알려준 것인지 확실치 않다. 그 글을 썼던 사람을 아는 사람이 있다면 나에게 알려주세요! 이 책의 수정판에 그 사람의 이름을 싣겠습니다.

1장 배고픔이 사라지는 약: 역사상 가장 성공적인 비만 치료제의 등장

1   S. Mojsov, G. C. Weir and J. F. Habener, 'Insulinotropin: glucagonlike peptide I (7–37) co-encoded in the glucagon gene is a potent stimulator of insulin release in the perfused rat pancreas', *Journal of Clinical Investigation* (1987), 79(2), pp. 616–19, doi:10.1172/JCI112855. GLP-1 프로젝트에 스베틀라나 모이소프가 참여했던 더 자세한 이야기는 다음을 참조하라. https://www.science.org/content/article/her-work-paved-way-blockbuster-obes ity-drugs-now-she-s-fighting-recognition#:~:text=1987%3A%20Mojsov%20and%20Habener%2C%20with,listed%20as%20the%20sole%20inventor. 2023년 11월 6일에 접속함.

2   C. Orskov, J. J. Holst and O. V. Nielsen, 'Effect of truncated glucagon-like peptide-1 [proglucagon-(78–107) amide] on endocrine secretion from pig pancreas, antrum, and nonantral stomach', *Endocrinology* (1988), 123, pp. 2,009–13; 비만에 의한 심각한 호흡 저하에 관해서는 다음도 보라. https://err.ersjournals.com/content/28/151/180097#:~:text=Obesity%20hypoventilation%20syndrome%20(OHS)%20is,that%20may%20cause%20alveolar%20hypoventilation. 2023년 10월 29일에 접속함.

3   https://www.nature.com/articles/379069a0.

4   J. Eng, 'Exendin peptides', *Mount Sinai Journal of Medicine* (1992), 59, pp. 147–9. 다음도 보라. https://www.diabetesincontrol.com/dr-john-engsresearch-found-that-the-saliva-of-the-gila-monster-contains-a-horm one-that-treats-diabetes-better-than-any-other-medicine/. 2023년 10월 28일에 접속함.

5   J. P. H. Wilding et al., 'Once-Weekly Semaglutide in Adults with Overweight or Obesity', *New England Journal of Medicine* (2021), 384(11), pp. 989–1,002, doi:10.1056/NEJMoa2032183.

6   https://dom-pubs.onlinelibrary.wiley.com/doi/10.1111/dom.14725.

7   A. M. Jastreboff et al., 'Tirzepatide Once Weekly for the Treatment of Obesity', *New England Journal of Medicine* (2022), 387(3), pp. 205–16, doi:10.1056/NEJMoa2206038, https://www.nejm.org/doi/full/10.1056/NEJMoa2107519. 20.9 퍼센트라는 수치는 최대 용량의 경우에만 해당한다. 용량이 적은 경우에는 체중 감량 폭도 더 적었다.

8   A. M. Jastreboff et al., 'Triple-Hormone-Receptor Agonist Retatrutide for Obesity – A Phase 2 Trial', *New England Journal of Medicine* (2023), 389(6), pp.

514–26, doi:10.1056/NEJMoa2301972. 다음도 보라. https://www.newscientist.com/article/mg25934470-900-beyond-wegovy-could-the-next-wave-of-weight-loss-drugs-end-obesity/. 2023년 8월 13일에 접속함; https://www.reuters.com/business/healthcarepharmaceuticals/lilly-experimental-triple-g-obesity-drug-leads-242-weight-loss-trial-nejm-2023-06-26/. 2023년 10월 8일에 접속함.

9 https://www.nejm.org/doi/full/10.1056/NEJMoa2301972; https://www.thelancet.com/journals/lancet/article/PIIS0140-6736(23)01053-X/fulltext.

10 J. Seufert et al., 'Increase in pulse rate with semaglutide did not result in increased adverse cardiac events in subjects with type 2 diabetes in the SUSTAIN 6 cardiovascular outcomes trial', *European Heart Journal* (August 2018), 39, suppl. 1, ehy565.P2857, https://doi.org/10.1093/eurheartj/ehy565.P2857.

11 W. T. Garvey et al., 'Two-year effects of semaglutide in adults with overweight or obesity: the STEP 5 trial', *Nature Medicine* (2022), 28, pp. 2,083–91, https://doi.org/10.1038/s41591-022-02026-4. 환자가 투약을 중단한 이유가 부작용 때문만인지는 확실치 않다. 예를 들어 '5단계'는 완료 비율이 92.8퍼센트인데, 이는 플라세보(위약) 그룹과 세마글루타이드 그룹의 평균을 낸 것이다. 일부 청소년 대상 연구에서 플라세보 그룹이나 진짜 약을 준 그룹이나 중단 비율이 거의 같은 것을 보면 부작용 외의 다른 이유가 작용한 것이다.

2장 우리가 그동안 먹어온 것들: 사람들은 언제부터 이렇게 뚱뚱해졌을까

1 'The Surgeon General's Vision for a Healthy and Fit Nation' (2010), https://www.ncbi.nlm.nih.gov/books/NBK44 656/. 2023년 11월 6일에 접속함. 이에 대한 연구들이 잘 요약되어 있다.

2 J. Komlos and M. Brabec, 'The evolution of BMI values of US adults: 1882–1986', Center for Economic Policy Research (blog), 31 August 2010, https://cepr.org/voxeu/columns/evolution-bmi-values-us-adults-1882-1986. 2023년 9월 28일에 접속함. 이 연구에서 당시 체질량지수가 증가하기 시작했음이 밝혀졌다. 그래서 이 시기에 비만이 증가했을 '가능성이 크다'라고 쓴 것이다. 체질량지수와 비만이 동의어는 아니지만, 밀접하게 일치하는 경우가 많다. 11장에서 월터 윌렛의 설명을 참조하라.

3 R. Casas, L. Brown and J. Gomez-Ambrosi, 'The Origins of the Obesity Epidemic in the USA – Lessons for Today', *Nutrients* (2022), 14(20), p. 4,253, https://www.ncbi.nlm.nih.gov/pmc/articles/PMC9611578/.

4 https://www.cdc.gov/obesity/data/adult.html. 2023년 11월 23일에 접속함.

5 M. Moss, *Sugar Salt Fat* (W. H. Allen, 2014), p. 238; 다음도 보라. S. Gill, 'Is there

an average weight for men?', *Medical News Today* (11 October 2014), https://www.medicalnewstoday.com/articles/320917#average-weight-of-men-in-the-us. 2023년 10월 28일에 접속함.

6   National Institutes of Health, 'Overweight and Obesity Statistics', September 2021, https://www.niddk.nih.gov/health-information/health-statistics/overweight-obesity. 2023년 6월 26일에 접속함.

7   C. Baker, 'Obesity statistics', House of Commons Library, Research Briefing, 12 January 2023, https://researchbriefings.files.parliament.uk/documents/SN03336/SN03336.pdf. 다음도 보라. Tim Spector, *The Diet Myth: The Real Science Behind What We Eat* (Weidenfeld & Nicolson, 2016), p. 12.

8   World Health Organization, 'Obesity and overweight', 9 June 2021, https://www.who.int/news-room/fact-sheets/detail/obesity-andoverweight. 2023년 9월 28일에 접속함.

9   P. M. Johnson and P. J. Kenny, 'Dopamine D2 receptors in addiction-like reward dysfunction and compulsive eating in obese rats', *Nature Neuroscience* (2010), 13(5), pp. 635–41, https://pubmed.ncbi.nlm.nih.gov/20348917/.

10 A. Sclafani and D. Springer, 'Dietary obesity in adult rats: Similarities to hypothalamic and human obesity syndromes', *Physiology & Behavior* (1976), 17(3), pp. 461–71, https://www.sciencedirect.com/science/article/abs/pii/0031938476901098. 스클라파니의 실험에 대해서는 다음에서 처음 알게 되었다. Kessler, *The End of Overeating*, p. 15. 다음도 보라. M. Tordoff, 'Obesity by choice: the powerful influence of nutrient availability on nutrient intake', *American Journal of Physiology-Regulatory, Integrative and Comparatory Physiology* (2002), 282(5), R1536–R1539, https://pubmed.ncbi.nlm.nih.gov/11959698/. 다음에 인용되었다. K. Brownell and K. B. Horgen, *Food Fight* (McGraw Hill, 2003), p. 25.

11 B. E. Levin and A. A. Dunn-Meynell, 'Defense of body weight depends on dietary composition and palatability in rats with diet-induced obesity', *American Journal of Physiology-Regulatory, Integrative and Comparatory Physiology* (2002), 282(1), R46–R54, doi:10.1152/ajpregu.2002.282.1.R46.

3장 포만감의 죽음과 부활: 초가공식품과 비만 치료제의 수상한 관계

1   S. H. Holt, J. C. Miller, P. Petocz and E. Farmakalidis, 'A satiety index of common foods', *European Journal of Clinical Nutrution* (1995), 49(9), pp. 67590. 이 연구에 대해서는 다음에서 처음 알게 되었다. H. Pontzer, *Burn: The Misunderstood Science of Metabolism* (Penguin, 2021), p. 226.

2   M. Borvornparadorn et al., 'Increased chewing reduces energy intake, but not postprandial glucose and insulin, in healthy weight and overweight young adults', *Nutrition & Dietetics* (2019), 76(1), pp. 8994, doi:10.1111/1747-0080.12433; Dieuwerke P. Bolhuis and Ciarán G. Forde, 'Application of food texture to moderate oral processing behaviors and energy intake', *Trends in Food Science & Technology* (2020), 106, pp. 445–6, ISSN 0924–2244, https://doi.org/10.1016/j.tifs.2020.10.021. 여기서 밝혀진 내용들을 이용해 체중 감량에 성공한 사례들도 있다: https://www.researchgate.net/profile/Rebekka-Schnepper/publication/330043007_A_Combined_Mindfulness%27Prolonged_Chewing_Intervention_Reduces_Body_Weight_Food_Craving_and_Emotional_Eating/links/5c2df660a6fdccd6b58f6c99/A-Combined-MindfulnessProlonged-Chewing-InterventionReduces-Body-Weight-Food-Craving-and-Emotional-Eating.pdf. 2023년 11월 10일에 접속함.

3   Stephen J. Simpson, Rachel Batley and David Raubenheimer, 'Geometric analysis of macronutrient intake in humans: the power of protein?', *Appetite* (2003), 41(2), pp. 123–40, ISSN 0195-6663, https://doi.org/10.1016/S0195-6663(03)00049-7. 다음도 보라. C. Wilson, 'What really makes junk food bad for us? Here's what the science says', *New Scientist*, 9 June 2021, https://www.newscientist.com/article/mg25033380-700-what-really-makes-junk-food-bad-for-us-heres-what-the-science-says/, 2023년 7월 1일에 접속함; D. Raubenheimer and S. Simpson, 'You have five appetites, not one, and they are the key to your health', *New Scientist*, 20 May 2020, https://www.newscientist.com/article/mg24632831-400-you-have-five-appetites-not-one-and-they-are-the-key-to-your-health/, 2023년 8월 14일에 접속함.

4   Simpson, Batley and Raubenheimer, 'Geometric analysis of macronutrient intake in humans'. 다음도 보라. Raubenheimer and Simpson, 'You have five appetites, not one'.

5   S. E. Swithers, 'Artificial sweeteners produce the counterintuitive effect of inducing metabolic derangements', *Trends in Endocrinology and Metabolism* (2013), 24(9), pp. 431–41, doi:10.1016/j.tem.2013.05.005; L. B. Sorenson et al., 'Sucrose compared with artificial sweeteners: a clinical intervention study of effects on energy intake, appetite, and energy expenditure after 10 wk of supplementation in overweight subjects', *American Journal of Clinical Nutrition* (2014), 100(1), pp. 36–45, https://pubmed.ncbi.nlm.nih.gov/24787495/.

6   D. S. Ludwig, K. E. Peterson and S. L. Gortmaker, 'Relation between consumption of sugar-sweetened drinks and childhood obesity: a prospective, observational

analysis', *Lancet* (2001), 357(9255), pp. 505–8, doi:10.1016/S0140-6736(00)04041-1. 이 연구에 대해서는 다음에서 처음 알게 되었다. Brownell and Horgen, *Food Fight*, p. 169.

7 S. E. Swithers and T. L. Davidson, 'A role for sweet taste: calorie predictive relations in energy regulation by rats', *Behavioral Neuroscience* (2008), 122(1), pp. 161–73, doi:10.1037/0735-7044.122.1.161. 이것에 대해서는 다음에서 처음 알게 되었다. Joanna Blythman, *Swallow This: Serving Up the Food Industry's Darkest Secrets* (HarperCollins, 2015), p. 111.

8 Tim Spector, *Spoon Fed: Why Almost Everything We've Been Told About Food is Wrong* (Vintage, 2022), p. 67.

9 J. Suez et al., 'Personalized microbiome-driven effects of non-nutritive sweeteners on human glucose tolerance', *Cell* (2022), 185(18), pp. 3,307–28.e19, https://pubmed.ncbi.nlm.nih.gov/35987213/.

10 T. Davidson and S. Swithers, 'A Pavlovian approach to the problem of obesity', *International Journal of Obesity* (2004), 28, pp. 933–5, https://doi.org/10.1038/sj.ijo.0802660; S. E. Swithers, 'Artificial sweeteners are not the answer to childhood obesity', *Appetite* (2015), 93, pp. 85–90, doi:10.1016/j.appet.2015.03.027. 스위더스의 주장은 논란의 여지가 있다. 스위더스의 주장이 인간에게 그대로 적용되지 않을 수 있음을 암시하는 연구 결과들도 있다. https://www.foodnavigator.com/Article/2015/04/13/Report-and-industry-clash-over-artificial-sweeteners-role-in-childhood-obesity#. 2023년 11월 10일에 접속함.

11 C. Clutter, 'Disappearance of the Human Microbiota: How We May Be Losing Our Oldest Allies', *American Society for Microbiology*, 8 November 2019, https://asm.org/Articles/2019/November/Disappearance-of-the-Gut-Microbiota-How-We-May-Be. 2023년 7월 1일에 접속함.

12 Spector, *The Diet Myth*, p. 94.

13 K. Hall et al., 'Ultra-Processed Diets Cause Excess Calorie Intake and Weight Gain: An Inpatient Randomized Controlled Trial of Ad Libitum Food Intake', *Cell Metabolism* (2019), 30(1), pp. 66–77, https://www.cell.com/cell-metabolism/fulltext/S1550-4131(19)30248-7.

14 https://www.theguardian.com/environment/2016/apr/24/real-cost-of-roast-chicken-animal-welfare-farms. 2023년 11월 6일에 접속함.

15 https://www.ciwf.org.uk/media/5234769/Nutritional-benefits-of-higher-welfare-animal-products-June-2012.pdf. 2023년 11월 6일에 접속함. 집중 사육된 육용계를 말하며, 특히 미국에서 먹는 닭의 절대 다수가 이 경우다.

16 Daniel Imhoff, 'Honoring the Food Animals on Your Plate', *Huffington Post* (2011),

https://www.huffpost.com/entry/honoring-food-animals-cafos_b_826016. 2023
년 11월 6일에 접속함.

17 Mark Schatzker, *The Dorito Effect: The Surprising New Truth About Food and Flavor* (Simon & Schuster, 2016), p. 80; 'Molasweet palatant boosts lamb growth', All About Feed (blog), 27 May 2008, https://www.allaboutfeed.net/home/molasweet-palatant-boosts-lamb-growth/ (이 연구는 식품업계의 자금 지원을 받았다).

18 'Breast cancer statistics', Cancer Research UK, https://www.cancerresearchuk.org/health-professional/cancer-statistics/statistics-by-cancer-type/breast-cancer#:~:text=Breast%20cancer%20risk,in%20the%20UK%20are%20preventable. 2023년 10월 1일에 접속함.

19 'Since the early 1990s, breast cancer incidence rates have increased by around a sixth (18%) in the UK', according to Breast Cancer UK. 'Breast cancer statistics', Cancer Research UK.

20 T. Prone, 'Moral outrage won't halt demand for new weight-loss drug of choice', *Irish Examiner*, 15 May 2023, https://www.irishexaminer.com/opinion/columnists/arid-41138794.html. 2023년 10월 10일에 접속함.

4장 위험한 몸: 비만이 바꿔놓은 몸, 단숨에 되돌릴 수 있다면

1 Centers for Disease Control and Prevention, 'National Diabetes Statistics Report – Coexisting Conditions and Complications', 30 September 2022, https://www.cdc.gov/diabetes/data/statistics-report/coexisting-conditions-complications.html, 2023년 10월 12일에 접속함. 다음도 보라. Henry Dimbleby with Jemima Lewis, *Ravenous: How to Get Ourselves and Our Planet into Shape* (Profile, 2023), p. 258.

2 맥스 펨버턴이 이메일로 나에게 밝힌 내용이다. 제2형 당뇨병을 앓고 있는 청소년/청년은 기대여명이 대략 평균 15년 정도 감소하며, 40대가 되었을 때 제2형 당뇨병에 따른 중증의 만성 합병증을 경험할 수도 있다. 다음을 보라. E. T. Rhodes et al., 'Estimated morbidity and mortality in adolescents and young adults diagnosed with Type 2 diabetes mellitus', *Diabetic Medicine* (2012), 29(4), pp. 453–63, https://onlinelibrary.wiley.com/doi/10.1111/j.1464-5491.2011.03542.x.

3 D. P. Guh et al., 'The incidence of co-morbidities related to obesity and overweight: a systematic review and meta-analysis', *BMC Public Health* (2009), 9(88), https://bmcpublichealth.biomedcentral.com/articles/10.1186/1471-2458-9-88. 이 연구에 대해서는 다음에서 처음 알게 되었다. Nadja Hermann, *Conquering Fat Logic* (Scribe, 2019), p. 101.

4   A. Jayedi et al., 'Anthropometric and adiposity indicators and risk of type 2 diabetes: systematic review and dose-response metaanalysis of cohort studies', *BMJ* (2022), 376, https://www.bmj.com/content/376/bmj-2021-067516.

5   K. M. V. Narayan et al., 'Effect of BMI on Lifetime Risk for Diabetes in the U.S.', *Diabetes Care*, 1 June 2007, 30(6), pp. 1,562–6, https://doi.org/10.2337/dc06-2544.

6   G. Boden et al., 'Excessive caloric intake acutely causes oxidative stress, GLUT4 carbonylation, and insulin resistance in healthy men', *Science Translational Medicine* (2015), 7(304), p. 304re7, doi:10.1126/scitranslmed.aac4765. 이 연구에 대해서는 다음에서 처음 알게 되었다. Rachel Herz, *Why You Eat What You Eat* (W. W. Norton & Co., 2019), pp. 12–13.

7   A. Menke, S. Casagrande, L. Geiss and C. C. Cowie, 'Prevalence of and Trends in Diabetes Among Adults in the United States, 1988–2012', *JAMA* (2015), 314(10), pp. 1,021–29, doi:10.1001/jama.2015.10029. 처음 이 연구를 알게 된 것은 다음 책을 통해서다. Hermann, *Conquering Fat Logic*, p. 100. 또한 미국질병통제예방센터(CDC) 웹사이트를 보면 미국 성인 가운데 3분의 1이 넘는 9600만 명이 전당뇨 상태인 것으로 추산되고 있다. https://www.cdc.gov/chronicdisease/resources/publications/factsheets/diabetesprediabetes.htm. 2023년 8월 24일에 접속함.

8   D. P. Guh et al., 'The incidence of co-morbidities related to obesity and weight: a systematic review and meta-analysis', *BMC Public Health* (2009), 9(88), doi: 10.11.1186/1471-2458-9-88. 이 연구에 대해서는 다음에서 처음 알게 되었다. Hermann, *Conquering Fat Logic*, p. 109.

9   https://www.washingtonpost.com/wellness/2023/09/18/obesity-heart-disease-cardiac-death/. 2023년 10월 10일에 접속함.

10 P. Strazzullo et al., 'Excess Body Weight and Incidence of Stroke: Meta-Analysis of Prospective Studies With 2 Million Participants', *Stroke* (2010), 41(5), e418–e426, https://doi.org/10.1161/STROKEAHA.109.576967. 다른 통계 기법을 사용한 메타 분석에서도 비만과 제2형 당뇨병, 비만과 관상동맥 질환 사이의 연관성을 찾아냈으나 뇌졸중을 다룬 것은 아니다. H. Riaz et al., 'Association Between Obesity and Cardiovascular Outcomes: A Systematic Review and Meta-analysis of Mendelian Randomization Studies', *JAMA Network Open* (2018), 1(7), e183788, doi:10.1001/jamanetworkopen.2018.3788.

11 S. Pati et al., 'Obesity and Cancer: A Current Overview of Epidemiology, Pathogenesis, Outcomes, and Management', *Cancers (Basel)* (2023), 15, 2, p. 485, https://www.ncbi.nlm.nih.gov/pmc/articles/PMC9857053/; https://www.cancerresearchuk.org/about-cancer/causes-of-cancer/obesity-weight-and-cancer#:~:text=Overweight%20and%20obesity%20is%20the,you%20are%20

a%20healthy%20weight. 2023년 10월 28일에 접속함.

12 K. Kelland, 'Fat to blame for half a million cancers a year', *Reuters*, 25 November 2014, https://www.scientificamerican.com/article/fat-to-blame-for-half-a-million-cancers-a-year/. 2023년 7월 2일에 접속함; M. Kyrgiou et al., 'Adiposity and cancer at major anatomical sites: umbrella review of the literature', *BMJ* (2017), 356, j477, https://www.bmj.com/content/356/bmj.j477.

13 'How does obesity cause cancer?', Cancer Research UK, 14 February 2023, https://www.cancerresearchuk.org/about-cancer/causes-of-cancer/bodyweight-and-cancer/how-does-obesity-cause-cancer. 2023년 10월 14일에 접속함.

14 T. D. Adams et al., 'Long-Term Mortality after Gastric Bypass Surgery', *New England Journal of Medicine* (2007), 357, pp. 753–61, https://www.nejm.org/doi/full/10.1056/nejmoa066603. 이 내용은 다음에 언급되어 있다. *Oxford Handbook*, p. 797; R. Khamsi, 'Stomach stapling really can save lives', *New Scientist*, 22 August 2007, https://www.newscientist.com/article/dn12526-stomach-stapling-really-can-save-lives/#:~:text=They%20found%20that%20within%20about,overall%20reduced%20risk%20of%20death. 2023년 8월 3일에 접속함. 다음도 보라. J. Radcliffe, *Cut Down to Size: Achieving Success with Weight Loss Surgery* (Routledge, 2013), pp. 150–2; Hermann, *Conquering Fat Logic*, p. 116.

15 H. Kuchler, 'Weight-loss drugs: will health systems and insurers pay for "skinny jabs"?', *Financial Times*, 11 August 2023, https://www.ft.com/content/81ca6f61-b945-4975-95ff-23ad0a4d8faa. 2023년 8월 13일에 접속함.

16 N. D. Wong et al., 'US Population Eligibility and Estimated Impact of Semaglutide Treatment on Obesity Prevalence and Cardiovascular Disease Events', *Cardiovascular Drugs and Therapy* (2023), https://doi.org/10.1007/s10557-023-07488-3.

5장 독이 든 성배: 기적의 다이어트 약, 그 신화와 현실

1 Alicia Mundy, *Dispensing With the Truth* (St Martin's Press, 2001), p. 38.

2 Ibid., pp. 1–8.

3 M. A. Nauck and N. Friedrich, 'Do GLP-1-based therapies increase cancer risk?', *Diabetes Care* (2013), 36, suppl. 2, S245–52, https://www.ncbi.nlm.nih.gov/pmc/articles/PMC3920789/#B6; L. B. Knudsen et al., 'Glucagon-Like Peptide-1 Receptor Agonists Activate Rodent Thyroid C-Cells Causing Calcitonin Release and C-Cell Proliferation', *Endocrinology* (2010), 151(4), pp. 1,473–86, https://doi.org/10.1210/en.2009-1272, https://pubmed.ncbi.nlm.nih.gov/20203154/.

4   J. Bezin et al., 'GLP-1 Receptor Agonists and the Risk of Thyroid Cancer', *Diabetes Care* (2023), 46(2), pp. 38490, https://diabetesjournals.org/care/article/46/5/e120/148795/Comment-on-Bezin-et-al-GLP-1-Receptor-Agonists-and.

5   S. Singh et al., 'Glucagonlike Peptide 1-Based Therapies and Risk of Hospitalization for Acute Pancreatitis in Type 2 Diabetes Mellitus: A PopulationBased Matched Case-Control Study', *JAMA Internal Medicine* (2013), 173(7), pp. 534–9, https://jamanetwork.com/journals/jamainternalmedicine/fullarticle/1656537.

6   M. Sodhi et al., 'Risk of Gastrointestinal Adverse Events Associated With Glucagon-Like Peptide-1 Receptor Agonists for Weight Loss', *JAMA*, published online 5 October 2023, https://jamanetwork.com/journals/jama/fullarticle/2810542. 다음도 보라. Thomson Reuters, 'New study ties weight-loss drugs Wegovy, Ozempic to serious gastrointestinal conditions', CBC, 5 October 2023, https://www.cbc.ca/news/health/ozempic-wegovy-glp-1-1.6988122#:~:text=Medicines%20in%20the%20same%20class,obesity%20drug%2C%20Canadian%20researchers%20find.

7   S. Moniuszko, 'Ozempic, Mounjaro manufacturers sued over claims of "stomach paralysis" side effects', 3 August 2023, https://www.cbsnews.com/news/ozempic-mounjaro-lawsuit-gastroparesis-stomach-paralysis-side-effect/. 2023년 10월 10일에 접속함.

6장 그냥 적게 먹고 운동하지 그래: 이건 의지력의 문제가 아니다

1   T. Mann et al., 'Medicare's search for effective obesity treatments: Diets are not the answer', *American Psychologist* (2007), 62, pp. 220–33. 다음도 보라. A. J. Tomiyama, B. Ahlstrom and T. Mann, 'Long-term effects of dieting: Is weight loss related to health?' *Social and Personality Psychology Compass* (2013), 7(12), pp. 861–77.

2   W. Bennett and J. Gurin, *The Dieter's Dilemma* (Basic Books, 1982). 이런 아이디어를 가장 먼저 내놓은 책 중에 한 권이다. 보다 최근 논의에 관해서는 다음을 참조하라. V. M. Ganipisetti and P. Bollimunta, 'Obesity and Set-Point Theory' (updated 25 April 2023), StatPearls; W. T. Garvey, 'Is Obesity or Adiposity-Based Chronic Disease Curable: The Set Point Theory, the Environment, and Second-Generation Medications', *Endocrine Practice* (2022), 28(2), pp. 214–22, doi:10.1016/j.eprac.2021.11.082.

3   J. W. Anderson et al., 'Long-term weight-loss maintenance: a metaanalysis of US studies', *American Journal of Clinical Nutrition* (2001), 74(5), pp. 579–84, https://pubmed.ncbi.nlm.nih.gov/11684524/.

4 R. R. Wing and S. Phelan, 'Long-term weight loss maintenance', *American Journal of Clinical Nutrition* (2005), 82, suppl. 1, pp. 222S–225S, https://pubmed.ncbi.nlm.nih.gov/16002825/.

5 특히 남자아이들이 그렇다. 이 PDF의 12쪽을 보라. https://www.who.int/europe/publications/i/item/9789289057738; 'WHO European Regional Obesity Report 2022', World Health Organization, 2 May 2022, https://www.who.int/europe/publications/i/item/9789289057738. 다음도 보라. University of Iceland, 'Obesity among Icelandic children grows fast', undated, https://english.hi.is/obesity_among_icelandic_children_grows_fast; 'Icelandic children are the second fattest in Europe', *Iceland Monitor*, 24 May 2017; https://icelandmonitor.mbl.is/news/politics_and_society/2017/05/24/icelandic_children_are_the_second_fattest_in_europe/.

6 B. J. Sawyer et al., 'Predictors of fat mass changes in response to aerobic exercise training in women', *Journal of Strength and Conditioning Research* (2015), 29(2), pp. 297–304, https://pubmed.ncbi.nlm.nih.gov/25353081/; Hermann, *Conquering Fat Logic*, p. 246.

7 E. Dolgin, 'The appetite genes: Why some of us are born to eat too much', *New Scientist*, 31 May 2017, https://www.newscientist.com/article/mg23431281-600-the-appetite-genes-why-some-of-us-are-born-to-eat-too-much/.

8 N. Twilley, 'A pill to make exercise obsolete', *The New Yorker*, 30 October 2017, https://www.newyorker.com/magazine/2017/11/06/a-pill-to-make-exercise-obsolete.

9 Tim Spector, *The Diet Myth: The Real Science Behind What We Eat* (Weidenfeld & Nicolson, 2016), p. 37.

7장 중독 탈출, 우울증 시작: 우리 뇌에 무슨 일이 벌어진 걸까

1 https://www.sciencedirect.com/science/article/abs/pii/0006899389906288.

2 M. D. Turton et al., 'A role for glucagon-like peptide-1 in the central regulation of feeding', *Nature* (1996), 379(6560), pp. 69–72, doi:10.1038/379069a0, https://pubmed.ncbi.nlm.nih.gov/8538742/.

3 E. Jerlhag, 'The therapeutic potential of glucagon-like peptide-1 for persons with addictions based on findings from preclinical and clinical studies', *Frontiers in Pharmacology* (30 March 2023), 14, 1063033, doi:10.3389/fphar.2023.1063033. PMID: 37063267; PMCID: PMC10097922; M. Tufvesson-Alm, O. T. Shevchouk and E. Jerlhag, 'Insight into the role of the gut-brain axis in alcohol-related

responses: Emphasis on GLP-1, amylin, and ghrelin', *Frontiers in Psychiatry* (9 January 2023), 13, 1092828, doi:10.3389/fpsyt.2022.1092828; C. Aranäs et al., 'Semaglutide reduces alcohol intake and relapse-like drinking in male and female rats', *EBioMedicine* (July 2023), 93, 104642, doi:10.1016/j.ebiom.2023.104642.

4 J. E. Douton et al., 'Glucagon-like peptide-1 receptor agonist, liraglutide, reduces heroin self-administration and drug-induced reinstatement of heroin-seeking behaviour in rats', Penn State Neuroscience Institute (2022), doi:10.1111/adb.13117. 패트리샤가 이메일로 설명한 것처럼 말이다. "GLP-1 수용체 작용제는 신호 유발 아편 추구 행동을 대략 50퍼센트 정도 매우 안정적으로 줄입니다. 약을 주거나 약을 상기하도록 해서 아편 추구 행동을 유도했을 때도 아편 추구 행동이 80퍼센트 이상 줄입니다. 'Douton et al., 2021, doi: 10.1097/FBP.0000000000000609; PMID, 33229892'는 엑센딘-4(exendin-4)가 신호 유발 헤로인 추구에 미치는 영향을 보여 줍니다. 'Evans et al., 2022; Evans et al., 2022, doi: 10.1016/j.brainresbull.2022.08.022' 는 장기간 작용하는 GLP-1 수용체 작용제와 리라글루타이드(liragluitde)를 이용한 만성 치료가 신호 유발 및 약물 유발 헤로인 추구 행동에 미치는 영향을 보여줍니다. 'Urbanik et al. 2022 doi: 10.1016/j. brainresbull.2022.08.023'는 리라글루타이드의 일시 투여가 신호 유발 및 약물 유발 펜타닐 추구 행동에 미치는 영향을 보여줍니다."

5 G. Sørensen et al., 'The glucagon-like peptide 1 (GLP-1) receptor agonist exendin-4 reduces cocaine selfadministration in mice', *Physiology Behavior* (2015), 149, pp. 262–8, doi:10.1016/j.physbeh.2015.06.013.

6 Yammine et al., 2021; Yammine et al., 2023. DOI:10.1097/ADM.0000000000001147, https://academic.oup.com/ntr/article-abstract/23/10/1682/6217746. 다음도 보라. https://sciencenews.dk/en/weight-loss-drug-shows-potential-in-smoking-cessation.

7 https://doi.org/10.1172/jci.

8 D. Weintraub et al., 'Association of dopamine agonist use with impulse control disorders in Parkinson disease', *Archives of Neurology* (2006), 63(7), pp. 969–73, doi:10.1001/archneur.63.7.969; Laura E. De Wit, et al, 'Impulse control disorders associated with dopaminergic drugs: A disproportionality analysis using vigibase', *European Neuropsychopharmacology* (2022), 58, pp. 30–8, ISSN 0924977X, https://doi.org/10.1016/j.euroneuro.2022.01.113. 다음도 보라. 'The medications that change who we are', BBC, undated, https://www.bbc.com/future/article/20200108-the-medications-that-change-who-we-are, 2023년 7월 13일에 접속함.

1 Herz, *Why You Eat What You Eat*, pp. 247–8, 다음 글이 인용되어 있다. Y. Cornil et al., 'From Fan to Fat? Vicarious Losing Increases Unhealthy Eating, but Self-Affirmation Is an Effective Remedy', *Psychological Science* (2013), 24(10), pp. 1,936–46, https://doi.org/10.1177/0956797613481232.

2 V. Chamlee, 'On election night, Americans self-medicated with delivery food and booze', *Eater*, 14 November 2016, https://www.eater.com/2016/11/14/13621652/election-night-food-postmates-grubhub; M. LaMagna, 'Here are the comfort foods America binged on as the election unfolded', MarketWatch, 16 November 2016, https://www.marketwatch.com/story/this-is-what-americans-ate-on-election-day-and-after-2016-11-11, 다음에 인용되어 있다. Herz, *Why You Eat What You Eat*, pp. 234–5.

3 J. K. Morris et al., 'Non-employment and changes in smoking, drinking, and body weight', *BMJ* (1992), 304(6826), pp. 536–41, https://pubmed.ncbi.nlm.nih.gov/1559056/; 이것에 대해서는 다음에서 처음 알게 되었다. Esther Rothblum and Sondra Solovay, eds, *The Fat Studies Reader* (NYU Press, 2009), p. 26.

4 Michael Moss, *Hooked: How We Became Addicted to Processed Food* (W. H. Allen, 2022), p. 70, 다음 글이 언급되어 있다. W. V. R. Vieweg et al., 'Body mass index relates to males with posttraumatic stress disorder', *Journal of the National Medical Association* (2006), 98(4), pp. 580–6, https://www.ncbi.nlm.nih.gov/pmc/articles/PMC2569214/.

5 힐데 브루흐에 관한 내용은 여러 출처, 특히 브루흐의 탁월한 저서인 《식이장애(Eating Disorders)》에서 가져온 것이다. 다음도 보라. Gilman, *Obesity: The Biography*, pp. 94–105; Ellen Ruppel Shell, *The Hungry Gene: The Inside Story of the Obesity Industry* (Grove Press, 2003), pp. 44–5; Rothblum and Solovay, *The Fat Studies Reader*, pp. 114–17; Virginia Sole-Smith, *Fat Talk: Coming of Age in Diet Culture* (Ithaka, 2023), pp. 9, 152; Amy Erdman Farrell, *Fat Shame: Stigma and the Fat Body in American Culture* (NYU Press, 2011), pp. 77–80; *Oxford Handbook*, p. 89.

6 I. M. Paul et al., 'Effect of a Responsive Parenting Educational Intervention on Childhood Weight Outcomes at 3 Years of Age: The INSIGHT Randomized Clinical Trial', *JAMA* (2018), 320(5), pp. 461–8, doi:10.1001/jama.2018.9432.

7 Hari, *Lost Connections*, Chapter 9.

8 다음 책에서 인용되었다. Roxane Gay, *Hunger: A Memoir of (My) Body* (Harper, 2017), pp. 11 and 142–3.

9 J. E. Mitchell et al., 'Addictive disorders after Rouxen-Y gastric bypass', *Integrated Health* (2015), 11, 14, https://doi.org/10.1016/j.soard.2014.10.026. 이들 중 다수가 과거에 가지고 있던 중독 증상이 재발한 경우다.

10 Mitchell and de Zwaan, *Bariatric Surgery*, p. 103: "'Powers et al (1992)'에 따르면 17퍼센트의 환자는 수술 이후 입원을 요하는 심각한 정신적 증상을 겪었다. 'Mitchell et al (2001)'에 따르면 표본의 29퍼센트는 수술 이후에 심각한 우울증 증상을 경험했다." P. S. Powers et al., 'Psychiatric Issues in Bariatric Surgery', *Obesity Surgery* (1992), 2(4), pp. 315–25, https://pubmed.ncbi.nlm.nih.gov/10765191/; J. E. Mitchell et al., 'Long-term follow-up of patients' status after gastric bypass', *Obesity Surgery* (2001), 11(4), pp. 464–8, https://pubmed.ncbi.nlm.nih.gov/11501356/.

11 수술의 종류에 따라 다른데, 위 우회술의 경우에는 4배에 가깝고 다른 수술은 이보다 낮다. 비만 대사 수술 이후 전체적인 자살률의 조정 위험 비율은 3.16배다. 다음을 참조하라. https://www.ncbi.nlm.nih.gov/pmc/articles/PMC5932484/. 다음도 보라. C. Peterhansel et al., 'Risk of completed suicide after bariatric surgery: a systematic review', *Obesity Reviews* (2013), 14(5), pp. 369–82, https://pubmed.ncbi.nlm.nih.gov/23297762/; D. Castaneda et al., 'Risk of Suicide and Self-harm Is Increased After Bariatric Surgery – A Systematic Review and Metaanalysis', *Obesity Surgery* (2019), 29(1), pp. 322–33, https://pubmed.ncbi.nlm.nih.gov/30343409/.

9장 이런 몸도 사랑할 수 있을까: 몸이 들려주는 이야기에 귀를 기울이면

1 다음에 실린 그림 1을 보라. J. P. H. Wilding et al., 'Once-Weekly Semaglutide in Adults with Overweight or Obesity', *New England Journal of Medicine* (2021), 384(11), pp. 989–1,002, doi:10.1056/NEJMoa2032183.

2 T. F. Cash and L. Smolak (2011), 'Understanding body images: Historical and contemporary perspectives', in T. F. Cash and L. Smolak, eds, *Body Image: A Handbook of Science, Practice, and Prevention* (Guilford Press, 2012), pp. 3–11.

3 V. Swami et al., 'Associations between women's body image and happiness: Results of the YouBeauty.com Body Image Survey (YBIS)', *Journal of Happiness Studies* (2015), 16, pp. 705–16. 다음도 보라. https://www.psychologytoday.com/us/articles/199702/body-image-in-america-survey-results, 2023년 11월 6일에 접속함.

4 V. Swami, 'Cross-cultural perspectives on body size', in M. L. Craig, ed., *The Routledge Companion to Beauty Politics* (Routledge, 2023), pp. 103–11.

5   S. Stieger et al., 'Engagement with social media content results in negative body image: An experience sampling study using wearables and a physical analogue scale', *Body Image* (2022), 43, pp. 232–43.

6   B. M. Dolan, S. A. Birtchnell and J. H. Lacey, 'Body image distortion in non-eating disordered women and men', *Journal of Psychosomatic Research* (1987), 31(4), pp. 513–20, doi:10.1016/0022-3999(87)90009-2.

7   J. M. Alleva, T. L. Tylka and A. M. Kroon Van Diest, 'The Functionality Appreciation Scale (FAS): Development and psychometric evaluation in U.S. community women and men', *Body Image* (2017), 23, pp. 28–44, doi:10.1016/j.bodyim.2017.07.008.

8   V. Swami, D. Barron and A. Furnham, 'Exposure to natural environments, and photographs of natural environments, promotes more positive body image', *Body Image* (2018), 24, pp. 82–94.

10장 식욕을 없앨 수만 있다면: 거식증 환자의 손에 비만 치료제가 들어간 날

1   Roberta Pollack Seid, *Never Too Thin: Why Women Are at War with Their Bodies* (Prentice Hall, 1991), p. 150.

2   https://www.stylist.co.uk/long-reads/wellness-ozempic-self-denial/786606, 2023 년 8월 3일에 접속함.

3   https://www.stylist.co.uk/long-reads/wellness-ozempic-self-denial/786606. 2023 년 8월 3일에 접속함.

11장 팻 프라이드: 내 몸에 낙인을 찍지 마라

1   *Oxford Handbook of the Social Science of Obesity*, p. 92; R. M. Puhl et al., 'Perceptions of weight discrimination: prevalence and comparison to race and gender discrimination in America', *International Journal of Obesity* (London) (2008), 32(6), pp. 992–1,000, https://pubmed.ncbi.nlm.nih.gov/18317471/.

2   B. Major, J. M. Hunger, D. P. Bunyan, and C. T. Miller, 'The ironic effects of weight stigma', *Journal of Experimental Social Psychology* (2014), 51, pp. 74–80, https://doi.org/10.1016/j.jesp.2013.11.009. 이 연구에 대해서는 다음에서 읽었다. K. Gunnars, 'The Harmful Effects of Fat Shaming', *Healthline*, 19 January 2022, https://www.healthline.com/nutrition/fat-shaming-makes-things-worse#overeating.

3   N. A. Schvey et al., 'The impact of weight stigma on caloric consumption', *Obesity*

(Silver Spring) (2011), 19(10), pp. 1,957–62, https://pubmed.ncbi.nlm.nih.
gov/21760 636/. 2023년 10월 10일에 접속함.

4 이 메타 분석과 궤를 함께하는 연구는 다음과 같다. X. Zhu et al., 'A metaanalysis of weight stigma and health behaviors', *Stigma and Health* (2022), 7(1), pp. 1–13, https://doi.org/10.1037/sah0000352; 다음도 보라. A. Tomiyama et al., 'How and why weight stigma drives the obesity "epidemic" and harms health', *BMC Medicine* (2018), 16, p. 123, https://doi.org/10.1186/s12916-018-1116-5.

5 L. R. Vartanian et al., 'Effects of Weight Stigma on Exercise Motivation and Behavior: A Preliminary Investigation among College-aged Females', *Journal of Health Psychology* (2008), 13(1), pp. 131–8, https://doi.org/10.1177/1359105307084318.

6 Bovey, *Forbidden Body*, p. 1.

7 Louise Foxcroft, *Calories and Corsets: A History of Dieting over 2,000 Years* (Profile, 2012), unnumbered opening page.

8 Bovey, *Forbidden Body*, pp. 44–5.

9 Erec Smith, *Fat Tactics: The Rhetoric and Structure of the Fat Acceptance Movement* (Lexington Books, 2018), pp. 24–5.

10 R. J. Kuczmarski, K. M. Flegal, S. M. Campbell and C. L. Johnson, 'Increasing Prevalence of Overweight Among US Adults: The National Health and Nutrition Examination Surveys, 1960 to 1991', *JAMA* (1994), 272(3), pp. 205–11, doi:10.1001/jama.1994.03520030047027.

11 K. M. Flegal et al., 'Excess Deaths Associated With Underweight, Overweight, and Obesity', *JAMA* (2005), 295(15), pp. 1,861–7, https://jamanetwork.com/journals/jama/fullarticle/200731. 이어진 논란에 대한 플리걸의 시각은 다음을 참조하라. Katherine M. Flegal, 'The obesity wars and the education of a researcher: A personal account', *Progress in Cardiovascular Diseases* (2021), 67, pp. 75–9, https://www.sciencedirect.com/science/article/pii/S0033062021000670.

12 다음을 보라. D. Clifford et al., 'Impact of Non-Diet Approaches on Attitudes, Behaviors and Health Outcomes: A Systematic Review', *Journal of Nutrition Education and Behavior* (2015), 47(2), pp. 143–55; L. Bacon and L. Aphramor, 'Weight Science: Evaluating the Evidence for a Paradigm Shift', *Nutrition Journal* (2011), 10(9), https://doi.org/10.1186/1475-2891-10-9; L. Bacon, J. S. Stern, M. D. Van Loan and N. L. Keim, 'Size acceptance and intuitive eating improve health for obese, female chronic dieters', *Journal of the American Dietetic Association* (2005), 105(6), pp. 929–36, doi:10.1016/j.jada.2005.03.011; L. Rapoport, M. Clark and J. Wardle, 'Evaluation of a modified cognitive-behavioural programme for weight

management', *International Journal of Obesity and Related Metabolic Disorders* (2000), 24(12), pp. 1,726–37, doi:10.1038/sj.ijo.0801465. 만약 이런 접근법이 정말로 사람들의 운동 수준을 높일 수 있다면 건강에 큰 영향을 미칠 수 있다. 예컨대 다음의 연구('몸집과 무관한 건강' 측에서 나온 것은 아니다)를 보면 비만이더라도 '활동적인' 집단에 속한 사람은 앉아서만 지내는 사람에 비해 심혈관계 질환에 걸릴 위험성이 절반으로 낮았다. X. Zhang et al., 'Physical activity and risk of cardiovascular disease by weight status among US adults', *PLoS One* (2020), 15(5), e0232893, doi:10.1371/journal.pone.0232893.

13 가난과 스트레스가 건강에 부정적인 영향을 끼친다는 사실은 명백하다. 다음 예를 보라. https://www.thelancet.com/journals/lanepe/article/PIIS2666-7762(22)00095-3/fulltext. 가난과 사망률 사이의 연관성에 관한 논의는 다음을 참조하라. S. Stringhini et al., 'Socioeconomic status and the 25 × 25 risk factors as determinants of premature mortality: a multicohort study and meta-analysis of 1.7 million men and women', *Lancet* (2017), 389(10075), pp. 1,229–37, https://www.thelancet.com/journals/lancet/article/PIIS0140-6736(16)32380-7/fulltext. 스트레스와 사망률 사이의 연관성에 관한 논의는 다음을 참조하라. F. Tian et al., 'Association of stress-related disorders with subsequent risk of all-cause and cause-specific mortality: A population-based and sibling-controlled cohort study', *Lancet Regional Health Europe* (2022), 18, https://www.thelancet.com/action/showPdf?pii=S2666-7762%2822%2900095-3.

14 K. M. Flegal, B. K. Kit, H. Orpana and B. I. Graubard, 'Association of All-Cause Mortality With Overweight and Obesity Using Standard Body Mass Index Categories: A Systematic Review and Meta-analysis', *JAMA* (2013), 309(1), pp. 71–82, doi:10.1001/jama.2012.113905.

15 윌렛은 다른 사람들과 함께 플리걸의 데이터를 반박하기 위해 하버드에서 심포지엄을 조직했다. 다음을 참조하라. V. Hughes, 'The big fat truth', *Nature* (2013), 497, pp. 428–30, https://doi.org/10.1038/497428a. 2005년에 하버드 'Nutrition Source' 블로그에 실린 다음의 글은 플리걸의 발견에 대한 윌렛과 그 동료들의 반박을 몇 가지 보여준다. https://www.hsph.harvard.edu/nutritionsource/2005/05/02/obesity-controversy/.

2013년 윌렛은 공영 라디오 방송에서 *2013*년에 나온 플리걸의 후속 연구는 '순전히 쓰레기'라고 말했다. 다음을 참조하라. 'Shades of grey', *Nature* (2013), 497, p. 410, https://doi.org/10.1038/497410a.

16 이 논쟁을 아주 잘 정리해놓은 글은 다음을 참조하라. https://www.theatlantic.com/health/archive/2017/08/is-fat-bad/536652/.

17 Bovey, *What Have You Got to Lose*, p. 34.

18 J. Bell et al., 'The Natural Course of Healthy Obesity Over 20 Years', *Journal of the American College of Cardiology* (2015), 65(1), pp. 101–2, https://doi.org/10.1016/j.jacc.2014.09.077. 다음도 보라. Hermann, *Conquering Fat Logic*, p. 83. 이 연구에서는 '건강한' 상태와 '건강하지 못한' 상태를 아주 상세하게 정의해놓았다. 다음 중 두 가지 이상에 해당한다면 이 연구에서 말하는 '건강한 신진대사' 상태가 '아니다.' 1) HDL 콜레스테롤 수치가 남성의 경우 1.03mmol/l 미만이거나 여성의 경우 1.29mmol/l 미만. 2) 혈압이 130/85mm Hg 이상이거나 고혈압약 복용 중. 3) 공복혈당 수치가 5.6mmol/l 이상이거나 당뇨병약 복용 중. 4) 중성지방 수치가 1.7mmol/l 이상. 5) 인슐린 저항성(HOMA-IR)이 2.87 초과.

12장 비만 치료제가 필요 없는 나라: 왜 일본인은 살이 찌지 않을까

1 'Slow initial uptake of Novo Nordisk's Wegovy likely in Japan, says analyst', *The Pharma Letter*, 28 July 2023, https://www.thepharmaletter.com/article/slowinitial-uptake-of-novo-nordisk-s-wegovy-likely-in-japan-says-analyst, 2023년 9월 20일에 접속함.

2 N. Yoshiike and M. Miyoshi, 'Epidemiological aspects of overweight and obesity in Japan – international comparisons', *Nihon Rinsho* (2013), 71(2), pp. 207–16, https://pubmed.ncbi.nlm.nih.gov/23631195/#:~:text=Prevalence%20of%20obesity%20(BMI%20%3E%20or,Body%20Mass%20Index%20(WHO), 2023년 9월 20일에 접속함.

3 Hawaii Health Matters, 'Adults Who Are Obese', https://www.hawaiihealthmatters.org/indicators/index/view?indicatorId=54&localeId=14&localeChartIdxs=1%7C2%7C6. 2023년 10월 15일에 접속함. 일본계 미국인과 본토 일본인의 건강 비교에 관한 더 많은 논의는 다음을 참조하라. M. Yoneda and K. Kobuke, 'A 50-year history of the health impacts of Westernization on the lifestyle of Japanese Americans: A focus on the Hawaii–Los Angeles–Hiroshima Study', *Journal of Diabetes Investigation* (2020), 11(6), pp. 1,382–7, https://onlinelibrary.wiley.com/doi/full/10.1111/jdi.13278. 이 논문에 따르면 "히로시마에 사는 토착 일본인과 하와이 및 LA에 사는 일본인 이민자(일본계 미국인)의 의료 조사 데이터를 비교해보았을 때 비만과 대사질환(당뇨병 등) 및 죽상동맥경화증은 서구화된 일본인의 생활양식에서 발생할 수 있다는 것이 우리의 결론이다."

4 줌(Zoom)으로도 와타나베를 인터뷰했기 때문에 이 부분의 인용문은 양쪽에서 가져와서 썼다.

5 S. Tsugane, 'Why has Japan become the world's most long-lived country: insights from a food and nutrition perspective', *European Journal of Clinical Nutrition*

(2021), 75, pp. 921–8, https://doi.org/10.1038/s41430-020-0677-5.

6 'Healthy life expectancy (HALE) at birth (years)', Global Health Observatory, World Health Organization, 12 April 2020, https://www.who.int/data/gho/data/indicators/indicator-details/GHO/gho-ghe-hale-healthy-life-expectancy-at-birth, 2023년 10월 26일에 접속함.

7 다음을 보라. Table 1 in S. Tsugane, 'Why has Japan become the world's most long-lived country' pp. 921–8, https://doi.org/10.1038/s41430-020-0677-5. 다음도 보라. S. Tokudome, A. Igata and S. Hashimoto, 'Life expectancy and healthy life expectancy of Japan: the fastest graying society in the world', *BMC Research Notes* (2016), 9, pp. 1–6.

8 'Breast Cancer Rates Rising Among Japanese Women', Roswell Park Comprehensive Cancer Center, 25 July 2017, https://www.roswellpark.org/cancertalk/201707/breast-cancer-rates-rising-among-japanese-women#:~:text=%E2%80%9CIn%20general%2C%201%20out%20of,Roswell%20Park%20Comprehensive%20Cancer%20Center, 2023년 10월 1일에 접속함.

9 인근 관광청에서 일하는 후미아루 오사키로부터 받은 수치이며, 일본의 공식 인구조사 수치도 참조했다. 오기미에 갈 생각을 하게 된 것은 다음의 글을 읽고 나서다. Booth, *Sushi and Beyond*, pp. 267–81.

10 이들 연구를 검토한 한 자료에 따르면 세금을 10퍼센트 올릴 때마다 설탕이 든 음료의 구매 및 소비는 10퍼센트 떨어진다고 한다. 다음을 참조하라. A. M. Teng et al., 'Impact of sugar-sweetened beverage taxes on purchases and dietary intake: Systematic review and meta-analysis', *Obesity Reviews* (2019), 20(9), pp. 1,187–204, https://onlinelibrary.wiley.com/doi/10.1111/obr.12868. 다음도 보라. https://www.ncbi.nlm.nih.gov/pmc/articles/PMC5525113/.

11 Warner, *The Truth About Fat*, p. 323; S. Boseley, 'Amsterdam's solution to the obesity crisis: no fruit juice and enough sleep', *Guardian*, 14 April 2017, https://www.theguardian.com/society/2017/apr/14/amsterdam-solution-obesity-crisis-no-fruit-juice-enough-sleep. 2023년 10월 12일에 접속함. 다음도 보라. UNICEF, City of Amsterdam and EAT, 'The Amsterdam Healthy Weight Approach: Investing in healthy urban childhoods: A case study on healthy diets for children', 2020, https://www.unicef.org/media/89401/file/Amsterdam-Healthy-Weight-Approach-Investinghealthy-urban-childhoods.pdf. 2023년 10월 12일에 접속함. 나는 다음 보고서도 참고했다. NJi, VU University Amsterdam and Cuprière Consult, 'Amsterdam Approach to Healthy Weight: promising? A search for the active elements', https://npo.nl/npo3/brandpuntplus/hoe-een-wethouder-afrekende-met-obesitas-in-zijn-stad. 2023년 10월 12일에 접속함. 번역해준 로잰

크로프먼(Rosanne Kropman)에게 감사드린다.

12 S. Kempainen et al., 'A Collaborative Pilot to Support Patients With Diabetes Through Tailored Food Box Home Delivery', *Health Promotion Practice* (2023), 24(5), pp. 963–8, doi:10.1177/15248399221100792.

13 J. Song et al., 'Salt intake, blood pressure and cardiovascular disease mortality in England, 2003–2018', *Journal of Hypertension* (November 2023), doi:10.1097/ HJH.0000000000003521. 다음도 보라. https://journals.lww.com/jhypertension/ fulltext/2023/11000/salt_intake_blood_pressure_and_cardiovascular.6.aspx https://www.qmul.ac.uk/wiph/news/latest-news/items/increased-salt-intake-in-england-from-2014-18.html. 2023년 11월 25일에 접속함.

14 V. Salomaa et al., 'Decline of coronary heart disease mortality in Finland during 1983 to 1992: roles of incidence, recurrence, and case-fatality. The FINMONICA MI Register Study', *Circulation* (1996), 94(12), pp. 3,130–7, doi:10.1161/01. cir.94.12.3130; P. Puska and P. Jaini, 'The North Karelia Project: Prevention of Cardiovascular Disease in Finland Through Population-Based Lifestyle Interventions', *American Journal of Lifestyle Medicine* (2020), 14(5), pp. 495–9, https://pubmed.ncbi.nlm.nih.gov/32922 234/. 후자의 논문에 나오는 것처럼 노스 카렐리아에서 심혈관계 질환 사망률은 1960년대 10만 명당 690명에서 2011년에는 10만 명당 100명으로 감소했다. 이는 10만 명당 209명에 해당하는 현재 미국의 심혈관계 질환 사망률의 절반에도 미치지 않는 수치다. that's less than half the current USA rate of 209 per 100,000. 다음을 보라. https://www.cdc.gov/nchs/ fastats/heart-disease.htm. 2023년 11월 24일에 접속함.

에필로그 우리가 선택할 수 있는 미래

1 Shell, *The Hungry Gene*, p. 3.

2 O. Dyer, 'Obesity in US children increased at an unprecedented rate during the pandemic', *BMJ* (2021), 374, n2332, https://www.bmj.com/content/374/bmj. n2332. 2023년 9월 21일에 접속함.

3 L. Wang et al., 'Trends in Consumption of Ultraprocessed Foods Among US Youths Aged 2–19 Years, 1999–2018', *JAMA* (2021), 326(6), pp. 519–30, doi:10.1001/jama.2021.10238. 처음 이 수치를 알게 된 것은 다음의 책에서였다. Tim Spector, *Food For Life* (Jonathan Cape, 2022), p. 36.

4 S. Hampl et al., 'Clinical Practice Guideline for the Evaluation and Treatment of Children and Adolescents With Obesity', *Pediatrics* (2023), 151, 2, e2022060640, https://doi.org/10.1542/peds.2022-060640.

5   D. Weghuber et al., 'Once Weekly Semaglutide in Adolescents with Obesity', *New England Journal of Medicine* (2022), 387(24), pp. 2,245–57, doi:10.1056/NEJMoa2208601. 임상 시험에서 어린이 62명은 플라세보를 받았으며, 이들은 주어진 131이라는 수치에 포함되지 않았다. 다음 내용도 참조하라. https://www.theguardian.com/society/2023/may/17/half-of-children-given-skinny-jab-no-longer-clinically-obese-us-study. 2023년 11월 24일에 접속함.

6   https://www.cambridge.org/core/journals/journal-of-clinical-and-translational-science/article/unintended-consequences-ofglucagonlike-peptide1-receptor-agonists-medications-in-children-and-adolescents-a-call-to-action/F0286F2FBBD7F6E4E75A6A383F3C82BB.

7   J. Levi et al., 'Estimated minimum prices and lowest available national prices for antiobesity medications: Improving affordability and access to treatment', *Obesity* (Silver Spring) (2023), 31, pp. 1,270–9, https://doi.org/10.1002/oby.23725. 2023년 10월 10일에 접속함.

옮긴이 이지연

서울대학교 철학과를 졸업 후 삼성전자 기획팀, 마케팅팀에서 일했다. 현재 전문 번역가로 활동 중이다. 옮긴 책으로는 《위험한 과학책》, 《제로 투 원》, 《문샷》, 《인간 본성의 법칙》, 《돈의 심리학》, 《아이디어 불패의 법칙》, 《기술의 시대》, 《단맛의 저주》, 《만들어진 진실》, 《좀 이상하지만 재미있는 녀석들》, 《결심이 필요한 순간들》, 《다크 사이드》 외 다수가 있다.

매직필

초판 1쇄 발행 2025년 2월 7일

지은이 요한 하리
옮긴이 이지연
발행인 김형보
편집 최윤경, 강태영, 임재희, 홍민기, 강민영, 송현주, 박지연
마케팅 이연실, 송신아, 김보미 **디자인** 송은비 **경영지원** 최윤영, 유현

발행처 어크로스출판그룹(주)
출판신고 2018년 12월 20일 제 2018-000339호
주소 서울시 마포구 동교로 109-6
전화 070-5080-4113(편집) 070-8724-5871(영업) **팩스** 02-6085-7676
이메일 across@acrossbook.com **홈페이지** www.acrossbook.com

한국어판 출판권 ⓒ 어크로스출판그룹(주) 2025

ISBN 979-11-6774-190-5 03300

만든 사람들
편집 강태영 **교정** 윤정숙 **표지디자인** [★]규 **본문디자인** 송은비 **조판** 박은진